CINEMA VAN, PROPAGANDE ET RÉSISTANCE EN AFRIQUE COLONIALE

CINEMA VAN, PROPAGANDE ET RÉSISTANCE EN AFRIQUE COLONIALE

(1930-1960)

Vincent Bouchard

Les Presses de l'Université d'Ottawa
2023

Les **Presses** de l'Université d'Ottawa
University of Ottawa **Press**

Les Presses de l'Université d'Ottawa (PUO) sont fières d'être la plus ancienne maison d'édition universitaire francophone au Canada et le plus ancien éditeur universitaire bilingue en Amérique du Nord. Depuis 1936, les PUO enrichissent la vie intellectuelle et culturelle en publiant, en français ou en anglais, des livres évalués par les pairs et primés dans le domaine des arts et lettres et des sciences sociales.

www.presses.uOttawa.ca

Catalogage avant publication de Bibliothèque et Archives Canada

Titre: Cinema Van, propagande et résistance en Afrique coloniale : (1930-1960) / Vincent Bouchard.
Noms: Bouchard, Vincent, 1974- auteur.
Collections: 21e – Société, histoire et culture. 2816-6086
Description: Mention de collection: 21e – Société, histoire et cultures, 2816-6086 | Comprend des références bibliographiques et un index.
Identifiants: Canadiana (livre imprimé) 20230440886 | Canadiana (livre numérique) 20230441084 | ISBN 9782760340695 (couverture rigide) | ISBN 9782760340701 (couverture souple) | ISBN 9782760340725 (EPUB) | ISBN 9782760340718 (PDF)
Vedettes-matière: RVM: Films étrangers—Afrique—Histoire. | RVM: Cinéma—Industrie—Afrique—Histoire—20e siècle. | RVM: Cinéma dans la propagande—Afrique. | RVM: Propagande européenne—Afrique—Histoire—20e siècle. | RVM: Impérialisme au cinéma.
Classification: LCC PN1993.5.A35 B68 2023 | CDD 791.43096—dc23

Dépôt légal : Troisième trimestre 2023
Bibliothèque et Archives Canada

Équipe de la production

Révision linguistique	Agathe Rhéaume
Correction d'épreuves	Julie Boissonneault
Mise en pages	Nord Compo
Maquette de la couverture	Benoit Deneault

Image de la couverture
Collection RMCA Tervuren ; photo C. Lamote (Inforcongo), 1950 CC-BY 4.0.

Les Presses de l'Université d'Ottawa sont reconnaissantes du soutien qu'apportent, à leur programme d'édition, le gouvernement du Canada, le Conseil des arts du Canada, le Conseil des arts de l'Ontario, Ontario créatif, la Fédération canadienne des sciences humaines, par l'entremise de la Subvention du livre savant et le concours du Conseil de recherches en sciences humaines, et surtout, l'Université d'Ottawa.

 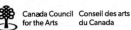

uOttawa

Table des matières

Chapitre 2
Commentateur de films et oralisation du dispositif

Liste des figures

Préface

Le champ des productions cinématographiques et audiovisuelles en Afrique ne cesse de se développer. Pour s'en convaincre, il suffit d'observer l'immense production de documentaires, de web et téléséries qui inondent diverses plateformes sur un continent où, surtout dans sa partie francophone, les salles de cinéma sont pratiquement inexistantes. Toutefois, ces transformations qui ont permis l'émergence de nouvelles formes esthétiques et discursives sont fondamentalement différentes non seulement des films nationalistes « école du soir » à la Sembène Ousmane, mais aussi, de manière plus radicale, de ce que le cinéma colonial donnait à voir. Si les Africains ont, dans une très large mesure, repris en partie le contrôle de leurs images (ou de leurs productions) en se départissant du cinéma zoologique les assimilant à des animaux, le nouveau pouvoir de représentation (donc de narration) dont ils sont désormais porteurs n'est pas intelligible sans une interrogation des images ayant envahi le continent avec un seul objectif : bâtir un type de sujet, le sujet colonial. C'est à cette réflexion rétrospective que nous invite Vincent Bouchard.

On le savait déjà, le cinéma est porteur d'une idéologie, laquelle visait l'assujettissement du sujet africain pendant toute la période coloniale. Quoique les théories de la communication nous montrent les risques, voire les dangers de la propagande par les médias de masse, avec le cinéma, ces manœuvres semblent plus subtiles. Si la plupart des ouvrages sur le cinéma africain offrent quelques paragraphes ou, au mieux, une page sur les enjeux liés à la propagande comme construction discursive dans les cinémas projetés en Afrique, il faut dire que les analyses offertes étaient rarement profondes, mais surtout étaient strictement partiales. C'est en cela que *Cinema Van, propagande et résistance en Afrique coloniale (1930-1960)* vient non seulement innover du fait des enjeux théoriques et politiques déclinés dans cette publication, mais aussi permet d'obtenir, pour la première fois, une réflexion quasi exhaustive sur la propagande comme construction discursive dans le cinéma colonial.

La sophistication théorique déployée dès l'introduction par Vincent Bouchard est reprise dans chacun des chapitres de l'ouvrage, ce qui lui permet de camper le décor avant d'approcher les textes et archives en considération. À partir d'une démarche méthodique, l'auteur détermine avec élégance et rigueur l'impact des projections coloniales sur les imaginaires collectifs des sociétés africaines. Une des nombreuses qualités de ce remarquable ouvrage est ce qui s'apparente clairement à un refus délibéré de l'auteur de segmenter (territorialement ou linguistiquement) le continent. Il s'intéresse à la fois l'Afrique de l'Ouest (principalement au Ghana et au Nigeria), à l'Afrique de l'Est (la *Federation of Rhodesia* puis le *Nyasaland*, Tanganyika et le Kenya), au Congo Belge et en Afrique du Nord (Algérie). Ce pont jeté entre des espaces linguistiques et géographiques aussi différents les uns des autres permet donc à Bouchard, au moyen d'une lecture transnationale, de signaler que s'il est vrai que chaque pays/région colonisée a ses particularités, il demeure que la colonisation ayant été pensée à Berlin comme une « agression collective ». Ce choix est en soi politique et permet de mieux questionner les pratiques de l'aventure « civilisationnelle ». Une telle réconciliation aide, s'il en était encore besoin, à comprendre qu'au-delà des différences apparentes, le projet colonial français, anglais ou belge, ainsi que le montrait Fanon, avait un seul but : abêtir et aliéner les Africains par la fascination des images. Bouchard montre comment les dispositifs de propagande britanniques, belges et français ont influencé de façon fondamentale la compréhension du *medium* cinématographique des populations colonisées en agissant spécifiquement sur leur système de représentation, sur les valeurs véhiculées par la projection cinématographique elle-même, et l'impact de l'enregistrement audiovisuel sur la perception, les rétentions et la transmission d'une expérience ou d'un savoir. Dans son approche comparatiste, il examine les principaux traits culturels répandus dans les administrations européennes. En bonne place y figurent les stéréotypes raciaux et les différentes compréhensions du *medium* cinématographique. De même, en compilant toutes les informations contenues dans les comptes rendus d'activités, il propose des hypothèses sur le décalage entre les dispositifs de propagande tels que conçus dans les capitales européennes et le contexte de réception. Enfin, il questionne les modes de représentation véhiculés par les dispositifs coloniaux de propagande.

L'architecture de la démonstration magistrale proposée par Vincent Bouchard emprunte à divers appareils conceptuels qu'il domine parfaitement. Se servant de la narratologie, des théories postcoloniales ainsi que de la sémiotique culturelle associées à un minutieux travail d'archive, *Cinema Van* épluche minutieusement les facettes d'un ensemble de films qui étaient projetés non pas pour que les Africains s'y identifient, mais plutôt pour qu'ils s'y perdent et, surtout, y perdent ce qui pouvait leur rester d'une dignité entamée par des décennies de violence et d'aliénation coloniale. Cet ouvrage montre sous quelles modalités le cinéma et la culture impériales contribuaient à exalter le maître tout en démolissant toute hypothèse humaine chez les Africains. De ce point de vue, et là réside une des contributions majeures de l'ouvrage, Bouchard montre avec emphase les manières dont le cinéma lui aussi participe à convaincre les opprimés que la violence (physique et symbolique) qui leur est infligée vise leur bien. Frantz Fanon n'indiquait-il déjà pas dans *Les Damnés de la terre* (1961) que le recul de la fièvre jaune allait de pair avec l'avancée du christianisme ? Vincent Bouchard nous montre ici que les projections étaient destinées non pas à voir la violence coloniale que subissaient les Africains, mais plutôt à la masquer et à assurer de ce fait l'avancée de la triomphante aventure coloniale.

Une des plus grandes innovations du livre de Bouchard (et pas des moindres), c'est la méthodique démonstration de l'oralité comme dispositif de propagande. Si certains essentialismes ont tendu à faire de l'oralité une « spécificité » africaine, l'analyse narratologique des films coloniaux montre bien la place du sujet narrant dans le processus de construction acharnée d'un sens dans un contexte où la propagande coloniale n'anticipait aucune résistance. Peine perdue : l'auteur l'illustre bien, et cela confirme une théorie bien connue en communication, il est risqué de parier sur la manière dont le récepteur va réagir à un message. C'est en cela que la résistance naît et prend forme face à l'universalisme assumé et prétentieux du discours colonial. Homogénéiser les publics africains et les sujets coloniaux sont une erreur, et les divers empires ont pu prendre la juste mesure des capacités de résistance des peuples qu'ils croyaient soumis. Pour finir, Vincent Bouchard permet d'ouvrir une brèche sur les mécanismes de désactivation des dispositifs du pouvoir et des manières dont les colonisés et leurs héritiers travaillent à les rendre inopérants.

Cinema Van est un véritable régal qui intéressera les chercheurs en lettres, sciences humaines, études culturelles et politiques.

Alexie Tcheuyap

Remerciements

La recherche aboutissant à la publication de ce livre s'étalant sur plus de 10 ans, il est impossible de nommer ici toutes les personnes qui y ont, directement ou indirectement, contribué par des discussions, des remarques, des suggestions : je souhaite vous exprimer toute mon estime et ma reconnaissance. Je tiens également à souligner la contribution des étudiants qui ont participé à mes séminaires et mes cours, à l'Université d'Ottawa, à l'Université de Louisiane à Lafayette et à Indiana University – Bloomington. Merci également à mes professeurs et aux collègues que j'ai croisés durant ce parcours.

Cette recherche n'aurait pas été possible sans l'excellente collaboration avec les universitaires et archivistes rencontrés dans plus de cinq pays, dont :

- Archives nationales sénégalaises;
- National Archives, British Library, Imperial War Museum Londres – merci à Tom Rice;
- Archives diplomatiques et archives africaines, Cinémathèque royale de Belgique, Kadoc, Musée royal de l'Afrique centrale – merci à Patricia Van Schuylenbergh ; et
- Archives nationales, Archives diplomatiques, INA et CNC, Service historique de la Défense, ECPAD et ANOM.

Cet ouvrage n'aurait pu être réalisé sans le concours de nombreuses institutions de financement : Fonds de recherche du Québec – Société et culture ; Agence universitaire de la Francophonie.

Cet ouvrage a par ailleurs été soutenu par les organisations suivantes : Mellon Innovating International Research, Teaching and Collaboration Short Term Faculty Fellowship; Short-Term Faculty Exchanges at the Institut für Afrikastudien (université de Bayreuth; College Arts and Humanities Institute (Indiana University – Bloomington); Indiana University's Presidential Arts and Humanities Program.

Mes remerciements vont également aux professeurs Johanne Villeneuve, Germain Lacasse, Amadou Ouédraogo, Peter Bloom, Odile Goerg, Claude Forest, Patricia Caillé et Michel Marie pour leurs précieux conseils et informations. Merci aux professeurs Martin Barnier, Roxane Hamery, Philippe Bourdier et Sébastien Denis pour leur lecture experte et leurs questions pertinentes. Un grand merci à Alexie Tcheuyap d'avoir accepté de préfacer cet ouvrage ; merci aux directeurs de la collection, Marie-Claude Thifault et Martin Meunier, et au personnel des Presses de l'Université d'Ottawa ; merci enfin à Dana Vanderburgh, Audrey Hood, Anne-Marie Bouchard et Claire Fouchereaux pour leur assistance à la recherche, les relectures attentives et le formatage des références.

Je tiens également à exprimer mon infinie gratitude à ma femme et ma fille, pour avoir rendu possibles mes séjours sur le terrain ou dans les archives, mais aussi d'avoir excusé des absences indissociables du processus d'écriture.

Historique d'une recherche

J'ai commencé à travailler sur le commentateur de film en Afrique de l'Ouest à la fin de la rédaction de ma thèse de doctorat, alors que je collaborais avec Germain Lacasse et Gwenn Scheppler sur un projet de recherche autour des « bonimenteurs ». Pendant cette période, je m'intéressais principalement aux pratiques populaires dans les cinémas commerciaux : les spectateurs réagissant de manière verbale et gestuelle à des films provenant d'autres aires culturelles (Amérique du Nord, Monde arabe ou Inde), ne comprenant parfois pas la langue et cherchant une forme de divertissement collectif. En créant la base de données http://poc.uqam.ca avec l'équipe *Cinéma et oralité*, nous avons cherché à référencer la plus grande diversité possible de performances réalisées en direct lors d'une projection audiovisuelle, où que ce soit dans le monde et tout au long du xxᵉ siècle. Nous cherchions ainsi à décrire le plus précisément possible les dispositifs de projection, en prenant en compte de nombreux facteurs incluant la forme de commentaire, l'origine des films, l'influence idéologique des organisateurs de la séance, le lieu et le contexte de projection. Notre ambition était alors de mieux comprendre ce phénomène dans sa complexité et sa diversité, en proposant des analyses de cas, en regroupant les pratiques dans des suites historiques, en confrontant les similarités et les différences. L'immensité de la tâche et les aléas de la vie académique ne nous ont pas encore permis de proposer une lecture globale de ces pratiques. Cependant, nous continuons progressivement notre exploration et la compilation des données sur des cas précis.

C'est ainsi que j'ai premièrement choisi d'explorer les pratiques cinématographiques orales contemporaines en Afrique de l'Ouest, car comme dans la plupart des aires culturelles, ces cas n'étaient pas étudiés, encore moins valorisés, autant par les intellectuels que par les classes populaires. Par exemple, au *Ciné Palace* de Ouahigouya, alors que j'observais le plus discrètement possible une séance commerciale, un spectateur qui m'avait vu dans le noir a demandé au groupe en moré, la langue locale, de se taire parce que « le Blanc nous regarde » (*Nassara geta ma*). Après la séance, lors d'une discussion informelle, le jeune leader du groupe[1], par ailleurs élève dans un lycée de la ville, m'a expliqué qu'il avait demandé à ses camarades de ne plus commenter l'action sur l'écran, car cela perturbait mon propre visionnement et que cela donnait une mauvaise image du groupe. Dans son esprit, toute activité verbale et gestuelle pendant la projection est révélatrice d'un manque d'éducation, car on donne l'impression « qu'on arrive du village ». Le fait que les activités périphériques à la projection audiovisuelle contredisent une conception *moderne* de la réception cinématographique est également reprise par de très nombreux spécialistes des *media* et de l'histoire du cinéma. Ainsi, leur méfiance envers la figure ambivalente du bonimenteur (Lacasse, 2000) fait que celle-ci a été très longtemps ignorée. Ensuite, il semblait que, étant donné la singularité de l'histoire politique et culturelle de cette région, nous avions beaucoup à apprendre et que cela permettrait de tester, de compléter et de renforcer nos premières hypothèses sur les pratiques cinématographiques orales. En effet, à la fin des années 2010, il n'existait pas d'études des bonimenteurs hors des contextes occidentaux (Europe et Amérique du Nord) et japonais. Évidemment, depuis, les travaux de mes collègues (en Amérique du Sud, au Proche-Orient et en Inde) sont venus diversifier notre compréhension du phénomène.

Retournant en Afrique de l'Ouest pendant un postdoctorat, après presque six ans d'absence, afin de documenter des pratiques cinématographiques orales, j'ai découvert toute une dimension du commentaire de film lors de la projection que je n'avais pas envisagée au départ : la présentation, le commentaire et la discussion autour de films lors de séances de projection audiovisuelle à but éducatif.

---

1. Entretien non enregistré (sur demande du témoin) à Ouahigouya, en février 2009.

En effet, en 2008-2009, j'ai découvert toute une série de projets menés par de petites associations, afin de sensibiliser les classes les plus populaires à différents enjeux, dont la nécessité de se réapproprier les grands chefs-d'œuvre du cinéma africain ; la mise en garde contre des fléaux comme les mines antipersonnelles abandonnées après les conflits, à l'exemple de la Casamance au Sénégal ; la lutte contre les grandes épidémies comme le sida, le paludisme, la tuberculose ; la formation à de nouvelles méthodes d'hygiène, d'agriculture, d'organisation sociale, d'économie collective. Dans des domaines aussi variés, le support audiovisuel semblait être la solution « naturelle » à la diffusion d'un message éducatif exogène, c'est-à-dire conçu hors de la communauté et visant à améliorer la vie d'un groupe d'humains. Certaines projections avaient plus de succès que d'autres ; certaines semblaient avoir un plus grand impact, sans que cela soit lié à la cause défendue, à la qualité esthétique des films projetés, ou au financement des projets. Alors que l'animateur ne semblait absolument pas être un élément central pour la plupart des organisateurs, je n'ai observé aucune séance sans qu'un membre de l'équipe introduise le ou les films, donne des explications pendant la projection (alors que le film continuait à se dérouler, ou alors qu'il était « sur pause ») et anime un débat (même minimaliste) à la fin de la séance. Comme souvent lors de mes expériences à l'étranger, j'avais l'impression d'être extérieur au processus, de ne pas en comprendre les tenants et les aboutissants.

J'étais évidemment conscient du fait que le film avait été utilisé à des fins éducatives depuis les cinémas des premiers temps, que cette tradition occidentale (européenne et nord-américaine, chrétienne et communiste, etc.) avait été diffusée globalement, en particulier à travers l'UNESCO après la Seconde Guerre mondiale, et que cette situation s'est amplifiée avec le développement d'un support vidéo de qualité acceptable, dont le premier impact avait été de réduire drastiquement les coûts, autant par rapport à la production qu'à la diffusion audiovisuelle. En revanche, je n'avais pas pris en compte sa généralisation en Afrique de l'Ouest et, plus spécifiquement, l'impact d'une longue tradition de projections coloniales et éducatives sur les spectateurs contemporains (Thiong'o, 1986). Que ce soit dans les villages, les petites agglomérations ou les quartiers populaires des grandes villes, les habitants semblaient à la fois prendre un grand plaisir à voir collectivement des images animées (quel que soit le type de contenu) et rester relativement imperméable aux messages éducatifs. Sans que je puisse le quantifier ou même l'expliquer par l'analyse du dispositif lui-même, beaucoup des séances semblaient être un simple divertissement social sans impact sur les représentations ou les manières de faire. Si la plupart des éducateurs étaient relativement naïfs vis-à-vis des présupposés accompagnant la projection audiovisuelle, les populations visées semblaient, du moins à un niveau collectif et inconscient, réagir à ces séances en fonction de pratiques de résistance mises en place plusieurs décennies auparavant. Afin de mieux comprendre ces dispositifs de projection et l'impact de ces séances éducatives, il m'a semblé très rapidement nécessaire d'explorer en détail leur histoire en Afrique de l'Ouest en développant une forme d'archéologie des *media*.

1. Une approche méthodologique intermédiale et historique

1.1 Archéologie des media

Toutes les remarques qui précèdent expliquent pourquoi cette étude a progressivement évolué vers des phénomènes plus éloignés dans le temps afin d'aboutir à une forme d'archéologie de la réception audiovisuelle en Afrique de l'Ouest. Poursuivant l'idée qu'une compréhension large du phénomène étant la seule approche permettant d'en rendre compte de manière juste et efficace, ce livre cherche à combler un vide important dans l'historiographie des *media* dans la région. Si l'observation directe et l'analyse quantitative ou qualitative des données de réception d'un message audiovisuel sur une communauté sont des étapes nécessaires afin d'étudier l'impact des projections éducatives en Afrique de l'Ouest, elles sont dans la plupart des cas affaiblies à la fois par une mauvaise adaptation des techniques d'analyse développées dans d'autres contextes culturels et une absence de prise en compte de la profondeur historique de ces pratiques de réception. C'est pourquoi il semble nécessaire d'entreprendre une forme d'archéologie de la réception audiovisuelle en Afrique de l'Ouest, à l'image des travaux de Jacques Perriault (1981) sur « une archéologie de l'audiovisuel ». Repartant de la nuit des temps, Perriault connecte les thèses développées par André Leroi-Gourhan sur le lien entre le redressement de l'Homo sapiens (ou Néandertalien) et le développement d'un langage, avec l'idée que l'humain extériorise progressivement ces capacités cognitives à travers des supports techniques tels l'écriture, l'imprimerie, la reproduction audiovisuelle ou le codage numérique (1981 : 16). Comme le souligne

Michel Foucault dans *L'archéologie du savoir* (1969), même s'il est assez évident de voir les discontinuités dans la suite des faits historiques, il est plus difficile de s'entendre sur les événements qui font fracture et il est important de suivre les éléments récurrents qui en construisent le soubassement idéologique. Évidemment, ce livre n'a pas pour projet de faire une histoire générale de la colonisation, ni sur un territoire donné ni en fonction d'une puissance spécifique. À travers l'exploration comparée des projections cinématographiques coloniales, l'idée est de documenter un aspect du projet impérialiste européen, en lien avec les politiques des gouvernements, les réponses des populations locales et les idéologies qui les sous-tendent. Ainsi, cette exploration ne repose pas sur une perspective déconnectée, mais, au contraire, en lien avec les autres aspects de la colonisation (violence administrative et symbolique, système de pouvoir, modes de résistance).

En effet, comme le souligne Brian Larkin (2008), la colonisation européenne en Afrique a également eu lieu dans une dimension symbolique en imposant un certain nombre de manières de faire et d'infrastructures liées à une idéologie et à un projet économique et politique :

> Previously, infrastructure drew on their technical achievements to express a symbolic power—a form of techno-politics, where political rule was mediated through the workings of a railway roads, or power plants. In the age of what Mbembe terms *private indirect government*, infrastructures are important not for their technical properties but because they are a political mechanism whereby actors can make claims on the state and governmental elites can award contracts and so purchase political allegiance. [...] In urban theory, infrastructures are often noted for their invisibility, their taken-for-granted-ness, until they break down or something goes awry; but in the colonial and postcolonial context, infrastructures command a powerful presence, and their breakdown only makes them more visible, calling into being governments' failed promises to their people as specters that haunt contemporary collapse. (2008 : 243-245)

De même que les infrastructures incarnent une relation spécifique entre l'État et ses citoyens, ou entre une puissance coloniale et les habitants d'un territoire, les dispositifs audiovisuels éducatifs ont participé à la fois à diffuser un mode de pensée propre au paradigme colonial (système de pouvoir, représentation raciste, présupposés *modernes* [Latour, 1997], etc.) et à provoquer une résistance parmi les audiences. Ainsi, étudier les différentes formes de réception mises en place par les subalternes face à un pouvoir hégémonique qui tente d'imposer un système complexe, incluant des valeurs et des paradigmes qui le renforcent, revient autant à décrire cet impérialisme que les réactions qu'il a produites. C'est pourquoi ce livre cherche autant à documenter les discours officiels sur les dispositifs de propagande que les différentes manières dont les spectateurs ont « perruqué » (Certeau, 1980, p. 49) face à eux, allant chercher dans le produit imposé les références, les formes et les processus nécessaires à la remise en cause du statu quo que le système tentait de favoriser.

En revanche, s'il est important de tenir compte de cette profondeur historique dans l'étude des dispositifs de réception, il serait contre-productif d'y procéder dans une vision téléologique, projetant sur des manières de faire anciennes le cadre d'analyse propre aux pratiques actuelles. C'est pourquoi il est important d'avoir une approche ouverte, de se laisser influencer par les traces disponibles dans les archives, en essayant d'en rendre compte à travers la conceptualisation et la formulation. Par exemple, l'importance d'une localisation de la production de films de propagande n'est pas apparue comme un élément central de l'efficacité des dispositifs coloniaux lors des premières explorations. C'est en constatant l'accumulation de données sur cette question que cette nouvelle compréhension du phénomène s'est imposée.

Dans cette étude, le terme de « dispositif de projection » caractérise un agencement médiatique spécifique mis en place afin de rendre disponible des images audiovisuelles à une audience dans un lieu et à une date donnée. Cette conception de la notion de dispositif est relativement large et regroupe à la fois tout le matériel nécessaire pour une activité spécifique, mais également les pratiques mises en place à la fois par les personnes impliquées dans l'organisation et celles présentes devant l'écran. De ce fait, cette définition inclut également l'ensemble des paradigmes structurant les technologies impliquées et les institutions culturelles qui gèrent les pratiques. Dans l'ensemble des cas étudiés dans ce livre, nous avons affaire à des projections cinématographiques, c'est-à-dire la présentation extrêmement rapide d'images fixes (24 images par seconde) donnant une impression de reproduction du mouvement, avec une dimension sonore variable suivant les époques et les contextes. La projection lumineuse et sonore présuppose une longue liste d'éléments dont voici quelques aspects non exhaustifs : un appareil mécanique de projection de la pellicule, un écran, un système d'amplification du signal sonore électrique, des haut-parleurs. L'ensemble doit être de bonne qualité et en état de marche, ces appareils sont généralement accompagnés d'un technicien formé capable d'en assurer le bon fonctionnement. Ils doivent être également reliés à une source d'énergie électrique, soit en réseau, soit mobile (groupe électrogène). Dans la plupart des cas, le personnel et le matériel se déplacent dans des véhicules équipés adéquatement (Cinema Van, camion cinéma, ciné-bus, etc.) afin de rejoindre une audience relativement homogène qui se regroupe à un point straté-gique : la grand-place d'un village, un marché, un bâtiment suffisam-ment large pour accueillir une foule importante, une salle de cinéma, active ou pas. Généralement, ce lieu est sélectionné en collaboration avec les employés chargés de la diffusion et les autorités locales, en fonction de critères techniques (luminosité, silence, etc.), météoro-logiques et sécuritaires. C'est pourquoi il est important d'inclure l'ensemble des pratiques et des choix réalisés avant, pendant et après chaque séance dans le dispositif, chacun de ses éléments modifiant à la fois les caractéristiques et le sens véhiculé lors d'une séance. Ainsi, chaque projection présuppose un dispositif nouveau, dans le sens où les conditions de chaque séance, mais également les caractéristiques de chaque audience viennent en modifier la définition. Que cela soit pris en compte consciemment ou pas par les organisateurs, les actions posées, mais aussi l'état d'esprit du public, vont modifier la réception d'une œuvre audiovisuelle.

C'est pourquoi, même s'il est généralement difficile d'avoir accès à ces données, les manières dont les spectateurs en Afrique de l'Ouest ont réagi aux projections organisées par des Occidentaux sur leur territoire sont un élément significatif de ce dispositif. En effet, dans un premier temps, les publics ont cherché des correspondances pos-sibles entre leur cadre d'interprétation vernaculaire et les stimuli audiovisuels, à la fois étranges et modernes. Ensuite, s'appropriant progressivement le dispositif cinématographique, ils ont fondu dans un complexe « maelstrom » les différents aspects techniques et insti-tutionnels de ce nouvel environnement médiatique. Sans avoir l'ambi-tion illusoire de décrire de manière systématique ce lent processus, ce livre cherche à apporter un éclairage détaillé sur quelques pratiques mises en place durant les projections coloniales et dont la trace nous est parvenue. Étant donné l'extrême diversité des contextes étudiés, il est impossible de définir un seul mode de réception audiovisuel. Par contre, il est possible de souligner les principaux enjeux de l'appropriation par une communauté locale d'un message audiovisuel pensé dans un contexte colonial. Le premier aspect, qui peut sembler une évidence, mais qui était loin de l'être pour les administrateurs coloniaux, concerne l'ensemble des décalages entre les références culturelles contenues dans les films et celles maîtrisées par l'ensemble des spectateurs. Le malentendu intrinsèque à la colonisation ne reposait pas uniquement sur des différences linguistiques ou sociétales, mais plus fondamentalement sur des valeurs et des philosophies sans véritable base commune, car appartenant à des systèmes paradigmatiques très distincts. Par exemple, la manière dont le récit était pensé en Occident ne correspondait que très peu aux conceptions répandues en Afrique de l'Ouest. De même, les modes de narration étaient très éloignés entre des sociétés majoritairement orales où tout est collectif et des cultures occidentales fondamentalement réorganisées autour de la *literacy* (Goody, 1987 ; Godzich, 1993). C'est pourquoi la réception des films est également dépendante de l'expérience de la projection cinématographique. Plus les spectateurs ont l'habitude de voir des images audiovisuelles, plus ils développent des tactiques afin de produire du sens en fonction des images et des sons projetés, plus ils sont familiers avec les modes de narration classiques choisis par les Européens et plus ils ont de chance d'interpréter le message et de proposer une réception critique de la propagande.

Ce phénomène n'est pas propre à la réception de la propagande coloniale, mais concerne toute modification majeure de notre environnement médiatique avec l'introduction d'un nouveau dispositif. En effet, les différents supports d'expression, agissant comme une forme de mémoire externe de plus en plus élaborée, modifient non seulement nos modes de communication, mais également nos perceptions et nos différentes formes de « rétentions » (Stiegler, 2001). Évidemment, ce processus prend des dimensions tout à fait singulières dans le contexte d'un choc paradigmatique comme celui ayant eu lieu pendant la conquête et la domination coloniale. Enfin, l'autre aspect intéressant de cette démarche est de mettre en évidence des « effets de remédiation » (Bolter et Grusin, 1999) sur une longue période : à chaque « époque » (Déotte, 2004), les communautés humaines vont puiser dans leur imaginaire collectif afin de répondre aux défis posés par ces nouveaux agencements médiatiques. Ainsi, nous recyclons des pratiques mises en place dans d'autres contextes et l'on peut suivre une forme de circulation de « manières de faire » (Certeau, 1980), comme le constate Michel Foucault :

> L'énoncé [...] apparaît avec un statut, entre dans des réseaux, se place dans des champs d'utilisation, s'offre à des transferts et à des modifications possibles, s'intègre à des opérations et à des stratégies ou son identité se maintient et s'efface. Ainsi l'énoncé circule, sert, se dérobe, permet ou empêche de réaliser un désir, est docile ou rebelle à des intérêts, entre dans l'ordre des contestations et des luttes, devient thème d'appropriation ou de rivalité. (1969 : 138)

Les pratiques développées en fonction d'institutions sociales et culturelles passées ne constituent pas simplement une accumulation de strates historiques, mais elles interagissent entre elles, dans la mesure où une personne – ou un groupe – les réactualise, c'est-à-dire vient puiser dans la mémoire collective en réponse à un nouveau dispositif médiatique. C'est pourquoi il est si urgent de mieux documenter les premières projections audiovisuelles dans les territoires coloniaux.

1.2 Déconstruire l'essentialisation de l'Autre

Tout l'enjeu de ce livre se situe à ce niveau : tenter de comprendre et de formuler une partie du « malentendu culturel » inhérent au choc de civilisations durant la colonisation. Malheureusement, il est très difficile de parler de conceptions culturelles liées à des sociétés qui me sont par définition étrangères, car mes connaissances d'un continent aussi grand, des cultures aussi différentes et complexes et d'une histoire aussi variée sont forcément limitées. J'ai bien sûr mis à profit deux postdoctorats et mes premières années de recherche et d'enseignement, afin de compléter ma formation sur les cultures de l'Afrique de l'Ouest, en particulier autour des différentes formes de médiation de l'oralité (directe, littéraire et audiovisuelle). Évidemment, je ne peux pas mettre de l'avant la même compétence pour les aires culturelles du reste du continent africain. De même, je ne prétends pas être un spécialiste de l'histoire de l'Afrique, ni de sa géographie, ni même de la colonisation française : ma spécialité réside dans l'étude des dispositifs médiatiques et mes connaissances reposent sur une lecture des sources secondaires disponibles et une étude des archives coloniales britanniques, belges et françaises. De même, si l'approche comparatiste oblige le chercheur à se risquer hors de ses champs de compétence, elle permet également de suivre des traits culturels, des paradigmes et des lignes de fracture, et d'explorer des différences contextuelles ou fondamentales, au-delà des limites des aires culturelles, des périodes historiques et des environnements médiatiques.

Ainsi ce livre se veut une présentation la plus large possible des pratiques de réception audiovisuelle en Afrique, des années 1930 aux années 1960, en partant des premières projections organisées dans les zones rurales à grande échelle dans un contexte colonial. C'est à ce niveau que se situe le principal problème : s'il est difficile, même en s'en donnant les moyens académiques sur le plan des sources et de la conceptualisation, de se replonger dans les conceptions du monde largement répandues à une époque passée (1930-1960) dans une culture dont vous êtes issus, il est quasiment impossible de comprendre les enjeux paradigmatiques d'une société dont tout vous est étranger. D'un côté, même les Européens de naissance n'ont pas un accès direct aux cosmogonies de leurs ancêtres et, en particulier, aux mêmes présupposés racistes qui ont accompagné l'impérialisme européen en Afrique. Il est très difficile, même si cela est absolument nécessaire, de trouver les bonnes formulations afin à la fois d'exprimer l'absurdité et la violence des stéréotypes et le fait que ces conceptions étaient largement répandues et très peu contestées, en particulier parmi les employés collaborant au projet colonial. De l'autre, il est virtuellement impossible pour un universitaire dont la pensée est structurée par la littéracie occidentale et s'exprimant dans une langue coloniale d'approcher la réalité et les cultures vernaculaires des hommes et des femmes qui vivaient sur le continent africain durant la même période. Par contre, comme le montre Foucault dans *Les mots et les choses* (1966), ce regard extérieur permet, si l'observateur agit avec méthode et prudence, de reconstituer tout un système formel qui sous-tend l'ensemble des interactions dans une société donnée. Sans avoir cette large ambition, ce livre cherche à déconstruire le mythe de la « mission civilisatrice[2] » mis de l'avant pour justifier l'exploi-

---

2. « This early form of humanitarian action was motivated largely by the colonial powers' economic interests in indigenous labor used to cultivate and gather wild rubber on colonial plantations for the export economy. Retroactive colonial humanitarianism justifies economic exploitation by finding the cure to the effects of colonial intervention. Finding the cure not only justifies the suspension of sovereignty rights under the colonial administration but perpetuates a system of inequality founded on the magical promise of technological modernity. » (Bloom, 2008, p. viii)

tation coloniale de l'Afrique par certaines puissances européennes, tout en explorant deux aspects de l'impact de cette domination sur les cultures africaines, soit la mise en place d'un imaginaire cinématographique et une forme de résistance à tout message moderne imposé par une autorité.

Cet ouvrage se concentre principalement sur les séances organisées officiellement par les gouvernements européens, au détriment des séances commerciales, en raison des archives disponibles et de leur impact supposé : d'après les sources disponibles aujourd'hui, à partir des années 1930 et plus encore pendant la Seconde Guerre mondiale, les projections institutionnelles étaient beaucoup plus répandues dans les zones rurales que le cinéma commercial itinérant. Après une censure très sévère en AOF, quelques exploitants obtiennent des licences du gouvernement français à Dakar. Comme le montre Odile Goerg (2015), leur nombre augmente de manière exponentielle après la guerre et, dans la plupart des cas, ils vont continuer leur activité dans la sous-région après les Indépendances. Enfin, si les projectionnistes ambulants ont participé à développer le goût des populations rurales pour le « cinématographe », leur influence sur la réception d'un message éducatif est beaucoup moins importante ; leur activité est généralement perçue comme une forme de divertissement anodin plutôt que le support de diffusion d'une idéologie.

Par ailleurs, cette étude ne cherche pas une description exhaustive des pratiques de projections audiovisuelles sur l'ensemble de l'Afrique coloniale. Suivant une approche historique, l'ouvrage suit les premières expérimentations dans les territoires coloniaux britanniques et belges, avant de se focaliser sur les sources disponibles à propos de l'Algérie française. De plus, en l'état des recherches actuelles, il n'existe pas de documentation précise sur des projections audiovisuelles coloniales dans les colonies italiennes, espagnoles ou portugaises. De même, faute de temps et de financement, il n'a pas été possible de mener la recherche de manière aussi aboutie sur les sources provenant de la *Gold Coast* et celles de l'Afrique de l'Est. C'est pourquoi l'analyse de l'impact négatif de l'ensemble du dispositif de propagande en *Rhodesia* (le Zimbabwe colonial) repose principalement sur des sources secondaires. À l'inverse, les publications sur les projections audiovisuelles en Algérie ne prenant que très peu en compte la réception, l'analyse repose principalement sur les archives du Service de diffusion cinématographique.

Cette étude étant principalement centrée sur la réception de film et, en particulier, sur la figure du commentateur de film (*Interpreter*, conférencier, *speaker-interprète*, etc.), elle a été confrontée à deux problèmes cruciaux : étudier des pratiques culturelles en se basant principalement sur des sources gouvernementales écrites ne permet d'avoir ni une vision impartiale du contexte, ni un accès direct à une performance orale. La méthodologie, d'abord basée sur des recherches en archives, cherche à décrire à partir des sources, plutôt que d'imposer des définitions prédéfinies. Par exemple, le concept même de propagande est impossible à définir de manière stable durant le xxᵉ siècle (Bertin-Maghit, 2015), étant donné que les dispositifs varient et que les perceptions ne sont pas les mêmes avant et après la Seconde Guerre mondiale. Par exemple, la propagande est assimilée à de l'information éducative, de la publicité orientée, avant la guerre. En raison des excès justifiés par la nécessité de se mobiliser face à l'ennemi, le terme prend une connotation négative. De même, il n'est pas possible de distinguer de manière définitive entre une approche « éducative » et une autre cherchant à manipuler les opinions. Dans les faits, tout au long des années 1930-1960, les discours et les pratiques mêlent ces deux compréhensions.

Ainsi, à travers une analyse des rapports produits par les différentes commissions ayant étudié la possibilité de propagande audiovisuelle dans les territoires coloniaux, il est possible de dessiner une compréhension du *medium* tel que répandu dans les administrations européennes. De même, en compilant toutes les informations contenues dans les comptes rendus d'activités, il est possible de proposer quelques hypothèses sur le décalage entre les dispositifs de projection tels que conçus dans les capitales européennes et le contexte de réception. Si la description d'une idéologie répandue dans les ministères européens à partir de l'analyse de sources écrites produites par ces administrations est une approximation acceptable, ne permettant pas de connaître l'opinion des gens, mais offrant une forme de perspective globale, la même méthodologie ne permet pas d'explorer comment les films étaient reçus. Tout d'abord, ces archives présentent, de manière évidente, un point de vue biaisé sur le dispositif de propagande : il ne reste dans les rapports que l'opinion des administrateurs coloniaux à la fois convaincus du bien-fondé de leur « mission civilisatrice » et cherchant à valoriser leur contribution. Il est donc impossible à partir de cette seule source d'étudier l'impact ou de montrer l'efficacité réelle d'un dispositif de propagande. Conscient de ce travers méthodologique, il a été nécessaire de constamment chercher des tactiques afin de donner beaucoup plus d'importance aux rares traces laissées par les audiences dans les archives. De manière plus générale, cette étude ne cherche pas à juger les idéologies, les choix et les actes des employés des États coloniaux en Afrique. Si à un niveau personnel je condamne sans nuance les politiques coloniales des États européens et les violences associées à cette idéologie, sur le plan académique, ce livre cherche à décrire le plus précisément possible un des rouages d'une machine coloniale occidentale en territoire africain, afin à la fois de mieux informer le jugement de nos contemporains et de comprendre la complexité de l'environnement médiatique actuel en Afrique de l'Ouest.

Aux difficultés méthodologiques et conceptuelles s'est ajouté un accès très disparate aux sources. Si du côté britannique je n'ai rencontré que peu d'obstacles (autre que de trouver les financements nécessaires pour des séjours de recherche), l'exploration des archives dans le monde francophone s'est révélée très laborieuse et inefficace, principalement pour deux raisons : le morcellement et la décentralisation des lieux d'archivages ainsi que l'absurdité des règles de consultation. En France, les archives coloniales sont éparpillées dans différents centres, entre la région parisienne (BnF, Bois-d'Arcy, Ivry, Nanterre, Pierrefitte et Vincennes), Aix-en-Provence et Nantes. Comme en ont déjà témoignés plusieurs de mes collègues, chaque centre de consultation fonctionne suivant sa propre logique, c'est-à-dire rarement en fonction des besoins du lectorat, mais plus en raison de contraintes internes, la plupart du temps très mystérieuses. On peut interpréter cette organisation kafkaïenne, au choix, comme une manifestation concrète des restrictions budgétaires, de la grève du zèle de certains fonctionnaires, ou de la mauvaise volonté d'une administration de communiquer sur des événements qui ont toujours un caractère tabou en France. Par exemple, pour des raisons de manque de personnel ou d'inadaptation des locaux, un chercheur peut avoir accès à six cartons par jour aux Archives nationales d'outre-mer (ANOM) à Aix ou à cinq boîtes au Service historique de la Défense (SHD) à Vincennes. Aucune dérogation ne sera allouée, même à un chercheur professionnel venant de l'étranger […] Enfin, une partie des archives consultées sont toujours soumises à des restrictions, au « secret de la Défense nationale » au SHD, ou « classifié » aux Archives nationales. Si l'on peut comprendre que dans le monde francophone toute information ne soit pas accessible sans condition, il semble étrange dans les années 2010 de censurer l'accès d'un dossier concernant les moyens alloués à la propagande par l'armée française pendant la guerre d'Algérie (SHD) ou par la cellule Foccart en Afrique de l'Ouest (Archives nationales). À cela, il faut ajouter les dossiers perdus, incomplets, ou en cours de consultation par un conservateur (ANOM). Dans ce contexte, il est important de souligner les miracles qu'accomplissent des archivistes et bibliothécaires avec des moyens très limités, en particulier à l'Établissement de communication et de production audiovisuelle de la défense (ECPAD) (Ivry). Ces limites ont largement formaté cette étude, par exemple en réduisant largement la comparaison des activités du Service de diffusion cinématographique (SDC) en Algérie avec celle des Compagnies de haut-parleurs et tracts (CHPT, puis CDP).

Le second biais méthodologique concerne l'impossibilité de retrouver la trace d'une pratique éphémère qui n'a eu d'existence que dans une série de contextes singuliers, variant en fonction des aires culturelles, des lieux précis, des dates, de la composition de l'audience et des récents événements. Comme dans la plupart des recherches sur les pratiques cinématographiques orales, cette information est définitivement perdue et il sera impossible de reconstituer avec précision l'ensemble des choix effectués par les organisateurs et les réactions des audiences aux stimuli audiovisuels ; la difficulté est maintenant de chercher des sources alternatives afin de préciser au mieux la description des dispositifs. Considérant la diversité linguistique et culturelle, mais également l'étendue géographique de ce « terrain », faute de financement et de temps, il a été impossible de partir à la recherche systématique de témoins potentiels. De plus, lorsque l'occasion s'est présentée, j'ai tenté de rencontrer des spectateurs ayant participé à ces séances. Malheureusement, dans les zones où ont été menées des recherches de terrain (Sénégal, Mali et Burkina Faso) et même sur une période plus récente (les projections éducatives après les années 1960), malgré un bon réseau local d'informateurs (en particulier dans les régions de Dakar, Saint-Louis, au Sénégal ; Bamako, Bandiagara, Mopti, au Mali ; Banfora, Bobo Dioulasso, Koudougou, Ouagadougou, Ouahigouya, au Burkina Faso), aucun témoin de ces séances n'a accepté de répondre à des questions sur cette expérience. Un double problème semble émerger ici : la sélection mémorielle ou la disparition de la dernière génération active avant les années 1960 et le refus d'évoquer un passé douloureux (la colonisation) ou des pratiques jugées dévalorisantes (les projections coloniales). En l'absence de sources alternatives, critiques et plus complètes, les archives sont à l'heure actuelle notre seul point d'accès à des pratiques qui ont disparu. S'il est impossible de juger de manière objective de l'efficacité de ce mode de propagande, il est tout de même possible de proposer une série d'hypothèses sur le mode de diffusion de contenu et d'idéologies, par exemple, en mettant de l'avant l'aspect spectaculaire du dispositif et son impact – à long terme – sur les populations locales. Ainsi, les nuances, les bémols, les aveux d'échecs, ou simplement les changements de manières de faire, nous permettent d'isoler une pluralité de discours et, indirectement, de proposer une description la plus précise possible des dispositifs de projection rencontrés dans les différentes études de cas.

2. Vers une conception européenne de la propagande cinématographique ?

2.1 Contexte historique et politique

D'après les renseignements disponibles à l'heure actuelle, les institutions britanniques privées et publiques ont été parmi les premières à mettre en place une forme de propagande via le *medium* cinématographique. En effet, durant la guerre des Boers (1899-1902), de nombreux « films d'actualités » sont réalisés sur le sujet et diffusés dans l'ensemble de l'Empire. L'enjeu est de taille, car, d'un côté, il est important que le conflit ne s'étende pas à d'autres colonies et il faut convaincre les sujets de rester fidèles à la couronne d'Angleterre. C'est pourquoi les combattants boers sont généralement présentés de manière négative et leurs revendications sont discréditées. D'autre part, comme dans tout conflit, le pouvoir britannique dépend de ses colonies pour ce qui est du soutien logistique et des renforts humains. Les films doivent motiver l'envoi de volontaires pour combattre les ennemis du « progrès et de l'Empire ». On trouve ce type de production et de projection cinématographique commandité par les autorités britanniques pendant la période de paix avant la Première Guerre mondiale. Par exemple, James Freer, Guy Bradford et la London Bioscope Co. se spécialisent en particulier dans la réalisation et la diffusion de films faisant la promotion des colonies. Ils présentent aux Britanniques les contrées exotiques sous un jour positif afin de favoriser le tourisme, l'immigration et les investissements dans les différentes parties de l'Empire. Tous ces exemples concernent la réalisation de films coloniaux à destination de spectateurs occidentaux.

À partir des années trente, les principaux empires coloniaux en Afrique mettent également en place des projections cinématographiques pour « éduquer » les populations locales :

> Un mouvement se dessine pourtant, correspondant à l'affirmation de la prépondérance de l'État sur les grandes sociétés coloniales qui demeurent, jusqu'ici, les principaux commanditaires des productions cinématographiques, leur imprimant des vues et messages publicitaires en leur faveur. Le mouvement qui mène à l'officialisation du cinéma colonial auprès de divers publics au Congo, en Belgique et dans les sphères internationales, ainsi que d'encourager une action spécifiquement belge dans la colonie : le film devient instrument de propagande d'État, destiné à la fois à renforcer la fierté nationale et à propager les préceptes sociaux et moraux de la « race blanche » auprès des masses. (Schuylenbergh et Etambala, 2010, p. 23)

Les Britanniques sont également les premiers colonisateurs à exploiter le *medium* cinématographique afin de renforcer l'intérêt des populations locales pour l'Empire, puis de consolider leurs colonies en vue de la guerre contre l'Allemagne nazie. Les administrations des colonies françaises et belges mettent en place des séances de cinéma fonctionnant sur le même principe, principalement après la Seconde Guerre mondiale. Leur but est « de faire pénétrer la civilisation dans les populations indigènes » (Ballereau, 1949). Différentes stratégies sont choisies, entre la présentation de films étrangers, dans la langue du colonisateur et la production locale de films spécialement conçus pour les spectateurs. Dans tous les cas, certains administrateurs coloniaux constatent que le film est mieux compris lorsqu'un commentateur adapte le dispositif de projection aux spectateurs et qu'il traduit les intertitres et les dialogues.

On voit ainsi nettement se dessiner une tradition de projections éducatives d'initiative privée ou publique, d'abord en Europe, puis dans les territoires coloniaux. Par exemple, dans les îles britanniques, différents paliers de gouvernement ont développé une longue expérience en matière de propagande et de séances éducatives destinées à des publics ciblés. Il faut également souligner l'interaction entre les différentes périphéries de l'Empire, incluant le Canada, et le centre londonien. Chaque expérience menée dans l'Empire est ensuite centralisée à Londres, sous forme de rapport. C'est suivant la même dynamique que les projections coloniales sont mises en place par les gouvernements britanniques pendant la Seconde Guerre mondiale. On trouve ainsi les bases de la création du *Colonial Film Unit* (CFU) dans quelques rapports et dans une dizaine de comptes rendus de la commission *Dominions, India and Colonies Panel*, chargée de faire des recommandations sur la mise en place d'un système de propagande par le film. Deux expériences – la *Nigeria Health Propaganda* et la *Bantu Educational Kinema Experiment* (BEKE, 1933-1937) – sont régulièrement citées lors de la création de la CFU, la première comme source d'inspiration et la seconde comme contre-exemple. Les aspects administratifs, budgétaires ou techniques sont traités en détail ; la qualité éducative des films est également un thème récurrent des rencontres et des rapports préparatoires. L'objectif est alors la réalisation de films « éducatifs » adaptés à un public peu familiarisé avec la culture occidentale. Curieusement, les questions de la langue du commentaire ou de la production locale des films ne sont que très rarement envisagées.

Malgré des différences entre la manière dont les pays européens ont administré leurs colonies africaines, on peut constater de grandes similarités dans la gestion des questions cinématographiques : une censure très stricte et très précise des films distribués ; un contrôle de toute forme de production audiovisuelle et l'organisation d'une propagande. Au-delà de la similitude des structures administratives, cette politique est également révélatrice d'une conception relativement homogène du *medium* cinématographique. Si l'on se concentre sur la question des projections coloniales, il est intéressant de voir que les administrations britanniques, belges et françaises ont mis en place des dispositifs similaires, répondant à des objectifs comparables, et qu'elles ont rencontré les mêmes difficultés. Le principe de base de ces séances éducatives semble être le contrôle du message, de sa production en métropole à sa diffusion dans les territoires sous administration coloniale. À travers l'exploration des archives gouvernementales de ces trois pays, on observe la même dichotomie entre la vision théorique des administrateurs et les tactiques créées par les équipes sur le terrain : l'élément central de cette conception de la propagande repose sur une manipulation des opinions locales à travers le contrôle par les autorités coloniales d'un message audiovisuel conçu comme universel. Par exemple, les administrateurs londoniens de la CFU conçoivent l'enregistrement sonore comme une forme d'écriture, dans le sens où ce procédé leur permet d'exercer un contrôle sur la propagande cinématographique. En cela, ils constituent un « propre » (Certeau, 1980) qu'ils cherchent à imposer à des audiences supposées captives. Dans leur esprit, le cinéma comme continuum audiovisuel crée une bulle fictionnelle, dans laquelle le spectateur tombe dans une torpeur passive qui facilite l'accès direct à une forme d'inconscient, ce qui rend possible la diffusion d'idéologies.

Cette conception de la propagande cinématographique est très répandue durant l'entre-deux-guerres parmi les élites européennes et son usage auprès des classes populaires semble rencontrer un certain succès en Europe. Or, l'inefficacité de ces séances en Afrique coloniale est aujourd'hui largement attestée (Ramirez et Rolot, 1990 ; Burns, 2000 ; Lacasse, Bouchard et Scheppler, 2011), car, comme le documente ce livre, elle est totalement inadaptée aux contextes culturels africains, à la fois à cause de la diversité culturelle et linguistique des audiences, mais aussi de l'expérience très variée de la réception audiovisuelle. Ce décalage fondamental entre les conceptions véhiculées par les élites européennes et les réalités des Afriques coloniales est révélateur d'un système pyramidal peu flexible, de mentalités très figées et de l'absurdité de la gestion administrative coloniale. Il existe bien sûr des exceptions et certains organisateurs locaux ont cherché à adapter non seulement les films, mais aussi leurs modes de diffusion, aux attentes des spectateurs. Par exemple, les Pères Blancs (*Witte Paters*) au Congo belge réalisent des films en fonction d'un contexte de réception et reconnaissent l'intérêt du commentaire réalisé lors de la projection. Il serait intéressant de tenter d'établir ici un lien avec le principe de l'*accommodatio* dans la tradition catholique, soit à la fois un contrôle du processus interprétatif des textes et leur vulgarisation lors de la performance d'un discours parlé. À un niveau d'analyse plus fondamental, l'ensemble des pratiques décrites dans ce livre sont révélatrices des préjugés et des conceptions racistes à la base du système colonial.

2.2 Stéréotypes raciaux et représentation audiovisuelle

La première caractéristique des projections organisées par les gouvernements coloniaux est la diffusion d'une idéologie raciste justifiant leur domination impérialiste. Évidemment ces stéréotypes raciaux sont d'abord visibles dans la production cinématographique documentaire ou fictionnelle destinée à la métropole. Par exemple, Peter Bloom, dans *French Colonial Documentary* (2008), explique comment les représentations visuelles sont d'abord motivées par la mise en place d'un imaginaire supportant un système d'inégalité, où les populations colonisées sont des inférieurs, justifiant leur domination culturelle, religieuse, politique et, surtout, économique par les puissances coloniales. Dans ce monde, « l'homme noir », « l'Africain », a l'air étrange et dangereux ; il est muet et s'il parle, le spectateur moyen ne peut le comprendre, car aucune traduction n'est fournie. Plus globalement, il n'a d'existence dans la représentation cinématographique qu'à l'arrière-plan ; il est extérieur à l'action principale du film et il n'interagit pas avec les personnages principaux (Occidentaux). Il en va de même dans le cinéma documentaire colonial où l'absence de prise de son directe laisse toute la place à une musique exotique et une voix off dictant le sens aux images (Vieyra, 1957). Comme le constate Timothy Burke dans l'article « Our Mosquitoes Are Not So Big » (2002) à propos des projections coloniales au Zimbabwe, les colonisateurs mettent en place des mécanismes de défense idéologiques, afin d'entretenir un *statu quo* avec leurs « subalternes » africains. Il ajoute que les simulacres racistes véhiculés par le cinéma sont également liés à une méfiance partagée par les populations européennes et africaines vis-à-vis de la représentation audiovisuelle :

> I argue, that, to an equal extent, uncertainty about African audiences and their reception of visual materials was caused by uncertainty among whites about their own interpretative skills. New styles and technologies of visual representation unnerved Europeans to the same extent that they puzzled or alarmed Africans. Though whites often claimed mastery of the visual, their stories about Africans were sometimes a technique for laundering fears and anxieties about the impact that new styles of visual representation were having on their own lives. At the end of the day, these stories were ultimately part of a larger, albeit somewhat fractured, discussion between Africans and Europeans about the dangers and benefits of modern visual technologies. (Burke, 2002, p. 42)

Cette réaction face à un mode de représentation perçu comme une menace se trouve mêlée avec un ensemble de récits mis en place par les colonisateurs et profondément enfouis dans l'inconscient collectif :

> If we were to catalogue the core narratives to emerge out of Western colonial expansion since the sixteenth century, stories

> about Western modes of visual representation and their effect
> on non-Western peoples would surely figure prominently. "The
> native who fears that the camera will capture his soul" and "The
> native who fails to recognize himself in the mirror" are iconic
> tales that recur again and again in the Western imaginary. Some
> Africanists have discussed the actual colonial encounters that
> animated such narratives. For instance, Paul Landau has descri-
> bed the use of a magic lantern, an early form of image projector,
> in the early 1920s in colonial Botswana by Ernest Dugmore, a
> London Missionary Society preacher; and Christraud Geary has
> chronicled the role played by photography in the German colonial
> administration of Cameroon. (Burke, 2002, p. 43)

Ainsi, comme le montre Bloom, les représentations cinématographiques des peuples africains dans les films coloniaux hollywoodiens
ou français, mais également les *a priori* sociaux sur leurs modes de
réception des images audiovisuelles, rejoignent une série culturelle
plus large :

> This book addresses the parameters of French colonial documen-
> tary cinema as a history of a French colonial media apparatus.
> It does this in the spirit of understanding the rhetorical claims
> for humanitarian responsibility founded upon security, human
> catastrophe, and civilization. The "apparatus," a term rooted in
> a psychoanalytic and Marxian analytic paradigm, is at once a
> machine that produces meaning and an over-determined political
> and social context that forms the basis for ideology. (2008 : ix)

Malheureusement, cet appareil idéologique est encore trop peu remis
en question et, à part quelques évolutions postcoloniales, il est toujours présent dans une grande partie de la production audiovisuelle
récente.

Ces types de stéréotypes biaisés sur les cultures africaines sont
évidemment présents lors de la production de films éducatifs, soit
par le choix d'imposer un système de représentation raciste, soit par
négligence et non remise en cause de clichés toujours actifs dans
l'imaginaire collectif de l'époque. Malheureusement, c'est dans ce
contexte très défavorable que la plupart des spectateurs en Afrique
ont pris contact avec le *medium* cinématographique, alors que les premières expériences sont déterminantes : elles ont structuré de manière

fondamentale les tactiques mises en place par les spectateurs afin de s'approprier ce nouveau dispositif. Or, comme nous le verrons dans le premier chapitre, « Une conception européenne de la propagande ? », l'inadéquation de la propagande coloniale à la grande majorité des audiences rend impossible une réception basée sur l'interprétation du message éducatif. Partant de la création de la CFU au début de la Seconde Guerre mondiale par le gouvernement britannique, puis en comparant les manières dont les administrations belges et françaises ont repris ce dispositif, nous cherchons à établir les constantes d'une conception européenne de la propagande audiovisuelle, en particulier le principe d'un message diffusé par une forme de transmission magique directe entre le contenu des films et le cerveau des spectateurs en état de fascination. Nous interrogeons dans quelle mesure cette conception repose sur une série de méconnaissances du *medium* cinématographique par les administrateurs coloniaux. Nous explorons ensuite comment chaque administration coloniale, prenant alors conscience que les films éducatifs disponibles, réalisés pour un contexte européen ou africain, ne sont pas adaptés pour les audiences des projections coloniales, a cherché à décentraliser la production audiovisuelle à partir des années 1950.

Le second chapitre, « De l'importance du commentateur de film », explore une autre stratégie de localisation des projections, c'est-à-dire la présence, lors de la séance, d'un commentateur de film. Après avoir interrogé l'absence de mention de cette figure dans les rapports des administrations centrales, nous remettons en question son efficacité, en particulier en regard de l'expérience des projections éducatives en *Gold Coast* (Ghana) (1939-1957). Enfin, ce chapitre se conclut sur les différentes formes d'impact de la présence du commentateur de film sur le dispositif de propagande, en particulier dans son rôle de médiateur et de pédagogue, mais aussi les manières dont l'oralité directe à la fois facilite l'appropriation du contenu pédagogique d'un film par les spectateurs et, dans certains cas, autorise certaines pratiques de résistance. Le troisième chapitre, « La propagande cinématographique française », se focalise principalement sur le Service de diffusion cinématographique (SDC) en Algérie (1946-1962), montrant comment les administrateurs ont cherché à remédier au décalage entre leurs conceptions erronées de la propagande, similaires à celles de leurs collègues européens, et les besoins des audiences, en particulier au sujet de l'importance du *speaker-interprète*. Tout en prenant en compte les spécificités françaises, en particulier pendant la période de la guerre froide, cette section montre comment la faiblesse des budgets, l'inadaptation de la plupart des films et le manque de souplesse du Gouvernement général de l'Algérie limitent la diffusion d'un contenu éducatif par le film. Finalement, elle se conclut sur une mise en perspective de l'influence des projections coloniales sur les imaginaires collectifs, détaillant les différents modes de réceptions répertoriés en Algérie.

L'objet de ce livre est d'explorer les impacts culturels et politiques des projections coloniales non seulement par rapport aux références et aux modes de narrations, de l'imaginaire collectif, mais également à un niveau encore plus fondamental des paradigmes techniques et idéologiques et leurs conséquences à long terme. En effet, il est primordial d'explorer l'influence des projections coloniales sur les imaginaires collectifs des sociétés africaines, car elles ont été organisées de manière massive, en particulier en Afrique de l'Ouest (principalement au Ghana et au Nigeria), en Afrique de l'Est (*Federation of Rhodesia and Nyasaland*, Tanganyika ou au Kenya), au Congo belge et en Afrique du Nord (en Algérie). Ce livre interroge également les manières dont les dispositifs de propagande britannique, belge et français ont influencé de façon fondamentale la compréhension du *medium* cinématographique des populations colonisées en agissant spécifiquement sur leur système de représentation, sur les valeurs véhiculées par la projection cinématographique elle-même, et l'impact de l'enregistrement audiovisuel sur la perception, les rétentions et la transmission d'une expérience ou d'un savoir. Enfin, il tente de documenter, lorsque cela a été possible, soit lorsque des traces de ces pratiques ont émergé des archives, les réponses des audiences, c'est-à-dire, l'ensemble des pratiques de réception crées au moment de cette prise de contact et leur évolution jusqu'aux indépendances, mais aussi les différentes formes de résistance qui, d'une certaine manière, perdurent également jusqu'à ce jour.

Chapitre 1

Une conception européenne
de la propagande ?

L'idée de la propagande par le film germe avec le cinéma des premiers temps : des expérimentations apparaissent au début du xxe siècle, des innovations sont apportées en fonction des nécessités (en particulier pendant les périodes de guerre). L'entre-deux-guerres est une période très fructueuse, entre l'expansion de l'art cinémato-graphique (en Union soviétique, en Europe de l'Ouest ou aux États-Unis) et le développement des techniques de persuasion (publicité, actualités, éducation, prosélytisme, etc.). Pendant le réarmement qui précède la Seconde Guerre mondiale, les États européens et américains investissent dans des « dispositifs de persuasion » : recherche d'un matériel plus léger, permettant de rapporter des images réalistes ; diversification des images, dont l'animation ; amélioration de la dramatisation, en particulier par rapport au commentaire enregistré ; etc. À partir des années 1920, ces différentes techniques vont être employées avec plus ou moins de succès dans les territoires coloniaux.

1. Les débuts de la propagande cinématographique en Afrique

1.1 Nigeria Health Propaganda (1931-1940)

À la fin des années 1920, le gouvernement britannique au Nigeria, via la *Sanitary Branch of the Health Department*, met en place un programme d'éducation sur la santé nommé *Health Propaganda*. L'un des principaux défis identifiés par les organisateurs consiste à acheminer la projection cinématographique dans des zones rurales peu accessibles. Les constructeurs adaptent alors les *Cinema Vans* déjà en service en Europe (notamment en Grande-Bretagne, en Union soviétique et en Belgique) aux conditions de circulation et au climat du Nigeria. Plusieurs améliorations sont apportées pour limiter la fragilité du matériel, mieux le protéger et en faciliter la maintenance[1]. William Sellers, *Propaganda Officer* au Nigeria dans les années 1930, est présent lors de la création de la CFU en 1939 et reste son principal producteur jusqu'à sa disparition en 1952. Ceci explique certainement l'influence importante de l'expérience nigériane dans le fonctionnement de l'unité. Sellers arrive à ce poste avec une grande aura, comme on peut le lire dans un rapport sur l'usage d'unités de projections cinématographiques pour l'éducation de masse, publié en 1943, qui le présente comme le premier responsable britannique ayant géré ce type d'unité en Afrique de l'Ouest[2]. L'auteur souligne les qualités de Sellers qui ont favorisé la réussite du programme : outre ses connaissances techniques (sur la mécanique automobile ou sur le matériel cinématographique), son expérience en tant qu'inspecteur sanitaire – *Sanitary Inspector* – lui donne une bonne connaissance des cultures locales et des difficultés géographiques. Il s'intéresse peu, toutefois, à la réception des projections en se concentrant sur le contenu éducatif des films.

1.2 *Bantu Educational Kinema Experiment (BEKE, 1933-1937)*

Il en va tout autrement de la situation de la *Bantu Educational Kinema Experiment* (BEKE). En 1933, J. Merle Davis, directeur du département

---

1. « When it was first decided to use films in health propaganda work in Nigeria, two vehicles were adapted locally for the purpose in 1928 and 1929. After lengthy road experience, a specification for a special mobile cinema van was prepared and one was built in England in 1931. [...] It was found admirable for the purpose. » (*Sound Recordings*, 1945, p. 92)
2. « The pioneer work in the use of a cinema unit in West Africa had been done in Nigeria by a European Sanitary Inspector—Mr. W. Sellers, now of the Colonial Film Unit—so it was amongst the staff of the Sanitary Branch of the Health Department that search was first made for a suitable officer. By a stroke of good fortune there was such an officer who seemed possessed of the necessary qualifications. » (*Memorandum of the Cinema Branch*, 1943, p. 61)

Figure 1.1. Cinema Vans *en* Gold Coast *(1939-1948)*.
Source : *National Archives, NSC 29/15*.

Social and Industrial Research du *International Missionary Council*, décide d'organiser une unité de production de films éducatifs et un réseau de projection à travers cinq pays de l'Afrique de l'Est : le Kenya, la *North Rhodesia* (la *Zambia*), le *Nyasaland* (le Malawi), le Tanganyika (la *Tanzania*) et l'*Uganda*. Davis (1937) justifie son intention de lancer un programme d'éducation cinématographique en se basant sur le faible taux d'alphabétisation des populations locales[3]. Il recrute le Major Leslie Alan Notcutt, spécialiste du cinéma éducatif, comme *Field Director* de l'expérience BEKE, chargé de la production de films éducatifs. Le poste de *Educational Director* est confié à George Chitty Latham, ancien directeur du bureau *Native Education* (*Northern Rhodesia*/*Zambia*). Les deux adjoints se chargent de la rédaction d'un rapport d'activité intitulé *The African and the Cinema* (1937).

---

3. « Books are of little use to a people of whom more than 90 per cent are illiterate. The moving picture offers a possible substitute. It also seems to offer a means of supplementing the meagre provision for their recreational life. » (Davis, 1937, p. 10)

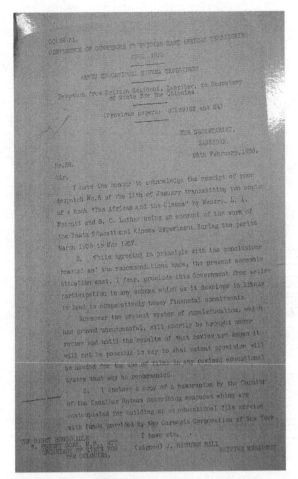

Figure 1.2. Conference of Governors of British East African Territories, *février 1938*.

Source : *National Archives, CO 323/1535/02.*

Dès le départ, les organisateurs de la BEKE savent que pour être bien compris, leurs films doivent s'agencer autour d'un commentaire adapté à leur public[4]. Les organisateurs sont conscients des problèmes posés par le son[5] : comment obtenir une bande sonore

---

4. « A good commentary can save a poor film and a bad commentary can to a large extent spoil a good film. » (Notcutt et Latham, 1937, p. 149)

5. « Synchronized sound would be prohibitive in cost and there would be the constant language difficulty in a land of so many different vernaculars. » (Notcutt et Latham, 1937, p. 28-29)

de qualité, compréhensible par l'ensemble des spectateurs ? Notcutt et Latham doivent faire face à une grande diversité linguistique et culturelle. Du fait que les frontières coloniales ne respectent pas les aires culturelles, il est impossible de trouver une langue comprise par toutes les ethnies présentes dans cette région de l'Afrique. De plus, entre les villages les plus reculés, les villes minières et les grands centres coloniaux, tous les spectateurs n'ont pas la même connaissance des références occidentales. Tout cela rend très complexe la question de la réception des films éducatifs. Comment, dans ce cas, faire que le commentaire en anglais ou en swahili soit compris par tous les spectateurs ?

Durant l'expérience, les organisateurs explorent deux types de solutions : l'une, technique – *sound-on-disc* –, et l'autre, improvisée en cours de tournée – le commentaire performé lors de la projection. De manière planifiée, à la recherche d'une solution technique à un coût raisonnable, Notcutt et Latham (1937) sélectionnent finalement l'enregistrement sonore sur disque souple vinyle[6]. Ils sont conscients des difficultés liées au vinyle : d'un côté, le support est fragile, se dégrade progressivement à chaque usage, ne permet pas une amplification importante et le disque souffre lors des changements de températures et d'humidité. De l'autre, la synchronisation avec les photogrammes est difficile à obtenir en temps normal et devient impossible lorsque la pellicule casse et doit être raccourcie pour être réparée. J'imagine cependant que les deux administrateurs ne s'attendaient pas à rencontrer autant de problèmes lors des projections. Par exemple, ils avaient surestimé les capacités d'amplification de leur système de son et sous-estimé le succès des séances et le nombre de spectateurs présents devant l'écran[7]. Manifestement dépassés par l'affluence[8], les organisateurs n'ont pas réussi à couvrir les bruits

---

6. Technique de synchronisation vinyle/pellicule, mise en scène en particulier par Hergé dans la bande dessinée *Tintin au Congo*, 1931.
« We adopt the method of sound-on-disk mainly because it is more economical when making commentary for a film in many languages. To make discs by the standard method used for gramophone records would have necessitated a cumbersome and expensive plant. There was some doubt also as to whether it would prove satisfactory under tropical conditions, and the danger that without an expert we might encounter serious trouble. » (Notcutt et Latham, 1937, p. 167)
7. « From [our first experimentations] we assumed, wrongly as it turned out, that two hundred people could see and hear the picture as a normal maximum, although a hundred was the figure we recommended, particularly if admission was to be charged for. » (Notcutt et Latham, 1937, p. 175)
8. Certaines séances, comme à Tabora (*Tanzania*), regroupent plus de 1 000 spectateurs.

de la foule avec l'amplification sonore, le signal issu de la lecture du vinyle ne pouvant pas être amplifié davantage, sans devenir incompréhensible[9]. La seconde difficulté concerne la diversité des langues, des cultures et des attentes parmi les spectateurs rencontrés au cours de la tournée. Afin de rendre intelligibles les films, il aurait été nécessaire de préparer un commentaire adapté à chaque localité[10].

À plusieurs reprises dans leur livre, Notcutt et Latham (1937) décrivent le déroulement concret d'une séance et mentionnent la nécessité d'interagir en direct avec la foule, à travers un microphone, avant et pendant la séance. Par exemple, dans un chapitre analysant leur dispositif de projection (*Chapter IX: Film Exhibition*), les auteurs abordent le principe d'un commentaire avant le film[11]. Ce principe revient également sous différentes formes dans le *Chapter IV: Touring with the Films*, qui s'apparente à un journal de bord décrivant la première tournée (septembre-novembre 1935) et la seconde (décembre 1935-février 1936) tournée et présentant les activités quotidiennes de leur équipe et les difficultés rencontrées. Les rapporteurs y présentent aussi tous les membres, en précisant leur fonction et quelques traits de caractère. C'est ainsi qu'ils écrivent au sujet de Hamedi, le cuisinier (*the cook*) :

> [Hamedi] a Yao from Fort Johnson in Nyasaland had travelled over most of East and Central Africa from Bulawayo [Zimbabwe] to Nairobi [Kenya], working as a cook and personal servant to a variety of masters, including Robert Codrington, first Administrator of Northern Rhodesia in 1900. He found friends and relatives wherever we went, and was most useful as an entry and interpreter.

---

9. « The inevitable chatter of the audience tends to swamp the sound, and the less they hear the louder they talk. So although two hundred people could hear if they were silent, we found that not more than fifty could hear if they were not. [...] From this, we had to conclude that, if an acoustic gramophone was used, the audience, with this unit, should not exceed fifty persons. » (Notcutt et Latham, 1937, p. 175)

10. « Each territory will require films to suit its own population. To a great extent these will have to be made locally. For this purpose either the territory must have its own production centre—a difficult and expensive proposition—or it will have to arrange with some outside organisation to produce the films which it requires. » (Notcutt et Latham, 1937, p. 175)

11. « We found it useful, especially when the commentary was in a language not likely to be well understood by large numbers of the audience, to find someone (usually a local official, missionary or educated African) to give through a microphone in the local language a brief explanation of each film before it was shown. » (Notcutt et Latham, 1937, p. 172)

Whether brow-beating or parleying with other Natives, or provi-
ding commentary for films, or holding forth through the microphone to assembled crowds, which gave him special pleasure, he
was never at a loss. Even in regard to mechanical troubles with
engines and lorries, about which he knew nothing, he was always
ready with advice. (Notcutt et Latham, 1937, p. 174)

Dans ce paragraphe, la fonction de Hamedi X dépasse largement celle
d'un simple cuisinier pour devenir celle d'un traducteur, intermédiaire culturel et animateur durant les projections. Paradoxalement,
même si cette fonction semble maintenant incontournable, elle n'est
pas spécialement mise en avant par les administrateurs de la BEKE.
Or, s'il est probable que Hamedi commente plusieurs séances afin de
pallier un problème technique ou linguistique, il n'est que très rarement mentionné. Curieusement, on trouve la trace de son absence,
comme lors d'une séance en *Rhodesia* (*Zambia*), où il n'anime pas,
même s'il parle bemba, car il est à l'hôpital[12]. Par contre, certaines
personnes étrangères à l'équipe, qui aident à introduire ou traduire les
films, sont citées[13] : par exemple, à Ndola (*Zambia*), afin de remédier
à une défection technique, un employé bilingue, Ernest Muwamba,
est chargé de la version vernaculaire[14]. Sans que cela soit dit explicitement, il semble à la lecture de *The African and the Cinema* que plus les
tournées avancent (plus le matériel se détériore), plus les séances sont
commentées en direct. De même, il semble logique que les séances
dans des villages plus éloignés aient nécessité plus d'explications. Or,
rien n'est précisé dans le livre à ce sujet.

S'il est compréhensible que Notcutt et Latham ne soulignent pas
plus leurs déboires techniques ou linguistiques ni le fait qu'ils ont
délégué l'animation des séances éducatives au cuisinier, il est surprenant qu'ils n'aient pas plus documenté une pratique qui semble
rendre possible la réception des films éducatifs dans ce contexte. En

---

12. « Hamedi [...] had to leave in hospital at Ndola with a poisoned leg. » (Notcutt
et Latham, 1937, p. 83)
13. En l'absence de données, il est impossible de savoir si ces mentions sont systé-
matiques ou non.
14. « We had to show without the sound, but this would have been inaudible in any
case owing to the fin which went on. I gave the commentary myself in English to an
African clerk Ernest Muwamba, who retailed it most successfully through the microphone in Bemba. The noisy crowd of about 400 in the hall was difficult to control,
though the caretaker, with the curious name of Adam Frog, did his best. The whole
performance seemed very popular. » (Notcutt et Latham, 1937, p. 83)

effet, à aucun moment, ils ne mentionnent la question du commentaire en direct des films, même si cette pratique a été manifestement nécessaire à de nombreuses reprises afin de rendre intelligible le film aux spectateurs. Ils argumentent même contre cette idée, à la fois dans d'autres passages du livre et dans des articles ultérieurs[15]. Or, cette hypothèse est contredite par leur expérience sur le terrain et, en particulier, par le charisme de « Hamedi (the cook) ».

1.3 Colonial Film Unit (CFU) (1939-1945)

Le *Colonial Film Unit* (CFU) est ainsi l'héritier d'une tradition audiovisuelle britannique bien établie, oscillant entre éducation et propagande. Sa mise en place est accélérée en 1939 afin de fédérer l'Empire autour de l'effort de guerre contre les puissances fascistes, mais son mandat ne se limite pas à la Seconde Guerre mondiale[16]. Pourtant, même plusieurs années après sa création, on continue de se demander de quelles façons adapter les séances éducatives aux populations locales des territoires coloniaux, en particulier à travers la revue publiée à Londres, *Colonial Cinema*. Ainsi, la grande majorité des articles se concentre sur le type de film projeté, le contenu et la qualité éducative des films produits à Londres, les éléments cinématographiques (zoom, gros plan, travelling, schéma, etc.) compris par les spectateurs. Par exemple, autour de 1943, une polémique débute autour d'une version raccourcie du film de Charlie Chaplin *The Adventurer*. Cette controverse est intéressante, car elle met en lumière le décalage entre les plans des *Colonial Officers* dans les territoires et la compréhension du cinéma éducatif répandue parmi les producteurs à Londres.

---

15. « It must be remembered that the great majority of audiences in East and Central Africa cannot read, so that captions or titles are of little use, even if given in a local language. It follows that unless the pictures are entirely self-explanatory, a very difficult thing to achieve, some form of commentary is necessary. For purely *instructional* [sic] films in schools this can be and is perhaps best given by a trained teacher. For showing propaganda, *interest*, cultural and entertainment films, to mixed, general audiences' competent commentators would be hard to obtain and would probably not be satisfactory. Also it will hardly be disputed that for these films the addition of sound (including *sounds off*, the lowing of cattle, the noise of trains, cars, aeroplanes and so on, as well as commentary) is a great additional attraction. It helps to give the illusion of reality. » (Notcutt et Latham, 1937, p. 4)

16. « The object of the Colonial Film Unit, like that of every branch of colonial administration, is to raise the primitive African to higher standard of culture. » (*Films for African Audiences*, 1943, p. 1)

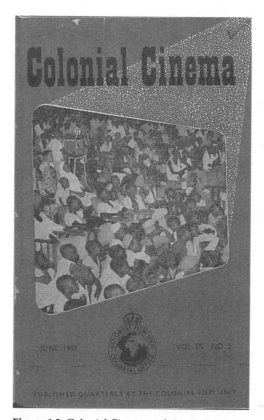

Figure 1.3. Colonial Cinema, *vol. 9, n° 2, juin 1951.*
Source : *Cinema St Andrews (https://cinema-standrews.org.uk).*

Les films de Chaplin sont très appréciés partout dans le monde et, en particulier, dans les colonies britanniques[17]. Malheureusement, les producteurs disent ne pas pouvoir répondre à cette demande. La question est suffisamment importante pour être traitée dans la revue *Colonial Cinema*[18]. En effet, le montage a consisté à raccourcir et à simplifier le film original, afin de le faire correspondre à l'idée que se font

---

17. « Chaplin is such a success that I hope you are arranging for more of his films to be sent here. [...] Shall be glad to receive as soon as possible a Chaplin film in addition to *The Manhunt*. [...] It will be most useful to have another Chaplin film. » (*Charlie Chaplin Films*, 1943, p. 3)

18. « In fact, Chaplin films for the Colonies are a vexatious problem. *The Manhunt* is, everyone agrees, most successful; but *The Manhunt* consists of specially selected shots from a much longer film *The Adventurer*. That film, shown in its entirety, would not have had equal appeal to the same audiences. It may be taken as established that

les réalisateurs britanniques des attentes moyennes des spectateurs dans les colonies. Par exemple, la scène où Chaplin se débarrasse d'une boule de crème glacée qui tombe dans le décolleté d'une dame ne peut être comprise que si l'on connaît la consistance et la température de la glace[19]. Les monteurs de la CFU ont ainsi supprimé toutes les scènes qui pouvaient être difficiles à comprendre ou susceptibles d'être mal interprétées[20]. Ils ont également supprimé les images qui contreviennent à la morale ou celles qui remettent en cause l'autorité[21]. L'idée d'un cinéma commercial qui véhiculerait des principes contraires à la logique coloniale est très répandue et se manifeste principalement par la censure de la distribution cinématographique. Considérant les stéréotypes coloniaux sur la réception audiovisuelle par les populations analphabètes, on comprend la crainte des autorités face à ce type de représentation.

Au-delà de l'anecdote, cela pose la question de la réception de la propagande. Or, il semble que les administrateurs à Londres ne se soient jamais intéressés aux conditions de réception de leurs films et, d'après les archives, ils se posaient rarement la question de l'efficacité éducative de leur production. Par exemple, ils n'ont jamais essayé de comprendre les raisons pour lesquelles les organisateurs locaux rapportaient des difficultés à adapter le dispositif de propagande aux cultures locales. Au-delà de la lourdeur administrative inhérente à ce type d'unité, il faut également prendre en compte leur formation très partielle : ils étaient des administrateurs coloniaux, loin de la réalité, avec une connaissance très limitée des cultures africaines. L'autre facteur important vient des difficultés à mettre en place une unité de propagande sur des territoires aussi vastes et divers, pendant une guerre mondiale. Il est très facile de

---

Chaplin films as they stand will not fit the bill and the search is for films containing suitable sequences. » (*Charlie Chaplin Films*, 1943, p. 3)

19. Cela nous est confirmé dans le témoignage de A. M. Champion (1943), *Officer in Charge* du *Government Mobile Cinema Unit* à Nairobi, Kenya : « *Charlie the Rascal* does not get a good reception. There is too much in it that they cannot understand. Ice creams for instance are familiar to but a very few indeed[20]. » (1943 : 89)

20. « Also, it was useless to send out films dealing with matters of which the audience would have no knowledge. Fun and games in the snow do not look so funny to an audience, which thinks the snow is sand and wonders how it sticks together. Similarly, the elaborately fitted dentist's chair is a perfect centre-piece around which to build a humorous film, but only for people who recognise the setting. » (*Charlie Chaplin Films*, 1943, p. 3)

21. « We started with no preconceived notions (so far as we know), but it did not take long before we had to decide to rule out certain things; for instance, Chaplin or some other character dressing himself up as a woman; scenes, which showed the police in a bad light; scenes in which a priest or a clergyman was a figure of fun. » (*Charlie Chaplin Films*, 1943, p. 3)

souligner les nombreux décalages entre le plan prévu et sa réalisation sur le terrain, comme la répartition des *Cinema Van* dans chaque territoire (planifié au *prorata* du nombre d'habitants)[22], radicalement limité par l'effort de guerre[23]. Évidemment, d'autres camions ont été livrés par la suite, mais le nombre total n'atteint jamais celui planifié [...] Cela plaça les *Propaganda Officers* devant une situation absurde : comment avoir un impact éducatif sur une population aussi large et diverse, avec une couverture du territoire et un rythme de passage aussi faible ? Dans l'esprit de l'effort de guerre, ils cherchèrent à optimiser le matériel reçu. Deux voies ont été explorées : multiplier les séances et faciliter la médiation entre le film et l'audience. Avant de revenir en détail et de manière comparée sur les constantes d'une conception européenne du *medium* cinématographique, voyons d'abord rapidement comment la Belgique s'inspire partiellement de l'expérience britannique au moment de créer son propre système de propagande coloniale.

1.4 Service de l'information du Congo belge (1943-195_)

Les premières expériences belges au Congo datent également des années 1930. En 1937, le gouvernement crée un Fonds de propagande économique et sociale. Placé sous une administration partagée entre plusieurs structures coloniales (Ministère des Colonies, Office colonial, Comité national du Kivu et Comité spécial du Katanga, etc.), cet organisme est chargé de contrôler et d'organiser la production et la distribution cinématographique dans la colonie. Très rapidement, ce fonds est dépassé par la diversité de la tâche et le gouvernement belge reprend le contrôle à travers les Services de l'information du Congo belge[24]. C'est dans ce

---

22. « Size, population and nature of territory. Propaganda consideration; in particular the claims of colonies of those outside. While the claims of the former are obvious, the claims of the latter may deserve a yet higher priority in view of the importance of maintaining twilight morale. Extent to which Information Departments are equipped to organise a van service and their capacity to use vans to full advantage. Length of time that certain applications have been outstanding. Length of time before vans can arrive in colony. Should special consideration be given to the claims of territories receiving Colonial Film Unit films. » (*Provision of Mobile Cinema Vans*, 1942, p. 39)

23. « No one, of course, will expect or wish cinema vans to receive priority over vehicles needed for the fighting services. It is not a matter of allotting a few vans out of the thousands which come off the assembly every week. Vans which go out on tour for months on end and work under arduous conditions must be specially built and be correct in every detail. » (*The New Cinema Vans*, 1943, p. 3)

24. « L'État s'affirme dorénavant comme principal producteur, coordonnateur et diffuseur des projets cinématographiques privés, s'assurant ainsi du contrôle idéologique

cadre qu'André Cauvin est « chargé de diriger une Mission cinématographique au Congo afin d'éclairer l'opinion américaine[25] sur l'importance du rôle que joue le Congo belge en tant que fournisseur de matières premières, d'hommes et de produits » (Schuylenbergh et Etambala, 2010, p. 25-26). Ainsi, l'organisme gère la production audiovisuelle à destination de la population en Belgique, la propagande belge vers l'international[26] et l'éducation par le film dédié aux populations au Congo.

Figure 1.4. *Le Service de l'information du Congo belge. Voici l'équipe qui effectue les projections cinématographiques dans les divers quartiers de la cité indigène de Léopoldville. Tout le matériel nécessaire, y compris un groupe électrogène de 1 500 watts, est transporté dans un camion léger. Le personnel – un électricien-mécanicien, un projectionniste et un chauffeur – est exclusivement indigène. En 1946, cette équipe a donné environ 60 représentations réunissant plus de 210 000 spectateurs.*

Source : *Collection RMCA Tervuren; photo L. Van Bever (Inforcongo), 1947 CC-BY 4.0.*

---

de la production de films réalisés par des cinéastes belges présentant le profil requis par l'administration. » (Schuylenbergh et Etambala, 2010, p. 24)

25. En effet, durant la première partie du xxᵉ siècle, les puissances occidentales se contestent l'une l'autre sur le front colonial, avançant des arguments de mauvais traitement des populations locales et de mauvaise gestion d'un territoire. S'éveillant à l'ingérence internationale, l'opinion américaine se montre particulièrement préoccupée vis-à-vis de la gestion Belge du Congo et le gouvernement cherche à modifier cette opinion en diffusant des reportages ciblés.

26. « La Belgique, comme les autres puissances coloniales, est très régulièrement accusée de "mal gérer ses colonies." » (Schuylenbergh, Lanneau et Plasman, 2014)

Figure 1.5. *Le Service de l'information du Congo belge. Voici l'équipe qui effectue les projections cinématographiques dans les divers quartiers de la cité indigène de Léopoldville. Tout le matériel nécessaire, y compris un groupe électrogène de 1 500 watts, est transporté dans un camion léger. Le personnel – un électricien-mécanicien, un projectionniste et un chauffeur – est exclusivement indigène. En 1946, cette équipe a donné environ 60 représentations réunissant plus de 210 000 spectateurs.*

Source : *Collection RMCA Tervuren; photo L. Van Bever (Inforcongo), 1947* CC-BY 4.0.

Au début de la Seconde Guerre mondiale, le gouvernement du Congo de l'époque coloniale s'inspire de la CFU afin de mettre en place un système d'éducation. Ils rencontrent les mêmes difficultés que la CFU, comme la multiplicité des langues pratiquées au Congo[27]. Dans un premier temps, les réalisateurs tentent de produire des films « où la continuité visuelle » (Bever, 1950, p. 19) garantit la même compréhension par l'ensemble du public. Or, comme le précise L. Van Bever (1950), le premier chef du bureau cinématographique du Gouvernement général, l'expérience ne donnant pas de résultat

---

27. « Le gouvernement colonial se trouve dès lors confronté à une série de questions portant sur le choix de sujets suffisamment suggestifs pour être éducatifs, sur la nécessité de former le public au langage cinématographique et d'adopter un langage élémentaire, sur l'emploi des langues, sur la distribution des films et l'organisation des projections. » (Schuylenbergh et Etambala, 2010, p. 7)

concluant, ils cherchent un autre moyen[28]. Rapidement, les dirigeants du Service de l'information s'aperçoivent que la simple traduction des sous-titres n'est pas suffisante. Un commentaire élaboré doit accompagner les images pour éviter toute mauvaise compréhension du message éducatif[29]. Ainsi, le commentaire lors de la projection semble être une évidence pour les administrateurs belges, dans les années 1950. Pourtant, il est très difficile de savoir précisément à quelle période cette pratique s'est généralisée. La même hétérogénéité semble exister dans l'ensemble du dispositif de projection, même si, dans les archives[30], les descriptions varient peu entre les postes fixes, dans les zones urbaines regroupant une population nombreuse, et les postes mobiles, dans les zones rurales où la densité de population est faible.

Or, comme Christian Rolot et Francis Ramirez (1990) le montrent dans leur ouvrage intitulé *Le cinéma colonial belge*, la présentation manichéenne et caricaturale de la propagande sociale et morale rendait ces séances inutiles : « Les auteurs eurent souvent tendance à présenter des Noirs dans lesquels les indigènes devaient avoir quelque peine à se reconnaître. » (1990 : 12) Alors que les spectateurs étaient insultés par les représentations que leur imposaient les colonisateurs, un très faible nombre de rapports constataient ce problème de réception. De nombreux exemples viennent témoigner de l'inefficacité globale des projections coloniales belges, due principalement au manque d'intérêt du personnel responsable : les réalisateurs produisent des films sans grande valeur esthétique et éducative ; les équipes ne sont pas motivées et projettent les films sans chercher à corriger les problèmes techniques. Évidemment, il existe des exceptions, dont les missionnaires Pères Blancs (*Witte Paters*). Sans être directement liés à la machine gouvernementale, les prêtres ont cherché des solutions afin

---

28. « Cette solution serait la solution parfaite mais, comme la perfection n'est pas de ce monde, aidons les spectateurs à comprendre nos films où la continuité visuelle ne serait pas parfaitement assurée en les accompagnant d'un commentaire en dialecte local au cours de la projection. Ce commentaire, parlé par celui qui assurera la projection, sera basé sur de brefs sous-titres en langue officielle de la colonie et sur un résumé écrit des films composant le programme. » (Bever, 1950, p. 19)

29. « Lorsqu'un programme est envoyé à l'intérieur, il est accompagné d'un résumé des films et d'indications qui servent de guide à la personne chargée de la projection. Le film est projeté accompagné de son fond sonore, mais, en même temps, un micro est branché et la personne responsable donne, au micro et dans la langue du lieu, le commentaire de l'action. » (Scohy, 1958, p. 80)

30. Archives diplomatiques, Bruxelles ; Musée royal de l'Afrique centrale, Tervuren ; KADOC, Louvain.

de diffuser au mieux leur message religieux : une production locale, adaptée à l'imaginaire collectif de leur public, et un commentaire rendant possible l'appropriation d'un message audiovisuel. Attachés à l'enseignement dans les langues vernaculaires (Slokers, 1933, p. 80), ils ont une bonne connaissance des cultures locales, ce qui facilite leurs activités de prosélytisme. Leurs séances attirent un large public[31] et progressivement, après les années 1950, les missionnaires catholiques suppléent au désengagement du gouvernement belge et prennent en charge les projections éducatives.

Plus généralement, les preuves de l'efficacité des séances coloniales, que ce soit dans les territoires sous domination britannique, belge ou française, semblent difficiles à réunir. Au contraire, beaucoup d'éléments montrent les difficultés pour les opérateurs européens de diffuser un contenu « éducatif » ou « idéologique ». Une des explications de ce défaut de communication vient certainement de conceptions du cinéma comme propagande qui ne tiennent pas suffisamment compte des réalités du terrain. Pourtant, quelques administrateurs, agissant dans les territoires, semblent faire preuve de beaucoup d'inventivité et de bonne volonté afin d'améliorer leur dispositif de projection. Ainsi, avant de pouvoir modifier le contenu européen des films éducatifs, ils tentent de mieux les adapter aux références culturelles des audiences, en particulier en faisant traduire et expliquer les films pendant la projection. Cependant, on peut constater un refus assez généralisé de la figure du commentateur de film au sein des gouvernements coloniaux[32]. Une première explication réside dans la modification importante du dispositif de propagande si l'on ajoute un animateur expliquant en direct les images, et, surtout, la difficulté de contrôler ce type d'activités. Il est également possible d'interpréter cette donnée par une confiance irrationnelle des administrations coloniales dans les dispositifs de propagandes cinématographiques. C'est pourquoi il est important de revenir sur les compréhensions collectives du *medium* cinématographique partagées par les colonisateurs européens débouchant sur une foi commune dans le film comme vecteur universel de propagande.

---

31. « Il faut souligner que les films réalisés par les missionnaires ont un succès énorme auprès du public africain qui y prenait un vif plaisir. Citons, à titre d'exemple, l'affluence record enregistrée pour le *Bonheur est sous mon toit* projeté en 1957 à Léopoldville : 50 000 personnes en une semaine. » (Ramirez et Rolot, 1990, p. 19)

32. Pour plus de détails sur ce point, consulter 2.1. L'absence de mention du commentateur de film dans les archives.

2. Les constantes d'une conception européenne du *medium* cinématographique

Chaque colonisation a eu lieu suivant des principes et des politiques spécifiques aux pays qui l'ont menée, en fonction d'enjeux et d'idéologies propres à chaque contexte. Cependant, étant donné la proximité entre les cultures européennes, renforcée par de nombreux faisceaux d'influences, il est possible de mettre de l'avant des similitudes dans la gestion de la production et de la distribution des films de propagande en Afrique. Au-delà de la similitude des structures administratives, cette politique révèle également une conception relativement homogène du *medium* cinématographique. Voyons cela en détail.

2.1 Le cinéma comme vecteur d'un message qui peut être compris de façon universelle

Pour beaucoup d'administrateurs européens, ayant ou non une compétence cinématographique, mais étant chargés d'une façon ou d'une autre d'organiser la diffusion d'un message audiovisuel dans les colonies africaines, le cinéma était un langage universel. Cela rejoignait une conception très répandue entre les deux guerres des arts basés sur des images photographiques, dont celle de Serguei M. Eisenstein (1949), pour qui « [...] le montage ne fut plus compris uniquement comme un moyen d'obtenir des effets, mais avant tout un moyen de *dire*, un moyen d'exprimer des pensées et de les exprimer en se servant d'un aspect particulier du *langage* cinématographique, au moyen d'une figure particulière du discours cinématographique » (1949 : 399). Pour Epstein (1947), les hommes connaissaient le besoin d'un langage universel, malheureusement, chaque tentative, le latin, le français, l'anglais, ou l'espéranto, avait montré leurs limites : « Or, sans qu'on y eût pris garde, la langue universelle était née dans le sous-sol d'un café parisien. Dénuée de voix, elle balbutiait cependant sur l'écran, s'adressant non pas aux oreilles mais aux yeux. » (1947 : 359) Le film apparaissait donc comme le véhicule des signes les plus aptes à être connus de tout un peuple, mais, toujours d'après Epstein, le cinéma parlant limita son universalité. Cette conception restait tout de même très présente, autant parmi ceux qui n'ont qu'une connaissance approximative du septième art, comme l'historien français Robert Mandrou (1958), qui reprenait la formule dans son article « Histoire et Cinéma », que chez les spécialistes de la communication politique. Par exemple, John Grierson, en 1939, c'est-à-dire juste avant de prendre la tête du National Film Board of Canada, réaffirmait sa vision du cinéma comme mode privilégié de propagande :

> The film appeals to all classes and speaks in a universal language. It is brief, vivid and simple in getting across its message [...] As a means of disseminating public information and propaganda it is often more striking and thus more effective than the written of spoken word [...] Under present circumstances no considered public service of information can disregard the tremendous value of films. (cité dans Fox, 2007, p. 1)

Grierson étant très respecté par l'institution cinématographique anglophone, son opinion est à la fois révélatrice d'une pensée dominante à cette époque et exerce une influence majeure. En effet, on trouve la même conception dans de nombreux documents d'archives.

L'universalité de l'image audiovisuelle viendrait de la simplicité de sa réception. Contrairement à la littérature, qui suivant cette conception est réservée à une élite, le cinéma ne nécessiterait aucune éducation[33]. Si l'on part du principe que la réception audiovisuelle est passive, c'est-à-dire que toute image peut être interprétée sans effort ni processus de lecture, il est facile de concevoir que le film s'adresse à tout public. Évidemment cette conception élitiste est parfaitement fausse, car chaque personne, quel que soit son niveau d'éducation, est en lien de manière plus ou moins consciente avec un ensemble de références culturelles, qui sont mobilisées afin de décoder tout type d'interactions : de la rencontre sociale la plus banale, à la production artistique la plus élaborée. Même lorsque le cinéma reproduit des scènes assimilables à la vie courante, cela se fait suivant des modes de représentation propres à une aire culturelle.

Même erronée, cette conception est digne d'intérêt, car elle nous donne une idée de la manière dont le film éducatif était perçu en Europe, pour ensuite être transporté en Afrique de l'Ouest et dans

---

33. « For persons of real literacy, the drama and the novel acted in the same way. But irrespective of what census returns might show, a very considerable part of those working men, their wives and children whose perceptions were at issue, lacked either the education, ability, leisure or opportunity for the level of literacy and the amount of reading time they required. The peculiar power and danger of the cinema lay in the fact that unlike literature, the film called for no literacy, no education and no effort, provided the maker of the film knew his business. » (Pronay et Spring, 1982, p. 14)

d'autres colonies. Les administrateurs londoniens des années 1930 et 1940 sont ainsi quasiment systématiquement persuadés de la valeur éducative du film[34]. S'il est bien conçu, le film devient une présentation concrète et appliquée de n'importe quel type de discours, intelligible par toutes les audiences[35]. La conception d'une réception cinématographique ne demandant ni référence ni effort d'interprétation rend son usage didactique quasiment magique, permettant de régler tous types de problèmes socioéducatifs[36]. Ensuite, il est très facile d'étendre cet axiome, plus ou moins avéré dans un contexte européen, à une dimension universelle. C'est de cette manière que Notcutt et Latham (1937) justifient le choix des films au début de leur expérience[37] et ce type de commentaire devient l'un des poncifs du cinéma éducatif[38]. Même si les réalités du terrain contredisent ce type d'affirmations, elles sont encore très régulièrement reprises et adaptées aux objectifs de chaque organisme.

Reste alors à définir les caractéristiques d'un bon film éducatif. Dans un premier temps, les auteurs s'inspirent de leur propre expérience, faisant l'apologie d'un certain cinéma, partant du principe que les films qui leur conviennent sont d'excellents modèles pour un système de propagande. Ce type de réflexion est tautologique : si

---

34. « Over the last six years, experiments as to the educational value of the film have been undertaken by a dozen or more Local Education Authorities in England and Scotland. In every case the experiment has proved that films are an excellent aid to education. For some purposes they are unique in the services which [sic] they can render the teacher. » (British Film Institute, 1937, p. 5)

35. « The cinema can present directly ideas that are essentially dynamic. This is especially important since so many of the fundamental principles of physics, chemistry and biology are motional; it is not without reason that "matter and motion" have been considered fundamental. » (British Film Institute, 1937, p. 5)

36. « Besides being a powerful weapon for the gradual elimination of adult illiteracy, the cinema can be a medium for promoting that better social understanding which must be the basis of post-war reconstruction. The scope of the educational film is almost unlimited. It can be used to impart vital knowledge in such subjects as agriculture and hygiene. » (*Films for African Audiences*, 1943, p. 2)

37. « There is no doubt that the scheme would help the problem of adult education. The film lesson is easier to learn and to remember than any other. » (Notcutt et Latham, 1937, p. 101)

38. « The Unit works the medium of the cinema, probably the greatest invention since the introduction of printing. Inherently it is ideal; for, apart from broad-casting, the benefits of which are confined to the few with receiving sets, it is the only modern invention through which a large number of Africans can be effectively influenced. In the colonies it is certainly the most fruitful, for whereas the printed world can have little effect upon the vast numbers of illiterate Africans, the moving picture appeals instantly by difficulties of organisation and distribution. » (*Films for African Audiences*, 1943, p. 1)

le cinéma est un langage universel, les films qui sont de bons outils pédagogiques pour un groupe donné devraient être compréhensibles par tous. Tout l'enjeu devient alors une maîtrise esthétique et pédagogique de la production. Les manuels et synthèses qui promeuvent l'idée de l'éducation par le film dans les ministères européens se concentrent d'abord sur des normes esthétiques de production, à savoir les problèmes de distribution (programme, diffusion, etc.) et la qualité de la projection (matériel, personnel). Il faudra attendre les années 1940 pour que cette conception universaliste soit remise en cause. Malheureusement, elle sera remplacée par une conception raciste où les populations colonisées dites « peu évoluées » ne sont pas en mesure de décoder un message, qu'il faut alors simplifier. Ne prenant en compte ni la question des références culturelles ni celle de la diversité du continent africain, les experts cherchent alors de nouveaux standards adaptés à tous les publics coloniaux.

Cette conception du cinéma comme propagande est relativement homogène et très ancrée dans les mentalités. Il est intéressant de constater la longévité de cette conception, malgré le coût et la relative inefficacité de ce type de dispositif. Par exemple, la *Central African Film Unit* (CAFU) actif de 1948 à 1963 rejoint en moyenne 500 000 spectateurs par année. Or, d'après James McDonald Burns (2002), au moment de la dissolution de la *Federation of Rhodesia and Nyasaland* en 1963, le cinéma était l'organe de propagande ayant de loin le plus important budget, alors que son efficacité était très discutable[39].

Dès le départ, les responsables en Afrique centrale ont estimé que l'influence des films justifiait le coût de ce type de système. Par la suite, ils ont préféré continuer à produire et diffuser des films, plutôt que de remettre en cause leur préconception coloniale[40].

---

39. « Audiences often ignored the messages of these films or ascribed their own meaning and interpretations at times constituted what Manthia Diawara has referred to as "resistant spectatorship." In some cases, the evidence from these alternate readings is rather dramatic. African audiences on occasion objected vigorously and vocally to the representations of themselves and their culture and to the promotion of unpopular state policies. Their reactions, however, were frequently subtle and often characterized by discreet acts such as ironic comment, laughing at 'inappropriate' moments or simply refusing to attend government shows. Such behavior was interpreted by colonial observers not as resistance to the images presented in the films or the ideas they promoted, but rather as misunderstanding, which were believed to be the inevitable result of exposing Africans to a complicated medium. » (Burns, 2002, p. 107)

40. « Rather than abandon the project, and their preconceptions, colonial officials found it easier to ignore evidence of resistance, or ascribe it to the intellectual deficiencies of their audience. » (Burns, 2002, p. 108)

Une conséquence périphérique de l'idée d'un cinéma universel et ayant un fort impact sur les mentalités est la nécessité d'une censure très stricte : plusieurs auteurs de rapports établissent un lien entre violence (politique ou criminelle) et actes violents dans les films. Ainsi, certains reprochent à la production étrangère de films (en particulier en provenance d'Hollywood) de diffuser des valeurs qui contredisent celles de la France : « signes de confort » ; « individualisme » ; « libertés individuelles et collectives contradictoires avec le régime colonial » (Ministère des Colonies, 1933, p. 51) ! Pour les administrateurs français, les films ne sont pas tendancieux individuellement, mais collectivement, ils créent un effet de masse et diffusent une idéologie contredisant les fondements du colonialisme : c'est-à-dire la « force de la nation protectrice », la « puissance pacifique et laborieuse », incarnées, d'après eux, dans la « mission civilisatrice » autour d'activités industrielles, sanitaires, sociales ou éducatives. C'est pourquoi ils recommandent des mesures spéciales comme le contrôle colonial sur les films diffusés dans les colonies favorisant la distribution de films favorables à leur politique[41]. Ainsi, parfois en contradiction avec la dimension universelle du cinéma, certains auteurs plaident pour une censure spéciale dans les territoires sous domination coloniale[42]. Il en va de même pour Gaston Joseph (ca. 1932), gouverneur colonial français, qui plaide pour une censure des actes violents dans les films[43]. Cette censure organisée depuis Paris vise à maintenir l'état de fait colonial dans les territoires, en évitant toute prise de conscience collective de la situation de domination. Par exemple, la

---

41. « En résumé, il apparaît que pour lutter aux colonies avec efficacité contre la propagande étrangère par le film, le jeu seul du contrôle est insuffisant car dans la majorité des cas, il s'agit d'une influence nocive d'éléments impondérables. Il appert de l'étude présente que c'est par l'envoi de films français répondant à l'ensemble des vues précitées. » (Ministère des Colonies, 1933, p. 51)

42. « The cinema in all its aspects is so vivid and effective a means of mass education that it can either be a menace or a boon to the development of Colonies. It seems important that both the Colonial Office and Colonial Governments should play an active part in fostering and guiding cinema both for official purposes and in the commercial sphere, if the dangers are to be avoided and the benefits made fully available. » (*Memorandum of the Cinema Branch*, 1943, p. 72)

43. « Une bande tournée sans inconvénients dans la Métropole pouvait apparaître nocive dans nos possessions, étant donné la mentalité des indigènes et, en particulier, la crédulité naïve des moins évolués. Les entrepreneurs, détenteurs d'un film "visé" en France, protestaient lorsqu'une Commission locale refusait l'autorisation de représenter cette production ; ils faisaient remarquer que, dans ce cas, les frais de location de la bande restaient à leur charge, sans profit ; en toute hypothèse, l'examen des films à la colonie leur occasionnait des dépenses supplémentaires. » (Joseph, ca. 1932, p. 6)

France coloniale des années 1940 se méfie des mouvements politiques islamiques, en particulier dans leur dimension anticoloniale. L'Égypte étant identifiée comme un des vecteurs de cette idéologie, les films égyptiens, même les plus anodins, sont perçus comme un « danger, dans les pays musulmans » où « les films en langue arabe, d'origine égyptienne, sont souvent trop bien accueillis et peuvent provoquer de redoutables résonances » (Brerault, 1949, p. 3). Encore une fois, la solution proposée par Brerault consiste à sélectionner l'offre, afin de favoriser les films français, tout en tenant compte des goûts des spectateurs locaux[44].

En fait, cette conception universaliste du cinéma est relativement surprenante dans un contexte colonial : à l'origine, le projet impéria-liste est basé sur une représentation raciale discriminante, considérant comme inférieures, au moins sur le plan intellectuel, les populations sous domination. C'est pourquoi il n'est pas étonnant de trouver des voix proclamant la nécessité de simplifier la rhétorique cinémato-graphique. Par exemple, l'éditorial du *Rhodesia Herald*, un journal de *settlers*, affirme sans aucune expertise :

> Films for Africans require a very different technique to those for Europeans—simple photography, long shots to allow plenty of time for assimilation, a plain straightforward approach to the subject with repetition of the main point, some slapstick humour, and so on [...] The eye is their main organ of receptivity; seeing is even more than believing—it is understanding, provided the material is properly presented. (cité dans Burns, 2002, p. 67)

Dans la réalité, les deux conceptions (racistes et universalistes) coexistent assez simplement : d'un côté, des Européens présents dans les colonies sont convaincus que leur autorité est fondée sur une supériorité génétique inspirée de la fiction de *races* créée en Europe à la fin du XVIIᵉ siècle. De l'autre, certains intellectuels européens, dont la plupart des administrateurs coloniaux après la Seconde Guerre mondiale, assimilant les populations colonisées aux classes sociales européennes défavorisées et sous-éduquées, vont chercher à les « civi-liser » en employant des moyens similaires. En cela, ils refusent de

---

44. Jusqu'aux Indépendances, l'importation des films « en langue arabe » est très contrôlée ; voir, en particulier, le Décret, 1957 : *Cinéma : films en langue arabe*, Archives de l'AOF (21 G 192), Dakar, Sénégal.

voir toutes les marques des civilisations anciennes et complexes que la déportation transatlantique des esclaves, puis la conquête coloniale ont déstabilisées. On voit là se séparer nettement deux formes de représentations coloniales, chacune en décalage par rapport à la réalité pour des raisons différentes : certains défendent une conception mercantile et pragmatique, qui s'autojustifie dans une idéologie raciste où la domination coloniale ne serait que la reproduction d'une inégalité « naturelle » (Césaire, 1955). D'autres croient, au moins en apparence, dans la « mission civilisatrice européenne » (Memmi, 1957), suivant une vision universaliste, voire utopiste, où les populations coloniales sont considérées comme sous-développées ou sur la voie de la civilisation.

Évidemment, ces deux catégories ne sont pas étanches : par exemple, on trouve cette ambiguïté lorsque Pearson (1942) et Sellers mettent en garde contre le pseudo-universalisme du cinéma et, au contraire, soulignent que les films éducatifs européens ne sont pas forcément adaptés à un public africain[45]. Cherchant une esthétique adaptée à l'ensemble des populations de l'Empire britannique, ils expliquent comment il est difficile d'interpréter certaines constructions narratives, des successions d'images comme le champ contre champ, des angles de prise de vue, des gros plans, voire les vues microscopiques. On trouve cette stratégie dans les archives de chaque colonisateur : par exemple, l'abbé Cornil (1951) propose une série de solutions pratiques adaptées à la « compréhension des Congolais » : « Au début, on a tâché d'établir les normes de ce que devait être le cinéma pour Congolais. On s'est rendu compte des exigences que requérait le film destiné à un peuple encore primitif pour qui le cinéma était une nouveauté absolument extraordinaire et combien déconcertante. On a tenu compte aussi bien dans la production que dans le choix des films européens, américains et autres destinés aux Congolais. » (1951 : 633) Malheureusement, les échecs répétés des systèmes de propagande européens dans les colonies africaines ont amené certains intellectuels à développer une conception raciste de la réception cinématographique : au lieu de blâmer le manque d'adaptation d'une conception européenne du *medium*, ils ont considéré le spectateur africain comme le maillon faible.

---

45. « [Sellers] has become convinced of the futility of much theory based on European reaction to films. Films that are fully intelligible to the European may be utterly confusing to the native mind. The technique is constantly in process of readjustment as more is gathered as to screen reaction. The one thing that matters is practical experience of native understanding of the moving picture. » (Pearson, 1942, p. 157)

La principale réserve concernant une conception universaliste de l'image audiovisuelle est qu'elle ne résiste pas à la confrontation avec la réalité. En effet, il a été démontré à plusieurs reprises (Moine, 2002) le fait que toute production cinématographique est basée sur un ensemble de références culturelles, autant sémantiques que syntactiques. Par contre, il serait faux de penser que tous les administrateurs coloniaux voient dans le cinéma un langage universel et il existe bien sûr des visions alternatives. Ainsi, certains rapporteurs tentent de mettre un bémol sur cette conception fantasmée des films éducatifs. Par exemple, un rapport de l'AOF sur *Le film à l'école* (1932) souligne l'intérêt des populations locales pour les films comiques, « des films simples, faciles à comprendre sans explications ». Il fait surtout le lien lors du processus d'interprétation entre les éléments sémantiques du film et la réalité du « spectateur indigène » : « Il prendrait intérêt à des films d'intrigue simple et représentant des films de la vie courante, notamment documentaires relatifs à l'agriculture et à l'élevage en France (champs, organisation des fermes, matériel agricole, hydraulique agricole, procédés de fumure, cultures maraichères, pépinières, beauté du bétail et soins dont il est l'objet). » (AOF, 1932) De même, après avoir fait un bilan des expériences menées en Grande-Bretagne, les rapporteurs du *Draft Report on the Machinery for the Distribution and Display of Educational Films in Educational and Similar Institutions within the British Empire* (British Film Institute, 1937) mettent en garde contre l'idée que ce dispositif est exportable sans modifications : « This report is based upon the work of a sub-committee of the British BFI. It does not attempt to do more than put a few suggestions and observations based on experience in Great Britain. These may be of value to educationists in the Empire who are seeking to adapt to their own use the greatest invention since that of the printing press. » (British Film Institute, 1937, p. 1) Les remarques de ce type sont trop peu nombreuses et complètement ignorées lors de la mise en place des projections éducatives. Avant de pouvoir renverser la tendance et remettre en cause ces conceptions dominantes, il va falloir faire l'expérience de leur inefficacité.

Or, les problèmes de réception sont particulièrement visibles dans le contexte colonial, de la question des références culturelles aux difficultés pour interpréter une image cinématographique.

À maintes reprises, les organisateurs locaux des projections rapportent des décalages importants entre les références véhiculées par le film et l'horizon d'attente des spectateurs. Quelques administrateurs britanniques arrivent aux mêmes conclusions, ce qui a tendance à

renforcer l'idée que le spectateur est le problème et qu'une esthétique cinématographique simplifie la solution. Ainsi, l'expérience
BEKE, menée en Afrique de l'Est entre 1935 et 1937, a tenté de montrer la portée pédagogique d'une production audiovisuelle : « The
"Experiment" recorded Africans' reactions to several versions of the
same films, in order to elicit responses to variations of particular
images and sequences. The supervisors of the project assumed, for the
most part, that African reactions to the visual language of film would
be fundamentally different than those of white audiences. » (Burke,
2002, p. 43) Cependant, la principale conclusion concerne la variété
des modes de réception parmi les publics rencontrés, même si les
organisateurs ont choisi une zone géographique relativement homogène : les langues parlées étaient suffisamment variées pour rendre
impossible l'enregistrement de traductions ; l'expérience du cinéma
des spectateurs variait entre les zones rurales, les complexes industriels et les grandes villes ; de même, toutes les audiences n'avaient
pas accès aux mêmes références culturelles. Les auteurs du rapport
en sont arrivés au principe qu'il est difficile de proposer une version
unique d'un film, même dans une aire culturelle cohérente.

En fait, le problème est complexe, car l'interprétation d'une
image animée dépend de nombreux facteurs. Par exemple, Arthur
M. Champion (1945), responsable du cinéma mobile au Kenya,
remarque que même les références les plus évidentes en Europe
peuvent déstabiliser un public non occidental[46]. Champion ajoute
que, dans ce cas, le commentateur de film peut ne pas aider à l'interprétation d'une séquence si lui-même ne possède pas les bonnes
connaissances culturelles[47]. Évidemment, comme le précise l'*Editorial
Note* (1945) à la fin de l'article, son expérience avec le Kenya mobile
van, « combined with his extensive work with a sub-standard camera
add considerable strength to opinions expressed by him » (1945 : 44).
L'intervention de cet expert renforce alors l'idée qu'il faut se focaliser

---

46. « Such a common object to us as a motor ambulance requires to be labelled and
described in a manner totally different from the short title such as "Rapid collection
of the wounded is of primary importance," with which one might introduce the subject to a European audience. Ninety per cent of my audiences did not know a motor
ambulance from a tank. » (Champion, 1945, p. 44)
47. « I think this condition of ignorance both on the part of the audience and the commentator should be taken into greater account when framing titles, just as in writing
the running commentaries. For this reason, I devoted some considerable space to the
subject in my final report after three and a half years touring with the mobile cinema
in Kenya. This report is, I think, already in your hands. » (Champion, 1945, p. 44)

sur la mise en place de normes de production afin de garantir une bonne réception des films éducatifs. Une autre solution aurait été de simplement mieux former les commentateurs de films.

On trouve dans les archives des constats similaires au sujet des projections gouvernementales belges au Congo ou parmi les projets français de cinéma colonial (« Rapport sur la Tournée », 1954a). Pour André Lemaire (1949), il serait inutile de projeter des films éducatifs européens en « Afrique noire » : « Ces films sont uniquement destinés à la métropole et ne présentent guère d'intérêt pour les populations africaines. Rien n'a été fait spécialement à leur usage et on ne peut au mieux que rechercher dans les documents tournés dans la métropole, certains films éducatifs ou de propagande touchant à des questions professionnelles et qui seraient éventuellement utilisables. » (1949 : 2) Dans son projet de pédagogie par le film, Lemaire propose de produire des films spécialement pour les colonies, en incluant des images tournées sur place. Cette stratégie fonctionne au Congo belge, où elle est expérimentée par les Pères Blancs.

Ainsi, l'idée que les films sont universellement compréhensibles est progressivement remise en cause sur le terrain. Ceci est d'abord visible dans le langage, que ce soit par les sous-titres ou les paroles prononcées. En cela, le cinéma « perd » son caractère universel à partir du moment où l'on synchronise un commentaire. Dans le même temps, le film avec commentaire enregistré soulève le problème des versions dans les différentes langues parlées par les spectateurs. Il en va de même plus généralement avec le principe de la propagande par le film. Dans le cas où les Européens cherchent à adapter le contenu des films au public, en simplifiant la mise en scène ou en incluant des références locales, ils prennent rarement en compte la diversité culturelle du continent africain : généralement, ces spécialistes de cinéma éducatif cherchent un modèle de film valable pour tous les territoires coloniaux et pour tous les types de spectateurs, quelle que soit leur expérience de la projection cinématographique. Or, la réception du film et la diffusion d'un message dépendent fondamentalement de la capacité du spectateur à interpréter les images et les sons.

2.2 Le cinéma comme forme d'accès direct au subconscient du spectateur

La confiance irrationnelle des administrations européennes dans le film comme vecteur universel de propagande repose également sur l'impression que l'image audiovisuelle, parce qu'elle semble englober le spectateur dans une réalité fictionnelle, l'amène à suspendre son jugement. C'est pourquoi, dans un premier temps, les cinéastes tentent de produire des films « où la continuité visuelle » garantirait la même compréhension par l'ensemble du public. Le cinéma, en tant que propagande, suppose de mettre l'audience dans des conditions de réception très spécifiques, incluant une situation de réception à la fois individuelle et collective, facilitée par la noirceur de la salle et un flot continu et homogène d'images et de son qui englobent le spectateur, le plongeant dans une « torpeur fictionnelle » (Odin, 1990). La conception du cinéma en tant que continuum audiovisuel, qui facilite une forme de propagande, est bien résumée dans l'encyclique *Vigilanti Cura* du Pape Pie XI (1936) : « On ne peut trouver aujourd'hui moyen plus puissant que celui du cinéma pour exercer de l'influence sur la foule, soit par la nature elle-même des images projetées sur l'écran, soit par la popularité du spectacle cinématographique et par les circonstances qui l'accompagnent. » (Inglesis, 1953, p. 17) Émile Inglesis (1953) montre comment la « puissance psychologique du septième Art » est une « énorme influence qu'il exerce sur les esprits, sa capacité de pénétrer tout l'homme, corps et âme » (1953 : 17). Cette idée est également exprimée par les officiers britanniques de propagande Notcutt et Latham dès 1937[48]. Cela rejoint aussi la compréhension diffusée par John Grierson, au sein du *General Post Office Film Unit* à Londres, puis du *National Film Unit* à Ottawa[49]. Comme le confirme Jo Fox dans son ouvrage *Film Propaganda in Britain and Nazi Germany: World War II Cinema* (2007), la conception du cinéma comme « marteau », soit une arme psychologique qui influence les masses, est très répandue dans l'Europe de l'entre-deux-guerres et s'articule tout particulièrement autour de la dualité divertissement/propagande.

La propagande cinématographique est largement exploitée pendant la Seconde Guerre mondiale, en Europe et ailleurs dans le monde, et reste très active après la guerre, même si, après les excès totalitaires, le terme « propagande » disparaît, car il est perçu de manière trop

---

48. « A great feature of advantage in cinematograph education of Natives is that picture will hold the African's attention and impress his mind to a far greater extent than words or books alone. » (Notcutt et Latham, 1937, p. 101-102)

49. « They tell us that art is a mirror—a mirror held up to nature. I think this is a false image [...] In a society like ours [...] art is not a mirror but a hammer. It is a weapon in our hands to see and say what is right and good and beautiful, and hammer it out as the mold and pattern of men's actions. » (Morris, 1987, p. 41)

péjorative. C'est à cette période que la France, et en particulier le Service cinématographique des armées (SCA), s'approprie la notion développée aux États-Unis de « guerre psychologique » (Villatoux, 2007)[50]. Même si les modes de diffusion de l'information sont multiples (photographie, tracts, affiches, annonces publiques, messages radiophoniques, émissions télévisuelles, etc.), le cinéma demeure un médium central, car il reste en 1957 le « plus grand agitateur des masses » (État-major 5e Bureau, 1957, p. 33). « [Il] apparaît de plus en plus incontestable que le cinéma est un puissant moyen d'action sur les masses. Dans le cadre de la guerre psychologique, c'est une arme importante. Pour pouvoir la manier avec le maximum d'efficacité il est nécessaire – comme pour n'importe quelle arme – d'en connaître le fonctionnement et les servitudes d'emploi. » (Service cinématographique des armées, 1957, p. 2) Comme le précise Marie Chominot (2008), l'« action psychologique » est « inspirée de l'agit-prop de tradition marxiste » (2008 : 13) à laquelle l'administration française a fait face pendant la guerre de décolonisation indochinoise. Après une série de revers, les autorités militaires ont mis en place un système de propagande[51]. Malgré la volonté d'ancrer l'action psychologique dans une connaissance fine du *medium* et de l'audience cible, la présentation du dispositif de propagande reste très caricaturale[52]. L'utilisation de l'audiovisuel en tant qu'arme psychologique s'accompagne ainsi d'une série d'archaïsmes, de fantasmes et de préjugés non seulement envers le *medium*, mais aussi à l'égard des audiences cibles[53]. De même, si le *Mémento de l'officier d'action psychologique en*

---

50. « La Guerre Psychologique est l'emploi planifié de la Propagande et de tous moyens propres à influencer les opinions, les passions, les attitudes et le comportement de groupes humains, amis, neutres ou ennemis, en vue d'aider à la réalisation de buts nationaux du Pays. » (*Mémento de l'officier d'action psychologique*, 1956, p. 1)

51. « La conquête des populations (par la persuasion, la séduction ou la terreur) est alors considérée comme un élément fondamental pour gagner la guerre. » (Chominot, 2008, p. 13)

52. « L'archaïsme qui caractérise la propagande militaire – en termes de méthodes, de figures, d'esthétique – concerne plus largement la communication politique telle qu'elle se pratique sous la IVe et Ve République naissante. Il faut attendre l'année 1960 pour que l'apprentissage des "relations publiques" devienne effectif aussi bien dans l'armée française que dans les différents services de l'État. » (Chominot, 2008, p. 87) ·

53. « Les populations de certaines régions très isolées ignorent encore totalement le cinéma, certaines même ne possèdent pas la vision bidimensionnelle. La qualité des films qui peuvent leur être présentés n'a donc aucune importance. Le plus médiocre film d'amateur est assuré de capter l'intérêt par la seule magie de cette toile où s'agitent des images que l'on reconnaît. Avec ce genre de public, nous nous trouvons 60 ans en arrière. » (Service cinématographique des armées, 1957, p. 6)

Algérie (1956) recommande de travailler dans un « climat de sympathie » et de créer un « lien fraternel », il met aussi en garde contre
la diffusion d'un message plus rationnel qu'émotionnel : « Envers
des populations encore attachées à une certaine mentalité primitive,
le travail psychologique basé uniquement sur des constructions de
l'esprit et des démonstrations logiques est sans efficacité. Les masses
musulmanes ne recevront nos arguments que si leur cœur est touché
avant leur esprit. » (Mémento de l'officier d'action psychologique en
Algérie, 1956, Archives SHD 1H1113/1, p. 6) Paradoxalement, cette
dernière affirmation n'est peut-être pas aussi aberrante qu'elle peut
sembler l'être, car il est plus facile d'influencer le jugement d'une
personne en s'adressant à ses émotions : par exemple, la peur est
un des meilleurs supports de propagande. De plus, dans le contexte
d'un dispositif de propagande qui, de manière générale, ne facilite
pas l'interprétation des films, les spectateurs sont attirés par les effets
spectaculaires du *medium* plutôt que par le message éducatif.

La difficulté rencontrée par cette technique est qu'elle suppose
un contexte très particulier (Neal, 1977 ; Young, 2012), afin de permettre au spectateur de suspendre son jugement. Le premier niveau
est d'ordre narratif : habituellement, l'entrée dans la fiction suppose
une immersion dans le monde diégétique qui est facilitée par une
identification avec l'un des personnages ou avec la situation décrite.
Il est rare de pouvoir reproduire dans un film éducatif un phénomène si « naturel » dans les films narratifs (action, romance, etc.).
Les producteurs vont imaginer des scénarios où un jeune apprenti
découvre les différentes possibilités de formation, où un cultivateur
fait l'expérience des « mauvaises » méthodes d'agriculture, puis celles
recommandées par les agronomes. Ainsi, les producteurs tentent de
tisser un lien d'identification avec un personnage censé promouvoir
un contenu éducatif. Par contre, en l'absence d'acteur vedette ou de
trame narrative populaire, il est difficile de reproduire le même type
de réception que devant un film de divertissement.

Le second ordre concerne les conditions de projection : d'une part,
le faible éclairage favorise un certain anonymat où le spectateur entre
directement en contact avec le monde fictionnel. Lors d'un processus
d'interprétation individuel, l'activité mentale inconsciente du spectateur l'amène à un haut niveau d'empathie avec les personnages
(Liebes, 1997). Il pourra alors ressentir les mêmes émotions et même
avoir l'impression de percevoir des sensations provenant de la scène
se déroulant sur l'écran : la peur devant un danger imminent, la soif,

le froid, la chaleur, le désir, etc. Ce niveau de délire peut l'amener à vouloir interagir directement avec l'action filmique, à la manière des enfants pendant ce que l'on nomme l'« effet guignol » (Bouchard, 2017). D'autre part, l'influence sonore des personnes présentes autour de lui doit favoriser une forme d'hallucination collective. Si un spectateur sort de la norme, par une activité verbale ou gestuelle trop spectaculaire, il risque de rompre la fascination. Au contraire, toutes les manifestations homogènes, c'est-à-dire semblables à celle des autres membres du public, vont renforcer l'identification au monde diégétique. Si des émotions telles que la peur, le rire ou la tristesse sont partagées avec la salle, elles vont amplifier l'illusion commune.

Or, il est quasiment impossible de réunir ces conditions lors des séances coloniales en raison des circonstances de projection et de réception des films. Tout d'abord, elles ont lieu généralement en plein air, au milieu de la vie nocturne, c'est-à-dire, de nombreux bruits ambiants. À cette activité parasite, il faut ajouter le grand nombre de spectateurs dont le principal intérêt n'est pas forcément le film en lui-même, mais le fait que la communauté soit réunie. Il faut également tenir compte de la qualité relativement mauvaise de l'image et du son, dû à la nécessité pour les opérateurs de sublimer les restrictions techniques ou budgétaires, à la recherche d'une image la plus large et d'un son le plus amplifié, afin de permettre au plus grand nombre d'avoir accès aux films. Ensuite, dans le cas où des membres de l'audience rencontrent des difficultés à interpréter le film, situation répandue, les spectateurs n'arrivent pas à s'immerger dans le monde fictionnel. Au contraire, plusieurs personnes auront tendance à communiquer entre elles afin de chercher de manière collective un sens aux images audiovisuelles[54]. En bref, nous sommes face à un public généralement très démonstratif et généreux dans le volume de commentaires. Or, les activités périphériques à la projection sont

---

54. Ce type de réactions est très souvent rapporté par des organisateurs, en particulier dans un contexte colonial. Lors de l'enquête britannique sur la réception des films de la CFU, de nombreux *Propaganda Officers* ont également décrit les activités orales des spectateurs pendant la séance. Par exemple, au *Nyasaland*, l'administrateur souligne « a lot of chatter mostly from the women » (*Analysis of Questionnaire*, 1943, p. 33). À un autre moment, il répond à la question de comment l'audience montre son appréciation d'un film : « By the usual ejaculatory noises common to the people of the area. » (*Questionnaire to Mobile Officials*, 1943c, p. 104). Il se passe la même chose en *Uganda* et à Zanzibar, où un « noisy vocal comment » (*Analysis of Questionnaire*, 1943, p. 121) accompagne généralement la projection. Il en va de même lors des séances belges, où le « public manifeste son enthousiasme » (Le Bussy, 1944, p. 3).

les principales limitations à l'entrée du spectateur dans une « torpeur fictionnelle » (Odin, 1990).

On touche là une des contradictions majeures des propagandes par le film dans les territoires coloniaux : le continuum audiovisuel renforce l'impact du cinéma sur les esprits ; or, le cinéma « perd » son caractère universel à partir du moment où l'on synchronise un commentaire. L'enregistrement de versions – adaptées aux différentes langues parlées par les spectateurs – est difficile à mettre en place (autant en matière technique que budgétaire), mais la présentation et la traduction en direct des films permettent de résoudre ce problème. Cependant, l'usage du commentateur remet en cause l'homogénéité médiatique de la projection et sa mission propagandiste ! En résumé, les retombées des dispositifs de propagande coloniale étudiés jusqu'ici sont relativement limitées, tout au moins sur le plan de la transmission d'un contenu spécifique et de leur capacité à influencer les mentalités. Par contre, on ne peut pas en conclure qu'ils n'ont pas eu d'impacts indirects.

2.3 Le cinéma comme mode d'expression de la « supériorité technologique européenne »

Considérant les difficultés de réception, à la fois aux niveaux sémantique et syntaxique, et les problèmes techniques (électricité, appareil, accès par des groupes mobiles de cinéma, etc.), il est possible de conclure la relative inefficacité des projections éducatives dans les villages en brousse. L'abbé Cornil (1951) confirme cette hypothèse, en particulier lorsque les visites sont trop irrégulières pour créer un véritable système éducatif[55]. Ce constat peut être étendu à l'ensemble des projections coloniales, c'est-à-dire celles organisées par la CFU, le gouvernement belge au Congo (Ramirez et Rolot, 1985) ou le Service de diffusion cinématographique en Algérie. Globalement, au milieu du XXe siècle, la grande majorité des spectateurs en Afrique ont des références culturelles très différentes de celles véhiculées dans les films européens et n'interprètent pas les images audiovisuelles suivant les mêmes codes cinématographiques. Or, très rarement, les organisateurs coloniaux vont chercher à produire des films en fonction d'un

---

55. « Même avec des films adaptés à ces mentalités arriérées, la projection n'aurait aucune valeur éducative, l'attention de l'indigène étant captivée par une succession d'images qui le plongent dans un ahurissement complet qui ne lui permet pas d'établir entre elles un lien logique. Quant au commentaire, il se perd dans le bruit, les clameurs, les rires provoqués par l'image quelle qu'elle soit. » (Cornil, 1951, p. 633)

public spécifique ou à adapter leur dispositif de diffusion à une aire culturelle donnée. Ainsi, si la propagande coloniale ne fonctionne pas en ce qui concerne au niveau de la diffusion d'un contenu éducatif ou d'un point de vue politique, les séances ont-elles un impact sur les populations colonisées ?

Devant l'impossibilité d'interroger directement le corpus sur cette question (il existe très peu d'archives et les témoins sont difficiles à contacter), il est impossible de proposer une étude détaillée de la réception des films coloniaux. En revanche, il est possible d'élaborer quelques hypothèses, que l'on peut résumer suivant trois situations : 1. Les personnes éduquées suivant les références occidentales sont également capables de déconstruire le message de propagande. Ces rares spectateurs sont peu susceptibles d'être influencés par les films projetés et ne constituent d'ailleurs pas le public cible des séances. 2. Les spectateurs ayant une expérience des codes culturels sur lesquels se base le cinéma, mais n'ayant pas la formation nécessaire pour mettre en cause le discours colonial, peuvent être convaincus par la propagande cinématographique. Une petite partie de la population colonisée, ayant reçu une éducation coloniale, c'est-à-dire un apprentissage basique de la langue et de quelques éléments de la culture occidentale, se trouve à collaborer, plus ou moins librement, avec la puissance dominante. En effet, ces personnes occupent des postes sans responsabilité dans l'administration d'occupation, généralement au service des employés européens ou enrôlés dans des forces de maintien de l'ordre, mais demandant un certain savoir afin d'interagir de manière efficace avec leurs supérieurs hiérarchiques[56]. Elles se trouvent dans une situation similaire à celle des spectateurs européens peu éduqués, qui constituent le public idéal des systèmes de propagande en Europe. Je n'ai malheureusement trouvé aucune trace de ce type de réception, dans aucun des trois empires coloniaux étudiés. 3. Les audiences qui sont attirées par le spectacle cinématographique en tant qu'*attraction* (Gunning, 1986) peuvent également y voir la manifestation du génie technologique européen. Explorons plus en détail ce troisième point. Pour tous les nouveaux spectateurs, et pour une partie de ceux qui ont l'habitude de voir des images en mouvement, l'intérêt de ces séances repose d'abord sur l'attrait d'un dispositif montrant une reproduction photographique en mouvement de la réalité et amplifiant des sons. Contrairement à ce qu'une conception universaliste du cinéma

---

56. À ce sujet, voir par exemple, Ginio (2006).

pourrait laisser penser, lors des premières expériences, chaque personne doit construire une série de schémas mentaux afin de mettre en place une analogie entre les images et les sons projetés et les scènes, les sentiments, ou les idées représentées. Chaque visionnement vient compléter notre base de données et faciliter notre travail d'interprétation. Or, comme nous l'avons vu précédemment, dans de nombreux cas de séances coloniales, le public est abandonné devant une projection audiovisuelle dont il ne comprend ni le principe, ni les codes, ni la finalité. Ainsi, il n'a pas accès au contenu des films, car il ne comprend pas la langue du commentaire, il ne connaît pas les objets filmés, il ne reconnaît pas les actions mises en scène, il n'identifie pas les sons, il ne distingue pas les personnages, etc. Par ailleurs, n'ayant pas d'attentes narratives ou discursives face à ce nouveau *medium*, il a choisi de participer à cet événement pour des raisons sociales (se réunir avec l'ensemble de la communauté) ou politiques (ne pas fâcher une puissance dominante), ou par simple curiosité relativement à un dispositif extraordinaire. Étant exclu de l'interprétation du film, le spectateur attache son attention à la monstration d'images spectaculaires et il se laisse impressionner par la force des sons et des lumières. Ainsi, il peut voir des images exotiques, c'est-à-dire provenant d'une réalité qu'il n'a jamais expérimentée directement. Il a également accès à des scènes s'étant déroulées en son absence, à une autre date ou dans d'autres lieux. Il entend des musiques ou des voix dont la source sonore n'est pas forcément identifiable. Cet intérêt pour l'aspect spectaculaire de la projection d'une image correspond au mode d'*attractions* (Gunning, 1986) créé pour caractériser la réception des films dans les premiers temps du cinéma.

Il est impossible d'avoir des chiffres exhaustifs sur un territoire, encore moins sur l'ensemble des régions colonisées. Par contre, il est possible d'isoler de nombreuses sources attestant de ce type de réception en contexte colonial, comme en témoigne l'abbé P. Catrice (1933a) au sujet de publics urbains au Congo belge :

> L'utilité du cinéma pour la propagande en faveur des missions peut encore être démontrée par la vogue qu'ont obtenue en ces dernières années les films exotiques, vogue qui diminue actuellement à cause de la multiplicité de ces films et de leur peu de variété, mais le public reste toujours friand de sujets exotiques, prêt à accourir et à s'enthousiasmer quand on lui offre quelque spectacle original, instructif ou émouvant. (1933a : 121)

De même, sans contester l'efficacité très relative des séances, la CFU décrit l'influence de l'aspect spectaculaire du cinéma sur les esprits[57]. De son côté, lorsque le gouvernement français cherche un moyen d'influencer les opinions publiques de son empire juste avant les indépendances (1958), les spécialistes consultés sont sceptiques sur les capacités du cinéma, comme de n'importe quel « effort de propagande », de parvenir à « modifier l'opinion publique d'ici le référendum »[58]. Ils confirment ainsi l'existence des deux catégories aux extrémités du spectre, à savoir les élites, hermétiques à la propagande française, et la population générale, difficilement atteignable par des modes de communications modernes. Pourtant, comme nous le verrons au chapitre 4, les autorités coloniales vont tout de même initier un système d'éducation par le film en AOF. J'en déduis qu'ils y cherchaient tout de même un bénéfice.

L'impact des projections coloniales ne serait donc pas en matière de l'enseignement de nouvelles pratiques ou la diffusion d'une information, mais de manière très basique, en impressionnant les spectateurs par l'aspect spectaculaire de la diffusion d'images et l'amplification de sons. Essayons de préciser nos hypothèses sur l'impact des séances coloniales sur les publics fascinés par le dispositif lui-même : 1. La projection comme manifestation du « pouvoir des Blancs » ; 2. L'introduction lente et durable de références occidentales dans les cultures vernaculaires ; 3. L'influence des pratiques audiovisuelles coloniales sur les conceptions du *medium* cinématographique.

Lorsqu'une équipe de propagande arrive dans un village, après avoir rencontré les autorités et installé le matériel, elle diffuse généralement de la musique et des messages publicitaires, afin d'attirer un large public. Cette astuce fait partie des recommandations afin d'améliorer

---

57. « We do not suppose for a moment that more than 5 per cent., if that, of our audiences leave our show with any real understanding of warfare or the technicalities of any single Army trade. But they do very definitely carry away with them an impression of a body of men, their own kith and kin, who are not only superbly fit, but have acquired a sense of purpose in life; who are living a more abundant life in every respect—and surely this, and not just literacy, is the real intention of mass education? » (*Effective Propaganda*, 1945, p. 84)

58. De nombreux obstacles s'opposent en effet au succès d'un tel effort : public largement illettré, ignorant le plus souvent le français ou le parlant fort mal ; multiplicité des dialectes africains ; faible tirage des journaux locaux ; insuffisance des moyens techniques de la radio ; quasi impossibilité de modifier les opinions d'une « élite » ou d'une « pseudo élite », dont les convictions, bien arrêtées, se trouveront plutôt confirmées qu'infirmées par une propagande plus ou moins ouvertement inspirée par la Métropole ; etc... (*Possibilité d'action sur l'opinion publique*, 1958, p. 1)

l'impact des séances de la CFU[59] et elle est appliquée dans de nombreux territoires, dont au Nigeria[60]. De même, la diffusion sonore est également employée afin de renforcer certains messages[61]. Toutes ces pratiques sont basées sur un intérêt assez largement répandu en Afrique pour la voix amplifiée. Comme je le constatais au sujet des projections coloniales britanniques en *Gold Coast* pendant la Seconde Guerre mondiale, « [l]'efficacité éducative est faible et l'impact sur les imaginaires concerne principalement la magie de la reproduction mécanique du mouvement ou de l'amplification des voix. La propagande permet alors de rendre concret le "pouvoir des blancs" et de renforcer la domination coloniale. Une personne parlant en direct lors de la projection renforce l'aspect surnaturel de la séance, sans en diminuer l'effet. » (Bouchard, 2009, p. 39-40) En dehors d'un cadre rationnel expliquant la projection cinématographique comme le résultat de procédés optico chimiques, mécaniques et électriques, le phénomène peut paraître magique, d'autant plus dans une cosmogonie qui donne puissance et volonté à des entités que les modernes considèrent comme inertes et maîtrisables. Suivant cette logique, il est évident d'accorder un prestige spécifique au groupe manipulant ces forces.

Le dispositif permet également de diffuser des images représentant la culture occidentale et faisant état, en particulier, de sa puissance militaire. Spécifiquement pendant la Seconde Guerre mondiale, mais également pendant la guerre froide qui a suivi, les puissances coloniales mettent en scène leurs forces afin d'impressionner les populations colonisées et de les amener à se mobiliser en faveur de leur effort de guerre (production de matières premières, main-d'œuvre et recrues pour les forces armées). Même si les spectateurs ne comprennent pas les enjeux géopolitiques ou la situation exacte des puissances européennes, ils sont généralement impressionnés par les images des armes de guerre[62]. Ainsi, dans la majorité des cas, ces images en mouvement fascinent les spectateurs et tendent à faciliter le recrutement militaire.

---

59. « 1. Loud martial music or recordings of vernacular songs popular locally, directed to the village to bring the audience to the van (15-30 minutes). » (*Sound Recordings*, 1944, p. 3).

60. « To get a large number of people together, attractive gramophone records were played and cinema films shown to the people. » (*Ground Nut Campaign*, 1944, p. 38).

61. « Talks were given in market-place in the people's own language explaining the wishes of the Government. » (*Ground Nut Campaign*, 1944, p. 38)

62. « On one occasion a mobile unit was sent on tour with a recruiting party for military service. The result was a marked increase in the number of recruits. » (*Some Audience Reactions*, 1943, p. 2)

Figure 1.6. *Projection organisée par le CFU en* Gold Coast *(1939-1948).*
Source : *National Archives, NSC 29/15.*

Dans le même temps, les films diffusent une image vague de
la civilisation occidentale qui vient compléter les manifestations
concrètes imposées par l'administration coloniale : le développement des centres urbains, la création des « quartiers indigènes » et
les infrastructures de communication ; les structures administratives,
les écoles et les systèmes de santé ; les contacts avec les ressortissants
européens, la hiérarchie, la discrimination raciale. En cela, les projections coloniales participent de la « mission civilisatrice » (Addi, 1996)
derrière laquelle les gouvernements européens ont cherché à justifier l'ensemble des violences physiques, psychologiques, administratives et symboliques (Fanon, 1961) qui ont accompagné l'invasion
militaire puis la gestion autoritaire de territoires et de populations.
Ne reconnaissant pas les structures des civilisations vernaculaires,
ils ont imposé leurs propres cadres conceptuels, incluant leur religion, une économie basée sur la transformation de la nature comme
fond et des structures sociales hiérarchiques, patriarcales et racistes
(Schuylenbergh, Lanneau et Plasman, 2014). Comme le constate l'abbé
Cornil (1951) au sujet de la domination coloniale belge au Congo,
« tout cela crée un mouvement accéléré de civilisation, une ouverture
sur la mentalité européenne, des courants, des échanges d'idées, un
élargissement d'horizon. Le côtoiement habituel des blancs influe
sur la vie des noirs. Tout cela enlève beaucoup aux caractéristiques

primitives de nos Congolais et les rend plus aptes à la compréhension du cinéma. » (1951 : 633)

L'abbé Cornil complète son propos colonialiste en montrant comment l'inverse est également vrai : « Mettez dans ce centre un projecteur. La première projection causera l'ahurissement que provoque une nouveauté extraordinaire mais, grâce à la répétition des séances, l'accoutumance à la technique cinématographique viendra rapidement, le film sera suivi, un commentaire approprié en langue indigène fera qu'il sera compris. Le terrain est prêt pour le film éducatif. » (1951 : 633) Ce dispositif a ainsi participé à modifier en profondeur l'imaginaire collectif des cultures colonisées et contribué, même minimalement, à diffuser des représentations favorables aux puissances coloniales. Ce dernier point est impossible à quantifier, par contre il est perceptible dans certaines réactions d'audience, telles que rapportées par les organisateurs. C'est le cas, par exemple, lors d'une séance à Ouargla, en Algérie, le 6 mars 1954, devant environ 7 500 personnes : « Tous nos films soulevèrent un intérêt certain. Les commentaires ne cessèrent de fuser durant toute la projection où chaque spectateur trouva non seulement un sujet d'étonnement, mais aussi la manifestation du génie français qui, dans ces régions du Sahara est toujours apprécié à sa juste valeur. » (Recorbet, 1954c, p. 8) Évidemment, nous n'avons accès là qu'à l'interprétation proposée par un employé colonial qui cherche à montrer l'efficacité de son action. Il reste qu'il est facile d'imaginer l'étonnement et l'admiration du public local devant l'aspect spectaculaire de la puissance des outils de travaux publics, dans une région semi-désertique de l'Algérie au milieu des années 1950.

En cela, le cinéma constitue une influence indirecte, une forme de réplique atténuée du « choc des civilisations » (Camus, 1951 ; Césaire, 1955) entre les cultures européennes et africaines. C'est à ce niveau que se situe la nécessité théorisée par Fanon d'une « décolonisation des imaginaires » (Fanon, 1961), en particulier en ce qui concerne les images et les représentations audiovisuelles. Afin de faciliter ce processus, il faut également évaluer l'impact des projections coloniales, comme celui des séances commerciales[63], en tant que vecteur influant de valeurs et modes de représentations basées sur une compréhension européenne du monde. Par exemple, cet inventaire doit prendre en compte l'influence d'un imaginaire cinématographique fictionnel, hollywoodien, mais pas

---

63. Voir l'exemple des projectionnistes ambulants, décrits, en particulier, dans les travaux d'Odile Goerg.

exclusivement, à travers, en particulier, les films d'action comme les westerns ou les comédies musicales (Bouchard, 2017). Il doit également répertorier les différentes répercussions de toutes les formes de diffusion audiovisuelle, dont les séances coloniales. En effet, ces premières projections ont certainement eu un impact fondamental sur les manières dont les sociétés anciennement colonisées ont mis en place les différentes instances de leur institution cinématographique liminaire, à la fois les goûts et les pratiques des publics, mais aussi l'inconscient esthétique des producteurs et l'organisation de la production et la distribution de films. Il est probable que les tactiques développées face à un dispositif technique fondamentalement allochtone, c'est-à-dire pensé en fonction de paradigmes extérieurs aux cultures vernaculaires, et dont la mise en contact a eu lieu à l'apogée de la domination coloniale, soient toujours actives durant la période postcoloniale.

3. Quels films pour quels publics ?

À travers l'exploration des archives gouvernementales britannique, belge et française, on constate la même dichotomie entre la vision théorique des administrateurs et les tactiques créées par les équipes sur le terrain : ceci est révélateur d'un décalage fondamental entre une conception du cinéma comme propagande largement répandue et pratiquée en Europe et les adaptations nécessaires aux contextes culturels africains. Prenant conscience de la difficulté de diffuser le même message colonial dans des contextes très différents (en matière culturelle et linguistique, mais aussi sociale ou politique), les administrateurs européens tentent à la fin de la Seconde Guerre mondiale de donner plus de marge de manœuvre à leurs représentants dans les territoires. Par exemple, en 1948, John Grierson, alors au service de l'UNESCO, propose de créer des unités de production cinématographique dans chaque territoire[64]. Certains administrateurs locaux vont alors chercher des manières d'adapter les projections coloniales aux différents publics concernés. Avant d'envisager quelques stratégies mises en œuvre afin de *localiser* les films, revenons d'abord sur la prise de conscience des limites des systèmes coloniaux de propagande.

---

64. « We are, for example, putting the film into the Africans' own hands as an instrument for their own development. We are giving them the chance of using this medium to the full as a means of disseminating information, of spreading knowledge, of cultivating a deeper understanding of the facts which govern their lives. » (Grierson, 1948, p. 279-280)

Il est difficile de comparer les publics des séances commerciales avec ceux visés par la propagande gouvernementale. Si les premières attirent des spectateurs déjà en contact avec la modernité occidentale, ce n'est pas forcément le cas des secondes. En effet, nous commençons à avoir quelques données sur l'état de développement du spectacle cinématographique en Afrique avant et après la Seconde Guerre mondiale et, comme le montre Goerg (2015), la répartition des salles de cinéma sur le territoire en Afrique est extrêmement disparate[65]. Par conséquent, les premières audiences sont relativement homogènes, regroupant d'abord de jeunes hommes, urbains et ayant une activité en lien avec la présence européenne :

> De Bamako à Kayes, Dakar, Lomé, Accra et Lagos, on peut dresser un portrait type des premiers spectateurs : des hommes dans leur grande majorité, fonctionnaires ou appartenant au monde des maisons de commerce, employés au service des Européens, c'est-à-dire salariés, souvent passés par l'école coloniale. Ils constituent une élite moderne, elle-même hiérarchisée. Il faut cependant nuancer ce portrait car le cinéma est aussi apprécié par d'autres catégories, plus populaires et souvent illettrées. Ce nouveau média n'exclut personne et les catégories intermédiaires de ce monde en mutation participent activement à son implantation. (Goerg, 2015, p. 54)

Même là il faut relativiser ce constat, car, comme le précise Goerg « selon le lieu mais aussi l'époque, le spectateur type n'est pas exactement le même » (2015 : 54). La situation est cependant radicalement différente lors des projections coloniales, où une autre frange de la population, plus rurale et mixte (*gender* et génération), est invitée à se présenter devant l'écran. Ces spectateurs ayant généralement moins d'expérience des références européennes (aussi bien celles qui sont sémantiques que syntactiques), mais également des appareils modernes, ils connaissent plus de difficultés lors de la réception des films éducatifs réalisés à l'étranger.

---

65. « Calculer un *ratio* a cependant peu de sens, tant sont forts les contrastes entre les colonies et entre les villes. De manière générale, la probabilité d'être exposé aux images animées reste bien faible. Mais si le cinéma est loin d'être un loisir de masse, il n'en joue pas moins un rôle croissant dans la structuration des identités urbaines. Aller au cinéma constitue un des attributs, voire une des revendications, de certaines catégories de citadins. » (Goerg, 2015, p. 18)

3.1 De la syntaxe des films coloniaux

Le principal problème rencontré par les administrateurs locaux est la compréhension des films éducatifs par les spectateurs. Cette difficulté se décline suivant deux axes, c'est-à-dire comment obtenir des versions adaptées à des publics aussi variés et comment adapter les références culturelles incluses dans les films à celles des audiences ? La réflexion des administrations coloniales débute par une prise de conscience des obstacles à la communication d'un contenu, comme dans le rapport signé par H. Bruce Woolfe[66]. Ainsi, certains, dont S. A. Hammond (1936), auteur de *Proposal for a Colonial Film Unit*, remettent en cause l'idée qu'un film peut être compris, sans méprise, par tous les publics[67]. Comme beaucoup d'autres, l'auteur propose certaines normes de production afin d'éviter de présenter une image déformée de la réalité. Par contre, il précise que pour éviter les malentendus culturels, il faut chercher des stratégies afin d'inclure un contenu local[68]. Ces remarques semblent suggérer une production de films éducatifs spécifiques aux colonies africaines. Cependant, le problème est plus complexe : la diversité des publics concerne à la fois la variété des cultures vernaculaires, mais également une connaissance inégale des cultures occidentales et, plus spécifiquement, une expérience variable du *medium* cinématographique.

---

66. « The colonial officers present were unanimous on the following points:
Local backgrounds in situ were necessary for all instructional films to be shown to Africans, other than those of the more highly educated classes. All such films, to commence with, must be silent.
  1. Films made in Kenya would be generally suitable for exhibition in other East African colonies, especially if scenes of the particular Colony were added in the films to be shown where necessary.
  2. That officers of Department concerned, i.e. Administration, Agriculture, Education, Forestry, Medicine and Veterinary, would be quite willing to lend their help and advice in planning and producing the films in their different territories. » (Woolfe, 1934, p. 2)

67. « The film is the supreme instrument for educating feeling. Its influence on race relations has been preponderantly bad. Even when well-intended, films may produce false impressions through ignorance of native ideas and associations. Similarly, natives may be misrepresented to European audiences. Rightly used, films could promote sympathy, create sound public opinion, strengthen the hands of governments, and give a sense of mission and hence spiritual power. » (Hammond, 1936, p. 1)

68. « Special directors are required, and a new agency to build up a film library, to produce films for the Colonies and films of colonial life suitable for exhibition in England; to encourage local production in the Colonies by advice, supply material and the instruction of officials and others on leave, and to produce and acquire films of anthropological interest. » (Hammond, 1936, p. 1)

Cela rejoint le principal problème de la conception occidentale de la propagande audiovisuelle dans les territoires coloniaux en Afrique, à savoir la très mauvaise connaissance des réalités ethniques et culturelles. De nombreux administrateurs ne perçoivent pas les différences entre les cultures et traditions africaines ; ils considèrent comme équivalent toutes les populations sous domination coloniale ; ils n'ont pas l'éducation nécessaire pour prendre en compte les nuances culturelles et encore moins les distinctions fondamentales. La pensée moderne, à la base de l'idéologie coloniale, cherche à essentialiser cet *Autre* qui, bien que multiple et très divers, doit correspondre à une catégorie unique dont la caractéristique commune est d'être subalterne (Gramsci, 1934). Ce stéréotype raciste de l'Africain, représentation fictionnelle et essentialisée, ne nous éclaire en rien sur la réalité, mais décrit la manière dont le colonisateur européen perçoit et reconstruit le monde colonial en fonction de ses propres valeurs. C'est ainsi que Georges Pearson (1949), *Senior Film Director*, se trouve à caractériser l'ensemble des publics des territoires britanniques en Afrique, auxquels s'adressent les projections de la CFU : « We are dealing with adults, who though unenlightened are not necessarily unintelligent; on the contrary they are often very shrewd and always keenly observant, but they are adults who cannot read or write, primitive in customs and environment, heir of an age-long savage tradition of fearsome folklore, fetish and strange superstition that we cannot ignore. » (1949 : 15) Ne montrant pas les caractéristiques qu'un homme éduqué britannique reconnaît comme des marques d'intelligence, d'éducation (lecture, écriture) et de convenance (coutumes, croyances), l'employé colonial est surpris par la capacité d'observation et d'analyse chez ce sujet subalterne. Pour G. B. Odunton (1950), commentateur de film dans une équipe mobile de cinéma en *Gold Coast*, ces stéréotypes sont le principal frein aux projections éducatives[69]. Malheureusement, n'ayant pas la formation et les ressources nécessaires pour connaître leurs publics, les administrateurs coloniaux rencontrent de grandes difficultés à réformer leur système de propagande. Ils se lancent alors dans une quête désespérée afin de mieux connaître les populations colonisées, leurs capacités cognitives et, en particulier, la manière

---

69. « What a lot of nonsense has been written about the illiterate African and films. How little solid nonsense, how much debatable theory, and how much high-falutin [sic] nonsense! To achieve some results with filmmaking in Africa, we have got to abandon the current stereotyped methods and adopt new techniques and a new approach. » (Odunton, 1950, p. 29)

dont elles interprètent les images audiovisuelles[70]. On fait face alors à des représentations erronées qui s'entretiennent et se justifient en circuit fermé[71]. Les projections gouvernementales ne sont pas le seul domaine touché par cette série de clichés. Dans la plupart des cas, les employés européens entament leur mandat avec une série de préconceptions fausses, héritées du contexte colonial ; ils interprètent chaque expérience en fonction de ces valeurs imaginaires, ne retenant que ce qui correspond à ce cadre de lecture ; ils consignent ensuite une conception aberrante de la réalité, qui est transmise aux autres fonctionnaires et propagée. Comme le constate Kelvin Chikonzo (2018) : « Mobile Cinema Officers recorded instances of African spectatorship which rendered them intellectually inferior » (2018 : 106). Dans le cadre d'une production audiovisuelle, ce système de représentation a beaucoup plus d'influence que les messages éducatifs, ayant un impact à long terme à la fois sur la hiérarchie coloniale, mais aussi sur les publics des films, en Afrique et en Occident. Il est alors intéressant de mettre en doute la place des comédies dans ce système, qui d'un côté renforcent les stéréotypes et, de l'autre, ouvrent la porte à des pratiques de résistances de la part des spectateurs[72].

Malheureusement, les stéréotypes sur des spectateurs africains influencent autant la production de film que leur diffusion. Malgré l'inertie des représentations coloniales, l'idée que les films diffusés doivent être adaptés à l'expérience cinématographique des audiences se répand progressivement et certains organisateurs cherchent des stratégies afin d'introduire le principe même de la projection audiovisuelle.

---

70. « The abilities of Africans to make sense of film has been a source of concern to Whites in Southern Africa since motion pictures first arrived in the region. Since the 1920s an army of administrators, film makers, academics, journalists, missionaries, marketers and educators have attempted to measure the abilities of Africans to make sense of motion pictures. » (Burns, 2000, p. 197)

71. « The assumption was the uneducated African does not understand films, and for that reason films must be made on a definite pattern and should follow certain rules. These rules were subsequently sanctified and given the name of specialised Technique. » (Odunton, 1950, p. 29)

72. « These comic encounters must be put to context. In a colonial context where difference was used as basis for social stratification, the comic spirit revealed a certain lack or inadequacy in the Africans which then justified colonial stereotypes on African capabilities. The reports do not reveal instances in which Africans added new insights into the practice of film-making. What are documented are instances of laughable traits which reveal the African as the other. Thus, humour becomes an expression of superiority over someone perceived to be socially or morally inferior by the person laughing. » (Lynch, 2002, cité dans Chikonzo, 2018, p. 106).

En effet, comme tout langage, nous apprenons de manière inconsciente les normes et les références du cinéma ; plus l'apprentissage est tardif et plus notre savoir d'origine est éloigné de la culture iconique occiden-tale, plus cette formation doit être progressive et pédagogique. Certains administrateurs, en se basant sur l'expérience acquise dans un contexte colonial, se posent la question de la langue du commentaire enregis-tré, mais également du scénario, du nombre et du jeu des acteurs, du cadrage et du montage. Généralement, ces remarques reflètent une com-préhension paternaliste et simplificatrice, voire raciste, des pratiques locales. Par exemple, le ministère français des colonies souligne dès 1933 que « les indigènes préfèrent les films muets, les sonores n'étant pas compris par eux et représentant souvent des scènes dont l'intérêt leur échappe » (Ministère des colonies, 1933, p. 8). Il justifie ainsi leur intérêt pour « les films américains relatifs à la vie amoureuse du Far West ou les films comiques » où, « selon la formule transatlantique, poursuites [et] chutes se succèdent » (1933 : 8). Ces exemples montrent bien la simplification paternaliste, très éloignée des enjeux de la réalité.

Or, une des difficultés majeures des projections éducatives en Afrique est de concilier des publics très diversifiés : comment, dans la mise en place du dispositif de propagande, prendre en compte le fait que certains voient des films régulièrement alors que d'autres assistent à leur première projection ? L'un des aspects, que les organisateurs coloniaux prennent rarement en compte, est que la séance doit inclure une présentation du dispositif cinématographique, afin de permettre aux nouveaux spectateurs de créer leurs propres tactiques d'appro-priation face à ce nouveau *medium*. Encore une fois, il est intéressant de noter que l'observateur européen ne dépasse pas le constat afin de chercher à remédier à la situation en proposant une forme d'explication du dispositif lui-même. Il semble évident que si une partie du public – d'autant plus si ce sont les personnes avec le moins d'expérience de la projection audiovisuelle – ne perçoit pas dans de bonnes conditions les images, leur travail d'interprétation du film en sera modifié. En fait, cela devrait être un point important que le spécialiste responsable d'étu-dier la réception des films devrait mettre en exergue dans son rapport.

Les difficultés de réception concernent également certains genres, certaines formes de messages cinématographiques. Encore une fois, il est impossible de spécifier un aspect valide pour l'ensemble des publics en Afrique. Au contraire, chaque contexte va mettre en lumière de possibles malentendus au moment de la projection. Par exemple, le cinéma d'animation, qui peut sembler à première vue comme simplifié et plus facile à interpréter, laisse certains spectateurs perplexes. Dans la *Revue coloniale belge* (n° 1, mars 1946), un observateur européen décrit une des premières expériences de projection au Congo menée en 1943 dans le centre d'instruction militaire d'Irebu, devant un public de soldats, de femmes et d'enfants :

> Devant la toile, nos frères de couleur se trouvent en présence d'un monde totalement inconnu, insoupçonné même, et, chose curieuse, moins ils comprennent, plus ils croient comprendre, au risque d'entraîner les autres dans leurs divagations. Un seul exemple : on projette des dessins animés. Sur la toile s'agite un gros canard habillé en soldat et faisant de l'exercice. La séance terminée, un soldat interroge : « Y a-t-il vraiment des blancs de cette espèce et sont-ils nombreux ? » (cité dans Ramirez et Rolot, 1990, p. 9)

Plusieurs administrateurs du Service de diffusion cinématographique en Algérie constatent le même problème de compréhension du dessin animé par des enfants, des femmes et, plus généralement, par un public algérien peu habitué aux projections cinématographiques.

Un autre exemple de séquences mal interprétées par certains spectateurs est la réception des images microscopiques : de nombreuses projections éducatives, dont celle des Britanniques en Afrique de l'Est (BEKE), choisissent ce mode pédagogique qui, en Occident, ne semble pas poser de problème[73]. Malheureusement, peu conscients des différences culturelles, les administrateurs européens conservent les mêmes stratégies, même si régulièrement des observateurs sur le terrain rapportent des problèmes de réception. Par exemple, dans les années 1960, un instructeur français basé au Niger rapporte des difficultés de lecture des images animées : « Au moins dans un premier temps, le cinéma d'éducation de base devra éviter l'utilisation d'images stylisées, fussent-elles la représentation simplifiée d'objets familiers, de schémas théoriques pour s'en tenir à la photographie de

---

73. « On one occasion, Dillon said, the man had gone to the Zambezi Valley to talk to remote villages about malaria prevention. Equipped with several large drawings, a demonstration mosquito net, and a two-foot-long papier-mâché mosquito, he explained the transmission of the disease and suggested some possible strategies for its prevention. At the conclusion of his talk, the villagers thanked him but gently suggested that his ideas did not apply in their area, because their mosquitoes were so much smaller. In her book *Curing Their Ills: Colonial Power and African Illness*, Megan Vaughan cites an almost identical story told by a staff member of the Colonial Film Unit. » (Burke, 2002, p. 41).

la réalité, s'il veut atteindre le public auquel il est destiné. » ([Feuille libre], s.d., p. 1) Cette remarque est en contradiction avec la plupart des recommandations émises par les spécialistes, en particulier, après la Seconde Guerre mondiale, par l'UNESCO.

3.2 De l'origine des films éducatifs

Devant le constat de l'inadéquation de la production européenne de films éducatifs aux publics coloniaux, les organisateurs cherchent des solutions alternatives. L'un des problèmes rencontrés par la CFU est que sa production de films est organisée suivant 3 catégories : *Projection of Britain*, « Films about Britain for showing in the colonies » ; *Projection of the Colonies*, « Films about colonies for showing in Britain and elsewhere » ; *Educational Films*, « Films for educational use in the colonies » (*Programme Estimates*, 1948/1949, p. 139). La première catégorie est la seule produite spécifiquement à destination d'un public non britannique. Les films sont évidemment réalisés à Londres d'où les copies sont ensuite distribuées. Comment dans ce cas adapter les films à la mosaïque de cultures et de langues présentes dans l'Empire britannique ? Plusieurs solutions sont alors proposées. La première est l'envoi de films muets (*silent films*), qui suppose la présence lors de la projection d'une personne ayant la formation nécessaire pour commenter les images[74]. Ce type de projection est alors réservé aux écoles où l'instituteur peut baser une partie de son enseignement sur ces images. Plusieurs fois, la possibilité de réaliser des versions multiples est évoquée dans les rapports d'activité de la CFU. Cela semble évidemment la solution idéale, tant techniquement – la qualité serait parfaite – que sur le plan de la propagande – un commentaire permet de contrôler entièrement le message reçu par les spectateurs. Malheureusement, le doublage étant une opération extrêmement coûteuse, il ne rentre pas dans les budgets serrés d'un CFU en temps de guerre.

La solution retenue, partiellement imposée par l'expérience menée en *Gold Coast*, est d'adjoindre un *Interpreter* à l'équipe de projectionnistes. En effet, il ressort clairement des archives que le commentaire

---

74. « It must be remembered that the great majority of audiences in East and Central Africa cannot read, so that captions or titles are of little use, even if given in a local language. It follows that unless the pictures are entirely self-explanatory, a very difficult thing to achieve, some form of commentary is necessary. For purely *instructional* films in schools this can be and is perhaps best given by a trained teacher. » (*Memorandum on the Supply of Films*, 1937, p. 4)

de film permet de résoudre la plupart des malentendus culturels. Par exemple, aux questions sur la capacité du public à interpréter des angles de caméra insolites ou une ellipse ou tout autre artifice filmique, les administrateurs locaux des Gold Coast, Northern Rhodesia, Nyasaland et Zanzibar répondent systématiquement en évoquant cette solution :

> They are unnatural and require lengthy explanation by the Interpreter before the audience appreciates the particular shot or shots. [...] If the time lapse is only a day or two—greater periods and differences require explanation by the Interpreter. [...] Yes— when the commentator explains this. [...] Not unless it has been thoroughly explained beforehand. [...] Yes, provided it is not too complicated and there is a basic story, e.g. R.A.F. Rescue Boat. They are quite easily understood with a vernacular commentary which is easy with 16 mm silent films. (*Analysis of Questionnaire*, 1943, p. 21)

Ainsi, avec un système de micro et d'amplification, l'interprète parle sur le commentaire, traduisant les propos écrits à Londres. Par le même dispositif, l'interprète présente le principe de la projection cinématographique, le contexte de cette projection et les différents éléments de l'image non explicités dans le commentaire original. Il peut également répondre aux questions des spectateurs avant, pendant et après la séance. Le gros inconvénient de cette solution est que les administrateurs coloniaux à Londres ne contrôlent plus entièrement le message délivré au spectateur (*Financial Background*, 1950, p. 197). C'est pourquoi d'autres initiatives sont proposées, dont le son sur disque vinyle, une des premières formes de synchronisation image/ son, ou la mise en place d'un anglais simplifié. Cependant, pour de multiples raisons, ces solutions n'aboutiront pas.

Le Service de l'information du Congo belge est confronté aux mêmes problèmes. Tout d'abord, la grande majorité des audiences n'ont aucune expérience de la projection cinématographique[75]. L'organisation de projections régulières, couplées avec les explications données en direct, permet de remédier à cette situation et d'attirer un

---

75. « Exceptionnellement, il se peut qu'il ait une séance de cinéma mais alors la nouveauté du procédé déconcerte tellement [le spectateur] qu'il s'extasie devant les images mais n'établit aucun lien entre elles ; et le film, s'il est à portée éducative et instructive, est sans effet. » (« Production de courts métrages pour les missions », 1953, p. 60)

public nombreux, varié et accoutumé au cinéma[76]. Avec l'introduction de ce nouveau dispositif, l'éducateur tente également de mettre en place de nouvelles normes, en particulier en ce qui concerne la discipline[77]. Évidemment, le colonisateur impose cette régulation du comportement de l'auditoire en fonction de ses propres standards, sans jamais prendre en compte les pratiques locales.

Figure 1.7. *Au Congo belge. Une des activités de la Section de l'Information est la réalisation de prises de vues cinématographiques relatives aux actualités et à la confection de films éducatifs pour indigènes. Voici une équipe de cinéastes au travail.*
Source : *Collection RMCA Tervuren; photo J. Mulders (Inforcongo), 1949 CC-BY 4.0.*

76. « La fréquence des projections a donné à ce public l'accoutumance de la technique cinématographique. Si, à cela, s'ajoute un commentaire en langue indigène bien dit, clair, bien adapté, le film peut exercer incontestablement une excellente influence. » (« Production de courts métrages pour les missions », 1953, p. 60)
77. « Pas une discipline stupide comme celle que certaines Bonnes Sœurs exigent de leurs enfants en leur défendant de rire aux éclats devant les pitreries de Charlie Chaplin, ou de hurler à pleins poumons lors d'une poursuite ou d'une bataille. Ces réactions sont normales et justifiées. Laissez donc rire et hurler votre auditoire. [...] Mais [l'éducateur] doit exiger que, pendant la projection d'un documentaire par exemple, son auditoire se taise et écoute le commentaire. Ici, d'ailleurs c'est un peu un cercle vicieux : si le commentaire est bien fait et facilement compréhensible et si le film est bon, le spectateur se taira et sera tout yeux et tout oreilles. » (« Production de courts métrages pour les missions », 1953, p. 63)

Au niveau de la production, toujours en 1950, les autorités belges sont confrontées à une grande hétérogénéité : la filmothèque constituée de plus de 1 200 films regroupe des films éducatifs belges ou étrangers destinés aux Européens, des dessins animés didactiques et des bandes d'actualités avec nouveau montage et commentaire, plus ou moins adaptés aux audiences congolaises. Le catalogue comprend également des films sur la vie quotidienne (hygiène, bricolage, etc.) ou d'éducation sociale ou morale, destinés aux populations colonisées et produits par des initiatives privées, telles que des groupes industriels, des syndicats ou des congrégations religieuses. En 1950, avec la création Centre de l'information et de document du Congo belge et du Ruanda-Urundi (CDI), l'État belge tente de standardiser l'offre de film disponible[78] en se lançant dans la production. La production belge au Congo s'organise alors suivant trois thèmes : les reportages présentant les réalisations de l'État belge au Congo (puissance industrielle, modernisation des infrastructures, aide humanitaire, etc.) destinés à la fois (dans des versions différentes) à la propagande congolaise, belge et internationale ; un cinéma documentaire ou fictionnel, à but éducatif, reprenant les principaux préceptes moraux et modernes dont le colonisateur veut faire la promotion ; enfin, des films sur les valeurs « authentiques » de « l'âme noire », réhabilitant les cultures locales (essentialisation du « bon sauvage »), reprenant les principes de l'ethnographie coloniale (« observation de la disparition »).

Suivant la même logique de standardisation, L. Van Bever, chef du Service cinématographique du gouvernement belge au Congo, établit tout un ensemble de règles d'initiation au « langage cinématographique » :

> Les panoramiques verticaux, horizontaux ou obliques, les travellings déroutent l'Africain. Il ne sait pas, lui, que c'est l'appareil qui bouge. Il voit des arbres se déplacer sur l'écran ; des bâtiments monter ou descendre, des objets normalement immobiles qui bougent… son attention est entièrement détournée de l'action du film… il n'y comprend rien ! Parfois même il croit qu'on se moque de lui et… jette des pierres sur l'écran ! Toutes ces conventions cinématographiques

---

78. « Le [CDI] accentue son rôle d'incitant en apportant un appui permanent à la production et à la réalisation de films du Service de l'Information du Gouvernement général : il chapeaute la consultation, la centralisation et la diffusion des films, contrôle les contrats entre le secteur public et les cinéastes de l'État, surveille les travaux des cinéastes et fait le lien avec les organes de diffusion, étudie l'intérêt de certains films pour la propagande et pratique la censure. » (Schuylenbergh et Etambala, 2010, p. 28-29)

sont bonnes pour un public averti, « initié au cinéma », elles ne
valent rien pour un public primitif. Il faut donc initier ce public… lui
apprendre à voir les images. (cité dans Ramirez et Rolot, 1990, p. 9)

Il impose ainsi six principes fondamentaux aux réalisateurs produisant des films éducatifs pour son service : 1. « Le film sera simple »,
c'est-à-dire filmé de la manière la « plus naturaliste » possible, à hau-
teur d'œil, sans effet de montage, panoramique, ou autre fantaisie autorisée par les conventions cinématographiques de l'époque. 2. « Une
continuité visuelle sera maintenue d'une scène à l'autre » : « Une personne, un objet qui a retenu l'attention doit se retrouver dans l'image
suivante. L'application de ce principe permettra une compréhension
plus aisée de l'action et évitera un grand nombre d'intertitres qui sinon
seraient nécessaires pour l'expliquer. » (Bever, cité dans Ramirez et
Rolot, 1990, p. 9) 3. « Le sujet principal sera toujours mis en vedette » :
« L'œil est toujours attiré par un objet en mouvement. Si cet objet
n'est pas le sujet principal, l'attention divaguera et sera détournée de
l'action. » (Bever, cité dans Ramirez et Rolot, 1990, p. 9) 4. « Le moins
d'acteurs possible ». 5. « Le plus grand nombre de gros plans ». 6. « Des
plans plus longs » : « Il faut plus de temps à l'esprit du primitif pour
comprendre, pour digérer chaque image, chaque série d'images. Les
intertitres, pour les mêmes raisons, rédigés en PHRASES COURTES
[sic] et faciles à comprendre, auront une durée de projection double de
celle nécessaire à les lire normalement. » (Bever, cité dans Ramirez et
Rolot, 1990, p. 9) Si leur formulation est très questionnable et reflète le
racisme inhérent à la période coloniale, certaines de ces règles semblent
très logiques. Au contraire, d'autres semblent complètement arbitraires,
comme l'idée de multiplier les gros plans : comment cela peut-il améliorer la compréhension des images audiovisuelles par des spectateurs
ayant peu d'expérience ? En quoi cela va aider la « continuité visuelle »,
une esthétique « naturaliste » et un rythme de montage plus lent ?
Sur quelle expérience sont basées ces normes ? Dans leur ouvrage sur
Le cinéma colonial belge, Christian Rolot et Francis Ramirez (1990) soulignent la conception naïve de la mise en scène de Bever, qui ne semblait pas avoir une conception très élaborée de la réalisation de films
éducatifs, comme le montre la citation en bas de page[79].

---

79. « Si la mise en scène est un facteur important dans le grand film commercial, elle
sera pratiquement inexistante ou réduite à sa plus simple expression au cours de la
réalisation de films destinés aux Africains. » (Ramirez et Rolot, 1990, p. 6)

Or, cette standardisation ne change pas radicalement la réception des projections coloniales, en raison, principalement, de la mauvaise qualité technique des films, du contenu colonialiste et de la trop faible prise en compte de la variété des audiences. Si les principes définis par Bever sont généralement respectés, la qualité globale des films reste médiocre et le contenu pédagogique n'évolue pas. D'après Francis Ramirez (1982), on peut nettement faire la différence, sur le plan de la qualité technique et de la propagande, entre les films diffusés sur place et ceux exportés. Ceci découle directement d'un choix de l'administration qui engage les pionniers du cinéma colonial belge, tels que Gérard de Boe, Roger de Vloo ou André Cauvin, afin de produire les films destinés à la propagande belge ou internationale : reportages sur l'« action civilisatrice » belge ou sur la « détresse physique et sanitaire » des « populations de la brousse » ; films touristiques montrant l'exotisme d'une « nature luxuriante » spectaculaire. Par exemple, le film d'André Cauvin, *Monganga*, montrant « le traitement de la lèpre, de l'éléphantiasis et d'autres maladies, une inspection médicale d'une tribu pygmée et – pour mettre en relief le contraste – un sorcier guérisseur cherchant à exorciser une femme malade », « servira utilement à montrer au public américain, que bien des choses demandent encore à être résolues dans le domaine de l'hygiène et de l'éducation avant que l'on puisse s'atteler, par priorité, à la solution des problèmes politiques » (J.V.C., 1956, p. 7). Dans les faits, les films pour la population congolaise sont réalisés par un petit groupe émanant de la communauté des expatriés belges, regroupant les cadres de l'administration coloniale et du secteur privé, des colons installés à Léopoldville (Kinshasa), des intellectuels, dont les journalistes et d'autres aventuriers. Les mêmes monteurs, les mêmes écrivains travaillent sur la plupart des films. Très régulièrement, le producteur ne se déplace pas sur le tournage et l'opérateur de prise de vue fait la mise en scène[80]. Cette équipe de cinéastes ne cherche pas à faire œuvre et elle exploite des subventions publiques sans véritables motivations, ni artistique ni pédagogique.

Par ailleurs, les normes esthétiques de Bever ne changent pas le discours global des films éducatifs, qui reposent principalement sur des jugements moraux et une présentation manichéenne et caricaturale

---

80. « En réalité, si un grand nombre de reportages se présentent avant tout comme des films d'opérateurs, c'est que beaucoup de cinéastes coloniaux étaient à l'origine des techniciens de l'image que les conditions de travail en Afrique centrale conduisirent rapidement à assumer la direction des opérations. » (Ramirez et Rolot, 1990, p. 6)

de la réalité. Pour Rolot et Ramirez (1990), les projections coloniales présentaient « des [personnages] [n]oirs dans lesquels les indigènes devaient avoir quelque peine à se reconnaître » (1990 : 12). Les objectifs idéologiques de cette production sont fondamentalement de faire évoluer les populations colonisées hors de leur milieu traditionnel (« détribalisation ») et de les préparer à la vie sociale dans un milieu colonial : vie matérielle, préceptes élémentaires d'hygiène, code du travail. Cette propagande passe également par une apologie des techniques occidentales modernes et une promotion des politiques belges dans la colonie. La plupart des films reposent sur un style didactique, autoritaire et simplificateur. Par exemple, un film sur les qualités d'un bon travailleur se résume à une phrase, un ordre : « Maintenez vos outils en bon état. » Enfin, la plupart de la propagande fonctionne de manière négative, cherchant à persuader par la honte[81]. Tous ces traits sont malheureusement caractéristiques des gouvernements coloniaux et expliquent en partie l'inefficacité de cette production audiovisuelle.

Enfin, une autre raison qui explique cet échec est la trop faible prise en compte du contexte culturel des projections coloniales. En effet, dans l'esprit des administrateurs belges, et en particulier de Bever, le cinéma reste un outil de propagande universel, comme le soulignent Ramirez et Rolot[82]. Concrètement, comme les autres dispositifs coloniaux de propagande, les activités du Service de l'information du Congo belge sont gênées par la diversité des audiences. Effectivement, malgré la concentration des territoires coloniaux belges au cœur de l'Afrique équatoriale, l'administration est confrontée à la même diversité linguistique et culturelle que celle rencontrée par les autres colonisateurs. À la même époque et dans les parties rurales du territoire, les Pères blancs diffusent une production locale en langue vernaculaire avec un certain succès. Cependant, une telle solution est impossible à généraliser à l'échelle de la colonie, à la fois pour des raisons de coûts, mais aussi de personnel disponible : quel réalisateur laïc belge accepterait de vivre un tel sacerdoce, isolé dans des villages, s'imprégnant des cultures vernaculaires ?

---

81. « Le recours permanent au concept de honte montre bien qu'en définitive les éducateurs agissaient avec les Noirs comme avec des enfants que leur intérêt ne guidera pas sûrement, mais qui seront arrêtés par une crainte honteuse. » (Ramirez et Rolot, 1990, p. 12)

82. « En fait, dans ce rapport circonstancié, il n'est pas toujours aisé de distinguer le raisonnement ingénieux, mais sans rapport avec la réalité, de la remarque pertinente basée sur l'observation véridique. [...] Cette analyse, caractérisée par une assurance déconcertante, reflète essentiellement une conception européenne du spectateur africain dont on postule *a priori* les possibilités de compréhension. » (Ramirez et Rolot, 1990, p. 9-10)

Figure 1.8. *Une des activités de la Section de l'Information du Gouvernement Général, à Léopoldville, comprend la réalisation et la production de films éducatifs destinés aux autochtones. Les séances se donnent généralement en plein air, et rencontrent dans toute la Colonie un accueil enthousiaste.*

Source : *Collection RMCA Tervuren ; photo C. Lamote (Inforcongo), 1950 CC-BY 4.0.*

4. L'autonomisation relative des unités de propagande cinématographique

4.1 Influences britanniques

L'autonomisation relative des services de diffusion cinématographique est d'abord visible dans la CFU[83]. Ainsi, les stratégies de localisation qui émergeaient de la grande enquête planifiée par l'administration britannique à la fin de 1942 vont progressivement devenir légitimes et chaque territoire va choisir celles qu'il souhaite mettre en œuvre. Cette stratégie va également être validée par une étude menée par

---

83. « The territorial delegates unanimously expressed a lack of confidence in the London Administration of the Colonial Film Unit. They accordingly urged Mr. Blackburne to take the matter up with the appropriate authorities with a view to arranging for a transfer of the direct control of the Colonial Film Unit to the Colonial Office. They considered that there was little likelihood of the Colonial Film Unit's activities in East Africa being successful unless such a change was immediately implemented. » (Proposals for the Re-organisation of the Colonial Film Unit, 1949, p. 6)

Peter Morton-Williams au Nigeria en 1951-1952, sur ce qu'il appelle :
« [T]he organisation of the contents of the propaganda in terms of the
group's culture » (1952 : 38). La validation partielle de la nécessité
d'une production locale va déboucher sur une augmentation des cré-
dits alloués par Londres aux entités locales de production.

Commençons par un exemple, détaillé dans l'étude de Morton-
Williams, sur le film *A Village School* (1945) : ce film de la CFU présente la routine quotidienne des écoles de campagne en Angleterre et
cherche à montrer ce qu'il est possible de faire avec peu de moyens,
dans une petite école rurale avec des classes regroupant des enfants de
différents niveaux. Il peut sembler pertinent de projeter ce film à des
populations au Nigeria vivant des difficultés semblables. Or, d'après
Morton-Williams (1952), ce film comporte plusieurs problèmes par
rapport à la réception[84], car le commentaire enregistré en anglais présente le fonctionnement d'une école à la campagne en Angleterre, sans
chercher à faire le lien avec le contexte et les enjeux de l'enseignement
primaire au Nigeria. Pour Morton-Williams, le principal problème est
le décalage de références culturelles[85]. Il semble ainsi important de
prendre en compte un ensemble de facteurs culturels au moment de
contextualiser un message audiovisuel. Tout l'enjeu est de pouvoir les
lister et les déterminer pour une aire culturelle spécifique et, ensuite,
se demander jusqu'à quel point ils peuvent correspondre à une autre
communauté.

J'ai ainsi consulté 21 films produits entre 1949 et 1960 par quatre
organismes : *Gold Coast Film Unit* (8 films) ; *Nigerian Film Unit* (5 films) ;
Central African Film Unit (7 films) ; *Southern Rhodesia Government*
(1 film). La production la plus importante en quantité vient probablement de la CAFU, qui a commencé ses activités en septembre
1948[86]. Il est difficile d'estimer la production des autres organismes,

---

84. « The classroom work meant very little to illiterate audiences, for it was impossible
for commentators to explain adequately what the subject of the lessons were about,
and they seemed to be very little interest aroused by the shots of children appearing
rather passively in theses unbeautiful interiors. More interest was shown in the scenes
of children at their vocational activities, particularly in outdoor shots of gardening and
farming. » (Morton-Williams, 1952, p. 36)
85. « It seems that the complexity of social organisation, the degree of division of labour
and the richness of material culture of any people influences and limits the range of
their understanding of these films, but other factors also operate, so that the response
reflects their picture and the values of their culture. » (Morton-Williams, 1952, p. 35)
86. « By the time of its disbandment in 1963, it had produced a total of 625 films,
including newsreels, amounting to 1060 reels. » (Nell, 1998, cité dans Rice, 2010a)

tellement les structures varient entre la fin de la Seconde Guerre mondiale et l'indépendance du territoire. Par exemple, le *Nigerian Film Unit*, crée en 1949, est rapidement réorganisé en sous-unités locales (en fonction du découpage ethnique). Par ailleurs, beaucoup de ces films (et les archives reliées à la production) ne sont plus accessibles et, à l'exception du livre de Burns, *Flickering Shadows*, publié en 2002, je n'ai pas trouvé d'étude complète des successeurs de la CFU dans l'Empire britannique.

Sur les 625 films produits à Salisbury, en *Southern Rhodesia* (aujourd'hui Harare, au Zimbabwe), il faut faire la distinction entre les documentaires informatifs et touristiques, les actualités cinématographiques produites pour des « audiences of European ancestry » et les films destinés aux populations « natives ». Outre l'information des colons britanniques installés dans le territoire, ces films étaient destinés à la promotion de la colonie en Europe[87]. Cette première forme de production regroupe des films du type *Fairest Africa* (Mangin, 1959), un récit de voyage à travers la *Rhodesia* et le *Nyasaland* (*Zambia* et *Zimbabwe*), ou *See-Saw Years* (Rayner, 1959) qui prend la forme de récit nostalgique sur la vie des colons en *Rhodesia*. Le commentaire s'adresse directement à des touristes ou à des potentiels immigrants.

D'autre part, les films didactiques sur l'agriculture, l'hygiène, l'organisation administrative ou légale de la colonie étaient destinés principalement aux spectateurs autochtones[88]. Si la seconde production est majoritaire, il semble que la première ait bénéficié de beaucoup plus d'attention et de moyens, y compris l'utilisation de pellicule couleur sonorisée et du concours des meilleurs techniciens. Il ne semblait pas important pour les administrateurs britanniques en Afrique de l'Est de consacrer plus de moyens techniques et de talents aux films éducatifs, comme le confirme W. D. Gale, organisateur du Rhodesian Film Institute[89]. Les producteurs cherchent tout de même des stratégies afin de mieux diffuser leur message. Par exemple, Gale propose d'inclure des références locales dans les

---

87. « Featuring a 35 mm format, English-language sound-tracks, and relatively high production values, these films project an image of the federation as a vigorous outpost of Western civilization. They were intended to popularize the lives of white Rhodesians and encourage immigration to the now-self-governing colony. » (Burns, 2002, p. 61)
88. « The films made for rural Africans, which constitute the majority of the unit's productions, are 16 mm silent movies, most of them fictional stories intended to educate and influence their audience. » (Burns, 2002, p. 60).
89. « Africans are not discriminating and will accept inferior standard films. » (Burns, 2002, p. 66)

films[90]. Malheureusement, partiellement à cause des faibles budgets, mais aussi certainement à cause d'un manque d'imagination ou de formation, les films n'atteignent pas vraiment cette cible.

Même s'il existe quelques exceptions, globalement la production de la *Gold Coast*, du Nigeria et de la *Rhodesia* ne diffère que très peu des caractéristiques des films de la CFU. Tout d'abord, les thèmes traités ne sont pas radicalement différents, car ils reflètent principalement les préoccupations du colonisateur[91]. Les sujets des films sont les mêmes et les objectifs pédagogiques sont similaires : la meilleure intégration des sujets colonisés dans l'Empire, que ce soit sur le plan économique, politique ou sur celui des mœurs. Comme le souligne Brian Larkin (2008), on trouve dans la production locale les mêmes sous-genres des documentaires pédagogiques britanniques[92]. Les producteurs reprennent également les caractéristiques des documentaires éducatifs, qui cherchent à modifier les pratiques individuelles d'hygiènes, des techniques d'agriculture ou des règles de sociabilité. Par conséquent, les élites nigérianes tentent de contester la production de tels films, qui imposent à la fois de nouvelles valeurs à la communauté, sans même respecter sa caractéristique fondamentalement collective (2008 : 99).

Le message éducatif est également transmis suivant la même esthétique que dans la production de la CFU. On trouve ainsi, comme dans le reste de la production britannique, des images silencieuses sonorisées et accompagnées par une musique plus ou moins appropriée, qui ne

---

90. « I would stress the value of the film as means of developing the African. [...] but — and this is important — the film must be made in surroundings that are reasonably familiar to him (in country [sic] similar to that in which he lives), the customs depicted must be similar to his own, the story must be simply told and straightforwardly photographed. » (Burns, 2002, p. 66)

91. « The problems with which the films dealt were the white man's problems. How do we get the natives to participate in our banking system? How do we get them to pay their taxes, support our schools, work more effectively? How do we get them to appreciate what we have given them? How do we get them interested in our civilization? The Experiment had the avowed aims of preserving the elements of African culture and easing the African into modern European institutions and values. However, when these two goals come in conflict, it is clear that the choice would always be to abandon the heritage in favour of co-operation with the British colonists. » (Feldman, 1977, p. 25)

92. « Pedagogical documentaries were divided into several genres. Infrastructure films projected the openings of factories, the inauguration of power plants, and the building of bridges as part of the visual repetition of the surfaces of colonial development. Imperial-spectacle films depicted royal tours of Nigeria, the inaugurations of governors general, the turbaning of emirs, and the installation of chiefs. » (Larkin, 2002, p. 84)

font qu'illustrer un commentaire autoritaire et affirmatif[93]. La similarité n'est pas uniquement due à la filiation : elle vient également des choix faits en amont lors de la création de l'unité. Par exemple, en plaçant Alan Izod en tant que chef producteur de la CAFU, les autorités de la fédération ont favorisé la continuité plutôt que l'innovation[94], comme le souligne Burns. Izod a par exemple déclaré que : « [T]he greatest problem the Unit has to face is that its audiences are not yet capable of assimilating information put over in a film of a straightforward educational or documentary type » (Izod, 1948, cité dans Rice, 2010a). Il était également convaincu, sans plus d'étude sur la réception des films, que les publics locaux de la CAFU ne pouvaient pas interpréter des images animées (Burns, 2002, p. 69). Ainsi, suivant la même logique que celle développée par Sellers à la CFU, la CAFU cherche à produire des films avec une structure narrative et esthétique simplifiée.

Dans une correspondance adressée au *Film Officer* du *Nyasaland*, Louis Nell, producteur adjoint à la CAFU, réaffirme la pertinence des consignes édictées par Sellers pour leurs réalisations, dont la règle de continuité[95]. Cependant, comme le souligne Kelvin Chikonzo (2018), si les spectateurs zimbabwéens s'attendent majoritairement à une représentation naturaliste, ils ne semblent pas prêts à patienter devant un film trop simplificateur. D'un côté, les scènes représentées dans les films doivent être conformes à la réalité des spectateurs, comme les réalisateurs de la CAFU s'efforcent à le faire[96]. De l'autre, cette absence

---

93. « For film historians, CAFU illustrates the didactic uses of film within Africa as a means of social administration and control. Furthermore, it follows and extends a tradition of colonial filmmaking, which catered specifically for the perceived difference in the cognitive capabilities of African audiences, and which can be traced from William Sellers' health films in the 1920s, to the BEKE productions of the 1930s and the more contemporary work of the Colonial Film Unit from the 1940s. » (Rice, 2010a)

94. « The selection of Izod as the administrative head ensured that the unit would employ the colonial cinema technique pioneered by the Sellers school. Izod's views on technique were a matter of public record. » (Burns, 2002, p. 69)

95. « Continuity of direction: when a character leaves one shot in a left-to-right direction, he should enter the next scene in the same direction. If he is to be shown returning, then somehow he must be shown turning around and going in the reverse direction and this direction must be maintained for the whole sequence. » (Chikonzo, 2018, p. 107)

96. « While the actual films do not totally dismantle aspects of otherness and inferiority that characterised dominant colonial ideology, colonial film-makers had to give into the interests of the African community so much so that the images on the screen had to correspond to African notions of life. One such aspect is the treatment of African notions of realism, time and space. The locations were not made in the studio or recreated but were actually real. Stephen Peet emphasised that "the real must never be confused with the imaginary." The costumes used were typical of those worn in

d'innovation formelle ne doit pas s'accompagner d'un ton trop didactique ou d'un rythme trop lent, au risque de perdre l'attention de la grande majorité des audiences[97]. Cet aspect est assez récurrent dans l'ensemble des productions audiovisuelles coloniales et constitue généralement la base des critiques exprimées à l'époque et provenant autant de spécialistes européens que d'intellectuels africains.

À part les similarités de ton et de rythme entre la production britannique et celle de la CAFU, chaque service dans le territoire est structuré en fonction d'une tradition britannique et cela se reflète dans la manière dont les films sont construits. Par exemple, *Two Farmers* (Peet, 1948), le 4e film produit par la CAFU, reprend dans sa structure même la vision binaire véhiculée par l'administration coloniale[98]. *Two Farmers* compare le travail de deux fermiers, l'un rencontrant des difficultés, l'autre ayant un bon rendement, alors qu'il suit les recommandations du *Government Agricultural Officer*. En cela le film cherche à diffuser des techniques d'agriculture promues par les autorités britanniques, mais son esthétique, tout comme son efficacité sur le plan de la propagande, sont très discutables. Par exemple, le fait que le commentateur occupe l'ensemble de la bande sonore donne un aspect très artificiel au film : les voix des protagonistes ne sont pas enregistrées et les images ne sont pas accompagnées de bruits ou de sons d'ambiance. Cette impression est renforcée par le ton et le style du commentaire, très moralisateur[99]. Cet exemple, comme

---

the 1950s and 1960s. The cars that were used reflected the time within which the films were set. This was an attempt to use images with codes which Africans could easily deconstruct thereby not only understanding the film but also associating themselves with the films. » (Chikonzo, 2018, p. 110)

97. « The defiance of the slow speed approach was confirmed by an editorial of the *Rhodesia Herald* of 16 June 1950 which remarked that, "even primitive Natives who have not seen film shows previously are quick to grasp the technique and become impatient if the action is slow in deference to their intelligence." Against this evidence, some sections in CAFU still maintained that even comic films should be slow. » (Chikonzo, 2018, p. 107)

98. « *Zimbani* and *Two Farmers* are typical of the agricultural instruction films. They contain none of the moral complexities evident in the film scenario proposed by Africans. In their place are the simple dichotomies of modern and traditional, cooperative and intransigent, wise and foolish. » (Burns, 2002, p. 83)

99. « [T]he film promoted a message of African development under European supervision. Although European characters are only seen briefly in one scene—in which the European provincial agriculturalist demonstrates the "modern" methods of farming—the voiceover provides a British instructor throughout, and again speaks at, and for, the African characters. At many screenings, a local commentator would have provided the commentary, but the representation of the good and bad farmer is still defined on screen in distinctly British terms. » (Rice, 2008e)

d'autres, tend à rendre suspect leur discours en simplifiant la réalité du terrain de manière caricaturale. Comme le constate Rosaleen Smyth (1983), « many farming films have variations on one plot; an impoverished farmer gains material prosperity and happiness through joining some government farming scheme » (1983 : 136). Plus généralement, de nombreux films didactiques suivaient le même mode de narration, en reprenant, par exemple l'opposition entre « Mr. Wise and Mr. Foolish »[100]. Ce modèle didactique est également transposable à d'autres domaines comme la santé infantile, en introduisant des personnages féminins, comme dans le film *Ruth's Child* (CAFU, n° 51)[101]. Plus largement, les valeurs et les modes de représentation, qui constituent la base de ces productions audiovisuelles, sont contestables. En particulier, il est très difficile de s'extraire du contexte colonial qui structure l'ensemble des activités dans les territoires britanniques. Lorsque cela se produit, cela suppose un talent, une capacité d'imagination et une grande indépendance intellectuelle de la part des créateurs.

Une autre raison de la similarité entre les films créés à Londres et à Salisbury, est le fait que l'organisation de la production est quasiment identique : les employés qui travaillent suivant les mêmes méthodes à faire la promotion des valeurs coloniales ont une expérience similaire. Ainsi, si le scénario et le tournage du film sont réalisés sur place, l'équipe est principalement constituée d'Européens et l'ensemble de la chaîne de création des films, de l'écriture au tirage des copies, du tournage au montage, tous les postes avec un pouvoir décisionnel sont occupés par des employés britanniques. La situation va rester la même, tout au long de l'existence de la CAFU. Ceci est surprenant, car de nombreux Zimbabwéens montrent un intérêt pour la production cinématographique, d'abord en tant qu'acteurs,

---

100. « The prime movers toward human action are always emotional, therefore we endeavour to stir our audiences emotionally by threading the picture lesson through a simple story of native life with native characters on native soil. Many of our films have been profitable tied to the parable of Mr. Wise and Mr. Foolish. It is a good way to carry a health lesson agreeably and provocatively. » (Pearson, 1949, p. 17)

101. « Mrs. Wise takes her child to the government clinic to get attention for its sore eyes: Mrs. Foolish takes hers to the witchdoctor and as a result the child loses the sight of one eye. The government doctor is able to save the sight of the other. Sometimes Mr. Foolish is converted to Mr. Wise in one film, as is usually the case in road safety films like *Philemon the Footballer* (CAFU, n° 61), *Buke's Bicycle* (CAFU, n° 40) and the *Missing Husband* (CAFU, n° 65) in all of which a careless cyclist learns the hard way the necessity of having his brakes working and of observing the rules of the road. » (Smyth, 1983, p. 136)

puis comme technicien[102]. Plusieurs raisons semblent expliquer la faible africanisation des structures de production de la CAFU. D'un côté, les cadres de l'unité affirment qu'ils n'ont pas trouvé les bons candidats[103]. L'affirmation des deux administrateurs semble très étrange lorsque l'on connaît l'intérêt des intellectuels pour l'image audiovisuelle et elle est même contestée[104]. Rosaleen Smyth (1983) démontre également que les budgets de l'éducation étant trop faibles, une grande partie était consacrée à l'enseignement primaire, et les élèves du secondaire étaient trop peu nombreux pour former les élites dont la Fédération avait besoin. Ceci explique en partie la situation contradictoire où l'organisme ne forme que de jeunes techniciens européens[105]. Un autre facteur important, qui a conduit à cet état de fait, est le manque de mixité et le comportement des employés du *Unit* et, plus fondamentalement, l'idéologie raciste en place dans toutes les structures gouvernementales[106]. Il est intéressant de noter qu'il semble y avoir eu une différence dans l'idéologie coloniale britannique en Afrique de l'Ouest et en Afrique centrale : contrairement aux Français et aux Belges, les gouvernements britanniques au Nigeria, au Ghana, ou en Gambie ont très rapidement mis en place les structures afin de former une élite africaine en mesure de prendre progressivement

---

102. « The Central African Film Unit, however, did not pursue a policy of Africanisation. In 1952 Izod recorded that no Africans were employed in "script-writing, direction, photography, editing and recording." The situation was the same in the Federal period; the role of the African in the CAFU was that of actor, interpreter, and cinema van operator. » (Smyth, 1983, p. 140)

103. « Izod and Nell insist that Africans were not willing to remain with the unit long enough to become properly trained in camera work because of the poor government pay. » (Burns, 2002, p. 72)

104. « In 1997, veteran director-cameraman Anker Atkinson expressed the view that Africans were never permitted to operate the cameras for the CAFU because they lacked the aesthetic sense to make visually interesting films. » (Burns, 2002, p. 72)

105. « The CAFU did have a training program but all the young technicians who were taken as learner-cameramen were Europeans. Izod said that he had conducted a fruitless search for African capable of training as technicians and blamed his lack of success on the fact that Africans who had sufficient education already had fulfilling jobs. » (Smyth, 1983, p. 141)

106. « These early productions, in particular in their assumptions about African audiences, reflect the dominant racial attitudes of settler society within the territories, and this is also evident in the organisational structure of the unit. [...] David Kerr, referring in particular to Stephen Peet, suggested that CAFU was comprised of "liberal filmmakers" but added that "in reality the basic ethos of its filmmakers was paternalistic" (Kerr, 1993, p. 24). Certainly, as the political situation intensified in the late 1950s, CAFU's promotion of government ideology, and a traditional racial order, became all the more explicit. » (Rice, 2010a)

la place des administrateurs coloniaux, voire de les remplacer en cas d'indépendance. En revanche, cette politique semble avoir échoué en *Rhodesia* en raison des décisions prises à un niveau local ou fédéral. Ceci s'explique certainement par une histoire coloniale très différente : le territoire ayant attiré de nombreux colons européens, il se définissait comme une colonie de peuplement. Il était alors très important pour ces *settlers* de conserver le contrôle des services gouvernementaux[107]. Alors que d'autres unités coloniales du film (*Gold Coast*, Nigeria, mais aussi Malaisie ou Jamaïque) ont mis en place, avec un succès relatif il est vrai, des programmes d'apprentissage aux métiers de l'audio-visuel destinés à des cinéastes locaux, la CAFU a échoué à former une nouvelle génération plus en phase avec la réalité du terrain. L'une des conséquences de cet échec est le manque d'innovation et d'adaptation de la production de films éducatifs. Une autre sera la difficulté pour mettre en place une industrie cinématographique après l'indépendance.

À l'inverse, en 1953, William Sellers explique qu'introduire du « folklore africain » n'est pas suffisant si les films éducatifs ne sont pas réalisés en collaboration avec des personnes originaires des communautés où les films doivent être diffusés[108]. Cette idée est progressivement mise en application par les administrateurs en *Gold Coast* et au Nigeria : jusqu'au milieu des années 1950, l'équipe de production du film était majoritairement britannique et, graduel-lement, les techniciens sur place ont commencé à collaborer avec des Ghanéens et des Nigerians. À partir de septembre 1948, la CFU organise une « school of instruction » à Accra (*Gold Coast*) : « The school was intended to train six local film workers in the hope that "these trainees will form the nucleus of production units" in West Africa (*Colonial Cinema*, December 1948, 80). The school was part of a drive, outlined at "The Film in Colonial Development Conference" of January 1948, to develop and encourage local film production within

---

107. « The Colonial Office's development philosophy which placed so much emphasis on African initiative in community development was based on the expectation that ultimately Africans would govern themselves. But from 1948 it was becoming increasingly clear that this was not going to be the scenario in Central Africa and in 1953 the white settlers achieved political power in the form of a federation—a device to prevent African majority rule. » (Smyth, 1983, p. 141)

108. « African folk-lore is a gold mine for the script writer of entertainment films, but as with educational films they must be made for the people with the people and by the people. Those of us who are privileged to be engaged in the development of this work realize how great our responsibilities are. » (Sellers, 1953, p. 835)

the colonies. » (Rice, 2010b) Dès 1949, l'équipe de la *Gold Coast Film Unit* (GCFU), dirigée par Sean Graham (réalisateur) et secondé par George Noble (chef opérateur) est renforcée de trois « willing but inexperienced African assistants » (Rice, 2010b). Il faut attendre l'indépendance (Ghana, 1957 ; Nigeria, 1960) pour que des cinéastes locaux prennent en charge la partie créative et décisionnelle de la production, telle que la réalisation, le scénario, etc.

La situation de la postproduction semble encore plus radicale : comme il n'y avait pas de laboratoire de développement en Afrique, l'ensemble du travail de postproduction était réalisé en Grande-Bretagne. Même si je n'ai trouvé nulle part la confirmation, il est fort probable que les films écrits et tournés dans les territoires étaient montés et sonorisés à Londres. Par exemple, *Boy Kumasenu* (Graham, 1950) a été monté, sonorisé et étalonné à Londres, entre décembre 1951 et mai 1952. On peut tout de même répertorier la mention d'un film monté par un technicien ghanéen (Aryeetey, 1954). Sam Aryeetey deviendra ensuite l'un des premiers cinéastes ghanéens. Cette situation, qui perdure après les Indépendances, est un handicap majeur à la localisation de la production audiovisuelle.

Enfin, l'idée que les films coloniaux produits en Afrique correspondent à une esthétique occidentale est validée par le fait qu'ils connaissent un certain succès dans les festivals européens, voire qu'ils reçoivent des récompenses : *Amenu's Child* a gagné des prix à Edimbourg et à Venise en 1950 ; *Smallpox* a été projeté lors d'un programme sur la santé publique, durant le Edinburgh Film Festival en 1953 ; *Boy Kumasenu*, en sélection à Venise, a également reçu une nomination pour le « Best Film from any Source » durant les BAFTA Awards de 1953 ; *Mr Mensah Builds a House* a été sélectionné au Edinburgh Film Festival en 1955 (Rice, 2008c) ; *Philemon the Footballer* (CAFU n° 61) a gagné des prix durant l'Exposition universelle internationale de 1958 à Bruxelles (Smyth, 1983, p 136).

Parmi les films diffusés en *Rhodesia*, certains proviennent de compagnies privées : globalement, cette différence dans le mode de production ne change pas l'idéologie véhiculée dans les films. Par exemple, *Chisoko the African* (Swanson, 1949) raconte l'histoire d'un garçon né dans un village de la *North Rhodesia*, dont la vie est bouleversée par l'exploitation minière du cuivre. C'est le premier film que Donald Swanson réalise hors de Grande-Bretagne et Rice montre comment son inexpérience en Afrique de l'Est et son manque de sensibilité impacte sa production[109]. En effet, le réalisateur n'a même pas le savoir minimum que ces collègues britanniques ont accumulé lors de leur séjour. S'il est sensible aux différences culturelles entre les habitants de l'Afrique de l'Est et les colonisateurs britanniques, spécifiquement au racisme des rapports sociaux, il reste très naïf et son regard est très superficiel. Comment dans ces conditions créer un discours cinématographique qui s'adresse aux Zambiens ? Comme l'attestent les rapports dans les archives de la CAFU, le film a tout de même été diffusé de manière intensive (Ambler, 2001, p. 88 et 95).

Par ailleurs, l'esthétique particulière des films éducatifs de la CAFU destinés aux populations colonisées est également visible dans la différence de traitement de ceux produits pour les audiences européennes. *Pitaniko* (Last, 1947), qui fait la promotion de la conversion au christianisme, est très différent des premiers films de la CAFU ; sa structure, mais aussi son esthétique, indiquent qu'il n'était certainement pas destiné à un public britannique[110]. Il faut tout de même remettre en contexte ces remarques : les films de la CAFU ne sont pas une exception et, même si les réalisateurs de la fédération de *Rhodesia* sont loin de s'en émanciper, toutes ces activités ont lieu dans un contexte colonial, basé premièrement sur des stéréotypes racistes. En fait, même les réalisateurs qui dénoncent l'aspect raciste de la production coloniale ne sont pas exempts de critiques.

---

109. « Swanson's account is filled with anecdotes from his trip that are based on the cultural differences between Europeans and Africans. He recalls, for example, his difficulties in filming a new-born child in the hospital as many of the locals "have a deep-rooted superstition that if you point a camera, it is a sort of evil eye that will take away their spirit." "We took the required shot and within twenty-four hours the child was dead." It was, Swanson noted, "strange and inexplicable." He also noted the difficulties of filming the "bush" sequences, explaining that he had to pay an extra sixpence to get the local women to appear bare-breasted, even though he had "noticed no marked modesty amongst the village ladies until then." The women then collected their money, rolled down their tops and queued again. "It was impossible to identify them all personally. So many contrived to get paid twice" wrote Swanson. "To our untrained European eyes, they all looked much the same. And, no doubt, to their eyes, we Whites also looked identical—identical suckers." » (Swanson, 1965, cité dans Rice, 2009a)

110. « *Pitaniko*, particularly in its use of close-ups and editing, targeted a non-African audience, and this is also borne out by contemporary reports. *The Times* stated in January 1949 that two religious films, *Pitaniko* and *For Times Like These*, had been shown privately in London (*The Times*, 26 January 1949, 8). The paper further noted that *Pitaniko* illustrates the manner in which the camera can come to the aid of the pulpit," while *Sight and Sound* suggested in 1948 that as *Pitaniko* is essentially a religious film, it will "probably only be circulated among religious societies" (*Sight and Sound*, Spring 1948). » (Rice, 2008a)

Évidemment, malgré les dysfonctionnements au sein de la CAFU, ce territoire n'est pas le seul à entretenir une imagerie coloniale dans sa production audiovisuelle, car des clichés sont également présents dans le travail d'autres unités. Par exemple, *Smallpox* (Snazelle, 1949), film produit au Nigeria et mettant en scène les conséquences du refus de la vaccination, reprend l'esthétique de la CFU, afin de présenter les « bienfaits des politiques coloniales »[111]. On trouve également la structure moralisatrice, entre un personnage négatif, Tijani, un jeune homme non vacciné, qui est infecté par la variole et meure parce que sa famille refuse de l'envoyer se faire soigner à l'hôpital, et un personnage positif, Alabi, qui même s'il a refusé de se faire vacciner pendant la campagne menée par les autorités, est guéri par un médecin occidental.

Toutefois, certains films sont réalisés suivant une forme de métissage culturel, incorporant des éléments des cultures vernaculaires dans une trame formelle occidentale. Au Nigeria, *Community Development in Awgu Division, Nigeria* (Fajemisin, 1949) est l'une des premières productions de cette *Unit* et un exemple du métissage entre réalisations locales et des structures administratives et esthétiques coloniales : produit et « supervisé » par la CFU, le film est réalisé par le Nigerian A. A. Fajemisin. Curieusement, le film décrit exactement la même situation, où de jeunes Nigerians prennent des initiatives sous la supervision d'un administrateur colonial[112]. Ainsi, tout en tenant en apparence un discours d'émancipation coloniale, le film, dans son

---

111. « In its representation, the film endorses the role of the British in improving health and sanitation within the colonies, while the film served as part of a broader health campaign, mirroring the earlier work of William Sellers. The narrative is presented in the form of a parable—common particularly within the productions of the Central African Film Unit—while the film displays in detail the symptoms of the disease, and through the British voiceover directly, and informally, addresses the African audience. » (Rice, 2009d)

112. « Significantly though, the credits state that this CFU-trained filmmaker was "supervised" by the Acting D.O. and in this respect, the film's production endorses a message and rhetoric found within the film itself. [...] The film's narrative, such as it is, shows the District Officer discussing and proposing developments to the assembled African representatives of the local communities, before the African workers carry out these proposals. Indeed, the District Officer—virtually the only British figure seen within the film—is effectively the film's protagonist, as the camera, for the most part, follows him as he checks the progress of the projects and links the disparate projects and scenes together. The film by what it says and how it says it—its narrative and in its production—thus proclaims a colonial rhetoric of increasing African responsibility, while still emphasising the continued British supervision under which these developments occur. » (Rice, 2009b)

propos, mais également dans son mode de production, réaffirme la tutelle britannique sur le territoire et ses habitants.

On trouve une logique similaire dans *Progress in Kojokrom* (Graham, 1953), un documentaire décrivant le rôle et le fonctionnement du conseil municipal de Kojokrom (*Gold Coast*) et montrant les principales réalisations : l'entretien des routes et des bâtiments communautaires, dont l'hôpital et l'école. Ce film est relativement ambigu, avec d'un côté un commentaire classique exprimant un point de vue britannique sur la réalité indigène et, de l'autre, une forme de son direct donnant la parole aux protagonistes (à la fois aux légalistes et aux opposants) en anglais et en fante. Cette esthétique hybride semble provenir des difficultés rencontrées lors de l'écriture du scénario[113]. On voit dans le film les différents efforts des réalisateurs pour réunir les points de vue britanniques et ghanéens. Ainsi, le commentateur britannique cherche un ton plus neutre et fait référence à « our town », « our elections » ; il affirme que les résultats des élections « didn't mean very much to us »[114]. Suivant la même logique, la musique – totalement inspirée de la tradition occidentale – reste très dramatique, mettant en exergue les passages cruciaux et soulignant le message éducatif. La musique s'assombrit lorsque les images montrent les conséquences de la mauvaise gestion des infrastructures, par exemple lorsque le pont menace de s'écrouler, et s'égaye quand les membres égarés retrouvent leur communauté en payant leurs taxes et en participant à la démocratie locale.

Progress in Kojokrom comprend également des séquences jouées sur un ton humoristique, qui donne un côté burlesque à certaines

---

113. « Upon reading a draft of the script in 1952 (now held in BFI Special Collections), Basil Wright commented on the "rather pompous commentary" at the film's opening, and suggested that "if the visual incidents are sufficiently understood by the local audiences, would it be better to leave them to draw their own conclusions and only bring in your commentary at the point where Mr. Addo rather takes over the film" (Letter dated 9 September 1952, BCW 1/16/1). Wright's comments, effectively recommending the removal of the British narrator and promoting visual storytelling, were partially followed, as the opening voiceover is reduced, but not entirely cut, from the film here. » (Rice, 2008d)

114. « The camera at this point travels over the village—watching over the Africans—yet on finding the film's protagonist, Mr. Addo, the film seemingly adopts a more "authentic" African voice. The commentary continues, but the action is now shown from Mr. Addo's point of view and largely through his voice. Most significantly, the film contains an entirely African cast, with characters speaking briefly in local dialects as well as in English. Furthermore, while the film was written and directed by Europeans, the discourses surrounding the film indicate Sean Graham's desire to engage with an authentic African experience, while a still from the film's production reveals an African crew (*Ghana Today*, 25 December 1957). » (Rice, 2008d)

scènes, comme celle où M. Addo tombe dans le ruisseau en tentant de le traverser alors que le pont vient de s'effondrer. En plus de prouver son point, cette séquence comique dédramatise la situation. Sur le même ton, certains personnages sont un peu caricaturaux, comme M. Addo qui incarne le personnage conservateur refusant tous les aspects de la modernité occidentale, comme ses vêtements et ses actions le démontrent. Ceci est souligné de manière ironique par le commentaire qui ridiculise ses valeurs : « [H]is wife's place was "indubitably, and beyond question, in the house, in the kitchen and with the children." » (Rice, 2008d) À l'inverse, les membres élus du conseil municipal sont montrés comme des gens raisonnables, conciliants et instruits. Si la plupart sont en costume-cravate, certains portent des habits traditionnels, sans que cela soit connoté négative-ment. À force de dialogue, ils vont permettre de régler la situation de manière pacifique et consensuelle. Encore une fois, le discours du film est ambigu : ce résultat est directement lié à la situation complexe où se trouvent les administrateurs de la propagande britannique. D'un côté, ils ont le mandat de développer les initiatives locales, de former des élites et de leur laisser la gestion des affaires régionales. De l'autre, ils doivent réaffirmer la légitimité coloniale sur ce territoire et éviter de favoriser un courant indépendantiste dont certains appréhendent la violence potentielle (Rice, 2008d).

Il en va de même pour *Giant in the Sun* (Samuelson, 1959), un reportage sur la manière dont les Britanniques préparent le terri-toire du Nigeria à l'indépendance politique. Le réalisateur n'épargne aucun effort pour montrer les richesses naturelles ou culturelles qui permettent d'envisager la puissance politique et économique du futur pays[115]. En revanche, l'ensemble du discours est énoncé de manière

---

115. « *Giant in the Sun* was directed by Sydney Samuelson, now a well-known name and established figure within the British film industry. Samuelson had founded Samuelson Film Service in 1955, which would become the largest film equipment rental service in the world, but he had also previously worked for the Nigerian Film Unit on some of their earliest productions, such as *Smallpox* (1950). He therefore had some experience of filming within Nigeria, although the production here was on a larger scale. For example, the Sallah spectacle in Katsina Town, involving 900 charging horsemen, camels, drum-mers, trumpeters, and thousands of spectators was specially staged, under the direction of the Emir, for the film. Samuelson described this staged event, which was intended "to show the world the colour of Northern Nigeria," as 'the most spectacular thing' he had seen in his career (*West African Review*, January 1959, 26). He further explained that "the film (together with another 'Our Land and People' to be shown soon) was shot in just over nine weeks," during which time, "the team travelled about 10,000 miles, 6,000 of which were by road." » (*West African Review*, mai 1959, 384, cité dans Rice, 2009e)

classique dans un commentaire à l'accent britannique qui vient dicter le sens des images et il correspond tout à fait à l'idéologie occidentale dominante de cette époque : exploitation mécanique de la nature, médicalisation de la lutte contre les fléaux, enseignement moderne comme solutions aux problèmes politiques et sociaux, etc. Enfin, il est difficile de discerner pour quelle audience le film a été produit : est-ce un film publicitaire afin d'attirer les investisseurs ? Une forme d'autopromotion, justifiant *a posteriori* l'occupation coloniale ? Une propagande destinée aux Nigérians, détaillant les conditions favorables dans lesquelles leur pays prend son indépendance ? Comme le confirme Tom Rice (2009e), le film, destiné à un public local, a été diffusé à partir de l'automne 1959 en Grande-Bretagne et a connu un plus grand succès à l'étranger. C'est pourquoi il est très difficile de replacer ce film dans le dispositif de propagande britannique au Nigeria.

4.2 Vers une production locale originale ?

Malgré l'impossibilité pour les organismes de production audio-visuelle décentrés dans les territoires coloniaux de s'émanciper nettement à la fois de la tutelle britannique et du contexte impérialiste, on peut tout de même observer une évolution par rapport à la production de la CFU. L'originalité de la production locale prend alors plusieurs formes, dont la principale est peut-être la généralisation de l'emploi de comédiens africains et, à travers eux, la prise de parole des colonisés. Cette évolution se base également sur différents principes, dont l'idée de s'inspirer des cultures vernaculaires, en incluant par exemple des contes dans des séquences fictionnelles, mais aussi l'exploitation pédagogique de la comédie, en créant des personnages burlesques. D'après Tom Rice, *Boy Kumasenu* (Graham, 1950) est le premier long métrage réalisé par la GCFU et réunissant une distribution non professionnelle entièrement africaine[116]. Malgré une esthétique largement britannique, le film connaît un grand succès dans les salles de cinéma commerciales à Accra. Nonobstant cela, il n'existe pas de traces de sa distribution par les équipes mobiles ; il est donc impossible d'en évaluer sa réception par la population ghanéenne. Il en va de même

---

116. « The *Boy Kumasenu*, with its all-African cast, offered a representation of Africa that played to both local and international audiences. While contemporary reports considered this an "authentic" representation of Africa, the film—with its British director and crew—contains strong European influences. » (Rice, 2008b)

avec *Progress in Kojokrom* (Graham, 1953), film dont la distribution est entièrement africaine, avec des personnages parlant brièvement dans les dialectes locaux ainsi qu'en anglais.

À partir de la fin des années 1940, les autorités britanniques tentent d'imposer aux scénaristes plus de contenu africain dans les films de propagande. Par exemple, le rapport *Matobo* (1948) plaide pour des films conformes aux coutumes vernaculaires[117]. De même, les producteurs tentent de donner une couleur locale à travers la musique, soit en reprenant des airs traditionnels, soit en engageant des groupes à succès[118]. Toujours avec l'objectif de rapprocher les films de leurs publics, les scénaristes s'inspirent d'histoires vraies, comme *Wives of Nendi* (Peet, 1949), que le commentaire présente comme étant basé sur l'expérience de Mai Mangwende, épouse du chef Mangwende de *Southern Rhodesia*, fondatrice des clubs de femmes africaines[119]. Burns a noté que le film avait pour objectif d'inspirer la création de clubs de femmes dans les zones rurales, objectif qu'il avait atteint, selon un rapport de la CAFU de 1954 (Burns, 2002, p. 91). Plus largement, les organismes de production développent des stratégies afin d'enrichir et de diversifier le contenu africain des films pédagogiques. L'une d'elles consiste à collecter des anecdotes auprès des conseillers techniques qui agissent sur le terrain[120]. Malheureusement, en ridiculisant certaines pratiques, parfois liées aux coutumes vernaculaires, les films prennent un caractère raciste.

---

117. « The 1948 *Matobo Report* emphasised the need to "ensure that all aspects of native life conform to accepted native custom." (*Matobo Report*, p. 2). Hence, time and place were exploited to create a bond between the films and the intended audiences, thereby making the identities constructed by the films look natural, legitimate and authentic. » (Chikonzo, 2018, p. 111)

118. « The music used in the films is a brand of jazz that emanated in the African townships in the forties. *Tickey the Waiter, Tickey Tries to Help* and *Tickey Takes a Ride* have got a musical accompaniment of township Jazz. It is typical of the music produced by groups such as The City Quads, Epworth Theatrical Strutters and De Black Evening Follies. The use of such songs not only created the desire to see among the African audiences but also created a sense of association between them and the films. » (Chikonzo, 2018, p. 111)

119. « The true story of Mai Mangwende, the wife of Chief Mangwende of Southern Rhodesia and the African women's clubs she founded all over the Mangwende reserves. » (Burns, 2002, p. 91)

120. « Kerr notes that the unit actually asked demonstrators and agricultural instructors to supply them with stories for film. Admittedly, the flavourisation of colonial film with symbols and images that Africans identified with, at one level advanced the interests of the colonial state as it enabled the state to "treat propaganda humorously" at the disadvantage of the African. » (Chikonzo, 2018, p. 112)

La prise en compte du contexte culturel local va de pair avec la multiplication des séquences fictionnelles. Dans le film éducatif classique, une voix off présente de manière abstraite un problème et sa solution ; les images ne servent que d'illustration à cette leçon. Progressivement, dans la production européenne, l'idée de baser les films sur des cas concrets permet d'ancrer chaque enseignement dans un contexte familier et de faciliter l'appropriation du message par les spectateurs. Dans les projections coloniales, il faut attendre la délocalisation de la production pour que ce principe soit généralisé. La fictionnalisation du discours est particulièrement visible dans *Mr. Mensah Builds a House* (Graham, 1955) qui fait la promotion d'un nouveau programme du *Department of Rural Housing* : M. Mensah confie la construction de sa maison à un neveu irresponsable, qui gaspille tout l'argent et tout le matériel. La situation est rétablie lorsque M. Mensah participe à un programme gouvernemental qui fournit aux locaux des matériaux de construction gratuits pour leurs maisons. Le film est d'abord très novateur en ce qui concerne la narration. Ce film est le premier à présenter son message pédagogique dans le cadre d'un récit très élaboré[121]. En accord avec une conception exigeante des projections éducatives, ce film est à la fois très ancré dans un contexte culturel (dialogues en fante, références locales, etc.) et il propose une structure discursive complexe[122]. Le passage constant entre le fante et l'anglais, d'un côté facilite la localisation du message colonial et, de l'autre, rend difficile la distribution du film dans d'autres aires culturelles. De même, la structure narrative plus complexe que les précédentes productions de la GCFU suppose un public averti, prêt à produire un sens, sans l'aide du commentaire. Par exemple, le récit de *Mr. Mensah Builds a House* commence par la fin[123], ce qui demande

---

121. « *Mr. Mensah* is a further significant example of the ways in which the Gold Coast Film Unit sought to use film to enact social change and communicate to the local public. The film also indicates the developments within the unit, in the way it represents African characters and society, and also in its attitude towards its African audiences. » (Rice, 2008c)

122. « First, *Mr. Mensah* contains no voiceover. While in *The Boy Kumasenu* (1951) the British commentator provides virtually the only voice, in *Mr. Mensah* the narrative is told almost exclusively through the dialogue of the predominantly African characters. There is additional narrative guidance from the soundtrack – "Own your house and love your wife, you'll taste happiness all your life. Until a few weeks ago Mr. Mensah did not know" – but this is sung by African voices. Furthermore, the film uses local dialects with a lot of dialogue spoken in Fante. The characters move between English and Fante, without subtitles or attempts at translation. » (Rice, 2008c)

123. « Now his house is all but done, let me tell you how it all began. » (Graham, 1955)

aux spectateurs de replacer les éléments narratifs dans l'ordre chronologique. Le film présente également des séquences parallèles, où d'un côté M. Mensah fête la retraite, pendant que Kofi son neveu, perd son argent au jeu. Enfin, les mensonges du neveu sont dénoncés par l'image : ainsi, lorsque Kofi demande à son oncle une rallonge budgétaire, afin soi-disant de terminer les travaux, la scène est immédiatement suivie d'un plan montrant le non-avancement des travaux et l'alcool et les cadeaux que le neveu envisage d'acheter. D'après les archives de la GCFU, le film a été diffusé en lien avec les services de développement communautaire et a connu un certain succès[124]. Malgré ces chiffres, il est impossible d'en évaluer la réception effective et de mesurer précisément son impact sur le logement en *Gold Coast*.

Plus généralement, on peut observer deux tendances non exclusives dans la production coloniale décentralisée : soit le film reprend la structure d'un conte africain, soit le message est transmis sous forme humoristique. Conçu pour un public spécifiquement ghanéen, *Amenu's Child* (Graham, 1950) a été présenté comme un « African folk tale » et reprend certaines techniques narratives des conteurs Éwé[125]. Le film, symptomatique de nombreuses productions de la GCFU, établit une nette dichotomie entre tradition et modernité : lorsque son premier enfant tombe malade après le sevrage, Foriwa ignore le conseil de sa sœur d'emmener l'enfant dans une clinique ; à la place, elle consulte un guérisseur, pensant que l'enfant est possédé par un esprit, puis son enfant meurt. Repentante, la jeune femme choisit un mode de vie occidentalisé et ses enfants prospèrent. Curieusement,

---

124. « A government report in 1955 noted that the film had been "completed on behalf of the Ministry of Housing" and was distributed by cinema vans, which were "used for special campaigns on behalf of ministries and government departments." The department supplemented cinema shows "as much as possible with practical demonstrations by appropriate government departments, and with photographs, pictures and booklets when available." The report further explained that the Information Services' cinema vans "undertook regular tours in 1955 throughout the territory and gave in all 249 performances and 66 lectures to an estimated audience of 257,530." » (*Report on Togoland*, 1955, p. 68, cité dans Rice, 2008c)

125. « The film is set up as a folk-tale from the start, as the African commentator urges the viewers to "gather round, gather round," before explaining that the story "may be true, it may not be true." The narrative is introduced in the traditional language of a fairytale – "Once upon a time there was a village" – and concludes "here ends my story and who says it is not true may tell another." Indeed, the commentator displays a self-awareness throughout – "you know how time passes in stories" – and, as in other early GCFU productions (for example, *The Boy Kumasenu*), recites the dialogue of each character himself. » (Rice, 2009d)

la contradiction entre la forme du film et son message ne semblait pas constituer un problème pour les spectatrices.

Une autre stratégie visant à faire passer un message éducatif dans une séquence fictionnelle consistait à utiliser l'humour. Ainsi, la CAFU a réalisé de nombreuses comédies [126]. Il est possible de qualifier de burlesque une bonne partie de cette production, en particulier, les personnages récurrents (Mulenga, Mattaka, etc.) créés à cette occasion [127]. Par exemple, le relatif succès de *Mulenga Goes to Town* déclenche la production de toute une série, dont *Mulenga Wins a Bride*, *Mulenga's Unlucky Day* (Peet, 1951) [128]. Dans *Mulenga Gets a Job* (Peet, 1951), Mulenga est embauché pour effectuer de petits travaux sur le terrain d'une grande maison. Cependant, un autre employé tente sournoisement de gâcher les chances de Mulenga de conserver son poste. Lorsque leur employeur apprend l'existence du complot, le rival comploteur est renvoyé et Mulenga est engagé à sa place. En plus de son efficacité, l'esthétique du burlesque permet de produire un discours audiovisuel simplifié et compréhensible par une grande variété d'audiences. Dans ce cas, la morale est facile à interpréter : les personnages commettant de mauvaises actions sont punis. Étant donné que les dialogues sont secondaires, il est moins nécessaire de traduire le film ou de l'accompagner d'un commentaire [129]. De même,

---

126. « From its inception in 1948 up to its end in 1963, the film unit made quite a lot of comedies of which the dominant ones were the *Tickey* series, *Mulenga* Series and the *Mattaka* Series. The *Tickey* films were acted out by Patrick Chiroodza and included films such as *Tickey the Waiter*, *Tickey Tries to Help*, *Tickey Takes a Ride*, *Tickey Learns to Drive*. The *Mattaka* films included *Mattaka Buys a Car*, *Mattaka Takes Advice*. Kenneth Mattaka and his family starred in the *Mattaka* films. The *Mulenga* films had films such *Mulenga Goes to Town* and *Mulenga Wins a Bride*. Another popular film was *Benzi Goes to Town*. » (Chikonzo, 2018, p. 104)

127. « Although CAFU would focus predominantly on more informative and instructional films, the creation of Mulenga responded to the oft-quoted liking amongst African audiences for Charlie Chaplin. Mulenga was a "born buffoon," while the film relied on slapstick humour and, as *Colonial Cinema* noted, "visual storytelling" as "the film contains no captions and none is needed." » (Rice, 2009f)

128. « The production script for the film describes Mulenga as a "foolish lad who lived nearby." The rural person is always considered an ignoramus. The similarity of the predicaments in the town of *Benzi in Benzi Comes to Town* and Mulenga in *Mulenga Goes to Town* indicates the consistency within which character status was maintained thereby indicating structural links between *ngano* (folktales) and comic films. » (Chikonzo, 2018, p. 112)

129. « *Mulenga Gets a Job* illustrates the specific filmic requirements that European filmmakers and, in particular, the CAFU, deemed necessary for African audiences. Embracing slapstick (Mulenga falls over almost immediately) and visual comedy (without the need for subtitles or complicated commentary), *Mulenga Gets a Job* contains few

si les gags ne reposent pas sur des références culturelles trop spécifiques, il est possible de projeter le film à des spectateurs d'autres
territoires. En même temps, ce modèle esthétique est révélateur du
peu de crédit accordé par les producteurs britanniques aux spectateurs de leurs films.

5. Des films destinés à un public local ?

5.1 Quelle réception pour une production coloniale délocalisée ?

Même en cherchant des stratégies pour se rapprocher des références
culturelles des audiences des projections coloniales, le message éducatif
de certains films semble ne pas être toujours interprété dans le sens
voulu. Toute la difficulté se trouve ici : comment mener des études sur la
réception de ces films 60 à 80 ans après leur diffusion ? Heureusement,
il est tout de même possible d'isoler quelques sources sur la réaction des audiences des projections éducatives. Accessoirement, il est
intéressant de noter que plus les producteurs ont des certitudes sur
l'esthétique appropriée pour un public donné, moins un organisme
s'intéresse à la réception de la propagande[130]. L'inconvénient de cette
méthode est le biais évident : étant donné que la plupart des informations proviennent des unités de production, elles reflètent d'abord
la compréhension du *medium* véhiculée par cette administration et la
volonté des employés de mettre en valeur leur efficacité.

Malgré cela, il est tout de même possible de mettre en lumière
quelques résultats surprenants. Par exemple, concernant les films de
la CAFU *Wives of Nendi* (Peet, 1949), *Two Farmers* (Peet, 1948) et *Lusaka*

---

characters and little extraneous activity within the frame. Furthermore, while the film
uses multiple cuts, the editing technique harks back to the earliest days of filmmaking,
directing the audience between images. For example, in the scene in which Mulenga
gets sprayed by the hose, Stephen Peet first presents a shot of the hose, followed by a
shot of the villain placing his foot on it. The film then shows Mulenga looking at the
hose, followed by a shot of the man releasing his foot, and finally in the next shot, we
see the water spraying Mulenga. While the film may use close-ups and more cuts than
was often deemed suitable—as opposed to filming the scene in a longer single shot
featuring both characters—it also shows an attempt to "educate" the African audiences
in narrative techniques. » (Rice, 2009f)

130. « No systematic research was done into the impact of the films on African audiences
but what evidence there is (mostly from government officials), suggest that the films
enjoyed considerable popular success. In 1952 the Chief Secretary of the Central African
Council reported: "Since it was set up only five years ago the Central African Film Unit
has shown that the film is probably the most valuable means of spreading information
amongst the backward peoples of Central Africa." » (Smyth, 1983, p. 142)

Calling (s.d.), Rosaleen Smyth (1983) souligne comment il est possible d'attester de l'impact de ces films à partir d'effets secondaires mesurables[131]. Il est également possible d'affirmer que les comédies (avec des acteurs locaux) étaient populaires, comme le montrent les statistiques sur la fréquentation[132]. D'après Kelvin Chikonzo (2018), les films comiques de la CAFU commencèrent même à concurrencer les projections commerciales : certains films de *Mulenga* avaient plus de succès qu'un western hollywoodien (2018 : 109) ! Ce qui nous amène à rappeler le contre-exemple du succès des films de Charlie Chaplin, prouvant, s'il le faut, une limite de l'importance de la production locale.

Les principaux problèmes de réception répertoriés concernent la projection de films réalisés dans d'autres aires culturelles ou pour un type d'activité dont l'audience n'est pas familière. Au contraire, plus le cadre référentiel du film est homogène avec la culture des spectateurs, meilleure en sera la réception. Comme le rapporte Morton-Williams (1952), un documentaire qui respecte les valeurs d'une communauté et attire la curiosité des gens a plus de chance de transmettre son message éducatif[133]. Les spectateurs pourront se projeter dans les scènes fictionnelles, avoir de l'empathie pour les personnages et mieux comprendre les enjeux. Ceci est particulièrement visible lors de la réception dans le sud du Nigeria de *Smallpox* (Snazelle, 1949), un film sur l'importance de la vaccination contre la variole. D'après Morton-Williams, le fait que le film fasse directement référence à la culture

---

131. « *Wives of Nendi* (CAFU, n° 6), for example, was directly responsible for the formation of women's clubs; wherever *Lusaka Calling* (CAFU, n° 15) was shown it resulted in an increase in the sale of *saucepan special* radios which the film was promoting; and the names of the wise and foolish farmers, Washoma and Tanganai, in the Southern Rhodesian film the *Two Farmers* (CAFU, n° 4) came to be commonly used in Southern Rhodesia to apply, where apposite, to local farmers. » (Smyth, 1983, p. 142)

132. « The idea of seeing themselves on screen was appreciated so much that Africans began to appreciate the comic films more than they did other films such as cowboy films which were also shown those days. The fact that Africans really liked these films is indicated by the fact that Africans attended these film shows in large numbers. The African Daily News reported that in a film show held in Queque, over 700 people "of all ages and clans" attended. *Mulenga Goes to Town* a "comic short which was shown to the audiences proved to be a great success." » (Chikonzo, 2018, p. 109)

133. « Repeatedly, the importance of working not so much by appeal to the intellect, proceeding from the known fact to assertion of the unknown, but working, albeit rationally, from centres of interest and of social values and unfolding the new in terms of these, has been emphasised. Not only are people more likely to understand and remember more easily, but they are also more likely to be able to fit the novelty into their culture, and to make the appropriate modifications in their division of labour. » (Morton-Williams, 1952, p. 41)

yoruba avait clairement facilité son visionnement et sa compréhension[134]. Plus loin dans son rapport, il précise les éléments filmiques
qui ont facilité l'appropriation par les spectateurs[135]. En apparence,
rien ne semblait troubler la diffusion de ce message de prévention,
précisément en milieu Yoruba, et le film a été considéré, en particulier par William Sellers, comme un des meilleurs exemples de production éducative coloniale (Rice, 2009c). De même, le documentaire
semble avoir eu un impact positif sur d'autres audiences, comme au
Tanganyika (*Tanzania*) en 1953, où des personnes ont souhaité se faire
vacciner juste après la projection (Rice, 2009c).

Or, si la plupart des spectateurs au Nigeria ont bien compris
la nécessité sanitaire de la vaccination contre la variole, tous n'ont
pas suivi le message éducatif et décidé de se faire vacciner. Ceci
s'explique certainement par la manière dont les réalisateurs britanniques ont choisi de mettre en scène la maladie et la vaccination. Pour
bien comprendre ce point, il faut revenir en détail sur l'écart entre la
conception moderne occidentale (maladie causée par la propagation
d'un virus que l'on peut stopper par la vaccination) et la perception
vernaculaire de cette maladie : pour la plupart des Yorubas à cette
période, la maladie est le résultat d'un déséquilibre immatériel qui
s'exprime à travers des symptômes physiologiques chez une personne
et peut s'étendre à la communauté si la crise n'est pas traitée. Par
ailleurs, Morton-Williams (1952) rapporte également un grand scepticisme vis-à-vis des institutions médicales britanniques au Nigeria, en
particulier une appréhension – partiellement justifiée – des hôpitaux et
une méfiance face aux politiques de prévention médicale, entretenues
par des rumeurs rarement basées sur des faits. Aussi, étant donné
le décalage entre la réalité représentée dans la fiction audiovisuelle,
conforme aux conceptions modernes occidentales, et la perception
généralement répandue parmi les spectateurs, tant en matière de
l'aspect spirituel de la maladie que de la mauvaise réputation des

---

134. « All audiences watched this film with interest, and were able to follow the story.
Amongst the Yoruba, there was always close attention from the announcement of
the subject, and they watched with noticeable horror, but fascinated. The setting was
typical of prosperous small town and village Yoruba life, the principals were few and
easily recognised, the story was quite clear, and they soon became concerned about
its outcome. » (Morton-Williams, 1952, p. 27)
135. « As Alabi was shown neatly dressed, and the women well turned out, and their
house good, they were acceptable to Yoruba audiences as people of some standing;
this seems to be important, and Yoruba audiences appear to be more interested in the
affairs of such people than in those of the very poor. » (Morton-Williams, 1952, p. 55)

structures sanitaires, l'impact de la projection sur la manière dont la communauté devrait prévenir et lutter contre la variole était beaucoup plus discutable[136]. En conséquence, la réticence face à la vaccination a perduré dans la région. Par exemple, si l'âge de la première vaccination recommandée par les autorités sanitaires coloniales était avant trois mois, il était rare qu'un enfant yoruba soit vacciné et jamais avant un an (Morton-Williams, 1952).

Il semble alors évident que le fait de ne pas aborder les décalages de perception dans le film a limité grandement son impact, en provoquant des confusions dans le propos et de la méfiance vis-à-vis du message sanitaire. Tout d'abord, ignorer les croyances locales peut être source de malentendu. Ainsi, lorsque le commentaire en anglais précise que : « La hutte sombre et non ventilée de Tijani est très chargée en germes [*Tijani's dark and unventilated hut is heavily charged with germs*] », les interprètes ont eu beaucoup de difficultés à traduire le terme « germes », car il n'existe pas en Yoruba[137]. Les spectateurs, dont l'immense majorité était déjà convaincue de la dangerosité de la maladie, ne concevaient pas sa propagation suivant des vecteurs matériels. Après une telle séance, ils risquaient d'adopter une représentation alternative, mais erronée, envisageant la transmission par des insectes, sans que cela facilite la prévention. Par ailleurs, ne pas prendre en compte le niveau de connaissance et le système de pensée d'une personne à qui l'on veut enseigner est un handicap majeur[138]. Le risque est de diffuser un message de prévention qui soit reçu avec un tel scepticisme que la séance de propagande produise l'effet inverse et renforce les représentations que l'on cherche à contredire[139]. Si les séances ne semblent pas avoir eu un impact trop négatif dans ce cas,

---

136. « Inquiries after the film had been shown revealed that it had not affected these beliefs; to undermine them directly, separate treatment in a campaign appropriate to each culture would probably be necessary, and would not be as useful a way to promote vaccination. » (Morton-Williams, 1952, p. 29)

137. « Yoruba do not think of germs as we do. The commentator used the word *kokoro*, which literally means "insect" and "caterpillar," and the metaphor was not understood by the villagers, although they realised that it was dangerous to go close to someone with smallpox. » (Morton-Williams, 1952, p. 58).

138. « Ignoring spiritual causation meant that all the health films were greeted with great scepticism. » (Larkin, 2008, p. 95).

139. « [The film] did not affect their belief that spiritual forces have a part in the transmission of smallpox, but it seems to have persuaded some of those who saw it that vaccination was a protection for the individual, possibly analogous to a charm. It did not convince people (some had evidence of the contrary) that vaccination was painless and harmless [...]. » (Morton-Williams, 1952, p. 27)

les faiblesses du film ont renforcé une série de doutes, au lieu de faciliter la lutte contre une pandémie, dont la dangerosité est reconnue autant par les autorités que la population. Comme le rapporte Morton-Williams (1952), cet effet *boomerang* a été amplifié après la diffusion par le bouche-à-oreille de l'annonce du décès à l'hôpital d'une personne malade après avoir été vaccinée. Il est impossible de maîtriser tous les canaux d'information ; pourtant, en ce qui concerne un dispositif de propagande, tous les événements peuvent avoir un impact important.

Par ailleurs, comme l'explique Morton-Williams en 1952, il existe toujours une différence entre communication, conviction et acceptation de nouvelles pratiques[140]. La propagande audiovisuelle, en particulier en ce qui concerne les questions de santé, ne suppose pas uniquement une compréhension effective du message, mais également une prise de conscience suffisante de la dangerosité de certaines pratiques qui amène à un changement radical de manières de faire, en particulier sur le plan d'un savoir-faire quotidien hérité de traditions familiales ou de mœurs intimes liées à une série de représentations collectives.

Morton-Williams (1952) rapporte également quelques cas où le message de prévention véhiculé par *Smallpox* (Snazelle, 1949) semble avoir été mieux perçu. Dans certains cas, le commentateur a réussi, de manière plus ou moins planifiée, à faire mieux correspondre les cosmogonies modernes et vernaculaires. Les autres cas concernent des projections opérées non loin du lieu de tournage du film[141]. Au-delà de la parfaite homogénéité des cadres de référence, cette situation ajoute une dimension de vraisemblance à la fiction audiovisuelle. Pour beaucoup de spectateurs, il n'y a plus de décalage entre la réalité représentée et leur expérience, et cet aspect véridique apporte

---

140. « To communicate an idea is not to secure its acceptance, nor is it to persuade people to act upon it. As well as the will to act there must be opportunity. Opportunity may be limited not only by physical conditions and economic resources, but also by society; by a social organisation in which each individual has his social roles allotted to him with very few alternatives, because of birth into a particular lineage, his age, sex, and perhaps through divination. » (Morton-Williams, 1952, p. 39)

141. « Nearly everyone in Egan knew Agege, where the film was shot, as it is little more than ten miles away, and part of the same tribal territory; that of the Awori Yoruba. Many of other audiences had also been there, or knew people who had. This help to add verisimilitude to the film, and to make it easy for members of the audience to be concerned about the outcome of the events shown to them. » (Morton-Williams, 1952, p. 55) ·

un grand crédit aux images. Dans ce cas, la projection semble avoir été l'une des plus efficaces auprès des audiences yorubas[142]. Le film prend alors la valeur d'un document intime, à la manière d'un film de famille : les spectateurs reconnaissent sur l'écran des éléments de leur quotidien, de leur expérience propre. Nous verrons en détail dans le prochain chapitre comment ce phénomène peut soit favoriser l'empathie et pousser le spectateur à adhérer aux valeurs véhiculées par la projection, soit devenir le centre d'attention, l'effet spectaculaire masquant alors le message éducatif.

Ainsi, mieux les spectateurs connaissent le lieu de tournage, les protagonistes, les normes sociales, etc., plus le film a de chance d'être bien reçu. Il en va de même avec toute forme de lien qu'un auditoire peut créer entre sa réalité et le monde diégétique. Si Morton-Williams constate l'excellente réception, parmi les Yorubas cultivateurs de cacao, du film sur la commercialisation à travers une coopérative d'un cacao de haute qualité, *Good Business* (1947), il constate un faible intérêt dans les communautés ayant d'autres activités agraires[143]. Il est intéressant de noter que les spectateurs n'expriment pas un intérêt à adapter l'idée de la coopérative agricole à leur propre activité. En effet, lorsque le décalage entre le cadre interprétatif du film et les valeurs des spectateurs est trop grand, le film peut produire des malentendus. Ainsi, *Wives of Nendi* (Peet, 1949), produit par la CAFU, était destiné à un public africain et, d'après les archives, a relativement bien fonctionné en Afrique de l'Est (Morton-Williams, 1952). D'après Morton-Williams (1952), sa réception était plus ambiguë au Nigeria : les réactions des audiences yoruba et ibo montrent que le message est perçu comme étant beaucoup trop intrusif. Même parmi des populations favorables à ce type d'association, il a été parfois mal interprété, les spectateurs retenant le fait qu'une « femme tente de changer seule les habitudes de ses voisins [*A woman attempts to*

---

142. « At Egen, several people who had not yet been vaccinated volunteered the statement that they would allow themselves to be vaccinated if the vaccinators come again. However, few seemed to have realised that it ought be done more than once, having missed the statement in the commentary (which is not supported by action in the visual part) that it was necessary every three or four years. » (Morton-Williams, 1952, p. 60-61)

143. « The film was shown only to the Yoruba. The audience in Egan middly [sic] enjoyed it, said they accepted the message, but did not grow cocoa, so could not put it into practice. In Ilaro there was a much more enthusiastic response during projection—most of the men were cacao farmers and understood all of it; but they were not persuaded that they should join the Co-operative. » (Morton-Williams, 1952, p. 33)

change, single handedly, the habits of her neighbours] » (1952 : 35)[144]. Le malentendu est révélateur d'un décalage fondamental entre l'idéologie anglo-saxonne, où une personne (avec un certain charisme) peut convaincre tout un groupe de changer de pratique, et les manières de penser en Afrique de l'Ouest, où le consensus prévaut. Lorsque Mae Mangwende s'adresse directement à un groupe de femmes assises, elle semble vouloir imposer à ses consœurs son idée de la propreté inspirée de principes européens. Au contraire, pour les femmes nigérianes, le changement devrait s'opérer à l'intérieur d'une négociation collective entre une évolution lente des mentalités, la comparaison des pratiques et des délibérations communautaires. Encore une fois, cet exemple montre la nécessité, non seulement de décentraliser les systèmes de propagande, mais également de produire des films éducatifs pour un public spécifique, en respectant à la fois les coutumes et les valeurs d'une communauté. Afin de pouvoir s'adapter pleinement à une aire donnée, les administrateurs britanniques auraient gagné à impliquer des intellectuels issus de ces cultures et locuteurs natifs dans le processus d'écriture et de production.

Comparons maintenant la réception d'un film de la GCFU, *Amenu's Child* (Graham, 1950), en *Gold Coast* et au Nigeria, c'est-à-dire deux aires culturelles proches sans être identiques. Le film véhicule deux types de messages : les services de santé britanniques cherchent tout d'abord à convaincre les parents d'enfants malades de les emmener à l'hôpital pour y être examinés et soignés ; ils diffusent également l'idée que les bébés en cours de sevrage doivent suivre un régime soigneusement préparé (viande, œufs, fruits frais et légumes variés). Les autorités sanitaires ont apprécié la qualité du film qui est devenu un support éducatif pour la formation des professionnels et l'information du public[145]. En 1951, A. R. G. Prosser, directeur du développement social de la *Gold Coast*, a signé un article paru dans le *Community Development Bulletin* expliquant comment le Bureau des relations publiques (*Public Relations Office* – PRO) avait utilisé *Amenu's*

---

144. « The mistaken presentation was most noticeable among the Yoruba, who have a well-established tendency to form such associations as clubs and committees whenever a number of people (persuaded sometimes by a single person with an idea) feel they wish to bring about a reform of some sort; but it was observable also among the Ibo. » (Morton-Williams, 1952, p. 35)
145. « In the case of *Amenu's Child*, the film was used both as an instructional picture for midwives at training courses, and as propaganda legitimising these modern methods to local female villagers. » (Rice, 2010b)

Child dans le cadre de ses campagnes d'éducation de masse dans la région[146]. Les premières projections ont été organisées dans la région de la Trans-Volta (l'est de la *Gold Coast*, anciennement le Togoland), où le film avait été tourné[147]. Un tel déploiement de personnel et de moyens laisse supposer que le film a été bien reçu et que le *Department of Social Welfare* a observé un réel impact sur la nutrition et la santé infantile. Le film a ensuite été diffusé sur toute la *Gold Coast* et a également été abondamment présenté au Nigeria en 1952 dans le cadre des recherches de Peter Morton-Williams sur les publics africains.

Ici, il est pertinent de faire la distinction entre le Nord du Sud, ainsi qu'entre la réception yoruba et la réception hausa. Facilité par la proximité entre les cultures yoruba et éwé, le film a été relativement bien reçu et compris lors des projections organisées par Morton-Williams[148], mais l'impact de la projection sur les mentalités reste à confirmer :

> A woman's adult class had been started in Egan a few days
> before the film was shown there. The class, which was to teach
> women how to be more efficient wives and mothers, was run by
> a Yoruba woman from the Welfare Department; it was attended

146. « Prosser stated that the P.R.O immediately recognised the value of *Amenu's Child* as an "instrument of propaganda and instruction in Child Welfare" and called a meeting with the Medical Department, the Public Relations Officer and the Social Development branch of the Department of Social Welfare, at which they decided to co-operate in forming a Mass Education Team. Prosser clarified how this collaboration worked: "The Public Relations Officer made available a Mobile Cinema and crew; the Medical Department made available a trained Midwife and notes for the instructors on Child Welfare; the Chief Social Development Officer contributed two Assistant Mass Education Officers." This team would then use *Amenu's Child* to "train village leaders in Child Welfare."» (Rice, 2010b)

147. « "A village called Kpetoe was made the headquarters," Prosser explained, "and invitations were sent out to one hundred surrounding villages to send two women from each village to attend the courses." Prosser claimed that the response was "magnificent" and recognised the "tremendous value" of the film within this one-week course. "Seeing their own people facing up to situations of which the course members were all too well aware, and solving the problems made evident in the film, was an experience that imprinted itself deeply on their minds," he added, noting also the number of traditional midwives who attended. The team subsequently visited each of the villages represented on the course, with the film now used as a means of propaganda to generate enthusiasm for the work. » (Prosser, 1951, cité dans Rice, 2010b)

148. « It was also found that because of overcrowding with detail, the Yoruba, whose culture in respect of the behaviour shown in the film was closer to that of the actors than was that of any of the peoples that saw it, understood more nearly completely what had been shown than the others did. » (Morton-Williams, 1952, p. 29)

by fifteen young women, some preparing for marriage, some newlywed, some already mother. [...] None of these had understood the message of the film when it was shown for the first time, and few could remember any of the fruits shown as baby food. Asked if they or any of their friends had ever been patients in the maternity home at Agege or had consulted the official midwife, they replied that they had not, and had no wish to. (Morton-Williams, 1952, p. 77)

Morton-Williams (1952) souligne en particulier la grande difficulté des membres du groupe cible à retenir et à formuler dans leurs propres termes les informations transmises. Il explique dans son rapport que cet outil pédagogique audiovisuel était beaucoup trop élaboré et contenait beaucoup trop d'informations pour être retenu en un seul visionnement[149]. Il est intéressant de noter que la réception en milieu hausa a été très différente[150]. Malgré cette différence culturelle majeure, certains spectateurs ont été capables de dépasser leur étonnement lors d'un second visionnement[151]. Malheureusement, Morton-Williams n'a pas pu apporter la preuve d'un quelconque changement de comportement, ni par rapport au régime alimentaire ni par rapport aux soins de santé dans aucune des deux communautés.

Il est important de souligner ici une différence importante entre le dispositif de diffusion au Nigeria (Morton-Williams) et en *Gold Coast* (PRO). Alors qu'en milieu hausa et yoruba la séance a lieu de manière classique avec l'accompagnement d'un commentateur lors de

---

149. « After *Amenu's Child* had been shown twice many people remembered several of the foodstuffs which had been demonstrated; a few said they would give their children fruit now, others that if their children wanted fruit they could pick it for themselves. One woman reported that old people had told her previously that oranges were bad for ailing children, as they were not one of the native fruits; but she accepted the assertion in the film that they were good. » (Morton-Williams, 1952, p. 78)

150. « The Moslem Hausa were disposed to the divination episode, which affronted their values, not to regard any of the film seriously. » (Morton-Williams, 1952, p. 29)

151. « The audience was very much more animated when the film was shown for the second time. They seemed to have understood the story and the lesson of the film the first time they saw it. Several schoolboys and youths who had just left school wrote the next day what they remembered of the film [...]. In spite of the interest the film aroused, it seems to have been largely ineffectual; inquiries in Egan and Ilaro discovered only child who had been given fruit to eat in the days after the film had been shown. Whether it might have been more effective if it had been part of a campaign to improve child nutrition it is not possible to say. » (Morton-Williams, 1952, p. 78)

la projection, le dispositif ghanéen est beaucoup plus élaboré[152]. Dans ce cas, l'importance du dispositif fait événement et vient souligner le sérieux de la démarche. De plus, les nombreuses occasions de discussion avec des spécialistes de l'éducation sanitaire avant, pendant et après la projection sont des moments clés de la transmission de l'information : en ayant la possibilité de répéter, à différents publics, suivant des modes variés, le message éducatif, l'équipe peut ainsi évaluer quelle partie du message a été reçue, chercher à compléter l'information et corriger les malentendus. Ainsi, après la séance, ces professionnels deviennent des relais au sein de la population afin de répéter le message, en réaffirmant les points principaux. Par exemple, la sage-femme peut rencontrer de petits groupes de femmes et, tout en répondant à leur question et en les rassurant, reprendre les principales informations transmises.

Certains films n'ont de validité que dans un territoire précis, à la fois à cause des références culturelles, et en raison du sujet abordé. C'est le cas, en particulier, de *Progress in Kojokrom* (Graham, 1953), qui décrit le rôle du conseil municipal de Kojokrom, une ville de l'ouest de la *Gold Coast*, explique le principe de la représentation démocratique et souligne l'importance de la participation aux élections. Le film a été projeté très régulièrement en préparation de l'élection générale de 1954[153]. L'efficacité du film est même reconnue hors du cercle du cinéma colonial, comme dans les « Quarterly Notes » du *African Affairs* : « By October 265 out of the scheduled 284 councils had been established. [...] All this work is accompanied by propaganda, like a film, *Progress at Kojokrom*, and a pamphlet, *Your Council and Your Progress*. » (Swanzy, 1954, p. 195) Avec l'aide des commentateurs, le

---

152. « Two mass education officers, who travelled with a trained midwife and the cinema crew, would display stills from the film, stressing pertinent points ("Wash your Hands always") and would discuss its narrative before the film screening. After the film, the team would lead a discussion encouraging village leaders to sign up for courses and to adopt their methods. » (Rice, 2010b)

153. « *Ghana Today*, published by the information section of the Ghana Office in London, emphasised the widespread distribution of these films. "The work of the Department of Information Services has been ubiquitous," it wrote, "and the most important campaigns which it has undertaken have been in respect of the general election of 1954 when over 1 1/2 million people saw the film on election procedure, and in support of the battle against swollen shoot," a disease affecting crops (*Ghana Today*, 25 December 1957). An earlier report included a picture of a cinema van visiting a local area during preparations for the elections of 1954, while a commentator told the locals, "in the language of the areas they are visiting," "how to register on electoral rolls and the procedure for voting" (*Gold Coast Today*, 11 April 1956). » (Rice, 2008d).

film a permis d'expliquer le déroulement précis du vote et de compléter l'enregistrement de la population sur les listes électorales[154]. Les autres territoires coloniaux n'ayant pas la même exigence démocratique, le film a été très peu projeté hors de la *Gold Coast*.

Ce qui nous amène à contester l'efficacité d'une production locale dans d'autres territoires. Comme nous l'avons vu précédemment, le principal enjeu dans ce cas est la compatibilité entre les références culturelles du film et celles des spectateurs. Comment produire un message audiovisuel qui s'adapte à différents cadres culturels[155] ? De même, les attitudes des protagonistes ne doivent pas devenir un frein à la diffusion du message pédagogique. Chaque élément présent lors de la séance, qu'il soit profilmique ou lié au contexte de réception, est potentiellement significatif[156]. À l'inverse, un personnage trop neutre, dans son attitude, ses vêtements ou ses attributs, gênera la compréhension du film dans le sens où les spectateurs ne l'identifieront pas correctement, c'est-à-dire ne seront pas en mesure de le différencier des autres figurants et de comprendre son rôle dans la scène. Il en va de même pour la localisation : pour certains spectateurs, il est important de savoir où la séquence fictionnelle se passe, pour d'autres, une représentation générique de l'espace leur permet de mieux se projeter dans la fiction. Par exemple, Morton-Williams (1952) montre comment la majorité des audiences yorubas préfèrent savoir où se déroule l'action : « They might never have heard of the locality, they might have entirely false idea about it, yet it seemed to add reality to

---

154. « Sean Graham noted the importance of these films to the government. "In an illiterate society they [films] are the only means government has of speaking to the people with authority and understanding," he explained, "far from being a luxury, [films] are in the forefront of the drive to help Africans to help themselves" (Graham, 1952, p. 81). However, "speaking to the people" through film was often problematic. Sean Graham noted, in particular, the difficulties of using local commentators, who would talk over the films in the local dialect. "I was appalled at the divergence, what was on screen and what they said," he stated, illustrating the difficulty for colonial authorities in delivering their message to such a diverse audience (Personal interview, 5 March 2010). » (Rice, 2010b)
155. « If the problem concerns people of the most varied culture, one such as overcoming a reluctance to be vaccinated, it must be treated in terms which can be understood by them all. This suggests that the treatment of the theme must be broad, and that the background, which is likely to be full of all sorts of unfamiliar and distracting detail, must be very much subordinated to the actors whose behaviour is to communicate the message of the film. » (Morton-Williams, 1952, p. 38)
156. « Since unfamiliarity of dress and gesture can be confusing and distract attention from faces, it seems probable that there should be very few principals and that they should be clearly differentiated from the other actors by the photography. » (Morton-Williams, 1952, p. 38)

the film » (1952 : 46) L'ancrage de l'histoire dans un contexte précis, même s'il est étranger, permet aux spectateurs de convoquer toute une série de représentations – parfois de l'ordre du cliché – nécessaires afin de comprendre le comportement d'un personnage et le sens global d'une séquence. Encore une fois, chaque communauté aura des besoins référentiels distincts en fonction de ses coutumes et de l'expérience de la projection cinématographique de ses membres.

Une solution à ce problème de compatibilité serait de simplifier l'esthétique filmique, afin de réunir le plus large public possible[157]. Comment, sans passer par le *langage* abstrait et très local, présenter de nouvelles idées de manière convaincante ? La solution la plus logique semble être de mettre en scène ces nouveaux principes dans des séquences fictionnelles reposant sur un ensemble de représentations communes et de références connues. Morton-Williams (1952) commence par mettre en garde contre certaines théories simplistes[158]. Il recommande également de commencer par déterminer une meilleure compréhension des tactiques d'appropriation des images audiovisuelles par un public donné[159]. Même si ce n'est pas sa spécialité, l'anthropologue ne peut s'empêcher d'ajouter quelques recommandations sur l'aspect technique de la production cinématographique[160]. Par exemple, il considère que la pellicule couleur n'a aucun impact sur les spectateurs qu'il a observés : « It did not in itself increase interest or enjoyment; any use it may have probably lies in serving, with tonal

---

157. « This seems best done by direct exemplification in the simplest, most general way, and by action and not by exhortation through the commentary. It seemed generally true of all the films that it was the action, not the commentary, which held the attention and was remembered. » (Morton-Williams, 1952, p. 39)

158. « This does not mean that we should uncritically accept the theories of the nineteenth century "Associationist" psychologists. The origin of the laughter often noted when *Amenu's Child* was found to have died cannot usefully be traced in terms of emotions aroused by a chain of "ideas" from the idea "dead baby." The whole social situation portrayed was interpreted in terms of the social norms and values of the audiences, and as such was a context in which laughter was the appropriate reaction. » (Morton-Williams, 1952, p. 42)

159. « This leads us to consider the question of vision—of what audiences see on the screen. It seems quite evident that the physiological aspect of the problem can be ignored; that all audiences can *see* what is projected on to the screen, after a very short period. The image on the retina is much the same whether the eye is beholding a cinema screen or living persons in real setting. What is important is that action should be unambiguous. » (Morton-Williams, 1952, p. 44)

160. « Before ending this report, I add a few notes on technical matters relating to shooting and editing; but diffidently, as an anthropologist is not competent to deal fully with them. » (Morton-Williams, 1952, p. 45)

contrast, with light and shade, and with depth of focus, to distinguish objects from each other. » (Morton-Williams, 1952, p. 45) De même, il n'a pas identifié un intérêt marqué pour la musique : « Music, on the other hand, did not seem to add meaning to many situations. When it was the accompaniment to dancing, it was a necessary part of the situation to be communicated. As a background noise intended to intensify a mood evoked by the action, none of that experimented with succeeded. » (1952 : 45) En plus de diminuer l'universalité du message – toutes les cultures n'associent pas un rythme et un type de mélodie avec les mêmes significations –, les sons d'ambiance peuvent contribuer à distraire le spectateur du message principal d'une séquence. Il recommande de soigner la dimension sonore des films, les bruits directs et les voix semblant être des éléments primordiaux pour les spectateurs nigérians[161]. Cette dernière remarque semble parfaitement logique, l'oralité étant un aspect majeur du réalisme d'une scène. En effet, même si l'on ne comprend pas la langue d'un personnage, son ton, son timbre, ses intonations nous renseignent sur son statut, sa psychologie, son rôle et son état d'esprit dans chaque discussion.

Malheureusement, il faut encore une fois réaffirmer que la mise en place d'une esthétique cinématographique simplifiée et universelle est un fantasme occidental voué à l'échec : comme le constate Morton-Williams, il est difficile de trouver une représentation audiovisuelle commune pour l'ensemble des audiences nigérianes. Comme nous l'avons exploré en détail, en particulier autour de l'exemple de la diffusion de *Amenu's Child* (Graham, 1950) en *Gold Coast* et au Nigeria, la compatibilité culturelle entre ces deux territoires très proches est relativement faible. Aussi, nous pouvons aisément extrapoler qu'il est impossible de produire des films éducatifs valides sur l'ensemble du continent. Nous pouvons également conclure de cette partie que si une production audiovisuelle en fonction d'un contexte culturel très local semble être une condition nécessaire à une appropriation par les spectateurs, elle n'est pas suffisante. En effet, l'enregistrement d'un message sur un support ne permet pas de s'adapter au cadre référentiel de chaque audience et à la conception du *medium* cinématographique de chaque personne.

---

161. « Although repeated emphasis has been laid on communication through action rather than commentary, a sound track seems a valuable part of the film. The records include notes of persons who said that they enjoyed hearing people on the screen speak as well as seeing them, even though they could not understand them; since speech is so important a part of behaviour, and tones of voice are significant, this need not surprise us. » (Morton-Williams, 1952, p. 45)

5.2 Les films catholiques des Pères Blancs
au Congo belge (1945-196_)

On trouve la même dynamique aussi bien au Congo belge que dans les colonies britanniques, où l'administration civile donne progressivement de plus en plus d'autonomie aux Pères blancs (*Witte Paters*). Les prêtres comprennent généralement le swahili ou une langue vernaculaire et ils intègrent des éléments culturels de leurs auditeurs dans leurs supports pédagogiques, ce qui facilite le contact avec les populations locales, en particulier dans les zones rurales. De plus, en se distinguant du pouvoir colonial civil, les catholiques acquièrent une certaine crédibilité. Ainsi, ils vont poursuivre leur mission évangéliste jusque dans les années 1970, les indépendances ne constituant pas la fin de leurs activités, leur présence sur place étant fragilisée par le vieillissement des aumôniers et le manque de vocations.

D'après Rolot et Ramirez (1990), il faut faire la distinction entre le système de propagande d'État, principalement géré par des administrateurs belges laïcs, et le prosélytisme audiovisuel religieux[162]. Constitués en équipes réduites et mixtes (religieux européens et laïcs congolais), les seconds sont beaucoup plus productifs et surtout plus inventifs. De plus, les Pères blancs au Congo bénéficient d'une longue expérience de projections catholiques. Aussi, via l'Institut international du cinéma éducatif à Rome, ils sont en contact avec les différents systèmes de propagande européens et peuvent s'inspirer des manières de faire dont l'efficacité a fait ses preuves. Par exemple, ils sont impressionnés par l'avance soviétique sur le plan de la diffusion du message à travers une variété de supports[163]. Ils vont tenter d'adapter cette « richesse des images » à un contexte de production et de diffusion avec des moyens beaucoup plus modestes.

---

162. « [Les Laïcs], qui représentaient les quatre cinquièmes des effectifs, avaient un mode de vie professionnel qui tendait à se rapprocher de celui des cinéastes de la métropole. Souvent soucieux de rentabilité, ils ont parfois créé leurs propres maisons de production et restèrent dans l'ensemble largement tributaires des commandes publiques ou privées. [Au contraire] les cinéastes religieux, beaucoup plus productifs, travaillaient toujours à meilleur prix et avec des équipes techniques réduites au strict minimum. Quelquefois méprisés par les riches professionnels du cinéma laïc, les missionnaires laissèrent pourtant une œuvre considérable qu'on ne peut en aucune façon réduire aux modestes dimensions d'un cinéma de patronage. » (Ramirez et Rolot, 1990, p. 5)
163. « On nous disait à l'Institut international du cinéma éducatif de Rome que les organisateurs cinématographiques soviétiques étaient celles du monde entier qui lui envoyaient la documentation la plus abondante, la plus intéressante et la plus précise. » (Catrice, 1933a, p. 121)

Figure 1.9. *Une des activités de la Section de l'Information du Gouvernement Général, à Léopoldville, comprend la réalisation et la production de films éducatifs destinés aux autochtones. Les séances se donnent généralement en plein air, et rencontrent dans toute la Colonie un accueil enthousiaste.*
Source : Collection RMCA Tervuren ; photo C. Lamote (Inforcongo), 1950
CC-BY 4.0.

En 1937, le père Albert van Haelst est l'un des pionniers de la diffusion, via la Cinémathèque à Luluabourg. Dans les missions, les films diffusés portent principalement sur l'éducation religieuse, mais aussi sur l'enseignement plus général. Le cinéma sert également de distraction afin de contrôler l'activité débordante des enfants. Cependant, l'expérience accumulée en Europe ne veut pas dire que les catholiques évitent les principaux pièges des projections coloniales. Par exemple, ils partent également du principe de l'universalité de la propagande cinématographique[164]. Comme nous l'avons vu dans les exemples britanniques et gouvernementaux au Congo, la propagande audiovisuelle doit être adaptée à des spectateurs ayant d'autres références culturelles que

---

164. « Il n'est pas besoin de développer longuement les immenses possibilités qui s'ouvrent dans ce domaine au cinéma éducatif, car la situation est exactement la même dans les Missions que chez nous, avec cette différence pourtant que l'influence du cinéma sera encore plus considérable chez ceux qui, non habitués encore aux images mouvantes et portés à apprécier davantage les faits concrets, seront plus fortement impressionnés par cet enseignement direct. » (Catrice, 1933a, p. 126)

celles répandues en Europe et n'ayant pas d'expérience de la projection cinématographique. Or, pour Albert J. Nevins (1953), il ne semblait pas absurde de projeter des films éducatifs européens à des publics composés uniquement de Congolais[165]. Très rapidement, les responsables locaux vont corriger cette conception erronée et chercher de manière pragmatique une manière de localiser les dispositifs de propagande.

Après la Seconde Guerre mondiale, l'éducation chrétienne par le cinéma s'organise directement autour d'une production locale, en langue vernaculaire et avec de nombreuses séquences fictionnelles : « Pour ce faire, contrairement au cinéma laïc qui produit principalement des reportages et des documentaires, les religieux tournent davantage de films de fiction, plus accessible selon eux au public africain, et réalisent, de ce fait, un véritable cinéma pour Africain dont, non seulement les thèmes sont davantage ancrés dans le quotidien de ces derniers, mais dont les principaux acteurs sont aussi des autochtones jouant dans un environnement qui leur est familier. » (Schuylenbergh et Etambala, 2010, p. 29) À un niveau technique, les religieux belges cherchent des modes de production et de diffusion adaptés à des budgets réduits et des conditions tropicales. Ils vont ainsi favoriser des formats de qualité inférieure, comme le 16 mm, voire du matériel amateur, comme le Pathé-Baby, car ils sont moins chers et plus résistants. Ils vont également beaucoup utiliser le film fixe, c'est-à-dire la projection de diapositive sur film 35 mm, permettant de rendre visible et concret un discours abstrait, l'image projetée étant toujours commentée. Ces choix n'ont pas eu, contrairement à l'expérience BEKE menée en Afrique de l'Est, de conséquences trop négatives sur la qualité des films : compte tenu de la modestie des budgets et du matériel, les images sont considérées d'un bon niveau technique, évoluant au fur et à mesure des exigences des spectateurs, comme le précise l'abbé Cornil dans un rapport au Gouvernement général du Congo[166]. Ainsi, la production religieuse semble en mesure de rivaliser avec les films commerciaux de l'époque : « Il faut souligner que les films réalisés par les missionnaires eurent un succès

---

165. « Il n'y avait pas nécessité à produire des films destinés à être projetés dans les missions. Il existait déjà des milliers de films et on en produisait de nouveaux chaque jour. » (Nevins, 1953, p. 27)

166. « Le cinéma au Congo évolue [...] et il évolue vite. Là où il y a un projecteur, l'indigène s'est habitué au cinéma, et il en comprend déjà beaucoup mieux la technique. Il ne se contente plus, comme au début, d'images quelconques. » (Ramirez et Rolot, 1990, p. 18)

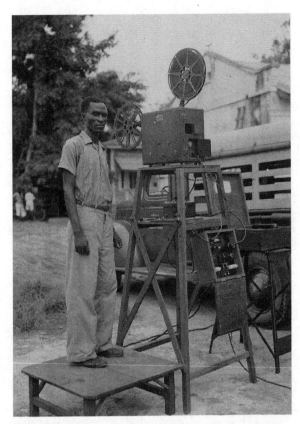

Figure 1.10. *Le Service de l'information du Congo belge.*
Avec ce projecteur, le Service de l'Information a donné en
1946 aux indigènes de Léopoldville environ 60 représentations
cinématographiques réunissant plus de 210 000 spectateurs.
Source : Collection RMCA Tervuren ; photo L. Van Bever
(Inforcongo), 1947 CC-BY 4.0.

énorme auprès du public africain qui y prenait un vif plaisir. Citons,
à titre d'exemple, l'affluence record enregistrée pour le *Bonheur est
sous mon toit* projeté en 1957 à Léopoldville : 50 000 personnes en une
semaine. » (Ramirez et Rolot, 1990, p. 19) Progressivement, la production locale s'éloigne des sujets purement religieux, les ecclésiastiques
privilégiant une approche morale sur le pur prosélytisme. De même,
en multipliant les séquences fictionnelles en lien avec les goûts de
leurs publics, ils ont également évolué vers des films beaucoup plus
divertissants (*Bilan de la semaine familiale*, 1957).

Parmi les films réalisés par les Pères blancs disponibles au KADOC[167], on trouve de nombreux reportages sur une maladie, une tare ou un problème social présent au Congo et la solution apportée par les catholiques belges. La plupart des documentaires reprennent une esthétique très classique, avec un commentaire et une musique qui viennent dicter le sens des images, prises sur le terrain. Ainsi, *Katutu, L'aveugle de l'île* (Verstegen et de Vloo, 1952-53) présente la situation difficile des aveugles au Congo belge. Le film muet est accompagné de dialogues postsynchronisés en français et d'une musique qui souligne la thématique de chaque scène. *Wanamoto* (de Vloo et Thomas, ca. 1945) revient sur la création d'un collège d'enseignement secondaire à Bukavu, mettant de l'avant l'implication des ecclésiastiques. *Vendeta* (Verstegen et Vloo, 1953) est un reportage sur l'évangélisation au Kivu, réalisé à Katana (Congo belge). De même, *Bambuti* (Verstegen et Vloo, ca. 1945) présente la situation désastreuse (avant l'arrivée des *Witte Paters* !) des Pygmées au Congo ; *Bizimana* (Verstegen et Vloo, 1951) est un reportage sur Bizimana, le chef d'une petite communauté qui, par sa conversion, a facilité l'évangélisation.

On trouve également toute une série de films muets, accompagnés de musique, présentant dans des séquences fictionnelles un thème moralisateur. Par exemple, *La bouteille cassée* (Verstegen, ca. 1945) est une co-production entre *Africa Film*, *Witte Paters* et le Fonds du Bien-être indigène du Congo belge. En trente minutes, les producteurs développent une histoire qui démontre qu'il ne faut pas boire de la bière, sinon on devient un voleur et on est envoyé en prison !

Dans cette série, il faut également citer les courts métrages comiques du Père Albert van Haelst, mettant en vedette *Matamata* et *Pilipili*, films inspirés de Laurel et Hardy. Apparemment, ces films ont connu un réel succès auprès de la population congolaise et en 1996, Tristan Bourlard a rencontré des témoins qui se souviennent avec émotion de ces courts métrages qu'ils ont vus alors qu'ils étaient enfants.

Ces courtes séquences humoristiques (de vingt à trente minutes), produites et réalisées par P. A. van Haelst par l'entremise de sa société, Lulua Films, basée à Luluabourg, reprennent l'esthétique simple du cinéma des premiers temps : une action claire et facile à interpréter, un jeu exagéré, des gestes et mimiques inspirées du burlesque ; beaucoup de plans fixes, une action qui se déroule dans la profondeur de champ ;

---

167. *Documentatie- en Onderzoekscentrum voor Religie, Cultuur en Samenleving* ; Interfaculty Documentation and Research Centre on Religion, Culture and Society at KU Leuven.

un montage simple, peu de gros plans, parfois des raccords dans l'axe ; quelques explications ajoutées dans les intertitres, avec des versions dans plusieurs langues (français, lingala, kikongo, kiluba, ou kiswahili). Parmi cette série, on peut citer *Matamata chômeur* (Haelst, ca. 1955), qui met en scène les principales institutions coloniales, dont le palais de justice, le commissariat, les services sociaux, etc., *Matamata s'engage* (Haelst, ca. 1955) et *La soupe de Matamata* (Haelst, ca. 1955). Dans *Madame Matamata* (Haelst, ca. 1955), dans une série de scènes caricaturales, la femme du héros se charge de remettre son mari dans le droit chemin.

Figure 1.11. *Affiche annonçant un programme de projections au Congo belge, septembre 1955.*

Source : Collection RMCA Tervuren ; Photographe non identifié, 195_. Tous droits réservés.

Un autre aspect de cette production concerne les films réalisés par l'abbé Cornil, où, en plus de véhiculer une morale catholique, le prêtre fait l'apologie de la modernité : il filme les hôpitaux, les mines et les industries belges. Il montre également comment le financement colonial sert au développement des infrastructures de communication et d'éducation. En opposition, il ridiculise régulièrement les traditions vernaculaires : droit coutumier, les guérisseurs, etc. Par exemple, dans *Marie lépreuse* (Cornil, 1956), Cornil met en scène à la fois l'industrie du latex (où travaille le principal personnage masculin, Jean), la Caisse d'épargne (où Jean dépose de manière responsable sa paye), le dispensaire colonial et la léproserie (où Marie, sa compagne, sera soignée). Lorsque Marie tombe malade, sa famille la force à consulter un guérisseur, caricatural dans ses incantations, ses danses et son inefficacité.

L'esthétique est relativement classique : les images couleur, assurées par l'abbé Cornil, sont très professionnelles. La musique accompagne le commentaire écrit et dit par le réalisateur et guide le sens des scènes. Le film entremêle des séquences documentaires au sein de la fiction. Par exemple, lorsque Marie contracte la lèpre, le réalisateur en profite pour présenter les symptômes, le dépistage et le traitement[168]. La transition entre les différents régimes de discours est très maîtrisée, tout comme le montage audiovisuel : rien ne vient perturber le visionnement du film. L'ensemble donne un message relativement homogène qui amène le spectateur à adhérer aux valeurs véhiculées par le film : supériorité de la technique moderne occidentale, bienveillance de la domination coloniale et catholique ainsi que primauté des lois modernes et catholiques sur le droit coutumier. Par exemple, lorsque Jean, exaspéré et découragé par les demandes exorbitantes de sa belle-famille, remet en cause son mariage en déclarant : « Je peux changer de femme, la coutume m'en donne le droit », le chef d'équipe le contredit : « Ce n'est pas vrai, tu es un chrétien et tu ne peux pas divorcer ». De même, à la fin du film, le médecin profite de la présence de tout le village autour du jeune couple pour leur faire ce discours : « Ni le clan ni le droit coutumier ne peuvent briser la vie familiale. Le père est le seul chef de la famille et non le clan. En cas de maladie, le malade a le devoir de se soigner. Ni le clan ni le droit coutumier ne peuvent l'en empêcher. » (Filmarchives Online, s.d.) On obtient là un message de propagande relativement efficace : à travers

---

168. « Marie a constaté que l'action du fétichiste n'a servi à rien et profite d'une absence de sa mère pour remonter le fleuve jusqu'à Coquilhatville, où elle se rend au dispensaire de la lèpre à l'hôpital. Ici commence une partie documentaire sur le dépistage de la maladie : examen bactérioscopique, prélèvement de la peau sur la tâche, de mucus du nez et du lobe de l'oreille, test de la sensibilité thermique. Tous les indices montrent que Marie a contracté la lèpre. Elle est envoyée à la Léproserie de Iyonda-Coq. » (Filmarchives Online, s.d.)

Figure 1.12. *Une séance de cinéma au cercle St. Amand à Gandajika, dans la province du Kasai.*
Source : Collection RMCA Tervuren ; photo C. Lamote (Inforcongo), 1950's
CC-BY 4.0.

un exemple très concret, dans lequel les jeunes couples peuvent très facilement s'identifier, l'abbé Cornil fait l'apologie de la « mission civilisatrice » belge et catholique au Congo. Cependant, la cohérence du discours laisse parfois la place à une pensée plus complexe. Par exemple, malgré la condamnation des pratiques païennes, la fascination du réalisateur pour les cultures vernaculaires affleure dans certains passages. Tant qu'ils sont déconnectés d'une pratique fétichiste ou d'une spiritualité vernaculaire, les éléments du folklore sont filmés de manière très positive : les tambours (*lokolé*), la chasse, les déplacements dans la forêt sont présentés comme des adjuvants dans la quête du couple. De même, le cinéaste montre la majesté des danses, l'inventivité de l'artisanat et la beauté des pagnes. En résumé, l'ensemble constitue un discours impérialiste relativement semblable à celui des films produits dans les autres colonies.

Enfin, il est intéressant de noter que le film ne comporte pas de son enregistré directement au moment du tournage ni de parole postsynchronisée en studio (en dehors du commentaire omniscient) : plus spécifiquement, tous les dialogues sont transcrits en sous-titrage français.

Afin d'expliquer cette particularité, il faut se tourner vers un document qui accompagnait la projection du film *Pêcheur en mer* (Cornil, 1957) à Léopoldville :

> La multiplicité des dialectes rend impossible le film parlant. Il faut donc en revenir plus ou moins à la technique du film muet où tout se traduit par de l'action et de la mimique. Les rares dialogues – le moins possible – s'inscriront en sous-titres français sur l'écran et seront traduits au cours de la projection dans la langue de l'auditoire, soit au micro par un speaker, soit par les indigènes de l'auditoire connaissant le français et qui seront très fiers de lire les textes à haute voix et de les traduire pour leurs voisins… (L'abbé Cornil, cité dans Ramirez et Rolot, 1990, p. 18)

Tous les films de l'abbé Cornil sont construits en fonction d'un dispositif de projection spécifique, incluant un commentateur expliquant et traduisant le film devant le public.

Concernant la réception des films de propagande catholique au Congo belge, en l'absence de documentation détaillée et indépendante, il est impossible d'en donner une évaluation précise. Pour certains analystes, tels que Rolot et Ramirez (1990), mais aussi Saïdi Mpungu Mulenda (1980, 1987) et René Swaeb (1956), la proximité des religieux leur a permis de mettre en place un système éducatif efficace et accepté par la population. D'autres spécialistes de cette période, tels Filip de Boeck (2014) ou Guido Convents (1986, 2006), soulignent le caractère impérialiste de leur démarche et contestent toute adhésion locale à ce prosélytisme audiovisuel. Un argument en faveur de l'acceptation du discours chrétien par la population congolaise est le nombre de conversions religieuses et le fait que la hiérarchie catholique conserve une très forte influence dans le Congo après les Indépendances. S'il est difficile de trancher dans ce débat, il est encore plus risqué de proposer des hypothèses sur l'efficacité éventuelle de ce système : qu'est-ce qui l'aurait rendu plus efficace ? Premièrement, ils se seraient rapidement et très nettement distingués de la propagande gouvernementale : au contact de la population, ils auraient cherché à créer un lien de confiance, avant de diffuser un message religieux. Ainsi, les prêtres cinéastes auraient appris à bien connaître leur public et, en tant que producteurs et distributeurs de films, ont pu proposer des films adaptés à leurs goûts et à leurs attentes. En collaborant avec des acteurs et des techniciens congolais, ils se seraient encore rapprochés de leurs spectateurs. Enfin, ils auraient adapté leurs projections aux différentes langues, habitudes et capacités de perception et de compréhension des audiences, en particulier en intégrant systématiquement un commentateur dans leur dispositif, chargé de faire la médiation entre le film et l'audience.

Cependant, même dans cette configuration, il n'est pas certain que les *Witte Paters* aient réellement dépassé le « malentendu colonial ». Plus généralement, si avec une production de films éducatifs décentralisée, les employés coloniaux ont l'impression de mieux communiquer leur message aux publics visés, la réception reste très inégale. Progressivement, les administrations centrales prennent conscience de la limite de leur action, sans pouvoir agir concrètement, faute de pouvoir comprendre les failles de leur dispositif de propagande. Comme nous l'avons vu, ceci s'explique partiellement par des questions de production, regroupant à la fois les contraintes de financement (nombre de films ou de versions produits, personnel disponible, ou régularité des tournées) et les limites de la capacité des créateurs de s'extraire d'un mode de pensée colonial. Cette situation s'explique également par un aveuglement volontaire, produit, en même temps, par une foi inébranlable dans les capacités de l'image audiovisuelle de diffuser un contenu et de convaincre des gens, et l'absence de prise en compte de l'expérience des personnes sur le terrain, que ce soit celle des employés coloniaux ou des spectateurs. Enfin, comme nous le verrons en détail dans les prochains chapitres, l'inefficacité de la propagande coloniale est également due aux différentes formes de résistance des audiences dans un contexte colonial déclinant.

Chapitre 2

Commentateur de films et oralisation du dispositif de propagande

Comme on vient de le voir avec les exemples britanniques ou belges, la décentralisation des unités de production a donné l'impression aux administrateurs coloniaux de rapprocher leur dispositif de propagande de leurs audiences, sans forcément garantir une meilleure compréhension des films ni un impact sur les manières de faire. Ceci s'explique pour deux raisons principales liées à la diversité intrinsèque des audiences. D'un côté, l'extrême diversité des langues vernaculaires dans la plupart des territoires sous domination coloniale rend quasiment impossible l'emploi d'une seule *lingua franca*. De l'autre, chaque personne arrive devant le film avec un horizon d'attente spécifique, à la rencontre d'un cadre de référence collectif et d'une compétence individuelle. La première limite est d'abord économique : s'il est techniquement possible d'enregistrer autant de versions multiples d'un film, au moment du tournage ou lors de la postsynchronisation, cette solution augmente drastiquement les coûts de production. Or, avec la décentralisation des budgets, chaque territoire reçoit des moyens limités qu'il va orienter en fonction de ses besoins prioritaires, c'est-à-dire les domaines à couvrir en premier lieu (agriculture, administration, éducation) et l'organisation des tournées (régions, régularité des séances). Disperser les moyens de la production revient à diminuer la capacité de diffusion d'une *Unit*.

Une première solution consisterait à réaliser une continuité visuelle qui pourrait être interprétée universellement. Ainsi, Bever propose d'accompagner les films avec juste une musique folklorique indigène. Pourtant, comme nous l'avons déjà vu, ce mythe du film muet universellement interprétable n'est pas réalisable et la langue de diffusion est un facteur fondamental de la propagande cinématographique. Comme le remarque le Capitaine Denis (1960) au sujet de la propagande française en Algérie : « Tout emploi de procédé audiovisuel nécessite un commentaire écrit ou verbal ce qui postule une connaissance suffisante de la langue lue ou écoutée de la part du spectateur. » (1960 : 16) Paradoxalement, les administrateurs favorisent des commentaires enregistrés en français : « Mais comment éveiller les sentiments d'un autochtone n'ayant qu'une connaissance rudimentaire du français ? [...] Sur 80 % au moins de l'élément autochtone, l'emploi d'une langue vernaculaire reste nécessaire en fin de compte. » (Denis, 1960, p. 16) Le même problème se pose au Congo belge, où plusieurs spécialistes de l'éducation soulignent l'importance de l'enseignement dans les langues vernaculaires[1]. P. Slokers (1933) ajoute également que les églises protestantes évangélisent aussi dans les langues vernaculaires[2]. Ainsi, en 1933, M. E. De Jonghe, directeur général au ministère des Colonies, membre de l'Institut Colonial International et de l'Institut Royal colonial, professeur à l'Université Catholique de Louvain, pose la question : « Quels remèdes peuvent être apportés à la multiplicité et à la diversité des langues au Congo ? » (1933 : 62) Il propose d'éduquer l'ensemble de la population dans la langue du colonisateur, afin qu'elle devienne la langue commune, comme c'est le cas en Australie, au Canada, aux États-Unis ! Une autre solution consisterait à créer un jargon issu de la « vulgarisation de la langue européenne », « déformée » par les langues vernaculaires, c'est-à-dire une forme de créole (De Jonghe, 1933, p. 64). Enfin, le « Gouvernement » et les « Missions » peuvent favoriser la prédominance artificielle d'un « dialecte indigène ». Par exemple, en Afrique de l'Est, les Britanniques ont cherché à standardiser le swahili, afin qu'il devienne une forme de langue officielle en Uganda, Kenya, Tanganyika et Zanzibar.

Malheureusement, toutes ces solutions ne fonctionnent pas avec des messages éducatifs élaborés et elles ne permettent pas non plus

---

1. « C'est un principe généralement admis qu'il est absolument nécessaire d'enseigner l'enfant dans sa langue maternelle et par le moyen de celle-ci. » (Slokers, 1933, p. 80)
2. « Pour contrebalancer cette influence protestante, c'est donc la solution de la langue indigène elle-même qui s'impose. Laquelle choisir parmi les différents dialectes ? » (Slokers, 1933, p. 82)

de s'assurer qu'une grande partie de l'audience s'approprie le message éducatif, en interprète les points saillants et, en conséquence, envisage de modifier un aspect particulier de leur mode de vie. Afin de régler en même temps la question de la compréhension différentielle des spectateurs et celle des versions, une solution, testée lors de nombreuses projections coloniales, est d'ajouter un commentateur en direct lors de la projection. Plusieurs rapporteurs soulignent l'efficacité de cette méthode[3]. De même, dans une thèse rédigée dans les années 1970, Kabongo Ilunga (1977) reprend cette idée : « Vu la multiplicité des dialectes, une postsynchronisation est économiquement impossible. La solution idéale serait un film où la continuité visuelle serait suffisante pour le dispenser de toute parole. Cet idéal étant rarement atteint, il convient de sous-titrer le film, brièvement, et de faire traduire les sous-titres par un interprète local dans les dialectes voulus. » (1977 : 76) Également convaincu par ce dispositif de propagande, Jean Brerault (1949), secrétaire de la commission du cinéma d'outre-mer après la Seconde Guerre mondiale, souligne que le rôle de l'interprète ne se limite pas à présenter ou traduire le contenu des films, mais est plus celui d'un intermédiaire avec les spectateurs[4].

Ainsi, la fonction du commentateur de film est celle d'un médiateur entre une communauté, sa langue, sa culture et ses références médiatiques, et un dispositif technique occidental, dont l'ensemble des présupposés sont généralement étrangers aux membres de l'audience. De plus, cette personne occupe un poste clé dans le dispositif de propagande et son influence est déterminante sur la réception du message colonial. C'est pourquoi le Capitaine Denis (1960) met de l'avant la difficulté de recruter les bonnes personnes pour cette tâche

---

3. « Le son pose, en pays de Mission, de graves problèmes. Pour ne pas m'étendre sur le sujet, je dirais simplement que, en général, le son est indispensable. Il faut au moins un fond musical. Quant au commentaire, en raison de la multiplicité des dialectes en pays de Mission, il est difficile de choisir une langue plutôt qu'une autre. Le mieux, à mon sens, est le commentaire dit dans la langue officielle du pays, le Français [sic] chez nous par exemple, mais dit de telle sorte qu'il soit coupé de silences suffisamment longs pour que le projectionniste ou son assistant puisse intercaler chaque fois au micro une traduction dans la langue de l'auditoire. » (« Production de courts métrages », 1953, p. 62)

4. « Là où il n'existe pas encore d'exploitation cinématographique commerciale proprement dite – et c'est le cas de l'immense majorité des territoires, principalement en Afrique noire – ces séances comprendraient utilement un grand film bien choisi et un ou deux documentaires. Il serait souvent utile de faire accompagner les projections par les commentaires d'un interprète connaissant suffisamment les films projetés et, par ailleurs, bien informé de la mentalité des spectateurs. » (Brerault, 1949, p. 8)

très sensible[5]. En effet, l'enjeu majeur de confier la propagande à « des intermédiaires autochtones » est d'abord de garantir leur efficacité, puis de pouvoir contrôler leur activité. Ce dernier point explique certainement la méfiance des organisateurs des projections coloniales vis-à-vis de ce médiateur. Voyons en détail tous les aspects du commentateur de film, en explorant tout d'abord son absence – relative – dans les archives coloniales, puis en étudiant la manière dont certains administrateurs britanniques en ont fait la promotion.

1. L'absence de mention du commentateur de film dans les archives

Si l'ajout d'un commentateur de film est une condition *sine qua non* à la réception des séances éducatives dans un contexte colonial, il est loin de garantir le succès de la propagande, car d'autres facteurs entrent en jeu : la qualité technique, esthétique et éducative des films, la qualité visuelle et sonore de la projection ainsi que la régularité des séances auprès d'un public donné. Comme ces autres améliorations, l'idée d'une performance en direct d'un animateur avant, pendant et après le film se répand assez largement à partir des années 1950. Or, cet ajout au dispositif de propagande étant connu depuis au moins la fin des années 1930, pourquoi faut-il attendre aussi longtemps pour observer sa généralisation ? Avant de pouvoir répondre à cette question, revenons en détail sur sa faible mention dans les archives coloniales.

1.1 *Les archives britanniques*

Nous avons déjà vu comment l'expérience BEKE a contribué à la fois à l'exploration des possibilités éducatives offertes par le commentaire en langue vernaculaire, réalisé en direct, et à en disqualifier l'efficacité en tant que propagande. Si les archives britanniques regorgent de rapports sur les différentes expériences cherchant à projeter des images audiovisuelles à des populations sous colonisation britannique, une très faible proportion mentionne les questions de réception, de langue de projection et de stratégies de traduction. La situation

---

5. « L'utilisation des langues vernaculaires, les règles d'une esthétique très différente de l'esthétique française postulent un très large appel à des intermédiaires autochtones, à un corps d'élite spécialement recruté pour interpréter en langage, mentalité et selon une esthétique autochtone les arguments proposés. » (Denis, 1960, p. 17)

change marginalement pendant la Seconde Guerre mondiale, avec des références à ces sujets dans les rapports émanant des territoires coloniaux.

Après de nombreuses défaites face aux armées allemandes et japonaises, la situation militaire britannique se stabilise en 1942 avec l'entrée en guerre des États-Unis. Dans le même temps, les territoires ont reçu l'essentiel de leurs dotations pour des fins de propagande et le gouvernement décide de tirer les premiers bilans. Or, contrairement au Canada, où le National Film Board a convaincu la population, tout particulièrement la partie anglophone, à participer à l'effort de guerre, les colonies africaines tardent à se mobiliser. L'administration londonienne décide de lancer une série d'enquêtes, afin de comprendre ce phénomène, d'identifier les éventuels problèmes, de chercher des solutions et d'améliorer le dispositif de propagande. Les principaux thèmes traités sont, comme précédemment, les questions budgétaires (Francis, 1942), les qualités esthétiques, techniques et éducatives des films produits à Londres et tout ce qui concerne le matériel de projection (le *Cinema Van*, l'appareil, etc.) (*Provision of Mobile Cinema Vans*, 1942).

Le rapport, intitulé *The Development of the Cinema in Nigeria*, rédigé à Londres en 1943, résume les différentes étapes de la mise en place de la CFU au Nigeria et détaille toutes les caractéristiques de projections coloniales dans ce territoire depuis 1939. Il ne mentionne ni la question de la langue de diffusion des films ni celle des difficultés éventuelles de réception, mais au contraire, fait l'apologie du système tel que géré[6].

À la fin de 1942, Pearson, assistant de Sellers au sein de la CFU, rappelle les principes qui guident leur production cinématographique[7]. On observe ainsi un certain changement dans la stratégie de la CFU, car, contrairement au contenu éducatif destiné à la population britannique, les producteurs tentent de s'adapter à un public ayant très peu d'expérience du cinéma. De même, ils cherchent des thèmes adaptés à des « spectateurs illettrés », c'est-à-dire ne maîtrisant

---

6. « The Conference agreed that the technique developed by the Colonial Film Unit is excellent for its purpose, and should not be changed. » (*The Development of the Cinema*, 1943, p. 34)

7. « One main idea in each film. [...] Perfect visual continuity from shot to shot. [...] Nothing photographed from an angle that would be unnatural to the native [...] *bird's eye, worm's eye* [sic], etc. Avoidance of technical screen convention that would be confusing (at yet) to the native mind, e.g. *wipes, mixes, dolly-shots, panning-shots* [sic], etc. Great care in dealing with psychological problem such as emotional scenes, sex scenes, scenes of violence, etc. Strict attention to economy of words in the spoken commentary, to simplicity of statement, and full clarity. » (Pearson, 1942, p. 148)

pas l'anglais, comme le montrent les conclusions du rapport *Survey of Educational Films* (1943)[8]. Enfin, un extrait de rapport *Extract from the Annexure to Mass Education Report*, publié par le British Film Institute à Londres en 1943, analyse les qualités et les défauts de la production de la CFU et tente de cerner les besoins des populations coloniales en matière d'éducation. Il n'aborde pas la question des versions ni des conditions de projection. On observe la même chose dans le *Report of the Adult and Mass Education Sub-Committee* (Advisory Committee on Education in the Colonies, 1943) ou les *Minutes of Meeting on Films for the Colonies* (Ministry of Information, 1943)[9]. Tous ces décalages sont symptomatiques des difficultés rencontrées par la CFU et, jusqu'à un certain point, des malentendus récurrents entre les équipes sur le terrain et les employés restés en métropole.

Or, à la même période, plusieurs administrateurs de séances coloniales soulignent les difficultés de diffuser une propagande filmique et la nécessité de compléter la projection cinématographique par un commentaire performé en direct. Si de nombreux rapports, émanant du personnel britannique en poste dans un territoire colonial, soulignent l'efficacité de ce type de dispositif, il faut attendre la fin des années 1950 pour que cette option soit validée par le gouvernement à Londres. Un article[10] (Bouchard, 2023) présente la compilation de l'ensemble des mentions de ce type dans une grande enquête planifiée fin 1942 par le *Ministry of Information*. En comparant les réponses reçues directement des administrateurs locaux avec les différentes synthèses produites au sein du ministère, l'auteur montre comment plus de la moitié des mentions des pratiques cinématographiques orales ont été éliminées, alors que d'autres ont été décontextualisées. Enfin, la reformulation des réponses, dans une version plus courte, plutôt que d'éclairer les propos, tend au contraire à rajouter de l'ambivalence, et aussi à en limiter la portée :

---

8. « Illiterate audience and primary School: Only 13% of the films viewed are considered suitable for this group. But not all the subjects covered are of interest to Illiterate Audiences. Approximately 5% are considered suitable for Illiterate Audiences and half of these will require adaptation. » (« Survey of Educational Films », 1943, p. 122)

9. « In discussion, it was brought out that the necessity for special techniques for making films for showing to illiterate Africans did not wholly coincide with the practical experiences of Sir Angus Gillan and Mr. Huxley. It was agreed that the problem was possibly more one of psychological approach than of cinematograph technique, though the latter should be kept as simple as possible. » (Ministry of Information, 1943, p. 88)

10. Disponible en annexe.

De cette analyse comparée des réponses et des synthèses à l'enquête menée par la CFU sur la réception de leurs films, il est possible de retenir deux constats. D'une part, les organisateurs des projections coloniales dans les territoires ont modifié pour la plupart le dispositif, en incorporant un commentaire explicatif donné au microphone en langue vernaculaire, et ils le mentionnent presque tous, de manière plus ou moins directe, dans leurs réponses. D'autre part, cela ne semble pas être une solution à explorer pour les producteurs de films basés en Grande-Bretagne. Si la solution de l'explication performée en direct n'est pas celle *a priori* recherchée par la CFU à London, il serait faux d'affirmer que les témoignages des organisateurs sur le terrain n'ont eu aucun impact et qu'aucune pratique cinématographique orale n'est venue modifier le dispositif de propagande de la CFU. Cependant, la prise de conscience a eu lieu de manière détournée, en particulier à travers la figure de l'*Interpreter*. (Bouchard, 2023)

Ainsi on voit progressivement s'imposer une expression jugée plus neutre, l'*Interpreter* étant un personnage très présent dans l'imaginaire colonial, employé local qui accompagne toute prise de parole publique d'un représentant de l'administration[11]. Au contraire, en plus d'être confondu avec la voix enregistrée, le commentateur de film renvoie à la pratique informelle du bonimenteur du cinéma des premiers temps qui, dans un contexte colonial, ne constitue pas une image positive[12].

En imposant l'expression *Interpreter*, H. E. Lironi, *Cinema Propaganda Officer* basé à Accra, dans la *Gold Coast*, rend possible la promotion

---

11. « All colonial administrators therefore relied to some extent on African interpreters. These interpreters provided colonial administrators with crucial services and became indispensable to the operation of the colonial system. And because colonial administrators did not understand African languages well enough, few checks operated on how interpreters translated and what they demanded. Abuses of power were common. Reliance on interpreters and local informants prompted administrators to promote education, in particular for chiefs and sons of chiefs. European administrators viewed education as essential to eliminating additional layers of communication and establishing direct relations with chiefs and other colonial subjects. » (Lawrance, Osborn et Roberts, 2006, p. 11)

12. « Lié aux spectacles de foire, ce présentateur de vues animées joue avec les narrations en cherchant à plaire à son public. Son populisme, sa proximité avec les spectateurs, mais aussi sa verve et son imagination irrévérencieuses, sont autant de qualités qui le rendent suspect aux yeux des autorités, car il est à la fois impertinent et infréquentable. Ces caractéristiques viennent ainsi en complète contradiction avec la structure de pouvoir pyramidal, basée sur le prestige d'une administration européenne et visant le contrôle d'un territoire. Comment un gouvernement colonial pourrait-il déléguer à un bonimenteur la tâche de diffuser un message de propagande ? » (Bouchard, 2023)

d'une pratique au sein de la CFU : par la suite, l'expérience de la *Gold Coast* en ce qui concerne l'*Interpreter* va rapidement devenir un modèle promu par Londres et repris dans d'autres territoires. Au contraire, le commentateur de film s'efface, car il est vraiment incompatible avec le dispositif de propagande. Évidemment, cela ne veut pas dire la fin des explications performées durant les projections éducatives dans les colonies. Si les autorités britanniques semblent très méfiantes face à cette figure controversée de l'histoire du cinéma, la transformation en *Interpreter* va rendre possible l'incorporation officielle des interprètes aux équipes de tournée.

Force est de constater que les administrations belges et françaises partagent les mêmes réticences ; quelques rapports seulement abordent la question d'un commentaire dit ou lu pendant la séance afin de pallier l'absence de son (les projections silencieuses étant moins chères) ou de faciliter l'appropriation des films par les spectateurs. Reste à tenter d'expliquer la reconnaissance tardive de ce qui devient une figure centrale du dispositif de propagande. Dans un article consacré au terme « bonimenteur », Jean-Philippe Restoueix (1996) remet en question la place de cette figure profilmique dans l'histoire du *medium* : « [...] à travers l'emploi des mots "bonimenteur", "bonisseur" et "conférencier", se dévoile le passage entre un cinéma-divertissement de foire, où résonnent les boniments, et un cinéma éducateur, où gravement œuvre le conférencier, alors que c'est dans le silence que certains rédacteurs de l'époque voulaient trouver un art cinématographique » (1996 : 74). En fait, cette transition est plutôt favorable au commentateur de film en direct, en particulier dans un contexte pédagogique : pourquoi dans ce cas ne pas généraliser la figure du conférencier, en lui donnant une coloration coloniale à travers le terme interprète ? Pourquoi ne pas favoriser un usage dont l'efficacité pédagogique semble reconnue et dont le coût de fonctionnement est relativement modeste[13] ? Au-delà d'une pratique jugée non fiable par les fonctionnaires coloniaux, car trop proche du bonimenteur du cinéma des premiers temps, plusieurs hypothèses permettent d'expliquer l'absence, relative, des pratiques cinématographiques orales. Le fait de dépendre d'un employé subalterne et de ne pas pouvoir contrôler précisément le message délivré à la population est probablement une limite importante. Par ailleurs, la performance en direct vient modifier en profondeur l'impact du film projeté

---

13. En particulier, en comparaison avec le doublage des films dans les langues vernaculaires.

sur l'esprit du spectateur. De même, la séance commentée devient de fait une séance collective où les réactions de la foule peuvent, dans certaines conditions, devenir incontrôlables. Ces craintes sont manifestement présentes à l'esprit des administrateurs des projections coloniales et modifient certainement la manière dont ils organisent la propagande.

2. Projection de films éducatifs en *Gold Coast* (Ghana) (1939-1957)

Dès le début de la Seconde Guerre mondiale, la plupart des administrateurs de la CFU de la *Gold Coast* mentionnent les activités de l'*Interpreter*. En 1945, ce rouage du dispositif de projection coloniale est suffisamment installé pour être mentionné lors de la description d'une séance de *Mobile Cinema Van* dans un village, « contributed by an African[14] ». Au même titre que le *driver-operator* ou l'*assistant-operator*, l'*Interpreter* fait partie de l'équipe du *Cinema Van*. Progressivement, il en devient même le chef.

2.1 *Le contrôle de l'*interpreter

La préoccupation principale des *Cinema Officers* est de pouvoir attester de la qualité de la prestation et de la fidélité à la couronne d'employés ghanéens. Cela passe par une sélection et un recrutement minutieux, une formation complète et un contrôle régulier. Les *Interpreters* sont recrutés au même niveau que les enseignants de deuxième classe (*2nd class teacher*), c'est-à-dire à un niveau d'éducation secondaire (*post-primary education*). Avant de pouvoir postuler, ils doivent être recommandés par le principal du collège où ils ont étudié[15]. La vérification

---

14. « Gradually it becomes dark. The cinema performance will begin. The screen is fixed. Regimental marches are played and the amplifier makes them echo through the village. When the music stops, a speech is made by the Interpreter on the urgent need for the people to practise saving. And then the cinema operator starts his part of the show. Newsreel films are seen, and there is a series of pictures about the palm kernel drive in the Gold Coast. They were filmed by the Cinema Officer of the Gold Coast. » (« The Mobile Cinema Van in the Villages », 1945, p. 12)

15. « These were recruited on recommendations from the Principals of the Colleges where they had received post primary education. One has passed Matriculation and Class Teacher qualified under the rules of the Gold Coast Education Department. The greatest care was exercised in their selection and each had to show evidence of attainment, far above the average, in knowledge of their own African languages and culture. [...] A high standard was set and fulfilment was demanded to the last iota. In addition to intellectual attainment they had to show versatility, the gift of varied and dramatic presentation,

des antécédents intellectuels et judiciaires de chaque candidat est menée avec beaucoup de minutie. L'objectif est de sélectionner une personne intelligente, motivée et compétente, mais également une personne fidèle au pouvoir britannique.

Suivant la même logique de contrôle, les commentateurs sont formés à traduire de la manière la plus fidèle le message colonial. Par exemple, dans une épreuve écrite, ils doivent traduire la version du commentaire du film en langue vernaculaire, puis le retraduire vers l'anglais[16]. Cet entraînement peut paraître futile, car il semble illusoire de vouloir contrôler l'activité orale d'un employé ghanéen de la GCFU loin de toute présence du gouvernement. Cependant, cela semble être plutôt un moyen de rassurer les autorités coloniales dans le territoire et à Londres, qu'une mesure de pure efficacité. En fait, le véritable défi pour l'interprète est de pouvoir faciliter l'interprétation du message éducatif par les diverses audiences. Lors des premières tournées, il est accompagné d'un *Cinema Officer*, fonctionnaire britannique responsable de la propagande[17]. Encore une fois, comme il est très peu probable que le responsable britannique parle la langue en usage dans un village, il lui est impossible de vérifier la pertinence de la traduction. Il peut tout de même attester de la qualité de la présentation du programme et des réactions apparentes des spectateurs. Cette formation continue lorsque l'équipe est au quartier général :

> When at headquarters, Interpreters undergo continued training.
> They prepare the commentaries for the next trek of their van.

---

and a high degree of common sense and tact. Not the least of the required qualifications was moral and physical endurance to stand up to the very trying work and conditions of the travelling units. » (*Memorandum of the Cinema Branch*, 1943, p. 63)

16. « Training began by requiring translation into the various vernaculars of all the talks and film commentaries to be used during the forthcoming trek. These were then translated back to the original English, without reference to the originals. Exactness was thus enforced and comparison of the Interpreters' script so produced, with the original English, revealed any deficiency in understanding. The films to be used were shown repeatedly and studied to the last detail. The relationship between the film and the script was examined exhaustively. Interpreters were then left their own to run the films through the projector as often as they wished in order to try out the timing of their commentaries, since the vernacular versions are invariably longer than the English versions. Then the commentaries were then tried by microphone and loudspeaker, and any faults in the used of the microphone corrected. » (*Memorandum of the Cinema Branch*, 1943, p. 63)

17. « During each Interpreter's first trek he was accompanied for two or three weeks by the Cinema Officer, who gave training on the organising of a performance, the selection of sites, audience control, and the many detailed arrangements necessary to the satisfactory presentation of a program. » (*Memorandum of the Cinema Branch*, 1943, p. 64)

> They are supplied with copies of useful topical publications. They are encouraged to undertake wide reading and they attend the daily briefing of their colleagues—the African vernacular broadcasters—in the topics of the day and in radio presentation. (*Memorandum of the Cinema Branch*, 1943, p. 64)

Ainsi, ils continuent à augmenter leur répertoire, à travailler leurs formules chocs et à échanger à propos des pratiques considérées comme efficaces.

Le soin apporté à la sélection et à la formation des commentateurs est similaire à celui accordé aux *Drivers Operators* et à leurs assistants[18]. De même que pour ces derniers, les administrateurs coloniaux cherchent les meilleurs employés, non pas en fonction de leur compétence technique, mais en évaluant la qualité de leur éducation générale, leur capacité d'apprentissage et leur « supériorité morale[19] ». Ils sont également soumis à une formation intensive, autant sur le mode de fonctionnement du véhicule que du matériel de projection, de son entretien et de la détection et de la réparation d'éventuelles pannes[20]. Tout comme le traducteur doit se préparer pour la prochaine tournée en découvrant les nouveaux films, les opérateurs font la maintenance de la fourgonnette et de ses équipements. Cette équipe de trois ou quatre employés ghanéens doit travailler en bonne harmonie et collaborer à créer les meilleures conditions de diffusion du message colonial, chacun en fonction d'une tâche prédéfinie, mais également en apportant aux autres ses compétences en cas d'avarie ou d'événement non planifié.

---

18. « The drivers so far selected have been fitter-drivers of ripe experience and clean driving records. Two have had training in automobile engineering in the Government Technical School. [*Assistant Operators*] are all young men who, with one exception, are ex-pupils of the Government Technical School and possess the City and Guild Certificate. » (*Memorandum of the Cinema Branch*, 1943, p. 64)

19. « It is important, when selecting candidates, to pay attention to the class of African, his background and education, rather than his previous experience as a mechanic. With good background and innate handiness an African can be turned into an expert operator. Too frequently, an experienced fitter without these qualities does not advance to more complicated, more delicate and more exacting work but remains "a rude mechanica." » (*Memorandum of the Cinema Branch*, 1943, p. 64)

20. « The quickest and most efficient way of finding and dealing with faults was demonstrated and practised. Cleanliness was insisted on to a most meticulous degree, a measure which has paid good dividends in ensuring efficiency and long life of equipment and in training the staff in carefulness and responsibility. [...] It is interesting to note that after six months' work, one driver operator, who had never had experience of an amplifier, was able to telegraph asking by number for the correct spare valve to rectify a breakdown. » (*Memorandum of the Cinema Branch*, 1943, p. 64)

INFORMATION DEPARTMENT.

GOLD COAST COLONY

ANSWERS TO QUESTIONNAIRE

A. SUGGESTIONS AND COMMENTS ABOUT FILMS

1. The most successful films already produced which have
been widely shown to illiterate audiences are: "The
British Army", "The Royal Air Force", "Self Help in Food",
"Contrasts", "Progress in the Colonies", and "An African in
London". Amongst literate audiences "Mr.English at Home"
has caused more interest and comment than any other.

The reason for their proving more successful than
others is because they are of subjects in which the
audience is interested and of far more importance than
anything else - they are easily understood, even by the
most illiterate and backward of them all.

The tempo of these films is apparently slow,
judging by normal standards; but from the African's
point of view, it is correct; for the slow tempo is the
result of good continuity and movement, of keeping each
shot on the screen for a sufficient length of time for
the audience to appreciate and understand it, and for
the interpreter to give his explanation.

The normal documentary film has far too fast a
tempo, and is just not understood.

Trick camera shots, reverse angles, dissolves
and etc have not been used. These may add interest to
normal documentaries, but simply confuse an illiterate
audience.

The last two on the list were particularly
successful because they were of their own people, one
with an African background, the other with a European
background. Of them all, more comment was caused by
"Contrasts" than any other. This is a particularly
valuable type of film, for it is highly entertaining
to the audiences and at the same time self explanatory,
by presenting them with the English counterpart of a
flash of their own African life.

Of films produced by the Colonial Film Unit, the
least successful has been "Barrage Balloon", why, I do
not know, unless it is because of lack of movement and the
subject, being so entirely outside their limited background knowledge, renders it very difficulty to understand.

Of films supplied to this Department and not
produced by the Colonial Film Unit, I would say that
"British Steel" was the least successful, due principally
to poor continuity and numerous intimate disconnected
shots of objects, without any planting shots to show
how the parts are related to the whole.

2. (a) Films of Africans in wartime Britain.
    (b) News Films, dealing mainly with actual warfare.
    (c) Continuation of "Mr.English at Home" series.
         Films on Mr.English at Work, Children at school etc.
         enlarging from the original basic film.
    (d) Up-to-date film of the Navy.

(e)

Figure 2.1. Memorandum of the Cinema Branch of the Information Department Gold Coast and the use of Mobile Cinema Units for Mass Information and Education, *Accra, juillet 1943.*

Source : *National Archives, CO 875/10/9, p. 61-72.*

2.2 *La place de l'*Interpreter *dans la* Gold Coast Film Unit

L'excellente préparation des employés du CFU explique la bonne réputation de ses équipes, comme le confirme M. Wilson (1948), *Public Relations Officer* auprès du gouvernement britannique en *Gold Coast* : « In the course of the morning, the van will arrive in the village. It is driven by an African driver with many years' experiences of getting heavy vehicles across roads which have their own problems, particularly in the season of heavy rains. They are most reliable fellows, these drivers, and I have a very soft spot for them—they're such capable and self-respecting individuals. » (1948 : 111) Ainsi, quand une camionnette itinérante arrive dans un village, leur attitude respectueuse facilite les premiers contacts, ce qui teinte favorablement l'ensemble de la séance de propagande. La routine d'installation est généralement bien réglée : tandis que les opérateurs préparent la projection du soir, l'*Interpreter* rencontre les autorités légales, coutumières et religieuses afin de confirmer qu'elles sont toujours favorables à ce que la représentation ait lieu dans leur communauté[21]. Avant la tombée de la nuit, les opérateurs émettent à travers le système d'amplification sonore de la musique britannique ou des disques de chansons populaires et des histoires ; la rencontre peut également être l'occasion de diffuser un message spécifique du *Governor*, du *Resident Minister*, du *Provincial Commissioner* ou du *District Commissioner*, suivant les besoins du moment[22].

La musique et la lumière ayant attiré toutes les personnes valides dans un rayon assez grand, la séance peut commencer, après la tombée de la nuit, par le discours d'ouverture de l'interprète, présentant les raisons de la présence du *Cinema Van*, de l'intérêt de la couronne britannique pour ces sujets, même dans les territoires colonisés très éloignés, et de l'urgence de la guerre (*Programmes*, 1944). Le programme

---

21. « As soon as [the Van] arrives in the village, [the Interpreter] will go to see the chief, and present himself with all due courtesy to that dignitary, and explain to him what he would like to do. The chief, of course, has been forewarned through the District Commissioner. The chief is invited to look over the van; he sees all the machinery, delicate and complex, and he is invited to speak into the microphone. His consent obtained, the loud-speakers in the van then come into action, and play African folk music mixed with regimental marches. » (Wilson, 1948, p. 111)

22. « When a crowd has gathered, they will be asked to listen perhaps to a recording of the voice of their paramount chief, who perhaps lives in a fairly distant town. Stories are told, all in the proper African language, of course, of the War. The people are encouraged to clean their market-place and are invited to be present at the cinema performance to be given at night-fall. » (Wilson, 1948, p. 112)

diffusé ensuite est généralement constitué de cinq ou six films de nature variée, entremêlé de musique et de discussions. Chaque film est introduit, projeté avec un commentaire énoncé en direct, puis l'interprète reprend les principaux points du message éducatif, en répondant aux questions de l'audience[23]. Le programme inclut également les *News of the Week*, les actualités cinématographiques. Certains films donnent lieu à des débats, sur des sujets variés tels que : « *Topical talk, Grow more food, Save more money, Crack more palm kernels, Tap more rubber* » (*Programmes*, 1944, p. 3). Dans le discours de clôture, l'interprète tente de résumer l'ensemble des points abordés ce soir-là[24]. Comme le confirme A. A. Fajemisin, *Interpreter* travaillant dans l'un des *Cinema Van* au Nigeria, à la fin de chaque séance, il a l'habitude de reprendre les principaux points de la campagne d'information[25] (*Ground Nut Campaign,* 1944). Un film de divertissement clôt la séance, avant la diffusion solennelle du *God Save the King*. Ensuite, la foule se disperse lentement, cherchant à échanger avec les employés de la CFU, au sujet du matériel électrique, des musiques diffusées ou du contenu des films.

Chaque représentation attire un public important, autour de 1 000 personnes par soirée, une audience plus grande que celle prévue par les créateurs de la CFU. C'est la raison pour laquelle il est important de planifier chaque détail, afin de conserver des conditions techniques acceptables – en particulier en ce qui concerne le son[26]. Devant une audience aussi importante, il est essentiel de bien organiser la

---

23. « It's a very interesting fact that, while we use silent films, the effect on the audience is the same as seeing and hearing a sound film; because the interpreter now begins to play a most important part. As the films are shown, he gives a specially prepared commentary in the correct African language, full of local references, fable and traditional lore. He cracks topical jokes and even introduces his own sound effects. Everything is dependent on his skill; and these men are highly trained and hold very important posts. » (Wilson, 1948, p. 112)

24. « Closing talk, remember what you have seen: the Empire is strong; all are members and are safe and free within it. Everyone must do his bit towards winning the war. You have been told what you can do to help. The truth has been shown, avoid rumour. » (*Programmes*, 1944, p. 3)

25. « After each show, a talk was given to those attending and in this way the majority of the people were contacted. The campaign was explained to them and the prices to be given for the ground nuts clearly stated. » (*Ground Nut Campaign*, 1944, p. 38)

26. « As regards sounds, audiences of up to 10,000 can hear the loud speakers with ease but when the audience numbers much over 1,000 mark, disorderliness is apt to creep in unless severely checked by the van staff. » (*Memorandum of the Cinema Branch*, 1943, p. 66)

foule[27]. Suivant leur expérience de la projection cinématographique, les spectateurs sauront plus ou moins bien se placer par rapport à l'écran : trop proche, loin ou excentré, il est impossible de bien voir l'ensemble de l'image. Ensuite, il faut respecter la hiérarchie de la communauté en donnant des places de choix aux chefs et leurs suites[28]. Les enfants sont généralement placés à l'avant, séparés de la majorité de la foule par plusieurs rangées de dignitaires assis[29]. Les organisateurs anticipent même l'intervention d'agitateurs cherchant à perturber la séance. Il n'existe toutefois pas de trace, à l'heure actuelle, permettant d'évaluer ni la régularité, l'intensité et les motivations de ces activités parasites, ni d'attester de l'efficacité des contre-mesures. Manifestement, ces stratégies n'ont pas été fournies par les dirigeants de la CFU à Londres, mais mises en place de manière expérimentale par les équipes sur le terrain.

Concernant le mode de fonctionnement de la *Unit*, si la hiérarchie semble très respectée, l'interprète semble pouvoir faire des suggestions quant à l'itinéraire (nombre de projections, conditions de la route, etc.)[30]. Il semble ainsi y avoir une grande collaboration entre les équipes mobiles et les organisateurs britanniques, au sein des unités de propagande ou d'autres services administratifs. Suivant le témoignage de Fajemisin, leur tâche est facilitée par la coopération

---

27. « It is necessary to exercise the greatest care in arranging audiences. The members of the audiences are encouraged to bring chairs and frequently forms can be borrowed from the village school. These are arranged in a semi-circle some 60 feet from the screen. » (*The Units at Work*, 1943, p. 3)

28. « A special place of distinction has been arranged for the chief and his elders. The children are carefully placed where the crowd will do them no harm and where they can see and hear all that is going on, and the rest of the audience carefully placed so that they can see and hear with comfort. » (Wilson, 1948, p. 112)

29. « This arrangement ensures that no one is likely to obstruct another's view, and the audience is easily controlled. It also serves as a protection for the small children, who are liable to be trampled underfoot if an audience becomes unruly. [...] A lamp fitted to the top of the screen to provide light during the intervals between films has been found necessary, not only to prevent dispersal of attention while films are being changed but also to reduce any slight tendency to friction in audiences. Isolated trouble-makers are thus exposed to the general gaze and come under the censure, unmistakably expressed, of the main body of the audience. » (*The Units at Work*, 1943, p. 3)

30. « 37. Subsequent itineraries have been based on the original plans, the Interpreter who carried out the previous trek of an areas being consulted as to whether previous performances were sufficient in number for each town of village, whether road conditions warranted deviations, whether fresh points should be added to the itinerary. 38. The itinerary is strictly followed and permission for an alteration, no matter what the cause, can only be obtained from the headquarters in Accra or from the local officer of the Political Administration. » (*Memorandum of the Cinema Branch*, 1943, p. 66)

avec des agents sur place ou des responsables administratifs[31] (*Ground Nut Campaign*, 1944). En cela, l'interprète est présenté comme un membre clé de l'équipe, le lien entre la CFU et les habitants du village, mais aussi entre les services britanniques, avec les représentants politiques locaux, etc.[32] Ainsi, le commentateur de film n'est pas un simple traducteur ou même l'animateur de séance : bien au-delà, il agit en tant que médiateur entre le film et les spectateurs, ou plus généralement entre le dispositif de projection et la communauté, anticipant tout malentendu possible, localisant au plus proche tout message de propagande, facilitant la communication entre les autorités britanniques et les populations sous domination coloniale.

Ce qui ressort également des rapports produits par les administrateurs britanniques en *Gold Coast*, est le constant souci de pouvoir attester du contrôle des activités des employés subalternes[33]. Les rapports ne fournissent aucune autre preuve de la qualité du travail des équipes, ni de leur dévotion aux intérêts de la couronne britannique, ni de l'efficacité de la propagande. Il est tout de même possible de répertorier quelques réactions du public.

Comme nous l'avons vu précédemment, chaque aspect du dispositif de propagande devient un élément signifiant pour les spectateurs, incluant les problèmes techniques ou les événements non maîtrisés par l'équipe sur le terrain. Généralement, l'information et les ordres présentés simplement sont suivis avec une application silencieuse. Des commentaires inintéressants ou embrouillés sont mal compris par les

---

31. « This important and national work could not have been done without the active help and co-operation of administrative officers, emirs and district heads. » (*Ground Nut Campaign*, 1944, p. 38)

32. « 40. The Interpreter, who is in charge of the unit, is the key member of the staff. He is required to render in vernacular the various talks and news bulletins, to make an explanatory running commentary on each film. This must not be a literal translation of the original English, but must contain such traditional allusions, proverbs, similes, metaphors, jokes, topical references and the like as will convey to the people the real inner meaning of the material in all the clarity and with all acceptability of the local idiom. He must imitate as far as possible the incidental sounds of the film. The Interpreter is further required to make contacts with the village chiefs and provide then with the latest news in detail, and generally to supervise the efficient working of the unit in all its public, as apart from technical aspects. » (*Memorandum of the Cinema Branch*, 1943, p. 66)

33. « 39. Interpreters, Driver-operator and Assistant Operator, usually accompanied for the first few days by the Cinema Officer, who, satisfied that all is well, leaves the unit to proceed in charge of the crew only. [...] experience has proved that a two-month period is the optimum time that a unit can be expected to work on its own without the personal attention and supervision of the Cinema Officer. » (*Memorandum of the Cinema Branch*, 1943, p. 66)

spectateurs, qui posent directement des questions au commentateur ou créent un chahut en parlant avec leur voisin. D'après les responsables de la propagande en *Gold Coast*, les informations transmises via ce dispositif sont bien interprétées et retenues. Le fait que l'équipe revienne régulièrement dans les mêmes localités permet de renforcer le lien de confiance entre les habitants et le commentateur, mais aussi d'évaluer le taux de pénétration des messages éducatifs [34].

Un bon exemple de l'efficacité des projections coloniales en *Gold Coast* est le recrutement de combattants pendant la Seconde Guerre mondiale dans le sud-est de la Haute-Volta, un territoire sous administration française. Plusieurs rapports attestent de l'excellente réputation en tant que soldat des hommes mossis [35] et il semble que les autorités britanniques aient tenté de recruter des soldats en AOF, via les projections de la CFU :

> Les Britanniques mirent en place une propagande cinématographique s'adressant aux populations frontalières. Dans chacun de leur territoire, des camions cinéma sillonnèrent villes et villages. Durant la projection de films muets, un commentateur, souvent africain, expliquait en langue locale, l'effort de guerre, l'action des Alliés et faisait valoir les avantages accordés aux Africains venus s'installer en Afrique britannique. Parmi ceux-ci figuraient la garantie d'approvisionnements et d'achats de produits à de meilleurs prix, la promesse de primes ou d'exemption de la conscription militaire. (Akpo-Vaché, 1996, p. 107)

D'après les archives françaises, la propagande britannique s'arrête en 1943, après le départ du gouverneur général Pierre Boisson, fidèle au régime de Vichy, et le ralliement de l'AOF aux forces alliées. Il n'a pas été possible d'isoler des sources permettant d'évaluer l'efficacité de cette propagande, ni sur le plan de la réception ni sur celui du nombre de Voltaïques engagés volontaires dans les forces armées britanniques. Cependant, considérant que ces séances ont lieu avant que les autorités coloniales françaises envisagent de mettre en place

---

34. « Interpreters make a point of questioning individual members of the audience on the morning following performances. The highlights of the film are always well remembered. Every six months after, a crew on making a second visit to a point is greeted with shouted references to highlights from the films shown on the previous visit. » (*Memorandum of the Cinema Branch*, 1943, p. 68)

35. Ils sont durs au combat et très respectueux de la hiérarchie (WAPIC Bill, nº 9, 1941)

des circuits de propagande cinématographique, il est probable que ce soient les premières images audiovisuelles vues par des populations burkinabés vivant loin des centres urbains et donc, qu'elles aient marqué les esprits. Il serait fascinant de pouvoir trouver des témoins de cette période à mesure de décrire les principales réactions alors observées ! De manière générale, ce type de séance semble efficace : en 1943, en *Gold Coast*, les projections de la CFU visant à faciliter le recrutement pour l'armée britannique ont permis l'augmentation des enrôlements (*Memorandum of the Cinema Branch*, 1943, p. 69).

3. L'impact du commentateur de film sur le dispositif de propagande

3.1 Le succès et les échecs des projections coloniales

Il est intéressant de constater la quasi-généralisation du système de commentateur en direct dans la plupart des territoires sous domination britannique, après la Seconde Guerre mondiale. Ceci est particulièrement visible dans la *Federation of Rhodesia and Nyasaland* (Afrique de l'Est), où, comme nous l'avons vu en détail dans le premier chapitre, le dispositif de propagande de la CAFU repose entièrement sur la projection de films muets (avec en piste sonore de la musique ou des bruitages) [36]. Les films sont alors accompagnés d'une narration dans les langues vernaculaires présentée en direct : « The live-commentator system, which had been pioneered by the Colonial Film Unit during the war, was viewed by administrators in Southern Rhodesia as an inevitable expedient because of the polyglot nature of their audiences. » (Burns, 2002, p. 109) De même, dans la région d'Obudu, au Nigeria, un *District Officer* rapporte le succès rencontré lors de la visite d'un *Cinema Van* [37]. Il souligne également

---

36. « In fact, by far the biggest difference between the CAFU films and standard commercial films was in the use of sound. The early mute films had to rely entirely on the local language 'interpretation' to provide a commentary. After 1953 nearly all the films had a soundtrack, but even that was restricted to music and sound effects. There was rarely any narration, and almost never any lip-synchronisation, which is always the most expensive and time-consuming aspect of sound editing for the cinema. Thus even a film like Philemon the Footballer, which had sound, still required a local language interpreter to explain the story and missing dialogue. » (Kerr, 1993, p. 31)
37. « Consequently, the people are extraordinarily unsophisticated, and the visit of your mobile Cinema Van last year and this form major events in their lives. » (*Reports from Overseas*, 1945, p. 89-90)

le rôle important joué par l'*Interpreter* dans ce dispositif, sans pouvoir réellement détailler le processus de réception[38]. Il ne précise pas sur quelle base il évalue le succès de la propagande britannique : est-ce en fonction de l'affluence, de la réaction positive des audiences ou du taux de pénétration des messages éducatifs ?

Il faut attendre le début des années 1950, et le rapport de Morton-Williams (1952), pour mieux comprendre les mécanismes de la réception audiovisuelle avec la médiation de l'interprète. L'auteur montre comment *Smallpox* (Snazelle, 1949) est un bon exemple de l'apport positif d'un bon commentateur expliquant en direct les détails d'un message éducatif. Comme nous l'avons vu, si le film prête parfois à confusion et ne permet pas de convaincre systématiquement les différentes audiences de la nécessité du vaccin et, plus largement, des bénéfices pour la population des structures sanitaires coloniales, Morton-Williams rapporte quelques cas où l'*Interpreter* facilite l'appropriation du discours sanitaire des autorités britanniques. Tout d'abord, son rôle est de clarifier en traduisant le commentaire enregistré en anglais :

> This kind of disjointed commentary is difficult for the commentators to remember and translate. The Yoruba commentator omitted only the point "should be reported to the Health Officer," and put the rest much more directly. It is asking much of an untrained commentator to try to put over a rush of thoughts crowding through the head of a passive figure on the screen, and it would be safer to try to act it out. (Morton-Williams, 1952, p. 58)

Concernant ces points précis du message éducatif, les commentateurs n'étant pas des experts dans chacun des domaines couverts par les films, ils doivent simplifier leur traduction, ce qui a pour conséquence de rendre le discours plus homogène, plus facile à comprendre et à retenir. Ce que la séance perd en précision scientifique, elle le gagne en possibilité de persuasion. Par exemple, lorsque Alabi visite Tijani, le commentaire enregistré précise : « This contact with Tijani by Alabi and others in attendance exposes them to great risks, particularly if

---

38. « The mobile cinema plays no mean part in educating a rural community, such as we have on the mainland. Although there are many cinema theatres in Lagos and on the mainland, yet the mobile cinema is unique in being the only one that exhibits films which educate the community in health matters. » (*Reports from Overseas*, 1945, p. 90)

they are not vaccinated. » (Snazelle, 1949) Or, la seconde partie de la phrase a été modifiée par un des commentateurs : « [B]ecause they are not vaccinated » (Snazelle, 1949). Comme le constate Morton-Williams, la dramatisation de la scène a probablement mieux fait participer les spectateurs : « The latter part of the sentence was changed by the commentator to: Perhaps scarifying a general point the script writer was trying to imply, for words more appropriated to the drama. » (1952 : 58) Ainsi, à plusieurs reprises, le commentateur a facilité la médiation entre une représentation médicale, moderne et occidentale, et une conception spirituelle et animiste de la maladie, comme à Egan en janvier 1952 :

> Before discussion the particular reactions to this important film, some observation on the English commentary issued in transcript as a guide to commentators, and recorded on the sound track, may be illuminating. Before the film was shown in Egan for the first time, it was discussed in detail with the commentator, and where his commentary during the showing differed from the English version, the variations are significant. (Morton-Williams, 1952, p. 56-57)

Bien préparé à la fois quant au cœur du message et aux difficultés de sa transmission, l'interprète s'est autorisé à adapter de manière importante le commentaire en anglais :

> While Alabi was sitting besides Tijani, the commentator pointed out that none of the people there had been vaccinated; that the food was unsuitable for an invalid, and that Tijani should had be [sic] taken to the hospital. He also interpolated several prayers that Tijani might recover quickly and that everyone present in the audience might never catch smallpox, and the audience responded. (Morton-Williams, 1952, p. 48)

Dans cette version en Yoruba, le bonimenteur ne respecte pas le sens original du film, mais cherche une forme de métissage de représentation qui satisferait à la fois ses employeurs coloniaux et son public. Au lieu d'opposer les visions modernes et vernaculaires, il les entremêle, permettant à son public de créer de manière collective un nouvel imaginaire, une forme de syncrétisme où coexisteraient la vaccination, les mesures d'hygiène occidentales et, plus globalement, l'accès aux bénéfices d'un système de santé développé au cours du xixe siècle européen, et l'ensemble des pratiques sociales et religieuses yorubas, dont la visite aux personnes malades, la prière, etc. C'est peut-être à ce niveau que l'efficacité du commentateur en direct a été le plus visible.

L'idée que le commentateur de film favorise un métissage culturel est renforcée si l'on regarde en détail la manière dont les employés des unités cinématographiques (*Film Units*) cherchaient leur inspiration. Par exemple, David Kerr (1993) cite Gideon Naminesah, un *Interpreter* de la CAFU, qui a cherché une stratégie afin de mieux localiser les films : « This was another way [...] of preserving our old stories as some were dying out. The unit was running short of native stories, therefore I appealed to them as demonstrators working in our native reserves and getting in touch with the old people, to send out production manager as many stories as they could, stories with a lesson and a lot of action. » (1993 : 98) Nhamoinesu précise que cette pratique avait le double avantage de répertorier et préserver les contes traditionnels d'une région en plein bouleversement. Kerr note que l'unité a en fait demandé à tout type d'employé colonial, incluant les instructeurs agricoles, de leur fournir des histoires pour le film. Ainsi, la localisation du film colonial avec des symboles et des images identifiés par les Africains avait lieu autant au moment de la production du film que de sa diffusion. En tant que médiateur culturel, le commentateur de film est à l'intersection de différentes compréhensions du *medium* cinématographique. Du côté des organisateurs européens, nous avons déjà décrit en partie comment ils conçoivent cet outil de propagande : un procédé à mi-chemin entre une forme d'écriture et un analogon englobant de la réalité, permettant de produire un message, dont le processus d'interprétation semble être relativement universel et passif. Ce dispositif permet ainsi d'avoir un grand impact sur les « consciences » des « sujets colonisés ». Du point de vue des spectateurs africains, la conception de la propagande cinématographique change en fonction de leur expérience de la projection et de leur connaissance des cultures occidentales : on passe ainsi d'un procédé magique de recréation de la réalité, confirmant une puissance technique et spirituelle des Européens, à un mode d'oppression culturelle et psychologique, cherchant à pérenniser une domination coloniale, contre laquelle il faut lutter. Toute la difficulté pour le commentateur de film réside dans le fait qu'il doit réaliser une synthèse entre le message filmique enregistré et les références culturelles du public qui se trouve devant lui, tout en parvenant à

communiquer ces différentes compréhensions du *medium* cinématographique. S'il est possible d'isoler de nombreuses traces dans les
archives où ce dispositif a fonctionné, il est également très courant
de rencontrer des échecs. Voyons certains de ces cas en détail.

Au-delà des obstacles techniques, ceux provenant des conditions
de projection, ou des difficultés provenant de films éducatifs de
médiocre qualité, l'une des limites du commentaire en direct est liée
aux compétences du commentateur : mauvaise connaissance du film
ou des références culturelles de l'auditoire, difficulté à adresser un
message à un public, manque de charisme ou de force de persuasion,
défiances de la part des spectateurs vis-à-vis d'un dispositif imposé.
Ainsi, à l'école Chikore Mission (*Southern Rhodesia*, Zimbabwe), un
employé de la CAFU mal préparé, a tenté, avec difficulté, de narrer
un film dont il ne connaissait pas l'intrigue : « The narrator, having
no notion of the film's intended plot, therefore "had a rather difficult time trying to invent a story to accompany the film as it went
along." » (Burns, 2002, p. 111) Le résultat n'était pas convaincant pour
le *Propaganda Officer* chargé d'évaluer sa performance. Plus généralement, lorsque le commentateur ne maîtrisait pas les références qu'il
devait traduire et expliquer, cela interrompait le flot de son explication[39]. Au-delà des informations erronées, il perdait alors du temps,
se trouvait désynchronisé avec la bande audiovisuelle et finalement
sa crédibilité auprès de son audience déclinait. À part quelques cas
particuliers, ces difficultés ne constituaient pas des défauts majeurs
de la propagande commentée. Il en va de même avec le manque de
charisme : si la personne responsable de l'explication n'arrivait pas
à communiquer son point de vue à une foule, elle n'était jamais en
mesure de produire un commentaire pertinent et convaincant. Ces
différents aspects ont été pris en compte au moment de la sélection
et de la formation des commentateurs, afin d'être réglés au plus vite.

D'autres difficultés rencontrées lors des projections coloniales
commentées en direct étaient liées à certains dysfonctionnements

---

39. « One cannot help feeling that the recommendations fail to take sufficiently into
account African unfamiliarity with numbers of objects of which we unconsciously
assume full cognisance in a European audience. For instance, statements describing the
operation which is about to be depicted on the screen are a great help to the African
commentator to get away with a flying start. Nothing I found more aggravating to
listen to than the commentator trying to explain a picture which had just gone off
the screen. Not only, perhaps, could he not remember the sequence, but he had not
too clear an understanding of an operation which possibly he had never himself seen
performed. » (Champion, 1945, p. 44)

des unités, lors de la production ou de la diffusion, en lien avec une conception erronée des principes de la propagande cinématographique dans un contexte colonial. Comme le remarque James Burns (2002), les films de la CAFU étaient pour la plupart silencieux. Bien que cela encourageait une « narration visuelle », ils étaient généralement accompagnés d'un commentaire écrit dans la langue vernaculaire appropriée. Cela posait parfois des problèmes, car les scripts pouvaient être mal traduits ou les commentateurs, sans script sur lequel travailler, inventaient leur propre version face à l'auditoire. D'autre part, certains films ne transposaient que très superficiellement le message éducatif par le biais d'images :

> Unfortunately, the films rarely told their intended story simply through images, although a few CAFU directors were able to produce films that required little or no commentary. Louis Nell, for example, made several films that can be understood with virtually no narration. Nell's ability to tell a story in pictures stemmed in part from his being one of the only members of the unit who had not learned filmmaking in Britain or on the job in Southern Africa. He had grown up attending cinema shows at the mines on the Northern Rhodesian Copperbelt. Many of these were silent, or when they were talkies they were in English, and the sound track was usually drowned out by noisy crowds. (Burns, 2002, p. 110)

L'absence de support visuel complique encore la tâche du commentateur : il est plus difficile de rendre un discours concret et facile à comprendre si la narration orale ne rejoint pas l'action montrée à l'écran. Ce défaut vient généralement de la production d'un contenu audiovisuel par un réalisateur dont la formation est plus littéraire que cinématographique et qui peine à convertir en action une mesure d'hygiène ou une nouvelle pratique agricole. L'influence d'une rhétorique lettrée sur le dispositif de propagande coloniale est également visible lorsque le commentateur rencontre des problèmes de traduction : « As became apparent from the outset however, it was fraught with problems that invariably intruded between the intended messages of the films and their reception by audiences. » (Burns, 2002, p. 109) La principale difficulté est que la narration était d'abord transcrite pour ensuite être traduite, dans des langues dont les employés locaux ont plus une pratique orale qu'écrite. Encore une fois, afin de faire correspondre le dispositif de propagande à leurs présupposés, mais également de faire preuve de contrôle sur un processus qui leur échappe, les administrateurs coloniaux ont imposé une pratique basée sur une conception littéraire du *medium*. En refusant de faire confiance à des employés locaux et en imposant une conception trop européenne de la propagande, ils ont rendu caduc l'ensemble du dispositif.

En plus de l'impact négatif sur les spectateurs, ce type de mauvaises expériences renforce la méfiance des chefs de service britanniques vis-à-vis du commentateur de film. Il est impressionnant de comparer le nombre de remarques négatives dans les archives de la CAFU avec le point de vue positif des administrations coloniales en *Gold Coast* ou au Nigeria. Ainsi, en 1952, un responsable du *Native Affairs Department* en *Southern Rhodesia* considère que la production audiovisuelle de bonne qualité de la CAFU est présentée de manière médiocre par les équipes sur le terrain. Pour ce chef de service, la situation devient critique avec des films de moins bonne qualité[40]. Il ajoute également, au sujet d'un *Interpreter* employé par son département : « The commentator John Moyo is doing well as a commentator but needs constant supervision. He is not the type who would ever trust on his own. As an interpreter I have to pull him up as he wants to say what he thinks should… be said. [However] he is a great improvement on the first one I had. » (Burns, 2002, p. 112) Plus cette défiance s'accentue, plus la suprématie européenne sur la Fédération est remise en cause. Ainsi, un responsable britannique au *Nyasaland* soupçonne les commentateurs de faire une propagande favorable aux indépendantistes et demande un chef d'équipe qui comprenne les langues locales[41]. D'après certains témoignages, principalement d'employés européens, cette crainte ne semble pas infondée. Par exemple, l'interprète surnommé Makupete avait, semble-t-il, pris l'habitude d'interagir avec les personnages à l'écran, au plus grand plaisir de son audience[42]. Encore une fois, il est difficile

---

40. « There are at present few good films for Africans other than those of the Central African Film Unit, which are largely dependent of their effectiveness on a commentary and on the commentator. Is it wise to let them be out over extensive Native Areas with a commentary by an inexperienced commentator with little or no understanding of the lessons taught by the film? He might even twist it the wrong way. » (Burns, 2002, p. 111)

41. « I suspect that his lack of understanding of the African language will seriously limit his usefulness to us. For a start, how can he be certain that his own team is reliable and loyal unless he knows of what they are saying behind his back? How can he be sure that they are not distorting the commentaries to the advantage of the nationalists. » (Burns, 2002, p. 112)

42. « With the CAFU films too Stephen Peet says he was quite aware that interpreters like Gideon Naminesah were sometimes giving a different emphasis to the films from the one intended the filmmakers. One informant, Leighton Gondwe, recalls being in

de quantifier ce type de pratiques. Plus généralement, le manque de confiance mutuelle entre les autorités britanniques et les employés locaux, tout en prenant une forme extrême en Afrique de l'Est, est une des conséquences du colonialisme : les différents niveaux de violence qui caractérisent ce régime à la fois teintent tous les rapports humains, provoquent une contestation plus ou moins explicite de la domination européenne et, en particulier dans les années 1950, amènent à une prise de conscience individuelle puis collective de l'injustice de cette situation politique. Dans ce cadre, il est facile d'imaginer le rôle qu'une équipe de propagande peut jouer afin de diffuser au sein des populations rurales des idées anticoloniales développées par les élites du pays. Si les recherches en archives où les témoignages des acteurs ne fournissent pas encore de preuve du détournement du dispositif de propagande britannique par l'interprète, ces derniers sont régulièrement accusés d'être proches des milieux nationalistes.

Or, la défiance du public vis-à-vis des projections coloniales ne peut pas être imputée uniquement aux équipes sur le terrain, car elle s'inscrit dans un mouvement beaucoup plus global de décolonisation qui s'articule autour de nombreux facteurs. L'un des premiers est l'évolution de la perception de la propagande coloniale. En effet, après plus de vingt ans de projections cinématographiques gouvernementales ou commerciales, la plupart des publics ont perdu leur fascination face à l'image animée ; au contraire, ils sont très sceptiques et n'hésitent pas à critiquer le message ou les représentations diffusés. Ainsi, d'après James Burns, le contenu des films éducatifs a joué un rôle dans la remise en cause du *statu quo* colonial. Par exemple, en présentant des films sur le mode de vie des Européens chez eux, certains spectateurs se sont interrogés sur le bien-fondé de la répartition raciale des emplois et des richesses dans les colonies[43]. De manière ironique, en cherchant à répandre un mode de vie britannique, les colonisateurs ont également introduit dans les territoires sous leur domination des

---

the audience for CAFU films shown in Nyasaland in the late 1950s and says that an interpreter nicknamed Makupete was expert at making jokes out of what were intended to be serious films. According to Gondwe, Makupete used a technique where "he would talk to the actors right there on the screen like he was teasing them." » (Kerr, 1993, p. 33)
43. « People were very excited to see white people use ploughs. One man said: "So these people work hard, they hold *magejo* [plow] like us but when they are here they leave all the job to us. At first I thought England as a whole was full of African servants who performed all the manual and dirty work." [...] "Some people were a little sceptical about [the authenticity] and find it very hard to believe that Europeans do manual labour." » (Burns, 2002, p. 136)

idéologies qui leur sont défavorables. Ces questionnements politiques trouvent un terrain propice après la Seconde Guerre mondiale avec une remise en cause mondiale de l'impérialisme européen.

Cette tendance est amplifiée par le ton de la propagande tel que mis en place par chaque *Unit* : comme nous l'avons déjà évoqué, il est nécessaire de distinguer entre les différentes politiques coloniales. Si les autorités britanniques à Londres ont manifestement planifié relativement tôt de se retirer de la gestion directe de plusieurs territoires, en particulier en Afrique de l'Ouest, au contraire, sous la pression de riches colons britanniques, les autorités fédérales de *Central Africa* ont tenté, avec plus ou moins de succès suivant les pays[44], de conserver le contrôle des institutions politiques pendant les années 1960. C'est ainsi que des responsables coloniaux ont cherché à stabiliser leur pouvoir en diffusant une conception raciale justifiant la domination coloniale : « Mais au-delà de ses buts éducatifs, la CAFU utilisait aussi le cinéma pour perpétuer la domination blanche. Le film *Coronation Celebrations* 1953 est un bon exemple de ce type de production devant laquelle les femmes africaines s'émerveillaient de la jeunesse et des beaux vêtements de la reine. » (Mukotekwa, 2005, p. 27) Il est alors possible d'affirmer que la radicalisation du discours filmique colonial, concomitant avec une prise de conscience anticoloniale ait intensifié et répandu des pratiques de résistances parmi le public. Ainsi, certains spectateurs au début des années 1960 sont choqués par les représentations véhiculées dans les documentaires éducatifs ou les fictions comiques : « The resistance in Nyasaland was mirrored in Northern Rhodesia. By 1961, the territorial government in Northern Rhodesia had taken steps to end federal film shows. In Southern Rhodesia, however, active resistance to the films came later than in the northern territories. » (Burns, 2002, p. 134) Cette perception négative s'accentue avec le temps et est visible de manière plus ou moins directe dans les archives de la *Unit*.

Les représentations coloniales véhiculées par les films de la CAFU sont d'abord une source d'irritation pour les employés africains des administrations britanniques. Ainsi lors d'une enquête sur la qualité de la production de la CAFU menée en 1949 en *Southern Rhodesia* auprès des agents du gouvernement, les points de vue britanniques

---

44. La fédération CAF est officiellement dissoute en décembre 1963, la *Zambia* et le Malawi se déclarent indépendants en 1964 ; il faut attendre 1980 pour que l'État de *Rhodesia* soit reconnu internationalement comme Zimbabwe (Cohen, 2017).

et zimbabwéens différaient radicalement. Alors que les fonction-naires européens ne tarissaient pas d'éloges, les employés africains exprimaient poliment leurs réserves[45]. De manière prudente, les Zimbabwéens soulignaient à la fois la nécessité des projections éduca-tives, mais également divers aspects discriminants par rapport à la mise en scène. Tout d'abord, ils regrettaient que la production soit basée sur une technique audiovisuelle simpliste : considérant l'expérience cinématographique de la population, ils ne voyaient pas la nécessité de simplifier la structure dramatique des films, leur mise en scène ou le montage. Ils remettaient en question également les représentations de la réalité coloniale en reprochant à la fois des portraits irréalistes et peu flatteurs des colonisés[46] et le manque de remise en cause de l'ordre social colonial. Aussi, pendant la projection de *Mulenga Goes to Town*, ils ont été surpris par le comportement clownesque du protago-niste[47]. Certains étaient également choqués que des pratiques jugées inhumaines, toujours tolérées dans le territoire, soient incluses dans les films, sans être dénoncées. Les employés africains semblaient attendre de la production de la CAFU qu'elle propose d'autres valeurs, afin à la fois de réformer l'ordre colonial et de pousser les plus défavorisés vers une meilleure éducation et de meilleures conditions de travail.

On trouve ces différentes remarques, exprimées de manières moins diplomatiques, parmi les réactions des audiences, comme le rapporte M. C. Mukotekwa (2005) :

> Les Africains figurant dans ces films étaient dépeints comme paresseux, sales et stupides ; de façon générale, peu de cas y étaient de l'« African way of life ». La plupart des films étaient simplistes, sans imagination, tenant pour acquis que les Africains illettrés ne pouvaient pas comprendre autre chose. Enfin, il semble que les films traitant d'agriculture aient été plus populaires

---

45. « The written comments of Africans at the show contain a good deal of specific, though muted, criticism of the films. Many of them commented positively about the goals of CAFU, and several were clearly pleased to see their government making films starring Africans. However, others appeared anxious to keep in the good graces of the local with authorities (this was especially important since the questionnaires were not anonymous). Still, their responses contain a significant amount of guarded criticism of both the techniques and the content of the films. » (Burns, 2002, p. 117)

46. « Unrealistic and unflattering behaviour of Africans. » (Burns, 2002, p. 118)

47. « They found Mulenga's behaviour impossible and criticized in particular a scene in which he sits down in a city street and begins making a cooking fire, oblivious to the danger posed by the passing traffic. » (Burns, 2002, p. 117)

auprès des femmes que des hommes, ces derniers étant d'avis
que ces tâches devaient être confiées aux femmes pendant qu'ils
allaient chercher un salaire en ville. (2005 : 27)

Progressivement, la mauvaise réputation du dispositif de propagande
en Afrique de l'Est se répand et s'amplifie, au point où les acteurs
africains refusent de figurer dans les films coloniaux[48]. Ainsi, c'est
l'ensemble du dispositif de propagande britannique qui acquiert une
connotation très négative, ce qui altère fondamentalement sa capacité
à convaincre. On retrouve de nombreuses traces de cette perception
négative dans les archives britanniques, en particulier chez certains
chefs de service pour qui les films de la CAFU créent plus de problèmes
qu'ils n'en résolvent. Par exemple, le directeur de la *Native Agriculture*
regrette que la projection de *New Acres* (Rayner, 1964) dans des villages
jette le discrédit sur le *Native Land Husbandry Act*, une mesure mise
en place par son département[49]. En fait, ces informations erronées ne
proviennent pas du film. S'il est possible que l'interprète ait favorisé ce
malentendu, on peut également en conclure que la réputation très négative accumulée par la CAFU a orienté l'interprétation de l'audience.

De manière plus globale, les archives montrent comment le public
passe d'une grande indifférence à une certaine agressivité[50]. Aux
débuts, des personnes expriment de manière épisodique et anonyme
des opinions anticoloniales. Par la suite, ces réactions orales hostiles
se généralisent et lorsque les audiences entrent en résistance, comme
en 1962, au *Nyasaland* (Malawi), les séances coloniales deviennent
des forums où la parole se libère : « This show was a failure. Village
people were kept away [...] We do not want Sir Roy's pictures here
nor F[ederation] R[hodesia] N[yasaland]. After one and a half hours

---

48. « Besides the fear of being represented as "primitive," some Africans were also
afraid that appearing in a CAFU film would implicate them as supporter of the colonial
regime. » (Burns, 2002, p. 136)

49. « *New Acres* is not suitable for showing to rural areas or urban areas these days.
Above all people think the group that follows the tractor is actually fighting the driver
and chasing him away. [...] What bad criticism we heard from people cannot be stated
here. [...] People think the driver is being chased away because of disapproval of the
Native Land Husbandry Act. » (Burns, 2002, p. 136)

50. « [...] there is a significant amount of evidence in reports from mobile cinema vans
that suggests that audiences were often unresponsive or hostile to the film shows. In
the early days of the mobile cinema, such sentiments were expressed in very vague
or diffuse comments; however, as Africans became more accustomed to the shows,
as the films began traveling with their intended commentaries, and as the messages
became more vocal and more hostile. » (Burns, 2002, p. 123)

showing we closed down as crowds looked dangerous. [...] A good number of leaflets were torn up. One could hear them say "Sir Roy is dead," "federation is finished." » (Burns, 2002, p. 133) Avec la répétition de ce type d'échecs, les autorités remettent en cause la nécessité d'allouer du financement à la CAFU, qui termine ses activités en 1963, avec la fin de la Fédération. Une partie du dispositif de propagande est transférée au *Ministry of Information* de la *Rhodesia* (qui devient le Zimbabwe en 1980) (Rice, 2010a).

Encore là, en l'absence de rapports détaillés et critiques sur la réception des projections coloniales, il est difficile de discerner entre les différentes hypothèses laquelle eut le plus de répercussions : le manque d'efficacité des séances vient-il de l'incompétence des équipes sur place ? Sont-elles dépassées par la montée d'un consensus révolutionnaire ? Quels rôles jouent les *Interpreters* dans cette transition ? Sont-ils passifs ? Agissent-ils dans une forme de résistance passive, le commentateur exagérant les aspects ridicules du discours colonial afin de le discréditer ? On peut même imaginer un employé sabotant directement la projection éducative, en modifiant l'image ou le son, ou en performant une narration alternative. Il n'existe pour l'instant aucune trace de cela dans les archives.

3.2 Conception occidentale du dispositif de propagande

Au-delà de l'impact direct sur l'interprétation du sens des messages audiovisuels diffusés dans les colonies, les différentes interventions en direct pendant la projection modifient également le dispositif de réception de la propagande. D'un côté, ce nouveau dispositif remet en cause de manière fondamentale la conception occidentale du système de propagande. Par exemple, il rompt le continuum audiovisuel et rend illusoire le principe d'un contrôle du message colonial. De même, la performance en direct d'un orateur dont la voix est amplifiée modifie les caractéristiques médiatiques de la séance. De l'autre, ce nouveau dispositif bouleverse les manières dont les audiences interagissent avec les films éducatifs, les séances et l'ensemble du message colonial. En ouvrant un espace intermédiaire au sein d'un « appareil » moderne, il a favorisé des pratiques d'appropriation du *medium* cinématographique, voire d'un paradigme mécanique. Enfin, couplé avec un contexte politique anticolonial, il a été le lieu de tactiques de résistances. En cela, il participe à un processus d'oralisation qui transforme en profondeur l'espace de réception des films coloniaux.

Le principal problème des administrateurs européens concernant l'inclusion du commentateur en direct lors de la projection est l'absence de maîtrise du message colonial délivré aux audiences. C'est pourquoi, comme nous l'avons vu précédemment, chaque mention de l'*Interpreter* dans les archives britanniques est accompagnée d'explications sur l'importance de garantir son efficacité et les manières de contrôler son activité. En retour, de nombreux historiens associent la figure du bonimenteur avec l'idée du contrôle de l'activité de propagande, comme le suggère Guido Convents (2006) :

> Le plus souvent, l'animateur est tout de même un Blanc. Il se sert d'un micro relié à un amplificateur pour remplacer le commentaire du film par des explications en lingala, la langue des cités de Léopoldville. Dans l'article de *Congo presse*, Coppois avance que cet Européen est choisi pour sa connaissance de la mentalité des Congolais. Il capte leurs réactions, différentes d'un jour et d'un lieu à l'autre, et y réagit lui-même, rectifiant les erreurs ou attirant l'attention sur un détail important. Coppois estime que la présence de ce Blanc aux projections, tant en ville qu'en brousse, est indispensable. Remarque intéressante, qui indique que dans certains cas, sans les Européens, les spectateurs pourraient mal interpréter les images projetées, et y voir autre chose que ce que le Service de l'Information a envie de leur communiquer. (2006 : 60)

D'après Paul Coppois (cité dans Convents, 2006, p. 60), trois à quatre mille personnes se massent régulièrement pour ces projections : comment une personne pourrait-elle contrôler l'activité mentale de milliers de gens en même temps ? À la manière d'un orateur, aidé d'un porte-voix, ou d'un animateur radio, le commentateur utilise l'amplification électrique de sa voix afin de s'adresser à toutes ces personnes en même temps. Si, en théorie, tous peuvent l'entendre, il est peu probable que tous l'écoutent, le comprennent et, encore moins, soient convaincus par son discours. Si l'histoire met de l'avant les orateurs célèbres ayant réussi à capter l'attention d'une large audience et à la convaincre d'adhérer à une idéologie ou à un programme politique, ce talent n'est pas à la portée du premier venu et il est peu probable que tous les commentateurs coloniaux aient possédé cette compétence. En l'état actuel des recherches, aucune trace de cela n'a pour l'instant été isolée dans les archives coloniales ; ceci est d'autant moins probable que les conditions médiatiques sont très différentes.

Figure 2.2. *Représentation cinématographique en plein air, le soir, à la cité indigène de Léopoldville. Les spectateurs congolais sont rassemblés autour de l'écran.*
Source : Collection RMCA Tervuren ; photo J. P. Jourdois (Inforcongo), 1947
CC-BY 4.

À l'inverse, des spécialistes des médias en Afrique ont vu dans la figure du commentateur de film l'expression du mépris occidental vis-à-vis des populations colonisées. Manthia Diawara (1992) a qualifié le commentateur colonial, comme l'ensemble des dispositifs de propagandes, de « paternaliste et raciste » (1992 : 17). De même, pour Onookome Okome et Jonathan Haynes (1995), l'interprète est l'expression directe des préjugés colonialistes fondamentaux sur les Africains : « The frequent interruption of the screenings and the interspacing talks demonstrate two fundamental colonialist preconceptions about Africans. One: that the narrative order of the film medium is beyond the intelligence of the native; two, that the native is incapable of taking in a great amount of detail at a given time. » (1995 : 52) Malheureusement, comme nous le verrons plus loin, si cette remarque est totalement justifiée face à l'aspect manifestement raciste des points de vue exprimés et des politiques mises en place par les administrateurs européens, elle ne prend pas en compte la complexité du dispositif de réception, en particulier lors des premières séances.

Le dispositif rendant possible le commentaire en direct d'une projection cinématographique est très complexe en matière médiatique, car différents supports de diffusion interagissent avec les deux discours proposés de manière simultanée pour le public. D'un côté, la projection audiovisuelle présente des images et des sons enregistrés et organisés sur une pellicule, constituant un continuum temporel d'une série de performances ayant été mises en scène devant un dispositif d'enregistrement, mais en l'absence des spectateurs. De l'autre, une personne complète la dimension sonore du film, en constante interaction avec l'audience, mais avec une légitimité particulière : il a été choisi par les organisateurs de la séance, il est présenté comme ayant certaines compétences et autorités, et sa voix est diffusée à travers des haut-parleurs. En interagissant, les deux messages ne mixent pas seulement leurs temporalités et leurs caractéristiques, mais aussi modifient mutuellement leurs conditions de réception.

Tout d'abord, l'ajout d'un commentaire réalisé en direct lors de la projection rompt le continuum audiovisuel. Comme nous l'avons vu en détail dans le premier chapitre, d'après la perception généralement répandue avant et après la Seconde Guerre mondiale, l'une des forces de persuasion de la projection audiovisuelle est une homogénéité médiatique qui favorise la fascination des spectateurs et leur immersion dans un univers où ils sont persuadés d'adhérer à des valeurs ou à un message. Or, l'activité d'un bonimenteur au côté de l'écran rompt le charme et place le public dans un espace intermédiaire entre l'univers intradiégétique et leur réalité. D'après mes recherches, c'est la principale raison, avec la difficulté de contrôler ce dispositif hybride, qui explique la défiance des administrateurs coloniaux vis-à-vis du commentateur de film. Le fait d'avoir une personne parlant pendant la projection modifie profondément le dispositif médiatique en rendant légitime, dans certains cas, la prise de parole de membres de l'audience.

Dans le même temps, la coprésence d'images audiovisuelles change radicalement la configuration médiatique de la réception d'une voix dont la portée est intensifiée électriquement. En apparence, la situation du bonimenteur est similaire à la fois à celle de l'orateur devant une foule ou de l'animateur radio dans son studio. En effet, l'amplification électrique sonore d'un message performé en direct est relativement proche, sur le plan médiatique, de sa diffusion radiophonique : les deux dispositifs reposent sur la modification électronique du signal sonore et l'élargissement de son espace de propagation par amplification ou diffusion hertzienne. De nombreux analystes, en commençant par Marshall McLuhan, ont commenté le fait que l'impact d'un tel message sur l'auditeur a lieu sur le plan émotionnel plutôt que rationnel. La faiblesse (ou l'absence) de stimuli visuels pousse l'auditeur dans une expérience internalisée laissant la place à une grande activité fabulatrice : les éléments sonores interagissent avec des souvenirs et l'imagination du public, provoquant un télescopage entre la rationalité des mots prononcés, l'ambiance sonore et des émotions plus ou moins inconscientes. Ceci constitue une différence fondamentale avec la figure du bonimenteur où la voix amplifiée est accompagnée d'une projection audiovisuelle. Il est alors difficile de déterminer quelles sont les qualités effectives du *medium* sonore dans ces conditions.

Une autre caractéristique du bonimenteur est l'adresse directe (même si la voix est artificiellement amplifiée) à une foule. En cela, le dispositif médiatique entourant la projection commentée est plus proche de celle du conférencier : une personne parle à une foule, à travers une amplification électrique de sa voix. Ce dispositif diffère de celui de la radio dans le sens où l'orateur et son auditoire sont séparés spatialement et ces derniers écoutent généralement depuis un cercle privé (individuel, familial ou amical). Le fait que le discours soit propagé dans une foule réunie dans un cadre public en modifie les conditions de réception, car les interactions entre les membres de l'audience et avec l'orateur sont des conditions *sine qua non* de la bonne communication d'un message : si le tribun perd le contrôle de la foule, il risque de détourner de son message les opinions des personnes qui l'écoutent. Au contraire, s'il se produit un effet de communion (Lits, 2008), les gens sont aspirés dans un collectif, les invitant à suspendre leur propre libre arbitre afin de jouir de l'appartenance à la communauté. Dans la tradition chrétienne, cette situation est directement inspirée de la prise de parole en chaire où le prêtre, ou une personne autorisée, communique le message de son Église. Le cas du discours public est également similaire à celui du théâtre ou du concert où un groupe apprécie collectivement une expérience artistique sonore.

Sur ce plan, le niveau d'amplification est un facteur déterminant de l'interaction entre le public et le spectacle sur scène. Alors que la performance en direct (sans artifice) suppose un niveau de charisme et une grande conformité aux attentes du public, les haut-parleurs permettent de réduire au silence les contradicteurs et de donner une impression d'adhésion homogène. Dans le cas d'un concert avec des instruments de musique amplifiée électroniquement, l'audience est triée en fonction de ses goûts musicaux et le niveau sonore limite les interactions entre les gens, favorisant un effet de foule. Dans ce cas, la rupture du sentiment d'unanimité ne peut venir que d'une contreperformance à un niveau technique ou esthétique du groupe se produisant. Au contraire, dans le cas de projections coloniales, tous les membres d'une localité sont invités – de manière plus ou moins volontaire – à assister à la séance. De plus, comme nous l'avons vu à plusieurs reprises, la qualité sonore des séances laisse parfois à désirer, l'amplificateur ne permettant pas de couvrir les bruits générés par de milliers de personnes en plein air. Ceci peut rapidement devenir une limitation dans l'activité de l'orateur, comme lors de séances en *Gold Coast* avec la première génération de *Cinema Vans*, dont le système de son n'était pas adapté à la largeur des audiences :

> A point worth noting is that in early days when the public address equipment on our locally constructed vans had only a very small output, the audience continued its clamour after a burst of applause. This clamour gradually died down until the noise level fell below that of the loud speaker, when it ceased abruptly. Now that theses [sic] vans have been fitted with better public address equipment the audience, after a burst of applause, can hear the Interpreter continuing his commentary and immediately become silent, so as to hear what he has to say. (*Analysis of Questionnaire*, 1943, p. 40)

C'est pourquoi il est important de prendre en compte des détails du dispositif de propagande, en particulier, la qualité de l'amplification sonore. De manière plus générale, la situation du bonimenteur est intermédiaire, mis en avant par le dispositif, mais toujours dans une relation organique avec son audience. Ce qui nous ramène dans une situation semblable à celle d'une performance non médiatisée où l'écoute et l'intérêt sont principalement basés sur les qualités esthétiques de la représentation, mais aussi une sur une série de conventions que chaque spectateur est encouragé à respecter.

De manière générale, toute allocution publique est codifiée par une série de coutumes sociales, spécifiques à un contexte et à un type d'événement particulier. Par exemple, le fait de rester silencieux devant une performance en direct (pièce de théâtre, opéra, concert classique) ou un spectacle mécanique ou électrique (lanterne magique, Cinématographe Lumière, retransmission radio) est une norme qui s'est généralisée à la fin du xixᵉ siècle en Europe, principalement parmi les élites culturelles. De même, en Afrique de l'Ouest, le Griot, figure centrale dans l'architecture sociale, est responsable de conduire les manifestations publiques, d'introduire chaque événement et de distribuer la parole. Dans certains groupes ethniques (dont les Mossis, les Bambanas, les Peuhls), le chef ne prend que très rarement la parole en public et le Griot parle en son nom. À l'inverse, dans un contexte colonial, le subalterne n'a que très rarement l'autorisation d'ajouter sa voix aux discours officiels. Par contre, des pratiques populaires largement répandues sur le globe laissent une grande liberté à chaque particulier et il n'est pas rare par exemple d'observer différentes formes de participation orales individuelles pendant une séance de cinéma. Or, les projections coloniales se trouvent à l'intersection de ces différentes configurations, dans une forme de flou normatif. Si les organisateurs tentent d'imposer un silence respectueux, les populations coloniales ne reconnaissent ni les structures d'une cérémonie officielle ordonnée par des Européens ni les conventions d'une assemblée vernaculaire. Ils inventent alors des tactiques afin d'échapper à la chape de plomb qui leur est imposée. Dans le même temps, certains spectateurs ne font pas la différence entre ces projections et les séances commerciales, et adoptent le même comportement. Enfin, les employés locaux dans le *Cinema Van* cherchent un compromis entre les différentes conventions.

D'après les archives[51], le fait que les spectateurs prennent la parole pendant la présentation d'un film peut prendre une grande variété de significations. On peut exclure l'idée raciste que des populations « africaines » ne seraient pas « capables » d'un civisme et d'une autodiscipline... Il existe suffisamment de témoignages sur la solennité de cérémonies vernaculaires (Conteh-Morgan, 2010, p. 157) ou la déférence devant un administrateur colonial (Bâ, 1994). Nous verrons également comment, en Algérie, le silence de certaines audiences était une forme de défi à l'occupation militaire française. Généralement, le brouhaha est le signe d'une émotion, d'un malentendu ou d'une surprise, parmi la foule. Il peut être également produit par un complet désintérêt pour la projection, comme le rapporte un « *British Resident* » à Zanzibar : « General restlessness and individual conversation un-related to the film. » (*Analysis of Questionnaire*, 1943, p. 33-35) Cette réaction est très

---

51. En particulier, dans les réponses au *Questionnaire to Mobile Officials* (1943).

répandue, lorsque l'idée de la projection est devenue quelque chose de banal et les populations ne trouvent pas un intérêt divertissant ou éducatif direct dans les films coloniaux. La séance devient alors le lieu où la communauté se réunit, autour de normes sociales parfois plus flexibles. Pour les jeunes adultes, il est important d'être présent et de renforcer leur réseau, en particulier, lors d'échanges verbaux qui n'ont pas toujours un lien avec les images audiovisuelles. Nous pouvons observer des attitudes similaires lors des séances commerciales. Même s'ils sont généralement perçus négativement par les organisateurs, ce type de réaction n'a pas d'autre signification politique que le manque d'intérêt pour un message dont la plus-value pour ces audiences est incertaine. Je suppose que les *Colonial Officers* évitent de rapporter ces cas, car ils témoignent de leur plus grand échec : l'absence totale d'intérêt des populations locales pour la propagande coloniale.

On trouve un grand nombre de témoignages d'administrateurs européens sur les activités orales des audiences, en particulier, dans les réponses au *Questionnaire to Mobile Officials*[52]. La réaction ici décrite semble relativement classique : une œuvre rencontrant l'horizon d'attente des spectateurs à la fois sur le plan narratif et esthétique va provoquer une joie commune que certains exprimeront à voix haute. Au contraire, une audience n'arrivant pas à créer le cadre d'interprétation nécessaire à la réception d'un message éducatif va protester de manière collective. Ainsi, les brouhahas révélateurs d'une absence de compréhension sont relativement bien documentés par les organisateurs sur le terrain, car ils leur permettent de remettre en cause la pertinence éducative des films : si les spectateurs parlent entre eux, c'est parce que le dispositif de présentation échoue à créer un lien de communication entre le film et l'audience, et les personnes n'arrivent pas à s'approprier le contenu audiovisuel en fonction de leur horizon d'attente. De manière intrigante, dans plusieurs situations, les rapporteurs attestent du changement brusque d'attitude de l'audience, passant d'un calme muet à une grande agitation[53]. Ce type

---

52. « By [...] silent attention during normal sequences of the film, by a concerted shout or shouting at some exciting sequences and by laughter in sympathy with something amusing – In fact they express their interest in a good film in such a way as to leave no doubt as to its popularity. » (*Analysis of Questionnaire*, 1943, p. 32-35)

53. « They become silent and then restless. [...] Complete silence for a bit then a lot of chatter mostly from the women. [...] On the whole attention is silent, broken chiefly by laughter and comment on incidents found amusing or exciting. » (*Analysis of Questionnaire*, 1943, p. 32-35) « Silent attention, followed by noisy vocal comment at the end of the scene. » (Maud, 1943, p. 75)

de participation orale est attestée principalement parmi des audiences qui sont relativement respectueuses de l'autorité coloniale et qui n'ont pas une grande expérience de la projection cinématographique : elles restent d'abord silencieuses durant la présentation de films, puis elles réagissent à une image spectaculaire, choquante ou à un message incompréhensible. On trouve le même type de constatations dans d'autres contextes, au Congo ou en Algérie.

À l'inverse, certains organisateurs tentent d'anticiper les interactions entre le commentaire enregistré et le commentateur en direct. Par exemple, pour les administrateurs à Zanzibar et en *Gold Coast*, il est important de prendre en compte les différentes formes de participation orale de l'audience et de l'interprète lors du montage sonore du film[54]. De même, ils suggèrent d'inclure des pauses afin de permettre au public de s'exprimer après une scène comique ou dramatique[55]. Enfin, après une courte pause, le niveau sonore doit couvrir le reste de brouhaha[56]. En résumé, certains des administrateurs coloniaux ayant l'expérience des activités verbales lors de la projection trouvent logique d'adapter le montage et le mixage de la bande sonore afin de laisser la foule réagir aux images et d'éviter que les bruits de la salle ne concurrencent la trame sonore. Dans leur esprit, ces compromis réduisent les contraintes négatives sur les audiences, tout en augmentant la possibilité de diffusion du message éducatif.

Ainsi, il semble qu'il existe des espaces médiatiques qui favorisent l'oralité et d'autres qui cherchent à la figer. De même, certains lieux vont déplacer cette oralité de l'instance médiatrice qui organise la performance vers l'instance de réception : dans certains cas, il peut y avoir un partage du propre que représente la projection cinématographique. Afin de penser cette prise de parole, il est intéressant d'adapter à l'oralité les deux modèles que Gilles Deleuze et Félix Guattari développent dans *Mille plateaux* (1980), en faisant la distinction entre « espaces striés » et « espaces lisses » : « Le lisse et le strié se distinguent en premier lieu par le rapport inverse du point

---

54. « When I give a vernacular running commentary I like breaks to allow the audience to make their own commentary. » (*Analysis of Questionnaire*, 1943, p. 40)
55. « Pauses are made at the exciting of amusing sequences to allow the audiences to express itself and then the commentary is continued. I have no experience of a commentary interjected in a natural soundtrack. » (*Analysis of Questionnaire*, 1943, p. 32-35)
56. « This is an important point in the production of sound films, for after a pause of some seconds at some incident to allow the audience to express itself, the level of the commentary or sound effects should be slightly higher than the general level throughout the film. » (*Analysis of Questionnaire*, 1943, p. 40)

et de la ligne (la ligne entre deux points dans le cas du strié, le point entre deux lignes dans le lisse). En second lieu, par la nature de la ligne (lisse directionnelle, intervalles ouverts ; striée-dimensionnelle, intervalles fermés). » (1980 : 600) Cependant, la principale distinction proposée par les deux philosophes concerne les manières dont une surface peut être régulée : « Dans l'espace strié on ferme une surface, et on la répartit suivant des intervalles déterminés, d'après des coupures assignées ; dans le lisse on se distribue sur un espace ouvert, d'après des fréquences et le long des parcours (*logos* et *nomos*). » (Deleuze et Guattari, 1980, p. 600) Afin de mieux comprendre cette dernière distinction, il est nécessaire de suivre les auteurs dans leur réappropriation des concepts grecs de *nomos* et *logos*. Le *logos* est ici l'expression d'un ordre préétabli (c'est-à-dire mythique, religieux et paradigmatique) lisible dans l'organisation même de la cité ou de ses activités. Au contraire, pour Deleuze et Guattari le *nomos* est le principe de distribution en espace lisse :

> Le *nomos* est la consistance d'un ensemble flou : c'est en ce sens qu'il s'oppose à la loi, ou à la *polis*, comme un arrière-pays, un flanc de montagne ou l'étendue vague autour d'une cité […]. Il y a donc une différence d'espace : l'espace sédentaire est strié, par des murs, des clôtures et des chemins entre les clôtures, tandis que l'espace nomade est lisse, seulement marqué par des « traits » qui s'effacent et se déplacent avec le trajet. (Deleuze et Guattari, 1980, p. 472)

Ainsi, dans un « espace strié », les règles et les normes communautaires gèrent le vivre ensemble et structurent les pratiques des gens. Dans ce cas, chaque action est très codifiée et liée à un système de conventions et de représentations. À l'inverse, un « espace lisse » laisse beaucoup de liberté aux usagers et chacun improvise ses propres tactiques en fonction des différentes nécessités : géographiques, physiologiques, esthétiques, etc. Les pratiques peuvent alors se mettre en place librement, en fonction de l'inspiration et des désirs des participants, car elles ne sont pas contraintes par un ensemble de conventions fixes.

Il serait une erreur d'interpréter cette distinction entre une logique autoritaire impérialiste et un fonctionnement communautaire consensuel propre à la plupart des sociétés ouest-africaines : les deux systèmes fonctionnent dans des espaces construits, dont les gestes et les paroles sont très codifiés et contrôlés. Loin de vouloir mettre sur le même plan la participation à un protocole imposé par un gouvernement impérial et une cérémonie vernaculaire dont le respect des règles est une obligation sociale, ces « espaces striés » se distinguent tout de même nettement d'activités moins formelles, où les personnes sont amenées à improviser : activité récréative, assemblée entre gens de la même classe d'âge, marche solitaire hors des sentiers, etc. De même, il est difficile d'assimiler la réception d'une projection cinématographique, même dans un contexte populaire très décomplexé, à un « espace lisse ». Il semble au contraire que ce type de spectacle rassemble, amoncelle et fait coexister un ensemble de conventions et de pratiques apportées par les spectateurs et mises en commun de manière anarchique pendant la projection. Dans des termes deleuziens, on observe une forme de *patchworks* :

> Le patchwork de son côté peut présenter des équivalents de thèmes, de symétrie, de résonance qui le rapprochent de la broderie. Reste que l'espace n'y est pas du tout constitué de la même manière : il n'y a pas de centre ; un motif de base (*block*) y est composé d'un élément unique ; le retour de cet élément libère des valeurs uniquement rythmiques, qui se distinguent des harmonies de la broderie. (Deleuze et Guattari, 1980, p. 594-595)

Suivant cette logique, le *patchwork* est un espace intermédiaire, comme il en existe entre les cités, « forces du striage », et les « espaces lisses », tels la mer ou la montagne[57]. Recyclant des structures propres à un espace très codifié, il laisse s'affronter différents systèmes de valeurs, permettant à la fois de les relativiser et d'innover. En effet, il offre à la fois un espace où les gens doivent négocier les règles du vivre ensemble et, pour cela, improviser de nouvelles pratiques. Ainsi, l'hétérogénéité du *patchwork* rend possible la prise d'initiative à la périphérie des conventions communautaires, c'est-à-dire non pas hors de tout cadre, mais dans les interstices, entre les différents usages, en réaction aux compromis préexistants.

Ces espaces hétérogènes et non centrés permettent de décrire la situation intermédiaire où un ou des spectateurs prennent la parole pendant la projection cinématographique, que ce soit dans un cadre

---

57. « Immenses bidonvilles mouvants, temporaires, de nomades et de troglodytes, résidus de métal et de tissu, patchwork, qui ne sont même plus concernés par le striage de la monnaie, du travail ou de l'habitation. » (Deleuze et Guattari, 1980, p. 601)

commercial ou lors d'une séance de propagande. Il est alors important de reprendre les distinctions médiatiques entre les différentes formes de bonimenteur : on ne peut pas placer sur le même plan un animateur, figure d'autorité mise en place par les organisateurs de la séance et dont la voix est diffusée à travers des haut-parleurs, et un spectateur commentateur, dont la seule légitimité est son charisme reconnu uniquement par un groupe particulier et dont la voix n'est pas amplifiée. Dans le cas de la prise de parole de membres de l'audience lors de projections coloniales, on voit s'affronter ces deux figures, laissant supposer qu'il s'agit d'un espace intermédiaire : nous ne sommes pas dans une séance normée par l'autorité coloniale, où seul le traducteur est censé conduire l'interprétation du film, en fonction d'un cadre de référence sélectionné par les responsables ; nous ne sommes pas non plus dans un espace privé où interagit de manière désinhibée un groupe d'amis. Si le cadre général reste public et relativement formel, l'interaction entre les orateurs officiels et autoproclamés est l'objet d'une négociation chaque fois renouvelée qui ne peut pas être instituée par une norme. Chaque précédent ouvre un espace nouveau, entre le système réglementaire colonial et l'imaginaire du public.

C'est pourquoi il est très complexe d'étudier cette forme de *patchwork*, car il ne faut pas seulement prendre en compte les caractéristiques actuelles du dispositif de propagande, mais également les événements passés, c'est-à-dire les différentes formes d'interaction entre l'équipe de diffusion cinématographique et une communauté. Malheureusement, il n'est pas possible de retracer les conditions exactes de projection des films coloniaux. Il est donc difficile de connaître exactement les caractéristiques précises de l'espace de diffusion : est-ce un lieu saturé de conventions sociales ou est-ce, au contraire, un espace laissant les protagonistes agir plus librement ? Le dispositif de diffusion est-il fondamentalement fermé à des pratiques cinématographiques orales, ou existe-t-il des interstices dans lesquels des orateurs improvisés peuvent se faufiler ? Quel est l'historique des interactions avec les représentants du pouvoir colonial dans un village donné ? Comment la prise de parole individuelle est-elle interprétée par le reste du groupe : est-ce globalement perçu comme le fait d'un extrémiste mettant en danger la réputation de la communauté ? Ou, exprime-t-il tout haut l'opinion générale, ou celle d'une fraction ? Chaque aspect devenant pertinent, il est tout de même possible d'en retracer, même de manière partielle, certains détails, en particulier en partant des rapports des administrateurs coloniaux, mais également de témoignages directs ou indirects provenant du point de vue des audiences.

4. Oralisation du dispositif de propagande et formes de résistance

4.1 Cultures orales et oralisation du dispositif de réception

Suivant cette logique, l'étude des dispositifs de réception doit se faire en tenant compte du maximum de facteurs, que ce soit au niveau macroscopique, l'histoire coloniale ou les contextes culturels, des éléments conjoncturels, que des détails spécifiques à chaque séance. Commençons par replacer la propagande coloniale en Afrique dans une perspective historique et culturelle large, en revenant en détail sur le choc colonial, c'est-à-dire la fracture culturelle inhérente à la conquête européenne de territoires africains, et la manière dont les projections cinématographiques sont à la fois un révélateur des différences sémantiques, syntactiques et paradigmatiques, un outil de stigmatisation et, potentiellement, un milieu facilitant l'appropriation d'un « appareil » étranger.

Chaque communauté construit sa stabilité sociale et culturelle sur un ensemble de mythes fondateurs (Lévi-Strauss, 1958), dont une logique interne constamment renouvelée permet d'assurer l'homogénéité historique et cosmogonique suivant une tradition à laquelle chaque être se réfère. Cette structure universelle semble conserver toute sa validité sur le continent africain, avec quelques variations dues aux contextes géographiques et historiques. D'un côté, on peut observer de grandes similarités à l'intérieur d'aires culturelles (l'Afrique de l'Ouest, le nord du continent, la région équatoriale, etc.) et des transferts significatifs entre ces régions. Par exemple, l'islamisation du Sahel, de manière concomitante avec le développement d'échanges commerciaux et technologiques avec le Maghreb (Bourgault, 1995, p. 6), amène des changements majeurs de gouvernance et bouleverse les équilibres dans une région connue pour sa grande stabilité (Davidson, 1995, p. 61). De l'autre, la mise en contact violente (Césaire, 1955) avec les cultures européennes, d'abord sous la forme d'une déportation massive d'hommes et de femmes réduits en esclavage, puis par l'occupation militaire et l'administration coloniale, a fragilisé l'ensemble de la structure sociale, des rapports entre les gens, aux pouvoirs en charge de gérer ces territoires, mais également le consensus culturel, basé sur des valeurs, des croyances et des modes de représentation très largement partagés. Là où des relations interethniques ont été tissées durant plus d'un millénaire, où la religion musulmane (accompagnée de nouvelles normes et valeurs, mais également d'un nouveau système médiatique, incluant l'écriture) a progressivement conquis le sud du Sahara pendant plusieurs siècles, la colonisation européenne de l'Afrique a eu lieu de manière brutale et très rapide. La conquête peut ainsi être résumée à une ou deux décennies et l'occupation a rarement dépassé un siècle. Malgré sa soudaineté et sa relative brièveté, la disproportion des moyens militaires, politiques et technologiques mis en œuvre a amplifié encore la profondeur et la durée de son impact, bien au-delà de la période coloniale. En effet, aux brutalités de la conquête militaire, s'est rapidement ajoutée l'inhumanité fondamentale d'un régime impérialiste basé sur la discrimination raciale et l'exploitation agricole, minière ou industrielle au profit quasi unique du pouvoir dominant. L'une des conséquences a été la fragilisation de stratégies de vivre ensemble et de partages des cosmogonies qui permettait à une grande mosaïque de communautés d'interagir dans une relative harmonie et dont nous voyons aujourd'hui la grande stabilité remise en cause par des crises de plus en plus mortelles. En ce sens, les projections « éducatives » sont les prolongements administratifs et symboliques de ces violences et étudier leur réception revient à explorer un aspect très singulier du choc colonial.

Si l'impact de l'impérialisme européen est d'abord visible en ce qui concerne les valeurs, des structures sociales ou des cosmogonies, il ne faut surtout pas sous-estimer l'écart paradigmatique entre un « appareil » moderne et des sociétés construites principalement autour du lien tangible entre les personnes, la performance en direct et des capacités du corps humain. Ce décalage s'actualise de manière emblématique autour de la perception des images. En effet, dans de nombreuses cultures en Afrique subsaharienne, les arts plastiques se sont surtout développés autour de la sculpture et des œuvres en trois dimensions, suivant une logique relativement non figurative (Krieger, 1965). Par conséquent, les artistes n'ont pas développé les mêmes stratégies sur le plan de la représentation mimétique et de la perspective. Dans le même temps, le grand public n'a pas du tout été exposé à la même tradition artistique qu'en Europe, ni en termes esthétiques ni par rapport aux dispositifs de réception ou des différentes instances des institutions culturelles. Les conséquences pour les spectateurs des projections coloniales ont été multiples, autant en ce qui concerne les références, les habitudes de lecture d'une image que la compréhension globale du dispositif cinématographique. En effet, comme le montre Jean-Louis Déotte (2004), des « appareils » comme la perspective, la *camera obscura*, le musée ou la photographie ont fait époque[58] en Europe depuis la renaissance, introduisant un certain rapport à la réalité (la posture du témoin, analytique, à distance), une cosmogonie spécifique (la modernité, pensée sur le plan du progrès, suivant un paradigme mécanique), conditionnant à la fois la création de dispositifs techniques comme le Cinématographe Lumière et la réception des images en mouvement (Latour, 1997). Le décalage entre les machines importées par les colonisateurs et les imaginaires collectifs développés en Afrique explique certainement les malentendus qui ont entouré les premières rencontres avec le paradigme mécanique : « Cinematographic, bridge, and railway engine formed a technological complex, the signification of one bleeding into the other, as machines they served technical functions—transporting goods and people across a river, projecting moving images on screen—but they also represented the magical, sublime world of scientific achievement. » (Larkin, 2008, p. 74) Ce complexe technologique arrivé en même temps et par le même biais a été logiquement perçu de manière homogène comme des capacités extrahumaines, provoquant des interprétations faisant référence au surnaturel. Plus largement, l'ensemble de cet « appareil » étant totalement étranger à l'immense majorité des cultures en Afrique au XIXᵉ siècle, son introduction dans un contexte colonial était intimement liée au choc culturel qui l'a accompagné. Parallèlement, les usages liés à ce nouveau paradigme ont eu une influence très profonde sur les populations colonisées, modifiant à la fois leur perception de leur réalité, mais également leurs pratiques culturelles coloniales et postcoloniales. Par exemple, « Miriam Hansen has pointed out that cinema as cultural practice—the proper relations between viewer, projector, and screen—had to be learned in practices of what cinema, and being an audience, meant. » (Larkin, 2008, p. 136) Ainsi, cet immense décalage technologique et paradigmatique et, en particulier, l'introduction abrupte de la projection cinématographique a constitué un bouleversement des perceptions et des représentations, dont nous voyons encore actuellement les effets. Cela a eu des

---

58. « Qu'est-ce qu'une époque de la culture ? Qu'est ce qui fait logiquement, nécessairement époque pour la culture, et non sur un mode historiciste ? À chaque fois une certaine détermination de la surface de l'événement, c'est-à-dire une certaine modification du corps parlant, du fait du rapport qu'un certain appareil essentiel d'écriture et d'enregistrement entretient avec la loi. » (Déotte, 2004, p. 28)

conséquences concrètes sur la réception des images audiovisuelles, en particulier sur le plan de la figuration et de la représentation.

Dans le même temps, le cinéma en général, c'est-à-dire en incluant les projections commerciales, a pu constituer une manière d'atténuer ce choc en favorisant la création de représentations métisses. D'un côté, l'importation massive d'images occidentales aurait pu permettre de réduire le malentendu colonial. Malheureusement, le type de production à faible budget diffusée en priorité dans les territoires coloniaux était très éloigné des meilleures œuvres d'art et présentait une version grossièrement déformée des modes de vie européens[59]. Afin de compléter ce processus, il aurait fallu diffuser en retour la même quantité d'images contenant des références et créées en fonction de modes de représentations propres aux cultures africaines. Or, les seules images parvenues en Occident étaient l'expression des stéréotypes des équipes de production et de leur point de vue raciste (Bloom, 2008).

Le cinéma a tout de même contribué à réduire le fossé culturel entre ces deux civilisations, en rendant possible une connaissance, même liminaire et caricaturale, de l'Autre, et en permettant aux populations colonisées de s'approprier un « appareil » médiatique moderne en « remédiant[60] » leurs pratiques vernaculaires dans des images audiovisuelles. Ainsi, la diffusion de représentations, même caricaturales, de scènes de la vie quotidienne a facilité une connaissance des modes de vies en Europe. Du côté britannique, des films comme *Mr. English at Home* ou *Self Help in Food* visaient à diffuser un mode de vie suivant des standards occidentaux[61]. Or, leur succès reposait principalement sur le spectaculaire et l'exotisme. De même, Christian Rolot et Francis Ramirez (1990) montrent comment les Pères Blancs ont cherché à expliquer les pratiques religieuses en Europe,

---

59. « It was [Merle Davis] who conceived of an African cinema as a means of alleviating the culture shock he had witnessed while studying African workers in copper mines. His conclusion, on the basis of British and American studies of the cultural effects of unregulated commercial cinema, was that the mass importation of Western films into Africa would rob the African of his heritage, leaving him with a grossly distorted version of white man's culture. In his rationale for the Experiment, Davis cited the case of India where, as they saw it, Western film had already had this impact. » (Feldman, 1977, p. 24)

60. Formulation inspirée du concept de *remediation* (Bolter et Grusin, 1999), caractérisant l'emboîtement médiatique décrit par McLuhan (1964), autant en ce qui concerne le *medium* technique que la réception.

61. « Because they deal with such subject [hygiene], *Mr. English at Home* and *Self Help in Food* are both very popular and rouse genuine interest, especially among the women and children and are valuable propaganda. These films of course require very carefully prepared commentaries. » (*Analysis of Questionnaire*, 1943, p. 12)

toujours dans une logique de prosélytisme[62]. Malgré des déformations multiples, dues aux clichés et aux présupposés des instances de production, mais également à la difficulté d'interpréter des références aussi éloignées de celles des audiences, toutes ces séances ont participé à faciliter le rapprochement entre des sphères culturelles entrées en contact trop brutalement. L'usage de médias de masse tels que le cinéma a à la fois amplifié la diffusion d'images caricaturales et accéléré un processus de rapprochement culturel qui, dans d'autres cas, avait pris plusieurs siècles. Nous verrons plus tard dans ce chapitre comment la projection de telles scènes a également favorisé une prise de conscience anticoloniale. Avant cela, focalisons-nous sur les manières dont l'écart syntactique et paradigmatique s'est réduit, à travers le prisme des projections cinématographiques. Tout d'abord, les projections coloniales ont été le lieu de création de modes de réception alternatifs de l'image audiovisuelle. Il est apparu de manière plus ou moins évidente aux acteurs sur place que la réception d'une image audiovisuelle ne pouvait pas se faire sur les mêmes bases qu'en Europe, en raison des différentes manières d'envisager la narration, la figuration visuelle et sonore, mais également le rapport entre le tangible et l'imaginaire. Comme nous l'avons vu déjà en détail, les publics en Afrique coloniale considèrent les images en fonction de cadres sémantiques et de paradigmes très éloignés de ceux du cinéma européen. Ainsi, confondant éducation et littéracie, Sellers (1953) a tenté dans les années 1950 d'exprimer ce constat sur le plan colonial :

> This and other similar experiences led to something quite important because later it became clear that many illiterate people do not use their eyes and look at the screen in quite the same way that educated people do. A person accustomed to looking at pictures will focus his eyes on a point a foot or two in front of the screen and in that way take in the picture as a whole. Illiterate people who may be quite unaccustomed to seeing pictures of any kind, still or moving, appear to fix their eyes flat on the surface of the screen and pin-point focus on to anything which has movement to the exclusion of everything else. (1953 : 831)

---

62. « Curieusement, en changeant de public, les missionnaires ne changèrent pas du tout d'abord de procédé : comme ils montraient aux Blancs les activités de l'Église d'Afrique, ils voulurent montrer aux Noirs la vie religieuse du vieux continent. Dans ce schématique chassé-croisé, il s'agissait toujours de stricte propagande religieuse. » (Ramírez et Rolot, 1990, p. 12)

Ainsi, comme le constate David Kerr (1993), le premier problème de réception des films coloniaux est d'ordre sémantique[63]. Comme nous l'avons également déjà exposé en détail précédemment, la conséquence du trop grand décalage entre les sphères culturelles de production et de réception d'un film produit une rupture puis une collectivisation du processus d'interprétation (Hall, 1973). Les spectateurs échangent alors entre eux afin de valider leur perception des images et leur absence de sens, et de chercher une manière de pallier collectivement cette situation. Ceci a deux conséquences principales : le détournement des références originelles du film par l'inclusion encore plus forte d'éléments issus de l'imaginaire collectif et le renforcement des postures critiques des audiences face à la projection.

Quel que soit le contexte socioculturel, un spectateur n'est jamais passif devant une image animée : l'absence apparente de codage au moment de la production ne signifie pas que le message soit transparent et le processus d'interprétation soit naturel, universel, voire même inexistant. Un film repose sur un entrelacement complexe de références cinématographiques, contextuelles et sociales auquel le spectateur confronte son propre cadre d'explication, constitué à la rencontre d'un imaginaire collectif partagé de manière inconsciente avec une communauté et sa propre expérience, dans tous les domaines, dont la vie sociale, l'art, etc. De manière globale, le spectateur est un être pensant, actif, productif et inventif, que la réception soit individuelle ou collective, qu'il soit fasciné par les images, en immersion dans le monde diégétique ou qu'il reste maintenu hors d'une certaine torpeur fictionnelle. Plus le contexte médiatique et culturel lui est étranger, plus il devra convoquer un cadre d'interprétation large afin de s'adapter : par exemple, lorsque nous voyageons à l'étranger, nous devons fournir un effort supplémentaire, au-delà de la simple question linguistique, afin de comprendre n'importe quelle interaction sociale et ne pas faire un faux pas. De même, devant un dispositif médiatique nouveau ou devant des références inconnues, nous devons

---

63. « Recreating the conditions of screening creates certain semiotic problems for viewing colonial films at that present time. A work like *Zimbani* played without soundtrack to a silent audience now seems stilted and ponderously didactic. But it has to be recalled that the actual performance of *Zimbani* (and performance is a better word than screening) during the 1950s with a skilled narrator and an appreciative crowd, must have been a far more lively and artistically complex process. In particular, the sequence of the agricultural officer giving advice to the villagers is tailor-made for ironic commentary and deliberate misinterpretation. » (Kerr, 1993, p. 33)

mobiliser nos capacités d'analyse afin de donner sens à nos percep-tions. C'est pourquoi un spectateur s'étant confronté régulièrement à ce type d'activités, en voyageant dans d'autres territoires, ou en expérimentant différents *media*, sera mieux préparé à mettre en place les éléments nécessaires à un nouveau dispositif de réception. En effet, cette expérience augmente à la fois les références sémantiques et syntactiques auxquelles nous avons accès dans notre imaginaire collectif et, dans le même temps, notre cerveau plus souple s'adapte plus rapidement à des situations inconnues, ce qui nous permet d'ima-giner de nouvelles combinaisons.

Ainsi, dans n'importe quel contexte, l'interprétation d'une scène, d'une image ou d'un signe suppose la sélection parmi l'ensemble de nos « associations libres » de l'élément qui « fera sens » (Odin, 1990). Or, les références culturelles étant fondamentalement éloignées, une audience dans un territoire colonial en Afrique aura très peu de pro-babilité de produire la même association entre un signe et un sens que celle envisagée par l'équipe de production. La frustration produite par ce désordre logique pousse chaque personne à interroger son voisin, ce qui permet à la fois de généraliser le constat du non-fonctionnement du schème interprétatif et d'élargir la recherche. Malheureusement, l'absence de nécessité de trouver le bon sens et l'urgence produite par le défilement des images poussent généralement les audiences vers une interprétation inadéquate, voire absurde. La discussion est alors plus l'occasion d'échanger avec sa communauté que de com-prendre et de retenir les informations projetées. Par exemple, Hortense Powdermaker (1962) rapporte les commentaires prononcés lors d'une séance d'actualités cinématographiques dans la *Northern Rhodesia* en 1953. Le reportage *African Mirror* présentait un incident dans une ville minière en Afrique de l'Est. Malgré la présence d'un sous-titre, de nombreux spectateurs spéculaient sur la ville où se déroulaient les événements :

> This is Luanshya! Luanshya ! (several men shouting).
> Wake up, you old people from the villages, who don't know towns (*a boy, shouting*). This is not Luanshya. It is Mufilira. Didn't you see it? It was written before you saw the picture. Couldn't you read?
> Ah, are you sure it is Mufilira?
> Sure, sure, it is Mufilira. I know that shaft. (Powdermaker, 1953, p. 256)

Cette première interruption a ouvert la porte à d'autres commentaires sur des sujets connexes, mais non centraux pour l'interprétation des images. En particulier, plusieurs critiques fusèrent à l'adresse d'un groupe de secouristes africains dans la mine : « These are the people who do very little work underground. They just go to sleep. The machine boys are the ones who work very hard. Look, those people are very lazy—four people carry one sick person. Why can't he be carried by two? Boo! Boo! (a few others join his boos). » (Powdermaker, 1962, p. 256) Plus tard, les commentaires ont repris à propos de l'apparence saine du bétail : « Oh, hiii, Halo hii! These cows are Southern Rhodesian (*a man speaking*). When they are brought here for slaughtering, meat is sold to the Europeans only. We are sold thin meat [without fat]. » (Powdermaker, 1962, p. 257) De même, le débat a rebondi lors d'une scène avec des danseurs :

> Ah, the Ngoni dance.
> No, it is a Lozi dance. This is most interesting. See the women dancing like mad women, women are dancing by themselves. It would be better if they were dancing together with men, like we do today. Europeans are wonderful people, because here are the Lozi beating drums, singing and dancing in the bioscope as they did long ago. All those whom you see are dead and buried, but we still see them move. (Powdermaker, 1962, p. 256-257)

Ainsi, une fois le silence rompu, un espace plus ou moins « strié » s'est fissuré et a libéré la parole parmi l'audience, dans un espace *patchwork*, c'est-à-dire intermédiaire entre plusieurs systèmes de conventions. Ces débats s'accompagnaient toujours d'une prise de conscience générale des insuffisances du dispositif de projection et du développement – collectif – d'une pensée critique. En résumé, le fait que la foule participait collectivement à l'appropriation du contenu des films et à son interprétation provoquait un processus beaucoup plus vivant et médiatiquement complexe.

Les spectateurs se trouvaient alors à la croisée de trois perspectives : d'un côté, l'aspect collectif du processus d'interprétation produisait un effet de continuité entre l'expérience sociale dans la salle et la réalité représentée sur l'écran. Dans le même temps, la concurrence entre les différentes interprétations rajoutait à la confusion entre les éléments factuels, les représentations et les opinions exprimées. Enfin, la reproduction photographique de la réalité, perçue comme

« naturelle » en Occident, car dans la lignée du développement mimétique des arts depuis la Renaissance, ne pouvait être perçue de la
même manière par les audiences en Afrique. Ainsi, comme Brian
Larkin (2008) l'explique dans le cas du Nigeria, la réception des films
est liée à une configuration sociopolitique spécifique :

> Cinema, in colonial Nigeria, emerged in a sociopolitical confi-
> guration where the commodity form articulated with colonial
> rule, Islamic and Christian religion orders, and sustained ani-
> mist practice. This is profoundly different discursive context from
> 1920s Berlin or 1930s New York, and in this mode of exchange
> between audience, film, and film producer, the political achieved
> suzerainty over the economic. Mobile cinema in Nigeria did train
> modern subjectivities, but these subjects split, to some degree,
> from their religious background. (2008 : 81)

Larkin constate également que ce métissage culturel entre les valeurs
et pratiques vernaculaires et celles imposées par une cosmogonie
moderne est favorisé par l'aspect intermédiaire des espaces comme
les cinémas ou les marchés [64]. Ces lieux ont ainsi permis à des populations variées (par rapport à l'ethnie, à la génération, ou au *gender*) de
se rencontrer et de constituer ensemble une communauté à la frontière
des mondes officiels préexistants. Dans ces espaces *patchworks*, ils
ont improvisé de nouvelles formes de sociabilité, des narrations ou
des identités innovantes, à la croisée entre les conventions vernaculaires et les normes modernes. Sur le plan spécifique de la réception
cinématographique, si on a pu constater des difficultés pour situer le
statut des représentations perçues, en particulier en ce qui concerne
la distinction entre réalité et fiction, ces séances sont d'abord carac-
térisées par une réception critique et, plus largement, ces dispositifs
ont été l'occasion pour de nombreux spectateurs de s'approprier les
caractéristiques du *medium*.

---

64. « As open, public spaces and the sites of ethnic and gender interaction, markets
and cinemas are inherently unstable. Their publicness necessitates the coming together
of strangers, potentially cutting across class, religious, ethnic, and gender boundaries.
In the (racially, ethnically, and sexually) segregated environment of colonial Northern
Nigeria, this took on added significance, and it is no surprise that most markets (and
cinemas) were located on the boundaries separating a space for a new mode of com-
modified leisure, creating new arenas for public association, but this space was defined
by its association and linkage with the older spaces of the mosque and market, with
which it shared significant symbolic similarities. » (Larkin, 2008, p. 132-133)

La plupart des spécialistes des projections coloniales entre les années 1930 et les années 1950 (Caine, 1936 ; Latham, 1936a, 1936b, 1936c ; Lironi, 1943 ; Shields, 1939 ; Morton-Williams, 1952 ; Sellers, 1953 ; etc.) rapportent les difficultés récurrentes des publics en Afrique à distinguer entre réalité et fiction. Une première explication réside dans la compréhension européenne du monde pendant la période coloniale, où le subalterne ne peut avoir qu'une interprétation limitée, incomplète, voir erronée du message ou de l'œuvre artistique auquel ont l'expose. Cette conception est en quelque sorte légitimée par la réponse des premières audiences, perturbées par l'agencement des décalages sémantiques, syntactiques et paradigmatiques entre les aires de production et de réception du film. Ainsi, au-delà des témoignages déjà rapportés de spectateurs fuyant l'écran ou réagissant de manière physique devant une image virtuelle, exagérant probablement une réaction tout à fait normale, il serait important de pouvoir analyser en détail la dissémination et l'évolution dans le temps de tels phéno-mènes. Malheureusement, en l'absence de sources indépendantes, il est impossible de trancher définitivement dans ce débat, entre ce qui provient des préconceptions raciales européennes et des déficiences normales face à un « appareil » étranger.

Il reste cependant que les nouveaux publics ont rencontré des problèmes fondamentaux à distinguer la réalité de la fiction, comme le confirme Powdermaker (1962) : « A basic problem for the audience was one of reality: What is real? What is "cheating"? Another was how to interpret what was seen. Africans, like all peoples, tend to interpret what they see in terms of their own limited experiences. » (1962 : 255) Or cette réaction n'est pas du tout spécifique au contexte colonial ou africain, car la naïveté populaire face aux différentes fictions audiovisuelles semble un fait assez répandu. Par exemple, certains des auditeurs québécois des radioromans ont eu une réaction de générosité illustrant leur grande crédulité :

> La légende veut que la comédienne qui incarna le rôle de Donalda dans *Un homme et son péché* reçût de la nourriture et des vêtements en abondance, elle qui en était privée par son « séraphin » de mari. Cette anecdote montre jusqu'à quel point les radio-dramaturges savaient ficeler les intrigues pour les rendre crédibles et comment le medium savait jouer sur la vraisemblance des événements.
> (Berger, 1997, p. 224)

Ainsi, il est probable que la perception erronée de certains stimuli visuels soit liée à l'horizon d'attente des audiences, en particulier, à leur expérience limitée de la projection audiovisuelle. Enfin, il faut également prendre en compte le caractère collectif de l'appropriation de la propagande gouvernementale et la manière dont cela entre en résonance avec certaines cultures vernaculaires.

De manière plus générale, David Kerr (1993) constate que les projections ne donnaient jamais lieu à un transfert immédiat de la culture coloniale. Il commence par remettre en cause le mythe de l'absorption directe et passive des images audiovisuelles, avant de souligner l'impact de l'oralisation du dispositif de réception[65]. Kerr souligne ainsi la faible crédulité des spectateurs en Afrique centrale et leur grande vitalité et inventivité au moment d'interagir avec un dispositif de propagande géré par l'autorité. Ils étaient « vocal to the extent of active participation, and critical about plausibility, relevance to local needs, and soundness of the didactic content » (1993 : 35). Plus largement, cette attitude active et critique, favorisée par les différents niveaux d'oralité, a permis l'appropriation paradigmatique de la projection audiovisuelle[66]. Si une communauté regardait les

[65]. « In short, the African audiences for colonial cinema did not blindly absorb colonial culture. On the contrary, there is considerable evidence pointing to both positive and negative critical response to the films. Some of the more enthusiastic colonial promoters of cinema in Central Africa felt it had a very beneficial impact. Alan Izod, for example, found that films turned villagers' suspicion of development-oriented questions into cooperation; he quotes one village headman as saying after a film, "Now we can see where you are pushing us, we want to help." Izod comments, "How tremendous the achievement of films will be if they can bring that understanding of government objectives throughout Central Africa." Similarly, an anonymous editorial in the African Weekly was impressed by the "prompt and enthusiastic" response of a rural audience at Mzawazi Kraal on Mondora Reserve. The community viewed the films "with passionate interest, commented a great deal on their message and wished the show to go on." » (Larkin, p. 33)

[66]. « The colonial films, through an accident of budgetary and sociolinguistic imperatives, also broke the "coherence of vision" strived for in the "classic" film tradition. It created a screening practice which allowed the optical sign-system created through the filming and editing to be deconstructed during the actual performance by the interpreter and the audience itself. Several film theoreticians have emphasized the passivity of film audiences, owing to the synaesthetic [sic] sensory complexity of the film experience, which appears capable of being a temporary substitute for life itself. Metz calls this passivity, "scopohilia" [sic], a psychological form of aesthetic dependence, close to voyeurism. The film-viewing activities of African audiences for BEKE, CFU and CAFU screenings were far from scopophiliac, nor is it surprising that African audiences should have reacted differently from European audiences, given the vitality of the participatory element in such African cultural forms as dance, song and narrative. » (Kerr, 1993, p. 31)

films avec intérêt, il y avait toujours la nécessité de commenter les images et de débattre du message diffusé. Ainsi, en plus d'être une activité sociale, le fait d'aller au cinéma était également l'occasion d'échanger des points de vue politiques et de constituer un nouveau consensus à la rencontre entre cet « appareil » moderne et l'imaginaire vernaculaire. Ainsi, d'après Hortense Powdermaker (1962) : « There was an excitement in being part of a movie audience of more than a thousand people, constantly commenting to each other, shouting their pleasure and booing their displeasure. The comments often revealed the audience's basic problem of distinguishing between reality and acting as well as its reactions and attitudes to the content of the films. » (1962 : 256) Dans le même temps, ce travail intellectuel communautaire et intensif, car consistant à créer les conditions de possibilités de réception d'un artefact produit dans un cadre de référence étranger à l'audience, interagissait avec les croyances et les valeurs répandues dans la communauté. Par ailleurs, l'incorporation de références culturelles africaines dans les films européens et, par la suite, dans une production locale a facilité l'appropriation du *medium* cinématographique, et plus largement d'un paradigme médiatique moderne, par les populations colonisées.

Comme nous l'avons évoqué précédemment, l'oralisation du dispositif de propagande est directement le produit du contexte médiatique de réception, à la conjonction entre des normes vernaculaires et des conventions imposées par la colonisation, dans un espace *patchwork* où les spectateurs bricolent ensemble un cadre interprétatif, faisant coïncider des pratiques hétérogènes provenant autant de leur substrat culturel commun que de leurs expériences individuelles. En effet, face à une représentation défaillante, les auditeurs sont poussés hors de leur torpeur cinématographique à « remédier » collectivement à cette absence de sens, ce qui modifie en retour les conditions de réception de l'œuvre audiovisuelle. Ainsi, l'appropriation des principes de la projection audiovisuelle, et plus largement d'un paradigme médiatique moderne, a lieu à travers une forme de métissage des pratiques, à la fois « remédiation » de manières de faire communautaires, recyclage de l'expérience individuelle dans l'imagination nécessaire à chaque nouvel agencement, et improvisation liée à chaque situation. De fait, ce processus ne se déroule pas de la même manière à chaque séance et, même lorsque le programme est très similaire, la composition de l'audience, en particulier son expérience des projections cinématographiques, influence la dynamique collective. Par exemple, les manières de faire changent radicalement entre un public urbain dans une ville minière, en contact depuis une décennie avec le cinéma, et une communauté rurale[67]. Dans ce processus de « créolisation » (Bernabé, 1993) complexe et changeant, chaque élément du dispositif de réception peut jouer un rôle majeur.

Ainsi, la mise en place d'espaces *patchworks* où la projection cinématographique côtoie la performance en direct, a été rendue possible et nécessaire par de nombreux facteurs : l'inadéquation des dispositifs de propagande, la présence d'un orateur autorisé, les pratiques locales de réception, le contexte politico-social. À cette liste non exhaustive, il faut également inclure les références des films aux cultures vernaculaires[68]. En effet, l'inclusion d'éléments de la culture locale dans les films coloniaux a favorisé un rapprochement et certains spectateurs se sont sentis autorisés à prendre la parole devant l'écran. L'espace « strié » du monde colonial s'est fissuré un peu plus, laissant les publics prendre de plus en plus d'initiatives. Dans le même temps, la présence d'un commentateur de film à côté de l'écran a modifié le cadre de réception de la séance et favorisé la création de ce type d'espace *patchwork* en incluant des références, des modes de narration et des représentations propres aux spectateurs :

> By contrast, for the educational shows, there was a more controlled atmosphere, and this was where the role of the interpreter became important for "deconstructing" the message of the film. The opportunity for satire and social comment, provided by the interpreter's role often proved irresistible to African commentators coming from strong oral tradition which licensed oblique criticism authority. Such "disloyalty" to the colonial message

---

67. « The turbulent, politically sensitive urban audiences which attended cinema shows on the mine compounds, were naturally very different from the smaller, rural groups which were assembled for the Ministry of Information film shows. Powdermaker suggests that at the mine shows there was so much pandemonium in the audience people hardly noticed if the film had a soundtrack or not. » (Kerr, 1993, p. 32)

68. « What seems to have made a film particularly popular was when audiences could relate to local culture portrayed there; films with an alien setting were usually less popular. A Nyasaland H.M.S.O report of 1957 commented, "Local audiences... are quick to notice differences of environment, dress, customs and other details." Leighton Gondwe seems to confirm this when he recalls the enormous popularity of *Mulenga Goes to Town* in Nyasaland, which is where the film was shot, particularly because the main actor, Kamuchacha, was a conspicuous and much loved character in Blantyre. » (Kerr, 1993, p. 35)

>presumably accounts for the anger felt by Asian and European
>members of the audience at the BEKE showing of *Gumu*, when the
>local language dialogue of Asian and European characters in the
>film was mimicked by interpreters like Hamidi and Muwambe.
>(Notcutt et Latham, 1937, cité dans Kerr, 1993, p. 32-33)

Le bonimenteur du cinéma des premiers temps s'est ainsi invité dans les projections coloniales, apportant satire, dérision et mise en perspective du message. Dans certains cas, cette pratique *moderne* a rencontré une figure locale, comme celle du *cordoua*, telle que décrite par Amadou Ouédraogo (2017) dans la société traditionnelle malin-kée : « The *cordoua* is comparable to the "king's fool," and stands by the *sora* (the hunters' dedicated griot) throughout the ceremony. As a replicate of the king's fool, the *cordoua* stands for the truth; he incarnates the critical and subversive voice that dares speak the unspeakable. » (2017 : 138) Il serait intéressant d'interroger plus en détail les similarités entre ces trois figures, le *bouffon*, le *cordoua* et le *bonimenteur*, tout en tenant compte des différents contextes socio-culturels et médiatiques dans lesquels ils ont existé, mais aussi de la manière dont ces concepts ont interagi lorsque les civilisations africaines et européennes sont entrées en contact. En particulier, il serait pertinent d'isoler les manières dont les commentateurs de film locaux ont « remédié » des pratiques vernaculaires, métissant chacune des configurations médiatiques afin de les adapter au dispositif des projections coloniales. Malheureusement, cette étude est, en l'état de la recherche, impossible, car elle supposerait de pouvoir trouver des acteurs et des témoins de ces séances.

En fait, si la configuration médiatique n'est pas la même, ces trois figures reposent sur un rapport fondamental à la performance en direct et une interaction vivante avec leur public. Ceci est particuliè-rement visible dans la plupart des cultures de l'Afrique de l'Ouest, où l'auditoire doit interagir avec le conteur s'il souhaite que la narration se poursuive : comme le montre Amadou Hampâté Bâ (1994), chez les Peuhls, le silence est le signe du désintérêt et l'interaction orale est une marque de respect. Il en va de même dans la tradition yoruba, où, comme l'expliquent Onookome Okome et Jonathan Haynes (1995), les spectateurs de cinéma ont « remédié » des pratiques valables pour le théâtre itinérant : « The audience responds directly to the content of the film, as if it stands before an oral performer. It sings with the actors, dies with them just as it happens in the oral folktales, eats with them; and sometimes criticizes them loudly whenever it thinks there has been a deviation in the narrative: only the distancing effect of the medium prevents this audience from a critical-physical interaction in the narrative proceedings of the film. » (1995 : 256) Ces formes de participations orales pendant des séances semblent relativement répandues, au moins entre l'Ouest et le Centre du continent, et ont été relevées dès les années 1930 par Notcutt et Latham (1937) lors de l'expérimentation BEKE, en particulier lorsque, comme mentionné : « [A] number of Natives began to appear on the scene to pick, carry and load the cotton, the audience began to get wildly excited » (1937 : 157). En plus d'applaudir ou de crier, l'apparition sur l'écran d'un *Autre* reconnaissable a perturbé suffisamment les spectateurs pour les lancer dans une série de discussions.

L'autre aspect intéressant du caractère participatif des auditoires en Afrique est la grande diversité des pratiques mises en place par les publics afin de localiser les films étrangers, en renommant des acteurs ou des lieux occidentaux, ou en reliant un aspect de l'action à des événements locaux : « Powdermaker comments on the way audiences localised foreign films through giving names to Western actors, such as "Kaumutu" for Charlie Chaplin, or "Chisale" for Gabby Hayes, or by giving local interpretations to actions, by announcing, for example, that a hero in a Western is the son-of-a-chief with strong charms » (Powdermaker, 1962, p. 263, cité dans Kerr, 1993, p. 31-32). Cette pratique est spécifiquement révélatrice d'un processus plus général d'appropriation des images audiovisuelles provenant d'un contexte culturel étranger : au moment de la réception, les spectateurs modifient certaines caractéristiques superficielles de l'œuvre afin de créer un lien avec leurs propres références. En plus de renommer ou de relocaliser l'action, une communauté peut décider de mettre de l'avant un détail du film qui va correspondre à une de leurs valeurs communes. Ainsi, ils peuvent louanger un personnage, même secondaire, dont ils reconnaissent la bonne attitude. Au contraire, un groupe peut condamner un héros si celui-ci ne respecte pas une conduite morale reconnue dans la communauté.

L'ensemble des tactiques de réception se fonde dans l'enthousiasme global d'être impliqué dans un processus d'interprétation collectif, c'est-à-dire de faire partie d'une communauté. Comme le confirme Prosper Kompaoré (1981), cette attitude est largement répandue en Afrique de l'Ouest :

> Le spectateur [ouest-]africain est habitué, dans les manifestations traditionnelles à supporter sa quote-part morale et/ou matérielle. Son implication dans le spectacle sera d'autant plus forte que celui-ci aura pour finalité la restauration, ou le renforcement d'un ordre, d'une cohésion, d'une communion sociale unissant horizontalement les humains entre eux et verticalement les humains aux autres règnes animés et aux forces transcendantes et surnaturelles. Participer au chant, à la danse, participer au conte ou au jeu, participer à la cérémonie rituelle (rite de passage ou fêtes collectives) devient une manière ostentatoire parfois même exhibitionniste de revendiquer et d'affirmer sa sociabilité en tant qu'individu et maillon d'une chaîne clanique. Celui qui ne participe pas est alors un atypique, un marginal, un être malheureux. La participation passive qui est elle aussi fréquente exige cependant une adhésion pleine et entière à l'acte rituel ou au spectacle, tant dans les signes et symboles adoptés que dans la pensée mythique sous-tendant ces actes. (1981 : 18)

Ainsi, dans une salle de cinéma en tant qu'espace *patchwork*, les différentes traditions de réception entrent en contact, métissant les cultures de base ouest-africaines et un dispositif de projection moderne, faisant référence aux cultures occidentales. D'un côté, comme le souligne Kompaoré, ces réactions peuvent sembler absurdes devant un enregistrement audiovisuel présentant une performance ayant lieu dans le passé et interdisant toute interaction avec l'audience :

> La participation active devient absurde devant une action filmique se déroulant imperturbablement au rythme cyclique d'une bobine qui s'évide. Les cris, les menaces, les alertes du spectateur sont sans effets sur le spectacle, parce que, le cinéma n'est pas un spectacle comme les autres. Le mauvais danseur hué par le public est obligé de quitter l'aire de danse ; le conteur ne peut pas dire n'importe quoi devant ses auditeurs, sous peine de se voir rappeler à l'ordre, l'organisateur d'une fête a besoin des réactions de ses convives pour évaluer la réussite de sa fête. (1981 : 18)

Cependant, les réactions verbales et sonores face à un film correspondent à une réponse inconsciente qui apparaît lors de manifestations collectives ayant un fort impact émotionnel. En cela, elles sont une forme de « remédiation » de modes de faire vernaculaires, visant à adapter un dispositif étranger aux besoins d'une audience.

Suivant la même logique, l'*Interpreter* agit comme médiateur entre les deux mondes et il favorise l'adaptation d'un dispositif de communication en absence, à la nécessité de performance en présence des audiences. Ainsi, comme le constate David Kerr (1993), son impact est déterminant du point de vue paradigmatique, en particulier, en ce qui concerne l'oralisation des projections : « The narrators also did a lot to "oralise" the screenings of the films for audiences skilled in the dialectics of oral performance. There were other media, however, such as radio, and, at a later date, popular drama in African languages, which were better able to adapt participatory modes of community orality to the synthesis needed for mediating the modern world. » (1993 : 37) En conjonction avec d'autres dispositifs médiatiques (comme le théâtre populaire, la radio ou le disque vinyle), le bonimenteur remet en cause l'aspect impersonnel et constant de la reproduction mécanique, afin de rapprocher chaque expérience médiatique de la performance en coprésence.

Progressivement, une tradition de participation forte et institutionnalisée s'est développée lors des projections de films. En cela, l'oralité dépasse la simple norme pour devenir une forme de « nécessité esthétique », comme le confirment Okome et Haynes (1995) : « True to Lee Harring's observation about African oral performance tales, the film experience of the audience of popular indigenous films takes place in the now, "solving the aesthetic needs of the culture as well as the social and psychological problems for people" (1979 : 177). » (1995 : 156) Si cette caractéristique n'est pas exclusive des spectateurs en Afrique, elle s'actualise de manière spécifique, en fonction d'un agencement médiatique complexe, incluant les modèles suivants : les valeurs vernaculaires, conviées jusqu'à nous à travers les soubassements de notre culture ; la sphère médiatique dans laquelle nous sommes actifs, incluant les influences extérieures et nos tactiques d'appropriation ; l'innovation propre à chaque lieu, en fonction d'un imaginaire et d'une expérience à la fois individuels et collectifs. En retour, on peut mesurer l'action durable du « *compere* » sur les imaginaires collectifs, dans les zones où il a été actif : « [The *Interpreter*] recognized the enormity of his powers in this direction and fully utilized it. Like the Japanese *benshi*, long after the sound film was introduced, this *compere*, locally referred to as the *Interpreter* after the court clerks of the colonial government, was visible in cinema activities up till the late 70s. » (Okome, 1996, p. 52) Après l'effondrement de l'administration coloniale, la structure de propagande a été convertie au profit de la publicité pour des compagnies multinationales (vêtements, articles ménagers, lessives) : « Colonialism screened films that displayed imperial ideology; in the mercantilist era, the content and form changed radically. The operators were no longer worried about the right ideological film to screen to the local population; they were now interested in screening films that would assure maximum attendance at the open-air exhibitions. » (Okome et Haynes, 1995, p. 55) Reprenant le principe de l'introduction d'un film, le *compere* profite de sa position d'« influenceur » pour recommander la consommation de produits, sous forme de publicités plus ou moins explicites, recevant un soutien financier de la compagnie privée qui les distribue. L'impact du commentateur de film est de ce fait multiple et durable : il modifie en profondeur les dispositifs de réception des images audiovisuelles, de la fin de la période coloniale jusqu'à nos jours, étant toujours actif dans certains contextes. Par exemple, comme le montrent les travaux récents de Matthias Krings (2012), le vidéo commentateur est toujours actif en Afrique de l'Est, adaptant par exemple la production nigériane aux références et aux standards des publics au Kenya ou en *Tanzania*. Cette figure favorisant la médiation entre deux systèmes a contribué à la fois à une modernisation des sociétés traditionnelles et à la réhumanisation d'un dispositif mécanique colonial. Par ailleurs, on peut émettre l'hypothèse que l'oralisation du dispositif de propagande, par l'intégration dans les films de formes populaires et du commentaire en direct, a facilité le discours critique des membres du public.

4.2 Oralité et tactiques de résistances

Contrairement aux idées reçues, la propagande cinématographique ne convainc que si elle correspond aux présupposés des spectateurs (Fox et Welch, 2012) : le message doit être homogène avec les opinions répandues parmi le public et une image ne peut qu'amplifier un sentiment déjà répandu. Dans le cas où le dispositif de propagande arrive en complet décalage idéologique et syntactique avec les conceptions et les représentations des audiences, il aura tendance à être détourné, au profit d'un cadre interprétatif commun. Ce processus, similaire pour tout type d'audience, est d'autant plus pertinent dans un contexte colonial en Afrique subsaharienne, pour deux raisons principales : la situation de résistance inhérente à la domination coloniale et l'aspect fondamentalement collectif de toute activité. Dans la plupart des cultures en Afrique de l'Ouest et en Afrique centrale, le fait que l'individu n'existe pas de manière isolée, mais plutôt en lien constant avec une communauté, qui inclut autant les êtres vivants, les objets, les lieux et les mythes, est toujours une évidence (Ouédraogo, 2017). À part une petite élite, convertie aux valeurs occidentales, il reste toujours absurde de concevoir une activité dans un contexte public ou intime, dans le cadre de la famille ou d'une association de classe d'âge, qui ne soit pas collective : il en va de même pour la réception cinématographique. Ceci est d'autant plus d'actualité dans un cadre colonial où la puissance dominante tente d'imposer une série de messages politiques, économiques, éducationnels et sanitaires. Après un moment de stupeur plus ou moins long suivant les communautés, dû à la découverte de nouvelles pratiques culturelles, véhiculées aussi bien par le dispositif lui-même que par le contenu des films, certains membres des audiences colonisées ont exprimé, d'abord discrètement, puis de manière plus ostentatoire, leur méfiance, leur défiance et, enfin, une forme de résistance passive puis active, isolée puis généralisée.

Dans presque tous les contextes, les spectateurs en Afrique coloniale étaient loin d'être passifs et soumis aux représentations projetées. Dans de nombreux cas et bien avant que les luttes anticoloniales ne deviennent manifestes, cette activité orale lors du visionnement revenait à caricaturer le film. Par exemple, comme le rapporte Timothy Burke (2002), en 1940, la police rhodésienne rend compte d'incidents survenus lors de séances non gouvernementales, comme des commentaires perçus comme désobligeants ou des rires apparemment suspects[69]. Comme nous l'avons vu précédemment, il en va de même avec l'appropriation de la propagande gouvernementale par différentes

---

69. « During one newsreel that showed a white beauty queen, "thrills of delight" were heard, and an unspecified but apparently disturbing "noise" was heard whenever kissing appeared on the screen. Another movie showed an African stealing roller skates from his former employer, a skating rink, after he is sacked for disturbing a white woman skater. The skates are brought back to his rural homestead, where he explains that these are "the things that amuse the white man." A police sergeant charged with investigating this film immediately requested it be taken out of circulation, as it was "very much appreciated by the natives, as was evident from the laughter." In another instance, a Roman Catholic missionary who showed films in townships assured police that "should anything of an objectionable nature be shown [...] I immediately shut the film off and continue further on." » (Burke, 2002, p. 47)

audiences, avec ou sans la collaboration du commentateur officiel. Par exemple, les films de la CAFU étaient commentés à haute voix par des spectateurs d'un point de vue indépendantiste :

> More interestingly, Powdermaker, whose research was done in the Federal period, observed that any CAFU films which were clearly identifiable as government propaganda, were reinterpreted from a nationalist viewpoint by "the most vocal elements in the audience." In a film about cattle, someone shouted "when they are brought here for slaughtering, meat is sold to the Europeans only, we are sold thin meat"; or in a film about housing, "Do you think they can build houses like that for Africans?"; or when a newsreel depicted English flood, one wit linked the devastation to the land hunger which forced whites to settle in Northern Rhodesia. Any newsreel or documentary showing a British workman doing manual labour was greeted with hoots of derisive disbelief. When a newsreel showed the visit of Welensky to Ndola, the audience responded with angry direct abuse to the screen, telling him to get out of their country. (Powdermaker, 1962, p. 270, cité dans Kerr, 1993, p. 32)

Alors que les images d'actualité auraient dû mettre en valeur les réalisations du gouvernement, leur sens est détourné lors de la projection au profit d'une position anticoloniale. De même, les commentaires négatifs concernant la distribution alimentaire ou les conditions de travail rejaillissaient sur l'ensemble du système politique, incluant les hommes au pouvoir, dont Roy Welensky, qui était le dernier Premier ministre de la *Federation of Rhodesia and Nyasaland*.

Sur un autre plan, les projections deviennent parfois le lieu d'un débat sur des questions en lien direct avec la situation politique ou administrative des audiences. Par exemple, Timothy Burke (2002) rapporte comment des spectateurs ont commencé à discuter le bien-fondé de la loi coloniale, après avoir visionné un film sur un vol[70].

---

70. « After the showing of one film about a theft, debates often broke out among audience members about the fate of the thief and about the appropriateness of colonial law. In the first version of the story, the thief was killed by falling from a tree; in the second version, he was taken off by an African policeman, while his victim deposited his recovered money right away in the Post Office Savings Bank. Audiences debated whether the thief should die—many assumed that his fall from the tree was deliberately caused by his pursuer, not by an accident—and argued about which court system

Sans que cette activité soit pensée de manière subversive au premier abord, on voit bien comment la construction communautaire d'un constat peut conduire à une prise de conscience collective de l'iniquité d'une situation.

Il est intéressant de constater que ces lectures à contre-courant étaient relativement répandues et très diversifiées ; dans le même temps, il est nécessaire d'essayer de mieux les comprendre. Dans le contexte d'après-guerre anti-impérialiste, de plus en plus de gens ont développé une pensée anticoloniale, basée sur le constat de l'iniquité fondamentale du système en place. Les projections gouvernementales sont devenues, parmi d'autres, un espace d'expression de cette idéologie et l'un des lieux de diffusion et de consolidation du consensus politique. Les spectateurs des projections coloniales ont ainsi mis en place une série de tactiques de résistance, qui ont prospéré dans un environnement médiatique favorable. Ainsi, pour Kelvin Chikonzo (2018), l'opposition des audiences face au dispositif de propagande est une forme d'hybridation du message colonial :

> Yet at another level, the shift from purely western filmic texts such as *King Grant* and *Shooting High* into a hybrid texts such as *Mattaka buys a Motor Car* and *Tickey Learns to Drive* indicates how colonial film practice was forced by resistive agency of African spectatorship and consumption to realign its hegemony from seamless western texts to collaborative and hybrid texts which dismantled colonialists' claims to narrative purity. It is this agency which engenders the adoption of the African stories rather than mere appropriation on the whims and caprices of the coloniser. It is in this capacity that Africans repurposed and appropriated the colonial film thereby forcing colonial authorities to accommodate the interests of African spectators. (2018 : 113)

Le phénomène s'est ainsi amplifié de manière concomitante avec l'oralisation du dispositif de propagande, via, en particulier, la présence de l'*Interpreter* et l'inclusion de références locales dans les films. Afin de mieux communiquer avec les audiences, les administrateurs ont

---

should have jurisdiction in the case; many felt that the thief should be punished by a chief, not the European courts. Although the film producers described the assumptions about the thief's death as a "misunderstanding," it is also clear that they understood audience reactions as being legitimately predicated upon the film's content, and more. » (Burke, 2002, p. 45)

cherché à rapprocher les séances coloniales de l'horizon d'attente des spectateurs. À travers cela, ils ont créé un désir de localisation de la propagande auquel ils ne pouvaient pas répondre, avant de se trouver débordés par les revendications et en complet décalage avec les présupposés idéologiques et esthétiques des audiences. L'inadéquation de la propagande est devenue une évidence impossible à nier au moment où des personnes ont commenté à haute voix durant la projection les images suivant une lecture anticoloniale.

Ces métissages sémantiques et syntactiques ont également eu pour effet de revaloriser les cultures vernaculaires dans le système symbolique basé sur une logique raciale[71]. En plus d'autoriser une prise de parole, l'intégration de pratiques vernaculaires dans le dispositif de propagande a eu une influence sur le système de valeurs en vigueur dans le monde colonial. Les références aux contes africains (autant en ce qui concerne les personnages, les actions que le mode de narration) et la promotion du dialogue en présence lors de la réception d'une image audiovisuelle ont modifié la perception de la tradition africaine. En effet, sans remettre en cause de manière radicale la hiérarchie raciste, ces phénomènes concomitants ont participé à modérer le mépris des administrateurs européens pour les cultures indigènes et, surtout, à revaloriser la conception identitaire des colonisés. En cela, ils ont participé d'un double processus de réappropriation culturelle et de revendications anticoloniales :

> The film structure that prevailed in these films revealed the resistive agency of African spectators who wanted to see their heroes, stories, identities and cultural symbols in these films. Although the representations of Africans contained in these films were not entirely positive, one must acknowledge the manner in which the films give birth to the embryo of African acting and writing for the camera albeit in a repressed context. (Chikonzo, 2018, p. 114)

---

71. « The fact that orality was incorporated in the comical film indicates that the culture of the colonised was a force to reckon with, that it could not be simply ignored in cultural texts like films. Its mere presence, albeit abused, is resistance. Thus while orality was abused and violated, its presence kept the flame of an indigenous voice burning. Orality in film nurtured the seed of African renaissance in circumstances of repression and oppression. The inclusion of African stories in comic films shows how the coloniser had to give room to the interests, values and voice of the indigene in spite of the fact that the indigene was regarded as inferior and opposite by the coloniser. » (Chikonzo, 2018, p. 114)

Dans le même temps, l'oralisation du dispositif de propagande a favorisé l'éclosion de nouvelles formes culturelles permettant aux spectateurs de se projeter dans le Nouveau Monde postcolonial en pleine émergence.

Enfin, ce processus a permis un rapprochement entre les deux civilisations, mettant de l'avant les similarités plutôt que les différences, permettant un pont entre les gens, au-delà du statu quo politique[72]. En débutant un long processus de remise en cause des modes de représentations racistes et une forme de rééquilibrage entre les manières dont sont perçues les valeurs, les fonctionnements et les croyances des civilisations occidentales et africaines, ces séances ont contribué, même modestement, à la « décolonisation des imaginaires » (Fanon, 1961), phase indispensable à la contestation politique de la domination européenne en Afrique. En résumé, l'appropriation et le détournement des projections coloniales constituent toujours une lutte contre le pouvoir à plusieurs niveaux : administratif et politique, en posant des actes de résistances pacifiques, répréhensibles, mais difficile à condamner, et en même temps nécessaires pour la formation d'un consensus anticolonial ; symbolique, en contestant les modes de représentation imposés et en revalorisant les cultures subalternes ; idéologique, en tant que préparation d'un monde postcolonial, où un dialogue – une circulation constructive – peut se mettre en place entre les sphères culturelles ; médiatique, par l'acclimatation d'un « appareil » moderne au contexte local, établi principalement à partir du paradigme humain.

En retour, ces changements du dispositif de propagande et les tactiques de résistances mises en place par les audiences ont provoqué une réaction des administrateurs coloniaux et de la population européenne en général. Au-delà des fantasmes racistes véhiculés depuis les débuts de l'occupation de territoires africains, les Européens ont développé un certain nombre de nouvelles peurs face aux évolutions des dispositifs de propagande, principalement

---

72. « The inclusion of the narrative form/structure of the African tale indicates how orality constructed a structural resistance against the culture of the colonial narrative which claimed to totally dominate the culture of subaltern groups. This scenario reflects that the coloniser and the colonised did not exist in hermetically separated cultural time and space but that they were engaged in processes of cultural intercourse, shared agency rather than total domination. Colonial film practice and indeed colonial hegemony was in this regard exercised through negotiation rather than negation » (Chikonzo, 2008, p. 114).

basés sur une inquiétude persistance face aux masses sous domination coloniale, une appréhension sur le mauvais usage du cinéma et
la nécessité de renforcer la censure. Si les séances gouvernementales
ont manifestement contribué, comme d'autres formes de communication de masse, à la prise de conscience des subalternes de l'iniquité de la domination coloniale, ce n'est pas tant, comme l'ont cru
les élites européennes de l'époque, par la diffusion d'un contenu
mal interprété que par la création d'un espace *patchwork* favorisant
l'appropriation et le détournement des séances par les audiences.
Voyons cela en détail.

Les plus anciennes remarques exprimées par les Européens au
sujet de la réception cinématographique en Afrique reposent sur une
forme de condescendance raciste : beaucoup d'observateurs, la plupart
du temps sans expertise cinématographique, rapportent des réactions
ridicules face aux images projetées par des spectateurs qu'ils jugent
déficients ou dont ils critiquent les capacités d'interprétation. Nous
avons déjà déconstruit en détail les racines de ces clichés, voyons à
présent comment ils ont survécu face aux attitudes plus critiques des
audiences. De manière générale, ils ne s'amusaient pas uniquement de
situations cocasses détournées de leur contexte, ils s'en inquiétaient
également :

> White settlers and administrators were not merely amused by
> African reactions to films, posters, and the like. Whites were just
> as likely to express anxiety, uncertainty, and even fear about
> such reactions. For every whimsical story of Africans running
> in terror from a movie screen, there was an advertiser nervously
> commissioning a scientific study on the supposedly different
> physiological basis of African color vision. For every humo-
> rous anecdote about giant mosquitoes, there was a surveillance
> report by a policeman about the behavior of African audiences in
> urban movie houses. Whether fearful or bemused, white onloo-
> kers were never certain what Africans saw or how they saw it.
> (Burke, 2002, p. 42)

Cette incertitude, réelle ou irrationnelle, a jeté le doute sur l'ensemble
du dispositif de propagande. Par exemple, l'impression qu'un film
serait mal interprété a poussé de nombreux notables à protester contre
sa diffusion :

When they made such concessions, they did so in part because their cinema experiments aroused concern among white and Indian audiences as well, often premised on the same apprehension about the ability of the cinema to transform reality through its uniquely powerful representational technology. In the case of the film about the thief, some Europeans who saw the movie told the unit that no film portraying crime or violence should be shown to Africans for fear that such a film would create the behavior it sought to censure. Europeans and Africans watching a film on agricultural planning had a split reaction when a buffoonish African character realizes late in the film that he forgot to plant seeds in his well-tilled and watered garden: whites laughed, Africans did not. In the same film, Indians objected strenuously to a scene showing an Indian merchant overcharging an African customer, while Europeans objected to a scene showing a European farmer who mistreated his laborers and to the use of an African actor's voice to represent the voice of another European planter later in the film. (Burke, 2002, p. 46)

Imaginant chaque fois le pire, beaucoup d'entrepreneurs privés ou de commerçants ont craint que les mauvaises interprétations poussent les spectateurs à imiter les mauvais comportements mis en scène. De même, ils redoutaient que les inégalités criantes du régime colonial soient révélées dans les fictions.

Le même phénomène se reproduisit en 1942, lorsque la police rhodésienne rendit compte de la réaction des fermiers blancs qui exigeaient que l'unité composée de combattants africains (*Rhodesian African Rifles*) ne soit pas mentionnée dans un film d'actualité[73]. Encore une fois, ce rapport de force n'est pas spécifique à la propagande, mais symptomatique de la peur généralisée inhérente au régime ségrégationniste : les Européens maintenaient leur domination via une série de violences, physiques ou symboliques, nécessaires pour contrebalancer le rapport de force en leur défaveur. À l'inverse,

---

73. « White audiences in southern Africa also demanded that images of the Rhodesian African Rifles (an all-black unit) bearing arms be deleted from wartime films. At the end of a lengthy correspondence between government officials and filmmakers about the making of a film on Cecil Rhodes entitled There Lies Your Hinterland, Prime Minister Godfrey Huggins scrawled at the bottom: "History should be presented factually down to the last detail. In other words, fiction and fact should not be mixed. I also realize if this were done it would probably ruin the movie business." » (Burke, 2002, p. 48)

les Blancs ressentaient, parfois de manière inconsciente, l'équilibre précaire de leur situation face à des masses populaires qu'ils percevaient comme menaçantes.

Ces craintes, plus ou moins rationnelles, ancrées dans le maelström xénophobe servant de socle à l'occupation coloniale, ont été « remédiée » à travers une production audiovisuelle variée. D'un côté, les clichés cinématographiques dominants répandaient l'image raciste d'un homme africain à l'état de nature, c'est-à-dire non verbal, irrationnel, violent et incontrôlable. En effet, dans de nombreux films de fiction, mais également dans des productions documentaires, les populations indigènes avaient un statut similaire aux bêtes sauvages ou aux milieux naturels, apparaissant principalement dans l'arrière-plan, en tant que décors, ou comme une menace potentielle[74]. Comme nous l'avons décrit en détail précédemment, cette production audio-visuelle n'a fait que renforcer les idées reçues nuisibles, en particulier parmi la population européenne dans les colonies. Il a fallu attendre les décolonisations pour voir émerger d'autres représentations et ce processus étant trop tardif et toujours incomplet, son impact peut être considéré comme négligeable. D'autant plus qu'il aurait été nécessaire de multiplier la diffusion de messages éducatifs, avant de pouvoir infléchir une vision raciste largement répandue avant les années 1960.

De l'autre côté, les films éducatifs, principalement destinés aux publics coloniaux, mais également accessibles aux colons blancs, mélangeaient ces stéréotypes toxiques avec des prises de vues réelles, produisant une déformation plus ou moins reconnaissable de la réalité. Dans un premier temps, la production coloniale centralisée restait déconnectée des réalités du terrain et, en ce sens, semblait inoffensive, car déficiente et inefficace. Par contre, au moment de la décentralisation, lorsque les *Film Units* ont cherché des stratégies afin de rejoindre leur public avec un message compréhensible, mais aussi plus crédible et convaincant, les cinéastes se sont inspirés des cultures locales, faisant référence à des contes traditionnels, ajoutant des musiques populaires ou rejouant des activités de la vie quotidienne. Cet aspect

---

74. « The production of popular fictional adventure films, derived in part from the colonial novel, formed a photogenic referent for an expanding reservoir of exotic imagery whose latent effect was reinforced with colonial propaganda efforts. Le Somptier's film served as a model for the Film Colonial effort because it featured colonial priorities as part of an affective strategy of personal engagement in which the audience was expected to identify with the colonial father and daughter, vulnerable to the vagaries of nature and natives on the colonial frontier. » (Bloom, 2008, p. 135)

documentaire a également eu pour effet de mettre en scène les relations sociales dans la société coloniale :

> All social groups were often unnerved or startled by the mimetic capacities of the cinema, concerned about the power of visual representation not only to reflect but to transform social relations in colonial society. Indeed, in many cases, Africans, Europeans, and others were critical precisely because the camera translated social reality into cinematic images, transforming unspoken understandings about everyday life into a discomforting mirror that demanded some response. (Burke, 2002, p. 47)

La population européenne a alors développé une appréhension sur le pouvoir réflexif des nouvelles représentations : en donnant à voir des scènes en lien avec la réalité sociale, la propagande coloniale pouvait favoriser une prise de conscience sur l'iniquité du statut des subalternes. Sur ce dernier point, ils n'ont pas eu tort, dans le sens où une partie du consensus anticolonial s'est forgé lors de ces séances. Des citoyens inquiets ont alors réclamé que les autorités renforcent la censure, afin de limiter l'accès des publics subalternes à un large éventail d'images[75]. Une telle mise à l'index visant des médias de masse à destination des publics africains n'était guère exceptionnelle ; beaucoup de contenus cinématographiques, même ceux purement occidentaux, ont semblé suspects aux yeux des Européens, pour des raisons très variées.

Il semble qu'aucun notable n'ait perçu le danger de l'oralisation des dispositifs de réception, comme lieu de débats et d'échange d'opinions politiques. Si le contenu des films est censuré, personne ne

---

75. « The British South Africa Company's local authorities and later administrators were perpetually wary about African access to a wide range of materials, from Garveyist tracts to flyers for patent medicines and fancy clothing. However, visual materials, especially film, aroused particular anxiety. That concern was primarily explained, just as in other instances, as a concern for the deficient interpretative powers of Africans or about their alien cultural sensibilities. But just as in other instances, the extent to which official fears about African audiences were echoed by concerns about white audiences was often remarkable. One official file leapt from the need to exercise selective censorship of films for African audiences to a long harangue about the appeal of movies to Europeans of "limited mentality," arguing that regular patrons of movies favored "spectacularity, sensationalism and maudlin sentimentality," and that they were unable to appreciate films either in terms of messages or in terms of art. Having delivered these remarks, the author of the report immediately segued back to the inability of Africans to properly understand cinema. » (Burke, 2002, p. 47-48)

perçoit le besoin de contrôler le dispositif de projection. Cette réaction est similaire à celle face à la présence d'un commentateur de film, critiqué principalement pour le manque de contrôle sur le contenu de son discours. Le fait que la dimension performative de son activité soit très étroitement liée aux postures de résistance des spectateurs était totalement ignoré des élites coloniales, quelle que soit leur expertise en matière de propagande. Or, il est très clair que de nombreux publics coloniaux se sont approprié les séances gouvernementales afin de contester l'hégémonie idéologique et politique occidentale, en construisant des discours collaboratifs et hybrides, en « remédiant » des formes narratives qui leur étaient propres et en débattant de leur condition subalterne. Évidemment, ce processus a pris des formes très variables suivant les contextes locaux. Comme nous l'avons vu, si la lutte anticoloniale était relativement généralisée en Afrique, elle a pris une dimension encore plus tragique dans les territoires considérés par les Européens comme des zones de peuplement, où ils ont tenté de maintenir leur domination plus longtemps en augmentant toutes les formes de violence. Les luttes d'indépendance ont alors pris une dimension militaire. Cependant, bien avant d'en arriver aux violences physiques, les populations de ces territoires ont généralisé le constat dans des espaces *patchwork* comme celui des projections cinématographiques.

Il en résulte une configuration médiatique complexe, où se confrontent différentes traditions de réception, mais aussi des enjeux paradigmatiques et politiques. En effet, face à la difficulté à transmettre un contenu, partiellement à cause de la distance culturelle trop grande entre les sphères de production et de réception des films coloniaux, mais aussi en raison du décalage paradigmatique entre un « appareil » moderne et les civilisations africaines, les administrateurs ont mis en place des stratégies, tels l'inclusion de références sémantiques ou syntactiques locales, ou l'ajout d'explications pendant la projection. Elles ont alors abouti à une forme d'oralisation du dispositif de propagande, brisant l'homogénéité d'une conception occidentale basée premièrement sur le contrôle et l'aspect englobant, donc persuasif, du message. Ce nouveau dispositif a ainsi ouvert un nouvel espace, *patchwork*, entre les contraintes d'un monde saturé de conventions et les capacités de résilience des populations ayant survécu à une domination esclavagiste, militaire, administrative, puis économique et culturelle par les nations occidentales. D'un côté, le métissage des références était une forme de reconnaissance, dans le sens où il indiquait que la culture des colonisés était une force avec laquelle il fallait compter. De l'autre, l'oralisation de la propagande l'éloignait d'une posture de contrôle, inspirée par le paradigme moderne de littéracie, et amplifiait les postures de résistance. Par conséquent, comme nous le confirme David Kerr (1993), il y avait une contradiction fondamentale dans le système de propagande britannique en Afrique :

> Finally, the ideology which underpinned the colonial films tended to offer confusion rather than culturally acceptable guidance. There was a fundamental contradiction between modernising and pseudo-traditional tendencies in the scenarios. The patronising desire by colonial educators to "protect" cinema was intended to maintain a submissive population capable of "guidance" by imperial authorities. But the very same capitalist system which educators were ultimately serving, was also generating communication systems from which it was impossible to insulate African audiences. (1993 : 37)

On trouve cette même opposition dans les manières dont l'oralisation des projections coloniales est perçue comme à la fois un mépris envers les spectateurs, la survivance de mauvaises habitudes et une manière de « remédier » l'oralité des cultures africaines.

De manière globale, là où les films éducatifs ont échoué à diffuser des façons de faire occidentales ou une idéologie coloniale, les projections commentées ont contribué à une double transformation : diffusion de cosmogonies européennes et, dans le même temps, adaptation des publics africains aux « appareils » modernes. D'une part, elles ont favorisé une occidentalisation des populations colonisées, introduisant une série de logiques modernes, de la littéracie, à l'idée d'un développement économique, en passant par la nécessité d'un progrès technique et matériel. Or, cette idéologie était alors en complète contradiction avec celle de sociétés basées sur un système médiatique oral et le maintien d'un consensus en équilibre entre les composantes naturelles, humaines et ancestrales d'une société. Ceci a été rendu possible, car, d'autre part, le commentaire en direct a permis une appropriation des technologies modernes, en ouvrant la possibilité d'une « créolisation » du dispositif. Au départ, le *medium* cinématographique était en contradiction avec les institutions et les pratiques, héritées de mythes et des valeurs fondées sur les liens communautaires entre les gens, la performance en direct et des conventions très ancrées dans la cosmogonie. Par exemple, la reproduction mimétique du mouvement ou la résolution d'une quête par un héros solitaire et exceptionnel semblaient parfaitement normales au regard de l'histoire picturale ou narrative européenne (Kracauer, 1973), mais étaient totalement étrangères à l'horizon d'attente des audiences en Afrique. Les premières projections coloniales ont constitué pour les spectateurs à la fois une forme de violences administratives et symboliques, dans le sens où ils ont été forcés de s'adapter à une sphère médiatique qui leur était étrangère. Après une période de sidération, les réactions ont oscillé entre l'indifférence et la contestation. Par la suite, l'oralisation des dispositifs de propagande en a brisé l'homogénéité et a ouvert des espaces *patchwork* où chaque communauté a pu commencer un processus d'appropriation des technologies et du paradigme : c'est ce que je nomme « créolisation[76] », c'est-à-dire la création de nouvelles pratiques, face à un mélange hétérogène et une nécessité impérieuse de reconstruire une logique cohérente.

En effet, comme dans les cultures créoles (Glissant, 1990), on constate la même nécessité de trouver un compromis entre des paradigmes non conciliables : un « appareil » moderne, mécanique, objectif, imposant une idéologie de domination à des populations travaillant à leur survie ou à une prise de conscience de leur aliénation. Face à cette nécessité impérieuse, espace *patchwork* entre la rigidité des conventions du pouvoir et le besoin individuel et communautaire de résistance, les groupes mobilisent leurs imaginaires afin de créer un ensemble de *tactiques* redonnant une légitimité à une activité. Les publics ont ainsi détourné le dispositif de propagande afin de mettre en place un forum où ils ont tout d'abord contesté les représentations coloniales (identités, communauté, races), avant de préparer une lutte anticoloniale dans le domaine administratif, politique, voire armé. La « créolisation » qui a eu lieu chaque fois suivant un processus distinct, car en fonction d'une imagination et d'une expérience à la fois individuelle et collective, a permis une appropriation du discours, avant de favoriser des pratiques de résistance.

Dans le cas des projections coloniales, cette appropriation était également une forme de rattrapage culturel, donnant aux spectateurs un accès accéléré à, entre autres, la tradition iconographique européenne, les différentes instances de réception et de validation,

---

76. Concept développé à partir des réflexions de Patrick Chamoiseau sur la « créolité ».

la reproduction optico-mécanique du mouvement, soit, en résumé, une perspective sur la modernité occidentale. Or, n'est-ce pas là où se situe le véritable message d'après Marshall McLuhan (1964) ? Non pas dans le sens véhiculé par les images et les sons, mais à travers le nouveau paradigme exprimé lors d'une expérience médiatique.

Chapitre 3

La propagande
cinématographique française

Si les chapitres précédents, sur la « localisation » relative de la production de films et sur l'oralisation des dispositifs de projection, s'intéressent en principe à l'ensemble des activités de propagande dans l'Afrique coloniale, ils sont principalement basés sur des exemples provenant de territoires sous administration de la Grande-Bretagne. La première raison est bien sûr historique : les Britanniques ont mis en place dès les années 1930 des moyens importants afin de développer des unités ambulantes de projection cinématographique. Ensuite, les archives y ont été très bien conservées, centralisées autour de Londres et faciles d'accès. À l'inverse, pour diverses raisons institutionnelles, il m'a été difficile de pousser plus avant mes recherches en Belgique. Il y aura certainement d'autres analyses à faire sur ce sujet, en partant des archives disponibles. Du côté français, la nécessité de communiquer via des messages audiovisuels avec les populations sous domination coloniale est beaucoup plus tardive : il faut attendre 1943 pour qu'une « voiture automobile munie d'un haut-parleur » (Murati, 1951a, p. 1) commence à sillonner les routes de l'Algérie et l'après-guerre pour qu'un système de propagande soit institutionnalisé. En AOF, la même logique n'apparaît qu'avec le risque des Indépendances à la fin des années 1950.

Or, comme décrit en détail dans un document rédigé par Albert Lacolley en 1945, le Gouverneur général d'Indochine Albert Sarraut lance une expérience de propagande cinématographique en 1916[1]. L'auteur souligne les difficultés de manipulation du film dans un climat tropical. Il montre également comment la projection silencieuse permet de toucher un très large public[2]. Cette nouvelle forme de communication avec la population est tout à fait en phase avec les politiques de la France de la IIIe République. En effet, depuis 1911, le Gouverneur général Sarraut a été nommé dans le but de moderniser les structures administratives et économiques françaises dans ce territoire[3] (Morlat, 2012, p. 180). Ainsi, en 1917, Sarraut lance une campagne de « propagande en faveur des emprunts nationaux » (Lacolley, 1945, p. 8). Il est intéressant de noter que cette expérience, qui aurait pu être la base de la propagande coloniale française, n'est jamais mentionnée dans les autres travaux préparatoires.

Le retard français par rapport aux expériences belge et britannique est très bien documenté par l'administration[4], et l'avance des autres pays européens deviennent même une motivation afin d'éviter les erreurs qu'on peut y observer[5] (Lemaire, 1949, p. 2). Comme toujours,

---

1. « Nous avons insisté un peu longuement sur l'histoire de cette expérience Sarraut en Indochine car elle nous paraît extrêmement convaincante : à une époque où le cinéma naissait à peine et au milieu d'incroyables difficultés matérielles, la ferme direction d'un homme a suffi pour assurer le succès de l'entreprise ; le Gouverneur Sarraut a su comprendre que le cinéma pouvait être un incomparable instrument de suggestion à la condition d'atteindre toute la population et d'être soigneusement contrôlé et dirigé. » (Lacolley, 1945, p. 10)

2. « Une estrade élevée de 2 m 50 supportait la cabine de projection ; à 20 mètres en avant était placé un écran de 7 m sur 10 m qui permettait la visibilité du film par transparence (ce qui doublait le nombre de spectateurs). Devant la cabine une tribune était réservée pour les mandarins et les européens. À droite de l'estrade se tenait un interprète muni d'un porte-voix. On obtenait ainsi une image très nette de 6 m 20 sur 4 m 80 et de 6 à 10 000 indigènes pouvaient assister à chaque réunion. Dans chaque centre on donnait 3 représentations avec changement de programme. » (Lacolley, 1945, p. 8)

3. « Le gouvernement de Sarraut avance dès le départ deux projets dans le domaine économique : la mise en valeur du domaine colonial indochinois et des réformes visant essentiellement les effectifs des fonctionnaires des services civils. Dans un cadre politique, et pourquoi pas complémentaire aux besoins d'économies budgétaires en matière de personnel européen, il s'agit pour lui de lancer la politique d'association franco-indigène, voulue par le parti radical où il siège à sa gauche et donc pour ce faire, de moderniser les structures traditionnelles des pays protégés ; notamment dans les cadres de la Justice mais aussi de l'évolution du système éducatif ; de façon à faire émerger une nouvelle élite de natifs susceptible de soutenir le projet colonial. » (Morlat, 2012, p. 180)

4. « Alors que nos amis belge et anglais [sic] ont réalisé pour leurs territoires des expériences extrêmement intéressantes, nous avons pris dans ce domaine un retard indiscutable. » (Lemaire, 1949, p. 2)

5. « Sans disposer de moyens matériels aussi importants, nous pouvons cependant en tenant compte des expériences faites à l'étranger, rattraper assez rapidement notre

plusieurs opinions s'affrontent au sein de l'administration française et, dès les années 1930, on trouve des rapports qui regrettent l'absence « d'outils d'information » des populations (Joseph, ca. 1932) et d'autres qui soulignent l'inutilité, voire le possible impact négatif des séances de cinéma dans un contexte colonial (R. de Guise, 1932). Certains affirment, sans chercher à le démontrer, que le cinéma éducatif est une nécessité[6]. D'autres défendent l'opinion contraire, sans apporter plus d'arguments concrets : « Il ne paraît pas nécessaire d'organiser [...] des tournées de propagande. » (Administrateur principal de la Commune mixte de Fort-National, 1943) Ce débat se continue après la guerre, entre ceux qui considèrent les projections éducatives comme un luxe inutile qu'une France en pleine reconstruction ne peut se permettre, et ceux qui envisagent la propagande audiovisuelle comme un aspect de la modernisation nécessaire des structures de l'État. Il ne semble pas que ce débat ait été tranché de manière définitive, ni même qu'une décision claire ait autorisé la création d'un tel système. Cette controverse se poursuit ainsi jusqu'aux années 1960 et nous verrons comment les administrateurs des services de propagande cherchent constamment à justifier leurs coûts de fonctionnement et à démontrer leur utilité.

En fait, une des motivations du gouvernement français à organiser les projections cinématographiques ambulantes est de rattraper un « retard inexcusable » (Lemaire, 1949, p. 2) par rapport à d'autres pays, spécifiquement pour une puissance occupante dont la principale justification à la domination coloniale est la poursuite d'une « mission civilisatrice ». En effet, la France et les autres puissances coloniales sont régulièrement accusées de ne pas remplir leur mandat d'aider au développement économique et administratif des territoires colonisés en construisant des infrastructures de base (voies de communication, structures politiques et administratives) et en améliorant le bien-être des populations (santé, éducation).

Le faible développement des systèmes éducatifs audiovisuels dans les territoires coloniaux français est tout spécifiquement visible en

---

retard et nous éviter certains errements et certaines critiques sur le plan international. » (Lemaire, 1949, p. 2)

6. « Le cinéma éducatif, porté à l'école indigène, et tendant à imprégner, dès leur jeune âge, nos jeunes sujets de ces deux idées par la projection d'actualités et de documentaires judicieusement choisis, peut également permettre d'espérer les plus heureux effets. [...] il n'est pas douteux que le cinéma constituerait en Afrique Mineure, un moyen puissant dont disposerait la France pour parachever la conquête du sol par celle des coers [sic.] et des esprits. » (Cabinet du Gouvernement général de l'Algérie, ca. 1938, p. 7)

Algérie où la situation est comparée de manière défavorable face à l'Égypte, mais aussi en regard avec un territoire sous protectorat, le Maroc. En 1947, dans le document *Presse, film, radio : rapport de la Commission des besoins technique* (UNESCO), on constate le faible engagement de la France sur le plan des projections éducatives. Alors que l'Égypte compte 23 unités mobiles de diffusion cinématographique, l'Algérie est seulement équipée de 3 camions cinéma. Le rapport souligne la qualité et la souplesse du système de propagande égyptien. Par exemple, les films sont généralement projetés de manière muette et accompagnés d'un commentaire réalisé en direct[7] (UNESCO, 1947, p. 177). Que ce soit dans les écoles ou pour des adultes, le film semble être utilisé comme support pédagogique, afin de rendre concret un aspect technique ou initier un débat, mais la projection ne semble pas être une fin en soi. Il en va de même au Maroc, « où l'on parle plusieurs langues et dialectes, [et où] les films sont souvent produits avec accompagnement musical et sonore seulement, et commentés par microphone » (UNESCO, 1947, p. 43). Là aussi, des unités mobiles de projection nommées « Caravanes du Bled » parcourent les zones rurales depuis 1939. Elles sont équipées d'un camion cinéma avec deux appareils de projection 35 mm et 16 mm, d'un grand écran pliable, d'un système d'amplification sonore, d'un microphone, d'un tourne-disque et d'un poste de réception radio. Un générateur électrique est également attelé sur une remorque. Enfin, plusieurs membres du personnel compétent complètent le dispositif[8]. D'après ces quelques éléments, on peut constater l'extrême adaptabilité des caravanes cinématographiques marocaines. Selon plusieurs sources (Benbouazza, entretien le 24 mai 2016 ; Chevaldonné, entretien le 13 juin 2014), les archives de l'État marocain regorgent de rapports et de documents permettant de retracer en détail les activités des « Caravanes du Bled » et une étude détaillée de ces pratiques est à mener de toute urgence.

---

7. « Les films muets sont très utilisés, surtout dans les écoles, car les maîtres affirment qu'ils sont préférables du point de vue de l'enseignement. Les films sonores, surtout lorsque le commentaire n'est pas en arabe, sont souvent projetés sans le son ; tandis que le maître ou un récitant commente les images. » (UNESCO, 1947, p. 177)
8. « Les équipes se composent d'un chef d'équipe, d'un opérateur mécanicien, d'un assistant opérateur et de 3 speakers (un pour l'arabe et les deux autres pour les dialectes berbères) ; les speakers apprennent le commentaire par cœur et prennent part à de nombreuses répétitions, ce qui permet d'obtenir une bonne synchronisation. À l'heure actuelle, le commentaire à l'aide du microphone est de loin préféré au commentaire enregistré ; le microphone est également utilisé pour d'autres usages et il est considéré comme un des éléments les plus importants de l'unité mobile. » (UNESCO, 1947, p. 186)

Cherchant ainsi à échapper aux reproches de négligence dont il est régulièrement accusé par d'autres pays ou par des instances internationales, à la fin des années 1930, le gouvernement français cherche à améliorer ses « outils » de communication et d'éducation des populations nord-africaines : le Gouverneur général à Alger met en place des émissions radiophoniques en français, en arabe et en kabyle, il publie des journaux et des tracts, il emploie également des « émissaires et conteurs publics ambulants ». Après la guerre, toutes ces activités sont regroupées sous l'égide du Service d'information et de documentation musulmane (SIDM) (*Journal officiel*, 1945), auquel sera également rattaché le Service de diffusion cinématographique (SDC) à partir de 1947.

1. Le Service de diffusion cinématographique (SDC) en Algérie (1947-1962)

D'après les sources disponibles, la mise en place d'un dispositif de projection cinématographique itinérant en Algérie semble plus le résultat d'un état de fait hérité de la guerre et de la présence de la *US Army* sur ce territoire que d'une décision du gouvernement central[9] (Murati, 1951a, p. 7). Cette expérience fondatrice influence la création du dispositif de propagande du Gouvernement général en Algérie et, en quelque sorte, devient le modèle à suivre. Le matériel de diffusion audiovisuelle est pensé en fonction de ce standard et les pratiques sont décrites suivant une terminologie anglophone : *public adress* [*sic*], *speaker*, etc.

La seule source concernant ces activités de propagande entre 1943 et 1945 vient d'un rapport publié en 1951 par Pierre Murati, *Le Service de diffusion cinématographique de l'Algérie*. Murati sera le directeur du SDC de sa création en 1947 jusqu'au départ des autorités françaises en 1962. Sans que cela soit dit explicitement, il était déjà responsable de la Peugeot du Service d'information en 1943. Il montre ainsi la continuité entre la propagande états-unienne, cette voiture automobile légère et la conception du SDC[10]. Il montre également la complémentarité des

---

9. « Avec le débarquement américain en Afrique du Nord [novembre 1942], le cinéma d'information fit son apparition sous l'égide du *Psychological Warfare Office*, qui s'efforça avec plus ou moins de bonheur, en liaison plus ou moins étroite avec le Service Cinéma de l'Armée Française, de renseigner par le film toute une population avide de nouvelles. » (Murati, 1951a, p. 7)

10. « Ainsi, durant les années 1943, 1944, 1945, la Peugeot du Service d'Information et de Documentation Musulmanes accomplit une tâche très rude. On la vit dans les

projections cinématographiques avec les autres pratiques du SIDM[11]. Ainsi, une bonne partie de la conception française de la propagande audiovisuelle coloniale en Algérie repose principalement sur une seule personne, en charge d'organiser les activités d'éducation par le film, de mettre en place les réseaux de diffusion, de créer à la fois le matériel nécessaire (camions cinéma, matériel de projection audiovisuel, films éducatifs) et de former ses adjoints. En tant que directeur d'un service administratif, il est l'auteur d'une bonne partie des rapports écrits sur les activités du SDC. En cela, il est la seule interface entre le dispositif de propagande et la hiérarchie officielle en Algérie et dans les ministères parisiens, rendant compte de la manière dont l'argent public est dépensé, défendant l'utilité et l'efficacité de son action et négociant plus de moyens. C'est pourquoi il est intéressant d'étudier en détail sa conception de la propagande cinématographique et de confronter ses écrits à d'autres sources (lorsque cela est possible).

Revenons à la mention initiale du *Psychological Warfare Office* : le directeur du Service de diffusion cinématographique et ses adjoints font régulièrement référence aux techniques de propagande états-unienne, soulignant l'aspect novateur des recherches sur la communication de masse menées dans ce pays, ce distanciant ainsi de pratiques coloniales auxquelles ils refusent de s'identifier et masquant l'influence britannique. En effet, si ce service participe d'une politique d'occupation et de gestion coloniale d'un territoire, ses administrateurs perçoivent son action de manière ambiguë : le SDC a été « créé pour les besoins de la propagande », mais ils revendiquent un « organisme d'information moderne », dont le mandat est d'« informer, d'éduquer [et] de

---

Territoires du Sud, sur les Hauts Plateaux, en Kabylie et sur le littoral. Ces tournées permirent de procéder à une première mise au point de la méthode à employer. En plus des séances organisées à l'intention de la population musulmane, dans les salles de cinéma des agglomérations visitées, certaines régions dépourvues de salles de cinéma purent être parcourues par l'équipe du Service d'Information et de Documentation Musulmanes. » (Murati, 1951a, p. 7)

11. « Équipé d'un matériel sonore encombrant et rudimentaire, d'un groupe électrogène de faible puissance, ce véhicule rescapé des durs combats de Tunisie, reçut pour mission de parcourir l'Algérie, de circuler dans les agglomérations et petits centres de l'intérieur, pour suppléer au manque de puissance des émissions musulmanes de Radio-France, à l'emploi délicat des conteurs publics et pour réaliser un réseau de propagande et d'information parlées, d'essence essentiellement française. Véritable amplificateur vocal ambulant, cette [sic] voiture automobile emportait également dans ses flancs, des panneaux de photos d'actualité, des revues et journaux illustrés, imprimés en français et en arabe, des tracts, des disques de musique populaire européenne, arabe et berbère. » (Murati, 1951a, p. 8)

détendre les esprits » (Murati, 1951a, p. 20) : « L'information, si elle confine parfois à la propagande, a le mérite, lorsqu'elle est conduite sagement, de susciter un courant de sympathie chez les hommes. C'est ainsi que le SDC, en apportant une documentation filmée, alimentée par un choix de bandes objectives, administre au public, sans qu'il s'en aperçoive, la preuve que la France est présente dans ce pays et que son œuvre s'étend à tous les domaines. » (Murati, 1951a, p. 20) Afin d'être complet, il faut préciser que l'objectif des projections est de « faire taire dans la mesure du possible par la qualité et l'objectivité de [ses] programmes les thèmes de la propagande nationaliste », mais également de recueillir des « renseignements sur la situation actuelle et l'état d'esprit des populations » (Recorbet, 1955c, p. 1).

Or, comme l'affirme James Burns (2000), l'influence britannique sur les administrateurs français semble aussi une évidence : « Towards the war's end, as the French and Belgian administrations turned to film as a tool of education they also embraced the Sellers's formula. » (2000 : 204) De même, le *Psychological Warfare Office* a commencé ses activités en 1941, réunissant les compétences américaines et britanniques. En novembre 1942, l'aspect diffusion d'informations aux populations des territoires récemment repris par les armées alliées est basé à Londres et est confié à des civils ayant collaboré avec Sellers à la CFU (Paddock, 1982). Il est intéressant de souligner les similarités entre le *Cinema Van* et la Peugeot du Gouvernement général de l'Algérie : le format de diffusion (16 et 35 mm), la dimension sonore (microphone, tourne-disque), le fait que tout soit embarqué dans un seul véhicule, l'équipement pour une projection en plein air, etc. Cependant, il est impossible de savoir dans quelle mesure Murati a eu accès aux publications de la CFU (comme la revue *Colonial Cinema*), ou s'il s'est juste basé sur ce qu'il connaissait du *Psychological Warfare Office*, pour ensuite s'adapter aux contraintes de son époque.

Il semble que les projections coloniales soient interrompues de manière brusque en Algérie à partir d'avril 1945, lorsque le véhicule connaît une avarie sérieuse[12] (Murati, 1945b). Aucune source ne permet

---

12. « La voiture automobile Peugeot 402, utilisée par le CIE depuis novembre 1943, pour des tournées de propagande en milieu musulman algérien, vient de subir une grave avarie (rupture du pont arrière dûe [sic] à une usure extrême). [...] Il est, dans ces conditions, aisé de prévoir que cette automobile ne pourra plus accomplir de longues tournées dans le bled algérien et par conséquent ne pourra que très difficilement nous être utile dans notre propagande en milieu musulman, à un moment où cette propagande *devrait* [correction manuscrite, sic] être intensifiée. » (Murati, 1945b, p. 8)

de mesurer l'impact de ce bris mécanique sur l'organisation des tournées ni le processus qui a conduit au remplacement du véhicule. Il faut attendre février 1946 pour que la construction d'un « camion de projections cinématographiques » soit officiellement annoncée : « Ce véhicule, qui constitue un véritable prototype, a été entièrement réalisé sur nos plans et nos suggestions, par des firmes françaises, avec du matériel français. » (Murati, 1951a, p. 10) Ce premier camion cinéma entre en service à Alger en juin 1946. En l'absence d'informations précises sur l'organisme financeur et la chaîne décisionnelle, il est difficile d'évaluer l'intérêt des autorités françaises pour la diffusion d'une propagande cinématographique.

1.1 Organisation et évolutions du Service de diffusion cinématographique

Le SDC est créé en 1947 sous la supervision directe du Directeur des Cabinets civil et militaire du Gouvernement général de l'Algérie. Son nom, SDC, son directeur (Pierre Murati) et l'organisation administrative restent globalement constants jusqu'aux années 1960. Le personnel, les moyens matériels et le nombre de camions cinéma vont augmenter par pallier : d'un seul camion en 1946, on passe à trois en 1949, quatre en 1954, six en 1957, jusqu'en 1960, où l'on trouve la trace de 7 équipes. Depuis 1947, chaque unité est composée d'un « chef de bord [13] », d'un « chauffeur », mécanicien et électricien, et d'un « opérateur de projection », breveté et spécialiste d'amplification. Depuis le début des activités, chaque séance est commentée par un *speaker* [14]. Par ailleurs, les dépenses globales concernant le personnel du SDC révèlent d'abord un budget très réduit.

Comme du côté britannique, les activités des unités sont dirigées et organisées par un administrateur colonial. Ainsi, Pierre Murati et son bureau se chargent de mettre en place des circuits de projections, cherchant des compromis entre les temps de déplacement et la nécessité de visiter le plus de communautés possible. Ils informent également les différents paliers administratifs civils et les autorités militaires. Chaque tournée est ainsi adaptée à une région et peut être organisée autour d'un thème spécifique, comme une campagne

---

13. Roger Plassard, M. Coquelle, Gilbert Heros, Pierre Recorbet, Roger Toche, Paul Diana, Paul Boineau, M. Cavalier, M. Bianchi, M. Wenger.
14. Sahnoun Boulares, M. Belhabib, Achite Mohamed.

de vaccination BCG menée par la Direction de la Santé publique dans l'arrondissement (Heros, 1950e, p. 5). Par contre, une différence majeure avec le système de propagande en *Gold Coast* est visible dans la composition et le fonctionnement des équipes : alors que les *Cinema Vans* sont opérés par des employés ghanéens relativement autonomes, avec l'*Interpreter* responsable des séances, les activités du SDC sont conduites par des employés français. Le chauffeur et le projectionniste sont sous le commandement d'un chef de bord chargé de prendre contact avec les autorités locales afin de négocier le lieu, l'heure et le programme de la séance. Dans cette configuration, il aurait été incongru d'avoir un employé algérien chef d'une unité comprenant des employés coloniaux. Par conséquent, au lieu d'être la personne centrale à la rencontre entre les leaders et les publics locaux, mais aussi entre les employés et les cadres de la CFU, le commentateur de film en Algérie n'est qu'un rouage périphérique du dispositif.

La même logique est visible dans le déroulement d'une séance type. Aussi, lors de l'arrivée dans une localité, le chauffeur conduit le traducteur dans les rues afin de faire la promotion de la séance, alternant *public adress* [sic] et musique : « De la diffusion des disques naît le plus souvent une atmosphère de détente et de bonne humeur. Les équipes des camions et en particulier le *speaker*, utilisent cette *émotion musicale* [sic], pour entrer rapidement en parfaite intelligence avec les spectateurs à qui l'on demande d'indiquer les disques qu'ils veulent entendre, quels sont leurs artistes préférés, etc. » (Murati, 1951a, p. 35) Ensuite, le chauffeur et le projectionniste préparent le matériel pour le soir. Chaque séance débute par une introduction donnée en français par le chef de mission, puis traduite par l'interprète :

> Avant de commencer la projection qui est effectuée sur une distance de 35 à 65 mètres, le chef de bord fait en français au micro, un court commentaire du programme, à l'intention des spectateurs européens. Le speaker lui succède et à son tour explique et commente le programme en arabe dialectal et en profite pour donner des conseils et diffuser des consignes et des annonces. Puis les films sont projetés. (Murati, 1951a, p. 34)

Encore une fois, la présence du français dans le discours est prédominante, mettant de côté la médiation nécessaire entre le dispositif et la population locale. Si elle est perçue comme nécessaire au bon déroulement des séances, la traduction en direct du contenu de la propagande n'est pas considérée comme essentielle par les autorités françaises, incluant le chef du SDC. Il en va de même pour la langue de diffusion des films : nous verrons dans la seconde partie de ce chapitre comment cet aspect évolue dans les années 1950. Tous ces détails orientent le contenu d'un système de propagande centralisé autour de l'administration française. À ce sujet, l'exemple du SDC est peut-être plus proche de celui de la CAFU dans la *Federation of Rhodesia and Nyasaland* que de la GCFU.

1.2 Les difficultés de la propagande française en Algérie

Les descriptions idéales contenues dans les rapports, ou la séance type proposée par Murati en 1951 laissent supposer que les films diffusés sont parfaitement reçus par tous les spectateurs :

> À la fin de la séance qui, selon les régions, est saluée par des applaudissements nourris ou est accueillie par un silence admiratif qui dure parfois plusieurs secondes avant que les spectateurs se ressaisissent, l'Administrateur, le Maire, le Caïd ou un notable disent quelques mots au micro pour remercier le Gouvernement général [de l'Algérie] d'avoir envoyé le camion dans la région. (1951a : 34)

Or, il faut toujours prendre avec précaution l'évaluation que les fonctionnaires font de leur propre travail. De plus, de nombreuses réactions jugées positives sont au mieux des marques de politesse ou une forme d'allégeance au pouvoir en place. Du côté des autorités locales, le Gouvernement général met beaucoup de pression afin que les camions cinémas soient bien accueillis. Chaque mauvaise expérience est consignée dans les rapports de tournée et une attitude interprétée comme « antifrançaise » est parfois soulignée de manière manuscrite dans la marge par l'autorité civile ou militaire qui a lu ce document. Du côté des populations, on sent également que toutes les réactions ne sont pas tout à fait spontanées et que certains villageois savent que ces séances sont autant l'occasion de recevoir la parole officielle que d'envoyer un message aux autorités.

Paradoxalement, les employés du SDC semblent quelque peu naïfs au sujet de leur système de projections cinématographiques.

Globalement, ils refusent de nommer propagande leur activité de diffusion de messages audiovisuels gouvernementaux[15]. La nécessité de mieux communiquer avec les populations, tout en évitant les excès de la propagande, est une idée très répandue après-guerre, comme le montre le rapport sur *Le cinéma dans les territoires d'outre-mer*, écrit par Albert Lacolley en 1945[16]. C'est pourquoi le chef du SDC et ses adjoints soulignent ainsi constamment l'« objectivité » des informations « propagées » ; ils précisent aussi que chaque film est choisi en fonction des caractéristiques de chaque public afin de diffuser un message adapté à l'audience[17]. Même si la réalité du terrain semble contredire cette affirmation, les employés du SDC mettent de l'avant la grande capacité d'adaptation de leur dispositif. Nous verrons plus loin qu'ils utiliseront l'argument opposé afin de négocier des moyens supplémentaires, en particulier plus de versions de films en langues vernaculaires. Progressivement, cela devient leur *modus operandi*, la signature de leur action en faveur de la gestion française en Algérie. En 1960, Murati résume ainsi les objectifs de la mission du SDC :

---

15. « Le destin des mots que nous employons est bien étrange. Nous ne pouvons guère prononcer le mot *Propagande* sans éveiller aussitôt la suspicion, et de façon légitime, quand nous songeons à toutes les impostures que ce vocable a déjà recouvertes dans le monde contemporain. Mais si nous parlons de *Propager* [sic], employant ce verbe d'où l'étymologie fait pourtant sortir le mot propagande, nous n'éprouvons plus aucun scrupule. C'est qu'en vérité rien n'est plus respectable et souvent plus urgent que de propager des faits que nous tenons pour vrais, des connaissances que nous estimons utiles, des notions que nous jugeons fructueuses. […] Car qui veut aujourd'hui *Propager* [sic] doit nécessairement faire usage des moyens d'expression, des "véhicules" d'idées, de mots et d'images les plus généralement accessibles à la grande masse des observateurs, des auditeurs, des spectateurs, c'est-à-dire à la radio, en attendant la télévision, et surtout au cinéma : leur vaste audience est au fait, contre qui, même un écrivain ne songe pas à s'insurger. » (« Allocution », 1953, p. 1 ; italique ajoutée par l'auteur)

16. « Mais il demeure bien entendu que cette action du cinéma sur les esprits ne saurait revêtir un caractère de propagande apparente ; elle doit utiliser, au contraire, avec le maximum de discrétion les genres traditionnels dont la gamme est variée : actualités, documentaires, comiques, etc… et fournir avec tact les éléments qui permettront aux spectateurs de dégager librement une image exacte du génie de la France. » (Lacolley, 1945, p. 36)

17. « Les films et les méthodes d'action du SDC sont des moyens d'expression objectifs. Les uns et les autres ne violent pas brutalement la tradition ancestrale et les cerveaux des gens, car beaucoup de ceux-ci sont encore à la recherche d'un équilibre moral et de vérités de base, tandis que d'autres sont des adversaires de la France. Cette arme psychologique exerce sur les uns et les autres une influence efficace et parfois salutaire, car elle est utilisée par un service dont la structure repose avant tout sur une idée forte de patriotisme et sur la connaissance solide de l'Algérie, du Sahara et des populations d'origines ethniques diverses qui y vivent. » (Murati, 1960, p. 2)

1. Présenter aux populations des régions visitées, la vision de certains aspects de l'effort français en Algérie, à l'aide de nouveaux films, sonorisés en français ou en arabe dialectal, choisis à dessein dans la Filmathèque [sic] du SDC. [...]
2. Créer le plus possible un climat favorable à la France en redonnant confiance aux uns et en atténuant chez d'autres, dans la mesure du possible, la portée de certaines doctrines politiques et séparatistes. (Murati, 1952d, p. 3)

Les chefs de bord mettent régulièrement de l'avant leur expérience et leur excellente connaissance des populations visitées :

8. Dissiper certains malentendus avec une méthode *adaptée aux circonstances locales*. Briser au maximum l'influence des propagandes qui s'exercent à l'encontre de la France et qui pénètrent souvent avec succès jusqu'au fond des douars et des *machtas* [sic].
9. Réaffirmer l'autorité française, si souvent battue en brêche [sic], à l'aide de cette arme efficace qu'est le cinéma utilisé comme moyen d'information et de « propagande ».
10. Offrir à chacun et à tous, avec un visage souriant et sans truquage manifestement tendancieux, de nombreux motifs de réfléchir et de se distraire sainement. (Murati, 1952d, p. 3)

Tout au long des 15 années d'activité du SDC, ils reprennent cette idée comme une forme de devise afin à la fois d'expliquer leurs succès, de justifier leurs activités et de se démarquer d'autres approches, plus intrusives.

Si l'on résume l'opinion des administrateurs du SDC sur l'impact de la propagande, « l'absence (relative) de réactions négatives dans l'assistance équivaut à une acceptation des messages de propagande diffusés » (Denis, 2012, p. 203). À de nombreuses reprises, les « chefs de bord » justifient la réception négative d'une séance par la surreprésentation de militants « nationalistes » dans l'audience : « Si des critiques ou des réflexions peu amènes ont pu être exprimées ou entendues, il y a lieu de penser avec juste raison qu'elles ont été le fait d'une minorité agissante composée de ceux qui ont intérêt à critiquer tout ce qui touche ici à l'œuvre française et à la France. » (Murati, 1952d, p. 5) Par contre, ils rappellent toujours en conclusion, sans forcément apporter de preuves factuelles, le succès de leur entreprise :

« La grosse majorité des très nombreux spectateurs contactés durant le déroulement de cette mission a, au contraire, apprécié ostensiblement nos films et notre méthode de présentation et de travail. » (Murati, 1952d, p. 5) Malheureusement, en l'absence d'étude indépendante sur la réception des séances du Service de diffusion cinématographique, il est difficile d'en évaluer l'efficacité.

Malgré de nombreuses sources disponibles sur les difficultés des autres colonisateurs pour organiser une propagande cinémato-graphique, les autorités françaises n'ont que très peu pris en compte les conclusions des expériences belges ou britanniques, en particulier les difficultés à communiquer un message éducatif. C'est pourquoi il est intéressant d'analyser en détail les rapports soumis au ministère des Colonies, ou directement à l'administration responsable de ce dossier, afin de mieux comprendre les caractéristiques spécifiques de ce malentendu. Sur un total de 21, quatre rapports seulement abordent la question de la traduction, des versions en langues vernaculaires, ou du commentaire performé pendant la projection… Même si tous ces rapports concernent un projet de projection coloniale en Afrique (du Nord, de l'Ouest ou Équatoriale) ou un compte rendu d'activité pédagogique via le film, presque aucun ne mentionne l'importance de diffuser un contenu compréhensible par les spectateurs, c'est-à-dire de traduire, d'une manière ou d'une autre, un commentaire en fran-çais ou de produire un film en fonction de son contexte de diffusion.

De nombreux documents sont une forme de synthèse des enquêtes menées sur place par l'administration coloniale. Ils se focalisent sur la situation de la distribution et l'exploitation cinématographique dans chaque région, avec un intérêt très marqué pour la censure, en particulier des films étrangers diffusés dans les territoires sous administration française. Ainsi, comme du côté britannique ou belge, certains rapporteurs tentent de cerner les « préférences des spectateurs indigènes », en proférant les mêmes banalités ou en exprimant un point de vue plus ou moins raciste.

Pourtant, la question de la langue de diffusion est évoquée avant la Seconde Guerre mondiale, en particulier dans la *Note sur le cinéma et les populations musulmanes d'Algérie*, émise en 1938 par le Cabinet du Gouvernement général de l'Algérie, et qui détaille la situation de la distribution cinématographique en Algérie sous domination française. Le rapport évoque le cinéma « parlant arabe » (ca. 1938 : 1), faisant référence en particulier à la production égyptienne. L'auteur montre le décalage entre la compréhension des spectateurs et leur intérêt pour les films[18]. Il faut juste préciser que ce premier attrait, basé sur la nouveauté d'une production à la fois proche et exotique, est rapidement remplacé par un réel engouement qui va accroître l'influence de l'Égypte sur ses voisins. En effet, il est plus facile pour une population nord-africaine peu éduquée dans le système français de s'adapter aux références culturelles et à l'arabe égyptiens, qu'aux films occidentaux. C'est pourquoi le Cabinet du Gouvernement général de l'Algérie recommande d'« utiliser le cinéma à des fins purement françaises », afin de contrer « l'action étrangère », en particulier en diffusant des Actualités cinématographiques (ca.1938 : 6). De même, le cinéma éducatif, « par la projection d'actualités et de documentaires judicieusement choisis, peut également permettre d'espérer les plus heureux effets » (Cabinet du Gouvernement général de l'Algérie, ca. 1938, p. 7). Curieusement, la note ne précise pas la nécessité de traduire le contenu dans une langue vernaculaire comprise par les spectateurs !

La question des versions est ainsi très rarement abordée dans les études qui ont préparé la mise en place du Service. Parmi les exceptions, deux rapports signés par le Gouverneur de la Côte française des Somalis (1940a ; 1940b) décrivent la projection de films documentaires en anglais : « [L]'un sur la formation des pilotes, l'autre (*The Lion Has Wings*) sur l'aviation britannique » (1940a : 2). Plusieurs séances gratuites pour la « population indigène, troupe indigène et aux enfants des écoles » ont été organisées[19] (Gouverneur de la Côte française des Somalis, 1940b). Dans un second rapport (1940b), il insiste sur la nécessité d'apporter un « commentaire en arabe et en somali [...] lu avant la projection » afin de « faciliter et compléter l'interprétation des films » (1940b : 1). Après avoir montré le succès de ces séances (les

---

18. « En outre, la langue employée demeurait inintelligible à la masse des spectateurs, parce que trop littéraire et trop différente de l'arabe maghrébin, par la promotion et les tournures du dialecte égyptien. Pourtant l'accueil fait au premier film avait été sympathique, en raison de la curiosité quasi instinctive du public musulman pour tout ce qui vient de l'Orient – un Orient au prestige tout entier encore – car rien n'était venu jusque-là, diminuer son auréole légendaire. » (Cabinet du Gouvernement général de l'Algérie, ca. 1938, p. 3)

19. « Un commentaire préalable en français, en arabe et en somalis permettait aux spectateurs de comprendre suffisamment l'action. Les applaudissements que soulevèrent les principaux passages du film (défilé de troupes anglaises, présentation de S. M. le Roi d'Angleterre, la défaite d'avions allemands) indiquent assez clairement que le public en avait parfaitement réalisé le sens et je ne pense pas qu'il y ait d'inconvénient à ce que de tels films soient présentés en version anglaise. » (Gouverneur de la Côte française des Somalis, 1940b, p. 2)

« salles [étaient] combles » (1940b : 1)), il insiste sur la nécessité de recevoir des films de propagande français, pas pour une question de version, mais pour le contenu de la propagande. Il est intéressant de noter que la question linguistique est abordée lorsque la projection a lieu dans une langue, l'anglais dans ce cas, étrangère pour l'auteur. Cependant, dans la majorité des cas, cet aspect est totalement ignoré, même quand cela semble être un obstacle manifeste à la diffusion d'un message. Confrontés aux difficultés de la réception, les administrateurs du SDC vont chercher à corriger cet oubli.

La dernière caractéristique du dispositif de propagande du SDC est la faiblesse récurrente de ses moyens. Nous avons vu que les motivations de l'État français en créant ce service étaient pour le moins ambivalentes : il n'y avait aucune unanimité sur la nécessité d'un tel système et il a été mis en place tout d'abord par défaut, puis pour masquer une politique éducative et sociale défaillante de la France dans les territoires colonisés. Ce manque de volonté politique a pour principale conséquence un sous-financement du SDC et, par conséquent, la nécessité pour son directeur de devoir continuellement à la fois justifier de l'existence d'un tel service et de négocier des moyens appropriés à la tâche dévolue. Dès avril 1945, Pierre Murati plaide pour une dotation minimum de trois camions cinéma[20]. Comme Murati le précise dans le même rapport, du point de vue de la puissance occupante, il y a urgence à « accentuer notre action, de nous préoccuper de l'avenir et de parler le plus possible un langage précis aux populations musulmanes de ces régions qui nous ont paru beaucoup trop en butte à des manœuvres diverses de la part des partis politiques français ou des membres des groupements nationalistes musulmans dissous » (1945b : 5). Or cet objectif ne peut être atteint qu'avec des films adaptés et suffisamment de véhicules pour visiter très régulièrement chaque communauté. En 1960, le SDC obtient des moyens supplémentaires, c'est-à-dire sept équipes de camion cinéma et plus de la moitié des films disponibles en version arabe, parfois

---

20. « La propagande sous toutes ses formes, est [sic] dans une période comme celle que nous vivons, une arme très importante. Les résultats déjà obtenus par le CIE [Centre d'information et d'études], par son système de propagande en milieu musulman, par voiture avec haut-parleur, par le film, la photo, les tracts, les brochures etc... qui complètent utilement l'action des Émissions musulmanes de Radio Alger, doivent nous inciter à ne pas lui donner une place de second plan dans nos préoccupations journalières. L'octroi d'une voiture automobile munie d'un haut-parleur, à chacun des CIE de nos trois départements, serait à notre avis, la meilleure des solutions, car elle permettrait une action continuelle. » (Murati, 1945b, p. 8)

également en kabyle. Or ce dispositif est toujours insuffisant pour assurer un début d'efficacité sur le terrain. La principale raison est le fait que ce service doit couvrir l'ensemble du territoire algérien, c'est-à-dire rencontrer des publics extrêmement divers, sans qu'il soit matériellement possible de multiplier les séances ou de les adapter à chaque catégorie de spectateur.

Or, contrairement aux compagnies militaires, comme les CHPT actives en Algérie à partir de juin 1956, qui ciblent spécifiquement les Algériens tentés par « l'aventure nationaliste », le SDC doit sauver les apparences et donner l'impression que le Gouvernement général en Algérie s'adresse à toute la population. Ainsi, les séances sont gratuites et ouvertes à tous, sans discrimination d'origine, de religion, de genre ou de classe sociale. Dans les « communes » visitées, les équipes rencontrent des audiences très variées, regroupant à la fois les populations indigènes et des colons européens, installés parfois dans la région depuis plusieurs générations. Déterminé à la fois par leur classe sociale, leur niveau d'éducation, leur *gender* et leur origine ethnique, chaque spectateur arrive devant l'écran avec une connaissance du cinématographe et un bagage culturel très hétéroclite. Ce problème de diversité des populations sous domination coloniale française a été souligné, dans des termes coloniaux, dès 1945 par Albert Lacolley : « Les races qui le peuplent comme leurs langues et leurs degrés de civilisation y sont extrêmement divers et cette grande diversité est un sérieux obstacle à l'élaboration d'un plan d'ensemble. » (1945 : 33) Cet enjeu est particulièrement visible en Algérie où la population parle des langues différentes (le français, l'arabe, le kabyle, l'espagnol, etc.), a des attentes variées et une expérience du cinéma très hétérogène, allant des spectateurs assidus des villes, au public novice des campagnes. La diversité des publics est telle qu'elle supposerait des dispositifs de propagandes mieux adaptés : certains spectateurs, généralement urbains, vont très régulièrement au cinéma et possèdent une bonne connaissance de ce *medium*, alors que d'autres ont eu l'occasion d'assister à seulement quelques projections et comprennent plus ou moins les films français. Enfin, dans certains « centres », en particulier au sud, la présence française étant très abstraite, les visites du SDC constituent parfois le premier contact concret de certaines communautés avec le colonisateur. En conséquence, pour les premiers, il faudrait des films éducatifs classiques, expliqués par un commentateur. Pour les derniers, des images fixes initiant des débats parmi de petites audiences seraient probablement la meilleure solution.

Les cadres du SDC sont relativement conscients du problème. En 1951, Pierre Murati distingue entre quatre catégories de spectateur : les spectateurs « européens », pour qui le cinéma est une « distraction nécessaire », les « musulmans éduqués », « le public musulman dégrossi », adepte d'un cinéma de distraction, allant du cinéma américain commercial aux films égyptiens, et les audiences « cinématographiquement vierges ». Dans le même document, Murati s'attarde spécifiquement sur les deux dernières catégories. Concernant les classes populaires, il reprend l'argument classique d'une contre-éducation : « Pour le public musulman dégrossi, il faut contrebalancer les mauvais programmes des salles locales en présentant, non pas un cinéma médiocre, mais des films tendant à l'élever moralement et intellectuellement en captivant et en soutenant son attention. » (Murati, 1951a, p. 22) Comme nous le verrons dans la prochaine partie, la faiblesse du budget rend difficilement réalisable ce souhait. Le même constat est réaffirmé en janvier 1961 par Coup de Frejac, Directeur de l'information de la Délégation générale de l'Algérie : « Les bandes existant couramment en filmothèques n'étant pas toujours adaptées à la compréhension de gens n'ayant jamais "vu" le cinéma et traitant rarement de leurs préoccupations immédiates, nous avons mis au point la formule d'un programme mensuel comportant deux films de court métrage. » (1961 : 1) Il propose également de mixer dans le programme des aspects plus éducatifs avec des passages distrayants. Par contre, je ne comprends pas en quoi ses solutions proposées par ce haut cadre de l'administration résolvent le problème de la diversité d'expérience des spectateurs.

Concernant le public « cinématographiquement vierge », la difficulté n'est pas juste linguistique ou sémantique, mais également syntactique et paradigmatique :

> Pour le second, qui n'a jamais vu un écran, qui se tourne vers le camion au début de la projection, pour en voir sortir des images qu'il pense vivantes, il faut faire de l'apprivoisement, il faut gagner sa confiance, pour l'amener à s'échapper moralement du cadre étriqué et routinier où son fatalisme passif semble le condamner à vivre, pour l'obliger aussi à bénéficier d'un apport que lui offrent les temps actuels sur les plans sanitaire, social, moral et économique. C'est là qu'interviennent tout spécialement les interprètes des camions, et les films sonorisés en arabe dialectal dont nous aurons à définir plus avant le rôle et l'utilité. (Murati, 1951a, p. 22)

Ainsi, avant d'envisager la diffusion d'un message de propagande, il faut commencer par introduire le dispositif, comme le fait le commentateur à Aflou le 29 mars 1952, devant 150 personnes : « Au préalable, une présentation en langue arabe était faite aux spectateurs qui tous allaient assister pour la première fois à une séance cinémato-graphique. […] J'ai pu noter, lors de l'installation du matériel, que ce qui impressionna le plus nos amis spectateurs, fut le groupe électro-gène. L'un deux d'ailleurs me demande si c'était de là (il désignait le groupe) que sort le "Krabah" (courant). » (Heros, 1952d, p. 10) Afin de dépasser la simple lecture spectaculaire (régime du cinéma des attractions), il faudrait pouvoir acclimater les audiences les moins expérimentées à ce dispositif moderne. Cela supposerait des séances d'introduction adaptées et des visites très régulières, ce que le budget du SDC ne permet pas.

En résumé, il est quasiment impossible de trouver un format adapté à l'ensemble des audiences, car il n'est pas rare de croiser toutes ces catégories lors d'une même séance et il est compliqué d'har-moniser la réception des films. La solution dans ce cas serait de mul-tiplier les projections, en s'efforçant de regrouper les spectateurs en fonction de leur langue, de leur imaginaire et de leur expérience du paradigme mécanique. Cela supposerait également le fait d'avoir une grande quantité de films à disposition, voire plusieurs versions du même reportage, dans des langues différentes, mais également des montages de complexité différents. En l'absence de budgets supplé-mentaires, tout l'enjeu des camions cinémas sera alors de contenter les différents publics, tout en cherchant à faire passer leur message colonial. Plusieurs stratégies sont testées par le SDC, dont la plani-fication d'un programme adapté à chaque localité et la projection de plus de films en versions arabe puis kabyle. Une autre solution expérimentée est de projeter les films en version arabe sous-titrée en français : par exemple à Saint-Cloud le 26 juin 1954, *La fête imprévue* (VA) « commenté en arabe dialectal et sous-titré en langue française souleva l'hilarité générale » (Heros, 1954d, p. 14). D'autres proposent des stratégies plus radicales. Ainsi, Pierre Recorbet (1954d), dans les conclusions de son *Rapport de tournée*, propose d'organiser des projec-tions communautaires : « Il me semble cependant qu'à Philippeville, il sera nécessaire d'organiser à l'avenir deux séances, l'une à l'intention des Européens sur la place du Marquais, l'autre au cœur même de la nouvelle ville indigène, à l'intention exclusive de la population musulmane de cette grande agglomération. » (1954d : 9) Le faible impact sur les audiences mixtes est également souligné en 1957 dans la *Note de renseignement* des Renseignements généraux :

> Il est certain que de telles actions de propagande peuvent avoir une influence bénéfique sur la population musulmane pour peu qu'elles se renouvellent régulièrement. Les commentaires des spectateurs français européens sont unanimes à ce sujet. Néanmoins, on estime que cette propagande aurait plus d'effet si elle était réservée à la seule population musulmane, hors de la présence de trop nombreux Européens. Cette campagne psychologique doit certainement connaître un net succès auprès de la population musulmane des douars, moins évoluée que celle des villes et plus perméable à ce genre de propagande ; ici, le but recherché devrait normalement être atteint. (1957 : 2)

Cette suggestion, comme beaucoup d'autres, ne sera pas reprise par les autorités françaises en Algérie. Le refus du Gouvernement général d'adapter le dispositif de propagande aux défis rencontrés par les camions cinéma est probablement dû au peu d'intérêt qu'il porte à la communication en général avec les populations éloignées de la capitale et le peu de crédit qu'il accorde aux activités du SDC. Lorsque les administrateurs se rendent compte de leur erreur, après 1955, il est trop tard et les investissements consentis ne portent pas leurs fruits.

Comme dans les cas explorés précédemment, la prise de conscience vient par ceux en contact avec les spectateurs : les chefs d'équipe finissent parfois par dépasser le constat idéaliste et se posent la question de ce qu'ils pourraient faire afin d'améliorer leur dispositif de propagande. Malheureusement, en l'absence de témoignage direct, il est difficile de retracer en détail ce processus. Cependant, en se basant sur l'évolution de la manière dont ces questions sont abordées dans les rapports de tournée, il est possible de mettre en place quelques hypothèses. On constate ainsi une évolution du vocabulaire utilisé pour décrire les pratiques, mais aussi des moyens jugés nécessaires pour atteindre les objectifs fixés, en particulier sur deux aspects. Le premier est la prise de conscience de l'importance de projeter un film adapté aux références culturelles et aux compétences linguistiques des spectateurs. Cela suppose la production de films éducatifs et de divertissements pensés en fonction de la diversité des publics rencontrés par le SDC. Ce premier constat repose sur une critique très légèrement négative des activités du SDC et la formulation plus ou moins explicite d'une demande de plus de moyens, c'est-à-dire principalement plus de camions cinémas, afin d'augmenter le rythme de passage dans une localité, et des films mieux adaptés aux attentes des audiences. Le second concerne une revalorisation de la place du *speaker*, qui passe de simple supplétif de l'administration française, c'est-à-dire à la fois responsable de traduire les messages du Gouvernement général et de rapporter les réactions verbales ou écrites exprimées en langues vernaculaires, à véritable rouage du système de propagande, médiateur entre les exigences de l'administration française et les attentes des audiences. Dans ce cas, les chefs de bord mentionnent plus régulièrement l'activité du commentateur de film dans leurs rapports de tournée et montrent, avec un vocabulaire différent, l'importance de son rôle dans le dispositif du SDC.

2. Localisation de la production et enregistrement de versions en « arabe dialectal »

La qualité des films disponibles reflète les conditions de création et le financement du SDC : ce sont généralement des copies de courts métrages éducatifs, de vues humoristiques ou de reportages d'actualité destinés à un autre marché, recyclés pour la propagande en Algérie. Il est donc peu probable que ces films aient été adaptés aux audiences variées rencontrées par les camions cinéma. Par exemple, la plupart des films sont en français. En 1948, seuls 8 films sur 35 sont disponibles en version arabe, incluant des thèmes comme la religion musulmane, l'agriculture et l'économie, et deux films faisant la promotion de l'unité franco-algérienne (UNESCO, 1947, p. 171). La situation ne s'améliore véritablement qu'après 1958 et un véritable engagement financier des autorités françaises, en particulier à un niveau militaire[21] (Murati, 1958b, p. 1). En l'absence de données exhaustives fiables, il est difficile d'évaluer précisément la présence

---

21. « Il est à noter que pour la première fois en Algérie, un court métrage sonorisé en dialecte kabyle fut emporté dans les soutes du Cinébus. Cette bande, réalisée sous l'égide du Service de l'Information, met en relief l'évolution de la femme en pays kabyle. Je dois dire qu'elle fut suivie avec grande attention, chaque fois qu'elle fut présentée par l'équipe Boineau. Il est encore évidemment trop tôt pour connaître les véritables réactions qu'elle aura suscitées. Il serait en tout cas fort précieux pour le S.D.C. que Monsieur Vignon et ses services recueillent le maximum de renseignements sur l'effet produit par ce premier film en version kabyle. » (Murati, 1958b, p. 1)

de films en version arabe ou « kabyle »[22] dans la « filmathèque » du SDC. Par contre, faute de budget et de volonté politique, la propagande française en Algérie fonctionne manifestement pendant de nombreuses années avec des films non adaptés à leur activité.

Or, à la fin des années 1950, le consensus sur le principe de films produits localement dans une langue comprise par les spectateurs est relativement répandu. Ainsi, dans *Les moyens de diffusion de la pensée outre-mer* (CMISOM, ca. 1958b), le rapporteur disserte sur l'idée classique que le public est attiré par les films populaires (action, western, policiers). Il complète sa description en soulignant l'intérêt pour les « production[s] des pays arabes, Égypte en particulier » (CMISOM, ca. 1958b, p. 33) et des images mettant en scène des références locales : « Dans le domaine du cinéma non commercial, toutes les productions réalisées sur le territoire intéressent vivement le public qui retrouve sur l'écran des paysages, des modes de vie, et des visages connus. Mais ceci n'est pas particulier à ce public et le même phénomène se retrouve en France et particulièrement en province. » (CMISOM, ca. 1958b, p. 33) Dans le même document, l'auteur revient sur l'importance de la « reproduction exacte et fidèle de la réalité [que le spectateur] vit chaque jour » (1958b : 20) dans le processus d'interprétation : « Les messages visuels et auditifs ne sont compris et appréciés qu'en fonction d'un certain environnement culturel. Nous ne comprenons pas des émotions, mais seulement des situations, c'est à partir de ces situations et guidés par tout un système de signes, de mimiques, que nous reconnaissons l'émotion d'un individu. L'émotion est un langage social. » (CMISOM, ca. 1958b, p. 20) Enfin, l'auteur souligne que l'expression des émotions n'est pas « naturelle mais toujours conditionnée culturellement » (1958b : 20) et que le respect des références locales facilite « le processus d'identification » (1958b : 20) : « [L]e spectateur s'incarne dans le double qu'il voit sur l'écran et sa participation à l'action du film est totale. » (CMISOM, ca. 1958b, p. 20) Cette dernière observation semble toujours valable à l'heure actuelle (Bouchard, 2017).

Ces principes sont repris par le commandant Denis (1960), membre du Centre d'instruction interarmées de l'Arme psychologique, lorsqu'il aborde la langue de diffusion des films éducatifs :

---

22. Il est intéressant de noter que les administrateurs français ne mentionnent que cette langue tamazight, sans faire de références aux autres langues parlées par les groupes ethniques « berbères ».

> Tout emploi de procédé audiovisuel nécessite un commentaire écrit ou verbal ce qui postule une connaissance suffisance de la langue lue ou écoutée de la part du spectateur. [...] Le premier réflexe est de faire du français, la langue du commentaire. [...] Mais comment éveiller les sentiments d'un autochtone n'ayant qu'une connaissance rudimentaire du français ? [...] Sur 80 % au moins de l'élément autochtone, l'emploi d'une langue vernaculaire reste nécessaire en fin de compte. (1960 : 16)

Il souligne aussi la nécessité de localiser la propagande et, par conséquent, de trouver le personnel compétent pour adapter les messages aux références locales : « L'utilisation des langues vernaculaires, les règles d'une esthétique très différente de l'esthétique française postulent un très large appel à des intermédiaires autochtones, à un corps d'élite spécialement recruté pour interpréter en langage, mentalité et selon une esthétique autochtone les arguments proposés. » (Denis, 1960, p. 17) Dans les deux cas, les rapporteurs conçoivent la propagande en tant que diffusion d'un message adapté aux réactions émotionnelles du groupe ciblé. C'est pourquoi ils conseillent de chercher à adapter le message à diffuser aux références locales, incluant l'ensemble des microdétails entourant la communication interpersonnelle. L'idée est de maquiller le discours émanant du pouvoir en fonction des caractéristiques de chaque communauté. Comme les auteurs le soulignent, cela suppose un grand talent et une connaissance très fine de chaque culture.

Cet objectif théorique est difficilement atteignable dans la réalité, encore plus dans les conditions de contraintes budgétaires que connaît le SDC après la Seconde Guerre mondiale. Cependant, on peut tout de même observer une évolution à l'intérieur et à l'extérieur du Service, vers une prise de conscience des faiblesses du dispositif mis en place et des défis à relever. Commençons par tracer un rapide bilan des films disponibles au cours des années 1950, en regard des différents publics rencontrés par le Service. Nous décrirons ensuite les réactions des spectateurs lorsque les images projetées entrent en résonance avec leur expérience. Ce sera également l'occasion de souligner un changement en ce qui concerne le discours des chefs de bord, puis de l'administrateur.

2.1 Une production française

Le dénominateur commun entre tous les films diffusés par le SDC est qu'ils font la promotion des services mis en place par le Gouvernement général en Algérie. Si quelques fictions à destination de la population algérienne apparaissent après 1955, la grande majorité de la production audiovisuelle est d'ordre documentaire (Denis, 2009, p. 75). Quels que soient leurs origines – production originale ou remontage et réécriture du commentaire d'un film destiné à la métropole –, chaque bande audiovisuelle souligne la « qualité de la collaboration » entre Français et Algériens, les réalisations du gouvernement français dans ce territoire, ou les aides offertes à la population. Par exemple, *Unité française* (Actualités françaises, 1946) met en scène les combattants algériens pendant la campagne 1942-45[23]. De même, *L'Algérie au travail* (Actualités françaises, 1946) est un montage d'actualités filmées sur l'essor de l'industrie en Algérie, en particulier le vaste plan d'équipement qui a favorisé l'essor des ports d'Alger et d'Oran[24]. Il montre l'inauguration de nouveaux aérodromes, de routes, la construction de barrages et de centrales électriques, le développement de la production de charbon, de l'industrie textile et métallurgique, l'ouverture de conserveries, ainsi que l'essor phénoménal des productions de blé et de vin. D'abord disponibles uniquement en version française, les commentaires sont traduits et enregistrés ensuite par un employé du SDC en version arabe.

Les films présentant les services sociaux ou éducatifs destinés à la population, tels que *L'eau qui guérit* (Francol Film, 1947) ou *Assistantes sociales en Algérie* (Colson-Malleville, 1947), promeuvent d'abord la grande générosité de la République et le dévouement du personnel européen. Par exemple, *Écoliers d'Algérie* (Delafosse, 1947) est un

---

23. « Ce film réalisé pour le compte du Gouvernement général de l'Algérie se propose de célébrer "l'unité française" au sein de l'armée d'Algérie. L'armée de terre, de l'air et la marine, dont la présence s'étend sur tout le territoire algérien, accueillent en leur sein soldats européens et musulmans. En cette année 1946, Alger voit revenir les troupes de soldats qui se sont battus en Europe contre les forces de l'Axe, "le sang algérien se mêlant au sang français lors des mêmes combats". À Miliana, les autorités françaises ont inauguré "l'école militaire préparatoire" qui accueille les enfants des soldats indigènes tués à la guerre. L'école de vol à voile du Djebel Diss ainsi que l'école de mousses de La Pérouse forment les futurs pilotes et marins sans distinction de races. À Sidi Bel Abbes, on fête la Légion étrangère et à Beni Abbes on se recueille devant la tombe du Père de Foucault. La présence militaire française s'étend jusque dans l'extrême-sud algérien, comme à Touggourt où s'est rendu le Gouverneur général Yves Chataignaud afin de décorer de la Légion d'honneur un algérien méritant. Cette unité algéro-française a été fêtée à Alger lors de la commémoration de la victoire de 1945 qui a vu défiler des troupes françaises et indigènes. » (INA, s.d.)
24. On trouve des images et un commentaire similaire dans *Grands ports algériens* (Francol Film, ca. 1940), *L'Algérie, terre française* (Artisans d'art du cinéma, 1946), *Le port d'Alger* (Lehérissey, 1948), *Algérie, pays de qualité* (Actualités françaises, 1947), etc.

documentaire montrant l'immense effort accompli en Algérie dans le domaine de la scolarisation. Il en va de même pour d'autres sujets, concernant la culture ou la religion. Ainsi, le *Pèlerinage sur les lieux saints de l'Islam* (Cosmorama, 1947), disponible dans les deux langues, a pour « ambition [...] de faire œuvre de propagande en faveur de la France, grande puissance musulmane » (Service d'information et de documentation, ca. 1950, p. 3). *Fantasia du sud* (Francol Film, 1948) ou *Le cheval arabe* (Francol Film, 1948), tous deux sur l'élevage du cheval arabe, montrent aussi comment la France se préoccupe de protéger et de promouvoir les traditions et savoir-faire locaux. Suivant la même logique, le court métrage *En Algérie, souvenirs de la Rome antique* (Actualités françaises, 1947) exploite la présence de vestiges romains pour souligner le passé commun des nations méditerranéennes.

Évidemment, cette propagande idéalisant la domination française produit une série de contradictions, comme le souligne Sébastien Denis (2009) :

> À ces symboles de l'Algérie sans la France suivent ceux de la grandeur française, que le GGA se charge d'incarner en terre algérienne. Dans le même film, il faut alors "bien souligner l'opposition entre la propreté et presque le luxe de l'installation [du médecin] et la pauvreté des patients", car "le médecin n'exerce pas un métier, mais un véritable sacerdoce." (2009 : 48)

Il ne faut pas oublier que la principale motivation du gouvernement français à travers la création de ce dispositif de propagande est de répondre aux critiques anticoloniales (des mouvements indépendantistes algériens, des communistes français, des puissances étrangères, ou des institutions internationales) sur sa gestion des territoires sous sa domination[25]. La réponse de la France est relativement simpliste, condamnant d'un côté la mauvaise administration durant la période précédant la colonisation – comprise comme une explication du

---

25. « Le cinéma de propagande français sur l'Algérie est fait en réaction à la mise en accusation de la colonisation française, et donc afin de contrecarrer le nationalisme algérien montant qui exploite la réalité historique et matérielle de la colonisation. Par leur masquage de la réalité, ces films témoignent parfaitement de la politique "assimilationniste" de la France à l'égard de l'Algérie (c'est-à-dire du discours des Européens), refusant de prendre en compte tant qu'il en est encore temps les propositions modérées des autonomistes et réprimant durement les plus déterminés d'entre eux. » (Denis, 2009, p. 51)

sous-développement de l'Algérie –, de l'autre, malgré d'immenses efforts, de grands investissements étatiques et de sacrifices individuels, elle reconnaît qu'il reste beaucoup à faire plus d'un siècle après la conquête. Les films doivent donc mettre en opposition ce qui relèverait d'une tradition nuisible et d'une « mentalité arriérée » et la modernité occidentale comme solution aux problèmes sanitaires, éducatifs, ou économiques[26]. Or, il est difficile de rapprocher émotionnellement dans l'imaginaire des spectateurs les images négatives filmées pendant l'après-guerre, avec la situation de l'Algérie précoloniale. Dans le cas où les audiences ne comprennent pas totalement le commentaire, les mauvaises interprétations sont inévitables et il n'est pas rare qu'une image se retourne contre la gestion présente, par l'administration française, d'autant plus que cela correspond à une réalité que maints Algériens connaissent. Par exemple, lors d'une projection à Kenadza le 11 mars 1955, après la présentation de *La terre tremble dans le Cheliff*, un film réalisé à la suite d'un séisme particulièrement violent dans la province du Cheliff en septembre 1954, un spectateur avec un fort accent espagnol, « probablement un réfugié politique espagnol » (Toche, 1955b, p. 13), critique la manière dont l'aide française est mise en scène[27]. Les rapporteurs du SDC blâment régulièrement la présence d'« éléments nationalistes », qu'ils considèrent comme les auteurs de ces réactions négatives. Jamais ils ne remettent directement en cause la construction discursive d'un film, ni évidemment la rhétorique coloniale.

Afin d'éviter ce type d'interprétations erronées, la dichotomie est soulignée à grand renfort de techniques documentaires de l'époque : images misérabilistes des populations les plus pauvres, plans d'ensemble majestueux sur les réalisations françaises et musique

---

26. « Les "enfants loqueteux" et autres "mendiants malpropres", censés avoir existé dans un passé sans colons, peuvent donc être montrés au cinéma grâce à une situation supposément inexistante. Cette configuration paradoxale, qui est le noyau idéologique de la propagande française, reviendra pendant la guerre d'Algérie. Elle est emblématique de la volonté des autorités de se montrer sous les dehors les plus avantageux, n'hésitant pas pour cela à abaisser la population indigène face à la noblesse de la France et de ses institutions. » (Denis, 2009, p. 48)

27. « Toutefois pendant la projection de *La terre tremble dans le Cheliff* à plusieurs reprises au cours de la séquence montrant les Administrateurs remettant aux sinistrés des bois pour reconstruire leurs gourbis et les 20 000 francs de la prime immédiate, j'entendis de nombreux murmures désapprobateurs émanant d'un petit groupe de spectateurs. J'en demandais la raison à l'un d'eux qui répondit sur un ton ironique : "C'est bien du cinéma ! Ceux qui ont touché étaient des protégés politiques et les autres attendent encore". » (Toche, 1955b, p. 13)

accentuant le choc des images, afin d'amplifier l'adhésion émotionnelle des spectateurs. Cette esthétique est clairement visible dans de
nombreux exemples, dont *Eau, source de richesse* (Actualités françaises,
1946), un film 16 mm noir et blanc sonore, dont la version en arabe a
été enregistrée en 1949, et qui présente le développement de l'industrie
hydroélectrique en Algérie. Le montage crée un contraste entre des
images spectaculaires de barrages ou de techniques d'irrigation très
innovantes et des plantations ou des élevages faméliques, faute d'eau.
Le film se conclut de manière triomphale sur la mise en valeur de
terres non cultivées, grâce aux différents barrages construits sur les
Oueds algériens. Le commentaire affirme même que « l'eau assure la
fixation des anciennes tribus nomades » (1946, 1949 : 00:14:00). Il en
va de même dans *Caravane de la lumière* (Colson-Malleville, 1948), qui
met en scène la lutte contre les maladies oculaires et, en particulier, les
tournées de camions sanitaires dans les coins les plus reculés du pays.
Une musique dramatique appuie un commentaire très emphatique
mettant de l'avant la « mission civilisatrice » que la France dit mener
sur ce territoire : « Faire profiter les populations africaines des progrès
de la science européenne. » (1948 : 00:01:00) Les images d'écoles ou de
dispensaires, à la fois vastes, peints en blanc et bien aérés, contrastent
avec des lieux sombres et inquiétants alors qu'une voix affirme que
« les remèdes traditionnels sont dangereux ! » (1948 : 00:05:00) Par ailleurs, l'absence de son direct renforce l'aspect artificiel et préfabriqué
du discours. En conséquence, rien ne permet de rapprocher ces belles
images de la réalité des spectateurs et, ainsi, de faciliter l'appropriation
du message. L'ensemble se conclut sur des déclarations très générales, qui plaisaient probablement spécifiquement aux administrateurs
coloniaux : « Tous ces efforts qui traduisent une fois de plus les voies
que la France entend suivre dans ce beau pays, et qui sont celles de
la civilisation et du dévouement, n'arrivent malheureusement pas à
barrer complètement la route aux ténèbres. » (Colson-Malleville, 1948,
00:09:00) Il est peu probable qu'un public peu lettré en français ait
perçu toute la puissance littéraire d'une telle phrase.

De manière plus générale, comme dans les autres empires européens en Afrique, la production audiovisuelle destinée aux populations colonisées est de moindre qualité[28]. Si les adjoints du SDC évitent

---

28. « Les films touristico-folkloriques, produits à des fins publicitaires, sont toutefois
bien mieux réalisés et plus esthétiques que ceux réalisés pour les "Arabes". Entre
ces deux pôles (les spectateurs n'étant pas supposés se mélanger) existent des films

de critiquer la qualité du matériel ou des films mis à leur disposition, mettant au contraire de l'avant la « qualité et l'objectivité de [leurs] programmes » il arrive qu'ils expriment un bémol en soulignant la nécessité de modifier le montage ou le commentaire (Recorbet, 1955c, p. 1). Par exemple dans le film *Artisans algériens*, Gilbert Heros (1950g) remet en question la présence d'ouvriers Ouleds Naïls, une ethnie berbère, qui semblent faire réagir négativement d'autres communautés algériennes : « Toutefois, il serait heureux de supprimer [...] la séquence où apparaissent à l'écran les Ouleds Naïls de la région de Djelfa. Quelques réflexions désobligeantes de la part de l'élément musulman furent enregistrées au passage de cette séquence. » (1950g : 4) D'après le chef de bord, cette mention détourne l'attention de certains spectateurs du message global du film. Ce détail révèle également la faible connaissance des références culturelles locales par les réalisateurs des films de propagande où l'image d'un artisan en vaut une autre, quelles que soient les autres connotations véhiculées. Le même chef d'équipe témoigne des difficultés rencontrées par les spectateurs à Aïn Kermès le 25 mars 1952. D'après Heros (1952d), le programme a été « chaleureusement accueilli et suivi avec intérêt par les 2 000 spectateurs qui se pressaient autour du camion » (1952d : 5), à « l'exception du documentaire : *J'ai gagné un métier* qui, bien que commenté en arabe dialectal, fut peut-être un peu trop ardu pour ce public » (1952d : 5). Comme nous le verrons en détail dans la prochaine partie, certains adjoints du SDC sont relativement conscients des difficultés rencontrées par leur dispositif de propagande et ils essaient d'en rendre compte de manière modérée. Par contre, je n'ai isolé aucune remarque dans les rapports de tournée sur l'esthétique, la musique ou le style des images.

Ceci nous ramène aux conditions de production cinématographiques : les films de propagande constituent une très faible partie des commandes institutionnelles et seuls les producteurs respectant les critères esthétiques et idéologiques, fixés de manière plus ou moins explicite, ont accès à ce marché[29] (Denis, 2009, p. 84-85). Même si les

---

"médians", productions généralistes présentant à un public non défini (donc potentiellement musulman, européen, métropolitain voire international) les valeurs positives de l'action française en Algérie et le développement du pays. La qualité des films est clairement fonction des thématiques traitées, et partant du public recherché a priori. » (Denis, 2009, p. 85)

29. « Les places sont rares dans une "niche" comme l'Algérie. Il en va de même pour les réalisateurs de ces films qui, comme Philippe Este, Marie-Anne Colson-Malleville,

budgets de production sont relativement faibles[30], cette activité reste rentable et devient la chasse gardée d'un petit nombre de sociétés privées, souvent basées à Paris[31] (Denis, 2009, p. 86). Il est intéressant de noter comment ce marché se structure progressivement au détriment des organismes publics, comme les Actualités françaises, jugées trop proche du Parti communiste français. L'avantage pour les producteurs de films de propagande est le niveau de risque relativement faible : l'esthétique est très répétitive, les financeurs ou les audiences ne s'attendent pas à une création innovante, ils sont assurés de rentrer dans leurs frais et bénéficient même d'une avance de fond du CNC (Denis, 2009, p. 75-84). Le commanditaire n'étant pas exigeant, l'écriture des projets est très standardisée et les équipes peuvent également recycler des images filmées dans d'autres contextes (*stock-shot*). Tous ces éléments expliquent la grande homogénéité des films disponibles et l'impression de revoir les mêmes images.

Outre la standardisation, l'autre caractéristique de la propagande est sa très faible localisation, due principalement à l'absence d'exigences du GGA et à l'absence de connaissance des équipes de production. En effet, même les sociétés de production installées à Alger,

---

Jean-Charles Carlus, Jean-Claude Huisman, Charles Fasquelle (dit Francoux), Monique Muntcho, entre autres, se sont "spécialisés" dans la mise en scène de l'Afrique du Nord et de l'Algérie. Peu connus du grand public, tous ces cinéastes – et de nombreux autres moins "récurrents" – sont d'honnêtes faiseurs de courts métrages qui mettent en images (d'une façon semblable) des idées toujours identiques sur l'Algérie française. Aussi leurs films sont-ils presque interchangeables tant l'image, la musique, le commentaire en voix off et l'idéologie sont le plus souvent sans réelle personnalité, retranscrivant – avec ou sans l'aide de celui-ci – les désirs du GGA. Les films n'ayant pas obtenu l'appui du GGA développent d'ailleurs les mêmes argumentaires et les mêmes images, signe d'une standardisation idéologique suivant les changements voulus par le GGA sur la représentation des musulmans et de l'aide de la France à leur égard. Il s'agit donc dans la forme d'un cinéma de commande et dans le fond d'un cinéma de propagande, les deux étant intimement liés. » (Denis, 2009, p. 84-85)

30. Le budget moyen est de 600 000 francs, pour un film de 300 mètres, soit approximativement 10 minutes de film, d'après le document *Presse, film, radio : rapport de la Commission des besoins techniques* (UNESCO, 1947, p. 171).

31. « Durant la guerre d'Algérie, les maisons de production les plus notables sont Castella Films (20 films), Pathé Cinéma (18 films), Armor Films (8 films), ou les Studios Africa (6 films), soit des firmes ayant la confiance politique des autorités. Les Actualités françaises, réquisitionnées au début du conflit, sont significativement mises en veilleuse sur la thématique algérienne à partir de 1958. Au contraire, Pathé cumule la fréquence de ses interventions dans les journaux filmés avec son emploi tout aussi récurrent pour le documentaire, avec notamment les deux films réalisés avec le reste de la presse filmée à la gloire du Général, *Algérie fraternelle* et *Dix millions de Français* (1958). » (Denis, 2009, p. 86)

telles que Studios Africa, n'emploient que des cadres administratifs ou des créateurs français : les producteurs, réalisateurs, scénaristes, ainsi que les principaux techniciens de prise de vue sont des hommes ayant acquis leur formation en France, à Paris pour la plupart. Je n'ai trouvé la mention que de deux réalisatrices, Marie-Anne Colson-Malleville[32] et Monique Muntcho[33]. De même, d'après Younes Dadci (1970), aucun Algérien n'a participé à la création de ces reportages. D'après Sébastien Denis (2009), si toutes les spécificités techniques des équipements construits par la France sont respectées, les références aux cultures locales sont généralement très approximatives, voire parfois erronées (2009 : 90). Les choses évoluent dans les années 1950 avec la réalisation de films en version arabe, tels que *Constantine* (Hannache, 1950), commenté par Mahieddine Bachtarzi (Dadci, 1970, p. 249), ou *La fête imprévue* (Zwobada, 1953) : « Le scénario, œuvre de M. El Boudali Safir, a permis de faire valoir les artistes et musiciens des émissions radiophoniques musulmanes : l'actrice Hadjira Bali, les chanteurs Sid Ali, Touré et Rouiched qui y reprennent leur succès. Si l'on juge par la scène, au tournage de laquelle nous fûmes aimablement conviés, l'initiative mérite d'être encouragée. » (Dadci, 1970, p. 249) Il faut souligner que ce dernier film obtient un grand succès lors des séances du SDC, comme à Mazouna le 18 mai 1955 : « Notre séance se déroula sans incident et l'atmosphère qui, bien que cordiale, était largement réticente au début, se détendit au fur et à mesure de la projection. Le film *La fête imprévue*, dérida tout à fait l'allégresse générale. » (Toche, 1955d) Outre l'aspect récréatif et fictionnel, la mise en scène de chanteurs et de musiciens de la scène algéroise, mais aussi le récit basé sur des contes populaires, garantissent un grand intérêt chez la plupart des audiences.

Considérant ce type de succès, il est pertinent de se poser la question de la stratégie du Cabinet du Gouvernement général de l'Algérie : pourquoi n'avoir pas cherché à produire plus de films incluant des acteurs et des actrices algériens, ainsi que des références issues de l'imaginaire collectif ? Même les reportages sur l'éducation sanitaire ou la formation professionnelle auraient pu être plus en phase avec les références des publics visés par la propagande. Suivant l'exemple des unités cinématographiques coloniales belges ou britanniques, on

---

32. Auteure notamment d'*Assistantes sociales en Algérie* (Colson-Malleville, 1947) et de *Caravane de la lumière* (Colson-Malleville, 1948).
33. Coproductrice et réalisatrice de *Minarets dans le soleil* (Muntcho, 1947).

peut imaginer des courts métrages éducatifs mettant en scène des personnages fictionnels. Même si rien dans les archives ne permet d'étayer cette hypothèse, on peut supposer un manque d'imagination de la part des administrateurs coloniaux : comme nous l'avons vu en début de chapitre, le modèle de cinéma éducatif largement répandu est plutôt conservateur, plus inspiré d'une tradition élitiste que des recherches de l'après-guerre sur de nouvelles formes de pédagogie ou de communication audiovisuelle. Ensuite, il faut se rappeler les conditions de création du dispositif de propagande français en Algérie, plutôt le résultat d'improvisations et de hasards que d'une véritable stratégie planifiée à long terme. Enfin, résultat des deux premiers points, les services cinématographiques[34] civils en Algérie souffrent d'un manque de financement récurrent.

La situation est très similaire pour le nombre de films traduits en arabe : pour un dispositif de propagande visant une population majoritairement non francophone, il est fascinant de voir le peu de films traduits disponibles dans la « filmathèque » du SDC. Pierre Murati confirme en 1951(a), la complexité et le coût de production d'une version arabe. Le commentaire est traduit à Alger par un des *speakers* du service, qui ensuite l'ajuste aux images : après minutage, l'employé réécrit un texte qui correspond à la durée de l'exposé original. Enfin, il enregistre cette nouvelle version dans un des studios sonores du SIDM. Le tout est envoyé à Paris pour synchronisation et mixage. L'ensemble du processus peut prendre plusieurs mois, en fonction de la disponibilité des *speakers*, dont ce n'est qu'une des activités périphériques lorsqu'ils ne sont pas en tournée avec le camion. Ensuite, le temps de transport entre Alger et Paris (et retour) est très variable. Enfin, ces versions étant réalisées avec un financement minimal, le mixage final dépend de la disponibilité d'un laboratoire parisien et d'une baisse d'activités dans ce dernier.

Les premières traductions en arabe concernent des films liés à la religion musulmane comme *Pèlerinage sur les lieux saints de l'Islam* (Cosmorama, 1947) ou *Tiemcen* (Millet, 1947), sur « la vie de la grande cité universitaire musulmane » (Service d'information et de documentation, ca. 1950, p. 8). À part ces caractéristiques thématiques, il n'existe pas de directives générales guidant le choix de la langue de diffusion, comme le confirme Younes Dadci (1970) : « Outre sa

---

34. Service de diffusion cinématographique (SDC), Office algérien du cinéma éducatif (OACE), etc.

première particularité, gratuité du spectacle imacinique [sic], le Service de diffusion cinématographique en avait une seconde qui consistait à projeter des macines [sic] en version arabe ; et l'essentiel de ses macines [sic] existaient en deux versions, française et arabe. Les critères du choix de la version à programmer "aux indigènes" ne sont précisés nulle part. » (1970 : 248) On peut ainsi affirmer que le doublage est loin d'être une priorité des autorités françaises en Algérie dans les années 1940. En effet, en 1949, seuls deux films sur neuf faisant la promotion de l'Algérie sont traduits en arabe : un reportage sur l'école normale d'instituteurs de *Bouzaréah* (Pinoteau, Carlus et Delafosse, 1949) et un autre sur l'École nationale d'agriculture, *Maison carrée* (Delafosse, 1949). Comme le détaille Sébastien Denis (2009), la situation reste relativement pauvre jusqu'à la fin des années 1950[35]. Comment dans ce cas communiquer avec des populations majoritairement arabophones ? Comment concilier la nécessité d'universalisme de ce service, qui s'adresse à toutes les personnes vivant sur le territoire desservi, et l'urgence de diffuser un message colonial profrançais ? Comment faire évoluer le dispositif tout en respectant des contraintes budgétaires très strictes ?

2.2 La bataille des versions

Après cette description rapide et très partielle des films disponibles pour la propagande, revenons sur les manières dont le SDC a tenté de mieux adapter la langue de diffusion des films et celle parlée par les spectateurs. Comme nous l'avons vu, ce problème pourtant crucial, est relativement « absent » des mémoires qui précèdent la création du SDC. Il en va de même dans les premiers rapports rédigés par ses administrateurs. Plus précisément, la question semble émerger de l'expérience des acteurs sur le terrain et remonter progressivement

---

35. « En décembre 1960, une liste des films doublés ou tournés en arabe ou en kabyle pour le compte du GGA et de la délégation nous apprend que sur les 39 films réalisés avant 1958, 6 seulement ont été tournés en arabe, les autres semblant avoir bénéficié de versions doublées. Or en seulement trois ans, entre 1958 et 1960, c'est le même nombre de films qui est produit que durant toute la période préalable, dont 14 films tournés en arabe et 6 en kabyle. Au total, ce sont près de 60 films tournés ou doublés en arabe, et 17 en kabyle, qui sont répertoriés par la Délégation générale. C'est le signe d'une montée en puissance de la politique par l'image (9 films en 1958, 11 en 1959, 21 en 1960), intégrant l'importance des langues algériennes et de leur emploi au sein des populations dans le cadre d'une action psychologique ciblée essentiellement sur les populations musulmanes, puis d'une politique d'autodétermination. » (Denis, 2009, p. 67)

la hiérarchie. Les archives comportent des *Rapports de tournée* (signés jusqu'en 1955 par le « chef de bord des camions cinéma », puis par Murati, directeur du SDC à partir de 1957) et des synthèses signées par Pierre Murati ou son adjoint Roger Plassard : ce sont des présentations générales des activités du Service, des rapports annuels, ou des « introductions » accompagnant une série de rapports de tournée. Seuls quatre des 22 rapports d'activités isolés dans les archives françaises[36] abordent la question de la langue de diffusion des films.

Or, du côté des *Rapports de tournée*, Gilbert Heros et Pierre Recorbet mentionnent régulièrement, ce dès 1949, la nécessité d'une version traduite ou l'avantage d'un commentaire en langue vernaculaire. Ils mentionnent d'abord la langue de projection de manière relativement neutre : « [C]e programme fut projeté entièrement en langue française » (Heros, 1949, p. 1), alors que les séances ont lieu dans l'arrondissement de Tizi Ouzou, région montagneuse de la Kabylie, et regroupent entre 1 000 et 5 000 spectateurs peu francophones. Ils choisissent également une formulation positive, par exemple : « Seul le documentaire sonorisé en arabe dialectal, *Pastorale algérienne* fut suivi avec attention » (Heros, 1950a, p. 2). Progressivement, ils deviennent plus incisifs et commencent à critiquer certaines versions : « Malheureusement il est très mal commenté, ou plus exactement, mal "mixé" par le speaker utilisé par la firme qui l'a réalisé. Plusieurs musulmans érudits m'en firent la remarque. » (Heros, 1951b, p. 4) Sans critiquer la sélection des films emportés en tournée, généralement opérée, ou au moins validée, par le directeur du SDC, ni le travail de leurs collaborateurs (la traduction étant habituellement réalisée par l'un des *speakers* du Service), Heros et Recorbet indiquent des difficultés de réception. Progressivement, cette stratégie porte ses fruits, du moins à l'interne.

Après 1952, la nécessité d'adapter les films aux langues maîtrisées par les spectateurs semble parfaitement acceptée au sein du service et la mention de l'absence d'une version en langue vernaculaire devient une stratégie afin de revendiquer plus de films traduits. Par exemple, à la suite d'une séance à Tolga (Territoires de Touggourt), le 9 mars 1953, réunissant 3 500 spectateurs « dont la plupart musulmans sédentaires et nomades », Roger Plassard (1953b) souligne que « les commentaires en arabe de la plupart de nos films sont des plus

---

36. Principalement aux Archives nationales d'outre-mer (ANOM, Aix-en-Provence), mais aussi au Service historique de la Défense (Vincennes) et marginalement aux Archives nationales (Pierrefitte-sur-Seine).

utiles pour ces régions et permettent ainsi à nos spectateurs du grand bled saharien de comprendre mieux ce que l'écran leur présente. » (1953b : 8) Lorsqu'enfin une version doublée est disponible, les chefs de mission ne manquent pas de souligner son succès. C'est le cas à Colomb Bechar le 20 mars 1955, où le camion cinéma présente la version arabe : « Le film *La terre tremble dans le Cheliff* projeté à nouveau, mais en version arabe cette fois, était mieux comprise des spectateurs très attentifs. » (Toche, 1955b, p. 13) À Saïda, le 4 mars 1955, le film devient même l'occasion pour l'ensemble de l'audience d'exprimer les mêmes sentiments, dans une forme de communion : « Le film le plus remarqué et qui produisit un gros effet psychologique fut *La terre tremble dans le Cheliff*. C'est dans un silence religieux que se déroula la projection. À certaines séquences particulièrement tristes on entendait "Mon Dieu !" chez les européens [sic] et "Ima" chez les musulmans [sic]. » (Toche, 1955b, p. 3) Roger Toche revient sur cette question dans sa conclusion, en soulignant les problèmes de compréhension des films par les enfants, les femmes et, plus généralement, le public peu habitué aux projections cinématographiques. Pierre Murati (1952e) reprend cette rhétorique dans ses conclusions de tournée. Par exemple, au sujet des films *J'ai gagné un métier* et *Eau, source de richesse* disponibles en version arabe, il souligne que les films projetés en arabe retiennent « visiblement l'attention de chacun » (1952e : 4). Murati ajoute : « J'estime d'ailleurs pour ma part que cette demande peut se justifier et qu'il serait également utile de pouvoir montrer aux populations musulmanes des documentaires simples mais bien conçus sur la France à condition cependant qu'ils soient sonorisés en arabe dialectal. » (1952e : 20) Malheureusement, il faut presque une dizaine d'années pour que ce principe simple soit adopté par la hiérarchie administrative et que les premiers effets concrets se reflètent sur le terrain.

Au milieu des années 1950, on observe alors une prise de conscience relative au sein de l'administration française du sous-financement récurrent du SDC et, spécifiquement, de l'importance de la projection en langue vernaculaire. Par exemple, M. de Figière, chef du Service d'information et de documentation, appuie certaines des demandes de son adjoint[37] (Murati, 1952e). En novembre 1954,

---

37. « Le grand nombre de spectateurs touchés – environ 50 000 – l'intérêt avec lequel ils suivent les projections, les commentaires recueillis après la séance et dans les jours qui suivent, montrent indiscutablement que le SDC n'est pas seulement un excellent outil

dans une commission présidée par M. Villelongue sur la production et la diffusion de films en territoires outre-mer, les membres soulignent également les problèmes récurrents de financement[38]. Ils insistent de plus sur la nécessité de décentraliser la production audiovisuelle et de mieux collaborer avec les administrations locales afin de connaître les besoins de chaque territoire. De même, le colonel Alazard (1955a), attaché au Bureau psychologique au sein de l'État-major des Forces armées, assiste à la présentation de films du SDC, dont *Colomb Bechar* et *Le Bathyscaphe* en version arabe et souligne l'importance de doubler les films dans la langue des audiences[39]. Il est intéressant de constater que cette conclusion sera reprise lors de l'envoi des CHPT en 1956 : la plupart des films diffusés en Algérie dans un cadre militaire seront doublés. Par contre, les rapports *Fiche : action psychologique outre-mer* (Garbay, 1957), *Possibilité d'action sur l'opinion publique dans les TOM* (1958), *Les moyens de diffusion de la pensée outre-mer* (CMISOM, ca. 1958b) ne mentionnent pas les questions de la langue de diffusion.

De même, je n'ai trouvé aucune trace dans les archives d'une mise en œuvre concrète de ces résolutions par les autorités civiles. Or, comme les autres dispositifs de propagande, le SDC a besoin de films adaptés à son activité.

Malheureusement pour le SDC et son directeur, malgré de constants efforts pour améliorer l'offre (des films doublés, un programme qui s'adapte mieux à la fois aux impératifs et aux intérêts locaux, une meilleure coordination avec les autorités locales), les chiffres restent très inférieurs à ceux de 1955 (355 séances, 1 350 000 spectateurs). En 1958, le SDC estime avoir atteint 800 000 spectateurs

---

de propagande française, mais est aussi un moyen puissant d'éducation des populations autochtones. Il faudrait cependant des séances plus rapprochées pour rendre cette action encore plus efficace ; c'est-à-dire qu'il serait absolument nécessaire de posséder au moins deux camions supplémentaires. » (Figière, cité dans Murati, 1952e, p. 1)

38. « Le nombre de films est très insuffisant pour satisfaire aux demandes du public qui, de plus en plus, fait appel aux ressources de la Cinémathèque. M. Brerault estime qu'il faudrait consacrer une somme de 50 millions de francs au renouvellement et à l'enrichissement de la collection de films, cet effort étant réparti sur cinq années, soit 10 millions par an. Il demande que l'aide apportée par les Territoires à cette diffusion soit amplifiée dans toute la mesure du possible. » (*Conférence de l'information*, 1954, p. 1)

39. « Sans mésestimer l'importance des films d'instruction, l'EMFA a fait ressortir l'avantage qu'il y aurait à doubler en Arabe [sic] certains films d'information susceptibles d'être diffusés dans les corps de troupe. Le Chef du Service Cinéma a répondu que pour l'instant huit films sur l'Algérie et huit sur le Maroc avaient été achetés aux Offices Civils et que vingt copies en français seront diffusées. D'après lui, le doublage en Arabe [sic] ne pose pas de problème important. » (Alazard, 1955a, p. 3)

lors de ses 470 séances. La fréquentation est équivalente à celle de 1950 (317 séances, 800 000 spectateurs). Le contexte politique explique certainement ces chiffres : les tensions politiques et militaires s'accentuent à la fin des années 1950 et le FLN diffuse sa propre propagande. Les populations, même rurales, sont beaucoup moins naïves et le message colonial est très largement critiqué.

2.3 Instrumentalisation des images et des références locales

Comme nous l'avons vu précédemment, il ne suffit pas d'adapter le commentaire aux spectateurs afin de régler tous les problèmes de compréhension et de mémorisation du message éducatif véhiculés par les films, car lors d'une séance du SDC, le contenu du film est relativement secondaire dans la manière dont une partie importante de l'audience reçoit la propagande. Tout d'abord, un commentaire dans une langue adéquate ne garantit pas toujours un succès, comme le rapporte Gilbert Heros (1954d) lors de la projection de films en version arabe à Kouarda (Marnia) le 14 juin 1954 devant 150 spectateurs parlant arabe :

> Ce programme presque entièrement en langue arabe ne remporta pas à mon avis, le succès escompté. Il est vrai que la plupart des 150 spectateurs musulmans réunis autour du « camion qui crache les images », contemplaient pour la première fois le septième art, ce qui eut pour effet de les laisser médusés, je dirais même effrayés, car nombreux furent ceux qui n'osèrent approcher le véhicule et suivirent, accroupis dans un coin, le déroulement de nos films. Les enfants, invités à prendre place au pied de l'écran comme cela se fait partout ailleurs, se sauvèrent assez loin telle une volée de moineaux. (1954d : 6)

Par contre, le dessin animé muet, mais en couleurs, « suscita auprès des enfants une réaction inattendue. Ils avaient vraisemblablement repris confiance et rirent au long de son déroulement » (1954d : 6). Plusieurs facteurs semblent ainsi favoriser la bonne réception des films : de *belles images*, l'inclusion de références reconnues par les audiences et la présence de spectateurs relais.

Généralement, des images spectaculaires, d'autant plus en couleur, provoquent des réactions positives, comme à Marengo le 19 novembre 1951, où *Le cheval arabe* (Francol Film, 1948), « en agfacolor et commenté en langue française », « fut très apprécié et longuement applaudi, principalement au passage de la séquence où l'on peut voir la Place du marché de Marengo le jour d'un concours de primes à l'élevage » (Heros, 1951f, p. 2). Roger Plassard (1952d) constate une réaction similaire de la « population kabyle » face aux images couleurs d'*En Kabylie*, en version française, « qui obtint le plus gros succès », durant l'ensemble de la tournée (1952d : 3). Cette stratégie fonctionne également avec des images d'autres régions de l'Algérie, comme à Ain-Sefra le 7 décembre 1947 : « Après une explication succincte des évolués, on pouvait constater au passage combien tous ces gens se trouvaient heureux de voir leur pays, qu'ils ne connaissent pas, apparaître sur ce carré de toile placée sur le mur d'une maison du village » (Plassard, 1947, p. 6). On trouve le même phénomène à Saint-Cloud, le 26 juin 1954, devant une large audience mixte de 2 000 personnes. Après deux films en version arabe dialectale, qui reçurent un bon succès[40], le *Jour de fête au Sahara*, documentaire couleur, en version française, « réalisé à l'occasion du cinquantenaire des troupes sahariennes fut suivi avec attention par nos spectateurs qui furent émerveillés par les belles couleurs de ce film de grande classe » (Heros, 1954a, p. 14). Ce succès est parfaitement logique pour une audience principalement tournée vers un divertissement d'attraction, où le spectaculaire des images domine l'aspect narratif ou informatif.

Il en va de même pour tous les sujets autour de la religion musulmane. Par exemple, le succès du film *Pèlerinage à la Mecque* est très net à la fin des années 1940. Ainsi, à El-Bordj le 17 avril 1948, les 1 200 spectateurs semblent comblés de pouvoir voyager virtuellement sur les Lieux saints : « Des applaudissements répétés marquèrent la joie de tous d'avoir bénéficié d'un spectacle de ce genre. J'ai pu, en effet, remarquer avec quel intérêt la projection a été suivie et les témoignages de satisfaction que j'ai recueillis de la part de nombreux habitants m'ont permis de constater la bonne impression que notre passage laissera dans ce village lointain. » (Plassard, 1948c, p. 2) Ceci nous est confirmé par le compte rendu de la séance du 22 avril 1948 à Ain Fekan, où les 1 200 spectateurs « [...] musulmans furent réjouis d'assister surtout au voyage de la Mecque, car on peut dire sans exagérer que ce film permet à beaucoup de spectateurs, grâce à tous les détails donnés, de faire en quelque sorte un voyage rapide aux Lieux

---

40. « *La fête imprévue* commenté en arabe dialectal et sous-titré en langue française souleva l'hilarité générale. » (Heros, 1954d, p. 14)

saints, ou tout au moins de connaître d'une façon vivante et précise, les diverses phases du Pèlerinage du début à la fin » (Plassard, 1948c, p. 4). De même, à Thiersville le 21 avril 1948, où, en plus, « le Caïd » de la communauté apparaît à « plusieurs reprises » dans le film : « [C]e fut une grande surprise pour la majorité de nos spectateurs musulmans qui se demandaient "ce que le Caïd faisait sur la toile" et pourquoi "on l'entendait parler" » (Plassard, 1948c, p. 4). Le même phénomène se produit à Bit-Rabalou le 26 octobre 1951 : « Le documentaire *Bouzareah* au cours duquel M. Bonnet, directeur de l'école de garçon et ancien sectionnaire de l'école normale de Bouzareah apparaît souvent, obtint un succès intense. Tout le village le reconnut et ses petits élèves ne cessèrent de répéter : "Chouf ! Chouf ! El mahlen" (Regarde ! Regarde ! Le maître). » (Heros, 1951e, p. 5) Dans ces derniers exemples, un autre facteur intervient, à savoir la question des liens entre les éléments sémantiques présents dans le film et des références culturelles locales.

En effet, voir des personnes, des activités et des lieux qui sont familiers est à la fois rassurant et facilite l'appropriation des images. Très régulièrement, les rapporteurs soulignent la référence locale qui a éveillé l'intérêt des spectateurs. Ainsi, à Tlemcen le 22 mai 1952, l'apparition d'un « tlemcénien [sic] le Cheikh Dali » dans le film *Farah oua Tarab* [*Musique et joie*] « déchaîna dans la foule un courant de joie et de détente » (Murati, 1952f, p. 9). Le même film rencontre également l'intérêt du public à Michelet le 16 juin 1952 « lors de la projection de la séquence sur le chanteur kabyle Noureddine, originaire de Fort National » (Recorbet, 1952d, p. 2). Bien que le film soit sonorisé en arabe et projeté devant un public majoritairement kabyle, il « obtient un grand succès » (Recorbet, 1952d, p. 2). À la même période, *Bouzaréah*, *L'arbre aux feuilles d'argent* et *Artisans algériens* attirent l'intérêt du public (Heros, 1952e, p. 5), car les personnes reconnaissent les lieux de tournage. Les chefs de bord exploitent rapidement cet effet de *familiarité*, en programmant de préférence des films comportant des références locales. Ils sont même capables d'identifier le phénomène, comme à Colomb Bechar le 10 mars 1955, où Roger Toche (1955b) constate : « *Algérie 53* et *Deux visages du Sahara* reçurent des spectateurs une véritable ovation, car de nombreuses séquences ont été réalisées à Colomb Bechar où dans les proches parages. Cette séance ressemblait davantage à une fête familiale qu'aux séances habituelles. » (1955b : 12) Comme le souligne Roger Odin (1990), les images ont un statut similaire à celles vues dans un « film de famille » qui est élaboré comme un espace de communication intime, dans lequel les sphères culturelles de production et de projection coïncident étroitement. Ainsi, le « film familial » permet au spectateur de créer un lien entre l'image audiovisuelle et la réalité, engageant sa mémoire personnelle afin de compléter ladite réalité montrée à l'écran et puisant des faits ou des émotions supplémentaires dans sa propre expérience.

Il s'agit ici du même phénomène, à un niveau communautaire, exploité par l'administration coloniale afin de faciliter la diffusion de sa propagande sur un mode d'identification émotionnelle. Cette stratégie permet de motiver un certain nombre personnes à venir assister à la séance, comme à Turmelet le 1er juillet 1949, au sujet du film *Fermes d'Algérie* : « Il est à signaler à ce sujet que plusieurs personnes se sont déplacées de la ferme Langlois et du village de Sabain Aïnou pour venir voir spécialement ce film qui a été tourné dans cette région. » (Recorbet, 1949c, p. 3) Elle rassure également certains spectateurs sur les intentions pacifiques du camion cinéma, car une image familière crée un sentiment de détente et donne du crédit à l'ensemble du dispositif. Par exemple, Pierre Recorbet (1950b) rapporte comment « de nombreux spectateurs assis parmi la foule se reconnurent sur l'écran » (1950b : 4), lors de la projection de *Pastorale algérienne* à Chabounia le 4 mai 1950, alors que la plupart des séquences ont été tournées dans la région : « Cela créa une atmosphère de confiance, d'apprivoisement et de gaité qui ne disparut qu'avec la fin de la projection. » (1950b : 4) Une fois le lien de confiance établi, sauf erreur de l'équipe, l'ensemble de la séance bénéficie de cette aura positive. Les équipes y sont particulièrement attentives lors des premières visites, comme à Chiffalo le 23 juin 1952, où 1 500 spectateurs sont présents pour la « première séance organisée » dans cette localité. Le film *Artisans algériens* « qui comporte une séquence tournée à Chiffalo même [...] remporta un très vif succès et fut fortement applaudi » (Heros, 1952e, p. 6). Ce principe demeure actif, même lorsque les audiences sont habituées aux projections coloniales. Par exemple, à Taourirt Mimoun le 6 octobre 1954, Roger Toche (1954d) rapporte que le film *Algérie 53* a connu un « succès tout particulier », parce que « certaines séquences ont trait à la Haute Kabylie » (1954d : 3). Il en est de même à Ain Bessem le 10 octobre 1954, où le documentaire « *Veillez aux Grains* [...] réalisé dans la commune d'Ain Bessem remporta comme prévu, un éclatant succès. Chacun reconnut les interprètes du film » (Heros, 1954e, p. 4). Ces exemples sont également significatifs de la prise de conscience par les employés du SDC des limites de leur dispositif de propagande.

C'est pourquoi ils cherchent à traduire, d'une manière ou d'une autre, le commentaire et à rapprocher au mieux les éléments sémantiques du reportage de son contexte de diffusion.

Or, la plupart des films du SDC ne permettent pas cette forme d'empathie, car leur projection laisse souvent les audiences indifférentes, comme le rapportent à plusieurs reprises les chefs de missions. Comme nous l'avons vu, le film *Paris*, montrant en couleur les principaux attraits de la capitale française, n'est pas du tout adapté à un public algérien ; c'est toujours le cas après sa traduction : « Quant au film en couleur sur Paris et commenté en arabe dialectal, il se révéla d'une portée intellectuelle bien trop supérieure à la moyenne de nos spectateurs musulmans. » (Heros, 1955, p. 9) Le même constat est réalisé par Roger Toche (1955b) à Saïda le 4 mars 1955. La dimension littéraire du commentaire, même traduit en arabe, et la focalisation sur les grands monuments ou les grands hommes de la ville intéressent un public éduqué, mais laisse dubitatifs beaucoup de spectateurs. Afin de contenter leur audience, les administrateurs du SDC n'hésitent pas à modifier le montage des films, afin d'éliminer toute scène qui a déjà, ou qui, selon eux, pourrait provoquer des réactions négatives. Par exemple à Akbou le 22 août 1955, après la projection du reportage *Avec la 2eme D.I.M.* (VF), Roger Toche (1955e) constate :

> Dès le début de la bande sur la *2eme D.I.M.*, dont c'était la première projection en public, j'ai pu noter une certaine gêne chez les musulmans qui se taisent et semblent se retrancher dans une indifférence totale pour ce film qui montre le déploiement des moyens matériels modernes dont est pourvue la 2eme D.I.M. Cette impression de force leur semble assez désagréable. Puis dans la seconde partie du film le malaise se dissipe rapidement lorsque l'on voit les soldats fraterniser avec les populations kabyles des douars où ils viennent de s'installer avec pour tâche essentielle, comme l'indique le commentaire, le rétablissement de la paix et de la confiance et pour traquer impitoyablement les bandits qui terrorisent les populations. Lorsque cette bande se termine, toute trace d'inquiétude et de malaise a disparu de l'assistance qui a retrouvé son calme et sa sérénité. (1955e : 4)

La même expérience se reproduit le lendemain à Bougie, puis à Ziama Mansouriah, où un spectateur algérien critique ouvertement le film après la séance : « [Le reportage] est très bien, après l'avoir vu entièrement, car au début, vous insistez trop sur la venue des troupes et de tout leur matériel moderne. Cela est très bien, mais il ne faudrait pas qu'il soit utilisé sans discernement contre des populations tranquilles comme ce fut le cas en [19]45. » (Toche, 1955e, p. 4) Dans ses conclusions, le chef de bord demande que le montage et le commentaire du film soient modifiés. Je n'ai trouvé dans les archives aucune réponse des autorités françaises à cette suggestion.

Le phénomène d'identification fonctionne également avec des activités dans lesquelles un ou plusieurs spectateurs peuvent se projeter. Par exemple, à Tebessa le 14 juin 1950, Gilbert Heros (1950d) rapporte une scène prouvant la compréhension des enjeux du film par le public : « À la vue de la séquence du film *La moisson sera belle*, où le vieux [sic] Ahmed hésite encore à signer son adhésion à la SIP » plusieurs spectateurs se mirent alors à crier : « Signe, signe, y a khouya (mon frère) » (1950d : 6). La même réaction est observée à Mouzaiaville le 28 février 1951 : « Accepte ! accepte ! y a Sidi. » (Heros, 1951a, p. 8) Cet intérêt facilite encore une fois une forme d'empathie et provoque une confusion dans l'esprit du spectateur entre sa réalité et le monde diégétique : il entre alors en fabulation, ce qui peut provoquer de nombreuses réactions, dont « l'effet guignol » (Lacasse et coll., 2016), où un membre de l'audience cherche à modifier le déroulement des événements dans le monde diégétique, par le geste ou la parole. Étant en mesure de se reconnaître dans le personnage à l'écran, pour avoir vécu une situation similaire, certains spectateurs établissent un dialogue direct avec le film, donnant ainsi plus de crédit au message colonial.

Dans certains cas, la situation mise en scène ne correspond pas à l'expérience individuelle du spectateur, mais à une de ses aspirations. Ceci fonctionne spécifiquement avec les reportages sur la formation professionnelle. Aussi, à Ouargla le 13 mars 1952, lors d'une séance organisée dans une école technique administrée par des Pères blancs de Ksar, 110 « garçons musulmans, [...] élèves d'un cours de formation professionnelle du bâtiment », voient « le documentaire *J'ai gagné un métier* » en version arabe : la projection « déchaîna l'enthousiasme des jeunes élèves maçons qui posèrent de nombreuses questions et furent surpris par la façon dont la formation professionnelle accélérée a été mise sur pied par la direction du travail » (Murati, 1952c, p. 15). Murati et les enseignants répondent au mieux à cet enthousiasme, en apportant les informations les plus concrètes possibles. De même, à Francis Garnier le 20 février 1950, à la suite de la projection du film

Pastorale algérienne sur les techniques modernes d'élevage du mouton en Algérie, un des « fellahs » demande : « [O]ù je pourrais me procurer une tondeuse mécanique pour remplacer les ciseaux qui me servent à tondre mes moutons ? » (Plassard, 1950b, p. 2) L'anecdote est également rapportée par Pierre Murati, présent « en tournée d'inspection » : « Ce musulman ne cacha pas non plus son admiration pour les méthodes d'élevage du mouton mises à la portée des fellahs [sic] par les SIP et le SAR et fut absolument conquis par les séquences du film. » (Plassard, 1950b, p. 2) Ces situations de réception modifient de manière fondamentale le dispositif de propagande, établissant un lien concret entre le message diffusé et la réalité des membres de la communauté. Le reportage n'est plus l'exposition abstraite d'un fait plus ou moins éloigné, mais devient le prolongement audiovisuel d'un souvenir, d'un projet, d'un besoin ou d'une crainte qu'un ou plusieurs citoyens peuvent partager avec leur communauté, ce, pendant ou après la projection.

Dans certains cas, un spectateur – ou un groupe – devient ainsi le relais entre le film et l'audience, à la manière d'un commentateur amateur. Par exemple, à Terina en décembre 1950, pendant la projection du film *Pèlerins de la Mecque* en version française devant environ 1 500 spectateurs, « cinq *Hadji* revenus récemment de la Mecque [...] expliquèrent à leurs voisins les différentes phases de ce pieux voyage » (Heros, 1950h, p. 4). Même phénomène à Champlain le 4 avril 1951, où le film *Armée d'Afrique*, projeté en version française, « fut suivi dans un silence religieux » par 250 spectateurs environ, « que troublait seule la voix du nommé LARBI [sic] Abdelkader, ex-sergent aviateur, qui expliquait à ses voisins les différentes séquences du film » (Heros, 1951c, p. 3). Dans d'autres situations, l'expérience vécue devient l'occasion d'un échange durant la projection, comme à Cap Aokas le 8 juin 1950, devant le film *Pastorale algérienne* :

> En effet, tout le long de la projection une ambiance très favorable nous parut régner dans l'auditoire. La réflexion suivante fut entendue par l'un des membres de l'équipe du camion lors de la projection d'une séquence sur les soins donnés aux moutons dans le film *Pastorale Algérienne* : « Naturellement, nos moutons sont à la merci de toutes les maladies et nous ne connaissions rien pour leur porter secours. C'est pour cela que nous perdions la majeure partie de nos bêtes. » (Recorbet, 1950d, p. 3)

Le commentaire individuel oriente alors l'interprétation du reportage par une partie de l'audience. Les rapporteurs semblent consigner systématiquement les phrases favorables à leur propagande, comme à Ain Fekan le 27 avril 1951, au cours de la projection de *La moisson sera belle* : « Celui qui travaille récolte, celui qui ne fait rien n'a rien. » (Recorbet, 1951g, p. 4) Par la suite, devant *Armée d'Afrique*, « un Musulman [sic] s'écria : Voilà le régiment où je voudrais m'engager, car c'est le meilleur » (1951g : 4). De même à Bit-Rabalou le 26 octobre 1951, alors que le SDC présente *La Mère*, destiné « à faire tomber le plus possible les réticences des familles musulmanes locales » (Murati, 1952c, p. 16) envers les maternités, alors qu'elles « ont encore trop souvent recours à des méthodes archaïques lors de la naissance de l'enfant » (1952c : 16) ; un petit groupe de vieilles femmes réagit au documentaire : « "Tu vois, la femme qui va voir la *toubiba* souffre moins que l'autre". "Regarde ! Regarde ! Pendant que la pauvre femme souffre et tire sur la corde, son homme lui, il fume le kif !". Cette phrase se termina d'ailleurs à l'égard de l'homme par une série d'insultes, comme seule la langue arabe sait en formuler avec une largesse imagée. » (Heros, 1951e, p. 4) Un phénomène similaire est observé à Biskra le 10 octobre 1952 :

> *Aurès, jardin sur le roc* et *Algérie terre de champions* reçurent un chaleureux accueil, mais ce furent les deux documentaires commentés en arabe dialectal qui remportèrent tous les suffrages, principalement *Armée d'Afrique*. Je me trouvais placé au côté d'un ancien militaire musulman, à la boutonnière duquel je remarquais la présence du ruban jaune et vert ; ce dernier, au passage de la séquence sur le Monument aux Morts de la ville d'Alger, ôta sa chechia et dit : « Que Dieu fasse que vous reposiez en paix à jamais ! » (Heros, 1952c, p. 6-7)

Cette modification du dispositif de réception semble très intéressante pour le SDC, car elle permet de réparer le processus d'interprétation du message, en plaçant l'énonciation au sein de la communauté. Dans certains cas extrêmes, cela permet à des aveugles de *voir* le film :

> À Menaâ [juin 1953], la projection se déroula entièrement sous une pluie battante [sic]. Parmi les spectateurs, je pus noter la présence outre celle des Administrateurs et du Caïd Ben Driss, d'un ancien combattant, grand mutilé de guerre, qui a perdu un

bras et la vue lors de la prise du Mont Cassino en Italie. Lors de la projection du film *Askri*, il se fit expliquer les différentes séquences de ce documentaire à la gloire des anciens combattants musulmans, par le Caïd Ben Driss. Il était visiblement ému. (Heros, 1953b, p. 8)

Dans tous ces exemples, le fait que le film concerne directement les intérêts professionnels ou l'expérience personnelle d'une partie spécifique de l'audience rend possible sa réception, au moins pour une partie des spectateurs. Dans ces cas, l'audience fait le lien entre les éléments sémantiques du film et sa propre réalité, ce qui lui permet de produire une interprétation. Tous ces exemples, rapportés par les chefs de bord dans leurs rapports de tournée, sont trop nombreux pour n'être qu'invention et rendent compte de moments où le dispositif de propagande apparaît avoir fonctionné. Ils ont probablement été sélectionnés par les employés du SDC afin de mettre en valeur leur action. Ils correspondent surtout à ce que les chefs de bord nomment des « ambiances favorables », qui vont progressivement disparaître avec l'intensification de la guerre d'indépendance.

À de très nombreuses reprises, les administrateurs rapportent l'irruption de débats pendant la projection, qu'ils ne semblent pas pouvoir contrôler, ni quant à l'enthousiasme ni quant au contenu. Par exemple, à Ain Dzarit le 27 mars 1952, les réactions verbales du public semblent nombreuses et désordonnées : « Les commentaires ne cessèrent de fuser durant la projection où tous, Européens et Musulmans [sic], trouvèrent un sujet d'étonnement et surent aussi apprécier les manifestations du génie français qui, dans ces zones de l'Atlas présaharien, comme au Sahara, sont toujours estimées à leur juste valeur. » (Heros, 1952d, p. 7) L'expérience se reproduit très souvent et il est rare qu'un rapport ne comporte pas ce type d'observation : à Mansourah le 6 octobre 1952, les « documentaires furent commentés en cours de projection avec fougue et passion, tant par les jeunes que par les adultes » (Recorbet, 1952g, p. 2) ; à Ouargla le 1er mars 1953, les « commentaires ne cessèrent de fuser durant toute la projection où chaque spectateur trouva non seulement un sujet d'étonnement, mais aussi la manifestation du génie français qui, dans ces régions du Sahara, est apprécié à sa juste valeur » (Heros, 1953a, p. 11) ; à Tizi Ouzou le 25 mars 1955, où « *La terre tremble dans le Cheliff* suscita de nombreux commentaires, seulement après sa projection, car un immense silence régna durant les 25 minutes de cet émouvant documentaire » (Recorbet, 1955b, p. 3). Ces types de réactions désordonnées ne sont pas rapportées avant 1952 et concernent principalement des lieux où le camion cinéma se rend régulièrement. Les audiences se savent toujours observées, mais elles négocient progressivement des libertés dans l'« espace strié » de la séance de propagande. Il est possible que les spectateurs se sentent alors plus à l'aise avec le dispositif et commencent à constituer des espaces *patchworks* où ils se réapproprient le discours colonial, en fonction de leurs intérêts.

Parfois, ce dialogue déborde le cadre souhaité par l'administration coloniale et les employés du SDC perdent le contrôle de leur dispositif, comme à Cap Aokas le 8 juin 1950 :

> [...] les réflexions suivantes faites à voix basse furent entendues en cours de projection, notamment lors de la diffusion du film *Jeunes Agriculteurs d'Algérie* : « Ils prétendent nous aider dans l'agriculture en nous donnant de la semence pour, en définitive, nous prendre plus après la récolte ». « Oh ! laisse tomber, regagnons nos maisons, nous n'avons pas de temps à perdre ici ». (Recorbet, 1950d, p. 5)

La séance devient alors le lieu de la construction d'un consensus, où s'expriment en public, parfois pour la première fois, des sentiments antifrançais. Ainsi, à Prudon le 10 décembre 1950, 6 000 spectateurs environ assistent à la séance :

> En cours de projection, quelques réflexions furent relevées, notamment lors de la projection du film *Jeunes agriculteurs d'Algérie*. Au moment où apparaît la séquence des tracteurs se rendant aux champs, un spectateur musulman fit la remarque suivante : « Ils font croire qu'ils nous aident, mais ils font quand même suer le burnous ». Dans le documentaire *Pèlerinage à la Mecque*, lorsqu'apparut sur l'écran le drapeau égyptien quelques applaudissements furent enregistrés. Néanmoins, la projection se déroula dans le calme, sans incident notoire. (Heros, 1950h, p. 6)

Ces « tensions nationalistes », comme les nomment de manière réductrice les rapporteurs, ne semblent pas préméditées, contrairement aux stratégies mises en place par des organisations politiques anticoloniales que nous analyserons plus loin dans ce chapitre. Cette manifestation d'un petit nombre n'a d'ailleurs pas été suivie par « la majorité des spectateurs » (Heros, 1951f, p. 6). Contrairement au commentaire rassurant de Gilbert Heros, cette scène est inquiétante, car elle montre comment la propagande produit l'effet inverse de celui recherché : en heurtant la sensibilité d'un groupe de spectateurs, par un film non adapté pour cette séance (le reportage en français ne suscite pas l'admiration des jeunes Algériens), la séance devient le lieu de partage d'une peur d'être envoyé à la guerre et d'un rejet de l'idéal assimilationniste souhaité par la puissance coloniale. Le même documentaire produit des réactions similaires à Taher le 9 octobre 1952 (Recorbet, 1952c, p. 4). Ces réactions négatives ne sont que les prémisses d'attitudes beaucoup plus agressives qui vont accompagner les séances du SDC à la fin des années 1950. Ce mouvement semble très similaire à celui que nous avons décrit dans le chapitre précédent : couplé avec une dynamique anticoloniale, le lieu de projection devient progressivement un espace *patchwork* où de nouvelles postures politiques se négocient et où certains groupes se fédèrent autour du constat de rejet de l'administration coloniale. Si dans un premier temps l'oralisation du dispositif de propagande permet une identification avec certains aspects du message colonial et une meilleure appropriation de ce discours, par la suite, la séance de cinéma devenant un lieu d'échange et de débat, elle facilite également la diffusion d'une contre-propagande. Comme nous le verrons dans la dernière partie de ce chapitre, la séance peut devenir un lieu où la communauté échange sur des questions politiques, où une personne exprime tout haut une opinion, voire un moment de communion où tous agissent de concert. Afin de mieux comprendre ce basculement, il nous faut explorer plus en détail le dispositif, en particulier le rôle du *speaker*. En plus de pouvoir traduire les propos des spectateurs ou de rapporter des comportements « anti-français », il peut agir comme médiateur, entre le film projeté et le spectateur, et orienter la discussion pendant et après la projection.

3. La place du *speaker-interprète* dans l'oralisation du dispositif

De même que dans les exemples britanniques et belges, le commentateur de film semble devenir incontournable en Algérie à la fin des années 1940. Par exemple, lorsque la Commission du cinéma d'outre-mer (ca. 1950) cherche à mettre en place des projections éducatives à destination des populations colonisées, elle propose de créer des équipes mobiles composées de techniciens et de traducteurs[41]. Il en va de même dans le dispositif des « Caravanes du Bled », actives au Maroc depuis 1939[42]. Albert Lacolley (1949) souligne le fait que le commentateur de film doit être sélectionné parmi les populations « indigènes »[43] (1949 : 25-26). Toute la complexité de sa tâche vient de cette posture médiane entre les populations visées par la propagande et l'administration coloniale : aux yeux de ses concitoyens, il est un traître qui collabore avec l'occupant ; pour sa hiérarchie, il reste un maillon faible toujours suspect. Il est également le médiateur entre un discours moderne et hégémonique, et des populations colonisées qui fondamentalement ne maîtrisent ni les références sémantiques ou syntactiques du message ni le paradigme mécanique qui structure l'ensemble de l'entreprise coloniale. En cela, il occupe différentes fonctions : traduction du commentaire enregistré sur la pellicule ; introduction du contexte de la projection, du dispositif et/ou de l'appareil cinématographique ; animation des débats visant à influencer l'appropriation du message de propagande par l'audience. Sa place dans le dispositif de propagande dépend autant de la manière dont les employés sont perçus que des conceptions de la propagande cinématographique par les cadres du Service. Or, au sein du SDC, on constate une évolution de son rôle, de simple traducteur à véritable agent psychologique, correspondant à un double changement. Progressivement les cadres du Service prennent conscience de la nécessité de mieux adapter les séances aux audiences ; dans le même temps, leur confiance dans leurs collègues algériens augmente. Cette évolution se matérialise d'abord

---

41. « On peut plus simplement encore lancer à travers le territoire des tournées éducatives par le cinéma conduites par un opérateur et un commentateur de films. Dans certains territoires des films commentés en dialecte ont donné des résultats très intéressants. On fabrique en France actuellement d'excellents camions équipés à cet usage. Le Centre cinématographique de l'Agence des Colonies possède à ce sujet une documentation importante qu'il tient à votre disposition. » (Commission du cinéma d'outre-mer, ca. 1950, p. 3)

42. « L'emploi d'un amplificateur et mélangeur de son permettant de passer soit le son original des films, soit d'accompagner les films muets avec de la musique (disques), soit encore de commenter directement les films projetés au moyen d'un microphone. » (Lacolley, 1945, p. 25)

43. « L'emploi de speakers indigènes entraînés permet de commenter n'importe quel film dans le dialecte de la région où a lieu la séance de propagande ; les spectateurs suivent et comprennent ainsi aisément les films qui leur sont présentés. La formation et l'entraînement de ces speakers marocains ont été effectués dans une salle de projection spécialement aménagée à cet effet car il faut obtenir une parfaite synchronisation de l'image et du commentaire. » (Lacolley, 1945, p. 25-26)

par une mise en valeur des commentateurs algériens, en mentionnant leur nom, en les nommant *speakers-interprètes*, puis en montrant la diversité et la complexité de leur tâche.

3.1 *Nommer le* speaker-interprète

Dans un article[44] (Bouchard, 2023), je montre comment la mention du commentateur de film dans les *Rapports de tournée* connaît une courbe relativement simple : en ce qui concerne l'aspect purement *quantitatif*, les premières mentions du *speaker* datent de 1949, atteignent un pic au milieu des années 1950 et disparaissent après cela. Si en 1947 et 1948, aucun des deux chefs de bord (Roger Plassard et Pierre Recorbet) ne mentionne le commentateur, les réactions des spectateurs ou la langue de diffusion, la situation évolue entre 1949 et 1955, où environ « la moitié [des rapports] abordent la question du "speaker" et des versions » (Bouchard, 2023). À la même période, aucun des cinq rapports écrits par Murati (*Introduction aux rapports d'activité* ou *Rapport d'activité*) ne mentionne ces questions.

En 1956, le Gouverneur général en Algérie investit massivement dans le Service de diffusion cinématographique, dans de nouveaux locaux, spécialement conçus pour ses activités et dans l'ajout de matériel de projection et de films. Le Service a également effectué de nombreuses embauches ; j'ai recensé six équipes actives (contre quatre en 1955). Le gouvernement français attend clairement en retour plus d'efficacité de ce Service. De plus, en 1956, le SDC est en concurrence directe avec les Compagnies de haut-parleurs et tracts (CHPT, qui deviendra les Compagnies de diffusion et de production, CDP, en 1959), gérées directement par les autorités militaires. Basées sur le modèle du Service de diffusion cinématographique, les CHPT bénéficient de budgets plus importants[45]. Contrairement aux projections civiles, les *Compagnies de haut-parleurs* s'adressent directement aux populations algériennes et la quasi-totalité des films diffusés est en version arabe (Denis, 2012, p. 205). Cette situation de compétition force le SDC à prouver son utilité, en montrant comment il diffuse de façon plus effective et différemment la propagande de l'État français. Or, la même année, la plupart des séances sont

---

44. Disponible en annexe.
45. Malheureusement, l'information est toujours classée *Secret Défense* et je n'y ai pas eu accès !

annulées alors que le FLN lance un mot d'ordre de boycottage, les Algériens renonçant aux projections[46] (Denis, 2012).

À partir de 1957, tous les rapports du SDC sont signés par le directeur, Pierre Murati. Cela signifie que nous n'avons plus accès aux comptes rendus des chefs de bord, en contact avec les spectateurs et que la communication avec les autres services administratifs (à qui ils sont destinés) est reprise en main par le directeur. Ainsi, les sept rapports consultés abordent *tous* la question des conditions de projection. Cette année est donc une période charnière, la fin d'une prise de conscience au sein du Service de l'importance du commentateur de film. Il semble y avoir un changement dans le discours du SDC par rapport à son efficacité, à ses réalisations, à ses besoins en matériel et en films et à ses difficultés à se coordonner avec d'autres services administratifs. Les rapports se focalisent plus sur des questions d'organisation des tournées (collaboration avec les autorités civiles et militaires locales, sabotages, réactions des audiences, manifestations antigouvernementales) et cherchent à montrer l'efficacité et l'importance des activités du SDC (propagande contrant celle de la rébellion ou l'importance du public féminin).

Dans le détail des mentions du commentateur de film, on peut constater plusieurs tendances qui convergent vers une valorisation des employés algériens et de leur apport au dispositif de propagande. En premier lieu, les rapporteurs prennent l'habitude de nommer les commentateurs. La première mention du nom d'un employé algérien concerne un traducteur dans un *Rapport de tournée* datant de février 1945, à Touggourt : « M. l'administrateur Murati, prononce une courte allocution [...]. Cette allocution très applaudie est traduite ensuite en arabe par M. Issad Hassani. » (Murati, 1945a, p. 5) De même, quelques jours plus tard : « La projection des films est suivie avec intérêt et illustre d'une manière très nette l'allocution prononcée en français par M. Murati et traduite avec recherche et élégance par M. Issad, dont l'arabe simple et clair fut tout au long de notre tournée unanimement compris par nos auditeurs » (Murati, 1945a, p. 5). Pierre Murati, alors chef de bord de la première « voiture automobile munie d'un haut-parleur » (Murati, 1945b, p. 8), est donc le premier à citer le nom de l'employé, mais aussi à faire la promotion de ce rouage important du dispositif de réception. Gilbert Heros et Pierre Recorbet ont une

---

46. « C'est en 1956 seulement que la guerre se ferait sentir sur les chiffres de participation publique du SDC, avec 350 000 spectateurs déclarés et des projections plus ponctuelles, faisant suite à l'état d'urgence puis aux pouvoirs spéciaux. » (Denis, 2012, p. 209)

pratique semblable, en nommant le *speaker* de leur équipe, comme dans un *Rapport* de séance dans le département d'Alger en novembre 1951 : « Après la diffusion des disques enregistrés par le SDC en faveur des Bons d'équipement et la présentation du programme faite au micro par moi-même en langue française, et en arabe par le speaker Achite Mohamed, notre séance débuta [...] » (Heros, 1951f, p. 3) De même dans le département de Constantine en novembre 1951 : « Avant la séance, le programme fut présenté en français par moi-même et en arabe par le speaker du camion. Ces allocutions furent suivies immédiatement de la diffusion de deux disques relatifs à l'émission des bons d'Équipement enregistrés dans nos ateliers par M. l'administrateur Murati, Chef du SDC et Achite Henni, speaker du camion cinéma n° 1. » (Recorbet, 1951f, p. 3) Dans ces formulations, la hiérarchie est tout de même respectée, comme la prédominance de la langue française : « [Les spectateurs] purent écouter dans un silence absolu la présentation du programme faite au micro par moi-même et traduite, d'autre part, en arabe par le speaker Achite Mohamed. » (Heros, 1953a, p. 5) De même, dans les territoires du Sud en mars 1954, « une foule énorme et disciplinée, évaluée à plus de *7 000 spectateurs*, européens et musulmans, écouta avec attention la présentation du programme faite au micro, en français par moi-même et en arabe par le speaker Khaldi » (Recorbet, 1954c, p. 11). Par contre, il est intéressant de noter que je n'ai que très rarement vu de mention des noms ou de l'activité des chauffeurs ou des projectionnistes et uniquement dans des documents signés par le directeur ou son adjoint (Roger Plassard, à partir de 1953).

Dès son embauche en 1954, Roger Toche mentionne très régulièrement les activités du *speaker*. Lors des tournées du camion cinéma qu'il dirige, les films sont « présentés au micro en français par M. Toche et en arabe dialectal par M. Boulares, speaker » (Toche, 1954b, p. 3). De même, après la séance, « M. Boulares, speaker, et moi-même avons été assaillis de questions au sujet des projets de l'administration concernant Ourlal » (Toche, 1954b, p. 7). La formulation est à la fois respectueuse et très positive sur l'apport de son collègue aux activités du camion. Elle inverse également la hiérarchie classique entre les langues. Cela reflète certainement l'ancienneté de son subordonné : Sahnoun Boulares est un employé du SDC depuis au moins 1948[47]. On peut aisément en conclure qu'en plus de mieux connaître la culture

---

47. Première mention de son nom dans un rapport d'activité, *Activités du Service d'information et de documentation*, Alger, 1948, Archives ANOM 9CAB/169, p. 13.

des spectateurs, le commentateur possède une longue expérience des projections coloniales en Algérie. Il est intelligent de la part de ce chef de bord de rendre compte de la réalité de la situation et d'associer son équipe au succès de la tournée.

À l'inverse, certains cadres du SDC utilisent un pronom possessif lorsqu'ils citent le *speaker*. Par exemple, Pierre Recorbet conserve cette habitude tout au long des années 1950 (1951a : 5 ; 1952e : 7) :

> À Collo, malgré un calme apparent, il semble que les éléments nationalistes travaillent beaucoup plus qu'ailleurs. C'est ainsi que, durant la projection, mon speaker et moi-même qui circulions dans la foule, avons entendu à plusieurs reprises des insultes dites à voix basse et souvent à haute voix à l'égard de notre service qui gêne la propagande des organisations nationalistes et plus particulièrement celles du PPA et du PCA. (1954d : 8)

Le fait que cela concerne régulièrement les réactions négatives du public donne une impression de fusion : « [D]urant la projection, *mon* speaker qui circulait dans la foule entendit à plusieurs reprises des insultes dites à voix basse. » (1952e : 7) Le chef de bord et le commentateur sont unis dans la même équipe, partagent les mêmes objectifs et la même idéologie. En même temps, cette formulation peut être interprétée de manière négative, l'employé étant assimilé au matériel du camion cinéma, dans une forme d'objectivisation très discutable, surtout dans un cadre colonial.

Le second aspect des mentions du commentateur de film concerne le remplacement du terme *speaker* par *speaker-interprète*[48]. Comme nous l'avons vu, les expressions *speaker* et *public adress* [sic] sont directement empruntées au vocabulaire du *Psychological Warfare Office*. Le terme est repris par l'ensemble des cadres du SDC, notamment au sujet d'une tournée à Orléansville en février 1948 par Roger Plassard[49] (1948a : 5). Pierre Recorbet fait de même dans ses *Rapports de tournée*, en particulier en mars (1951a : 5) ou en mai 1951 (1951g : 5). D'après les archives consultées, les deux adjoints du Service conservent cette expression tout au long de leurs activités au sein du SDC. Gilbert

---

48. Je propose plusieurs hypothèses sur l'origine de ce terme dans l'article (2023). « L'absence de mention du commentateur de film dans les archives », disponible en annexe.
49. « Les disques adaptés au folklore musical local, ainsi que les annonces du speaker, ont attiré, amusé et intéressé le [sic] foule dans la majorité des centres, avant l'heure du cinéma. » (Plassard, 1948a, p. 5)

Heros mentionne également de nombreuses fois le *speaker*, avant d'opter en mars 1951 pour *speaker-interprète*[50] (1951b : 7). Sans être systématique, Heros privilégie cette expression dans ses *Rapports de tournée* après 1951. D'autres chefs de bord, parmi ceux embauchés après 1954, reprennent ce terme. Roger Toche est probablement le plus constant à cet égard[51]. Pierre Murati adopte également ce terme à partir de 1952[52]. L'expression continue d'être employée dans les rapports d'activité du SDC jusqu'aux années 1960[53] (Murati, 1960i).

Cette évolution est significative, car les deux termes ne véhiculent pas les mêmes connotations et l'on peut supposer que Gilbert Heros cherche à exprimer une nuance en changeant de terme :

> D'un côté, l'activité de *traducteur* semble plus objective, car elle renvoie à une personne transposant des textes d'une langue dans une autre. Il ne semble pas y avoir de modification, d'implication humaine dans un processus de communication. Au contraire, lorsqu'un *interprète* traduit des paroles ou un dialogue, il est un intermédiaire entre deux sphères culturelles : il cherche à expliquer, à rendre accessible un contenu entre deux langues, mais également à adapter les références entre deux communautés. Ce personnage fait également allusion au théâtre ou à la musique, où l'artiste joue une partition ou donne sa version d'un texte. Il y a ainsi une notion de talent ou de compétence à transmettre une idée ou un sentiment à une foule. (Bouchard, 2023)

C'est pourquoi il semble pertinent de constater cette évolution et d'analyser en quoi elle pourrait correspondre à un changement de statut des commentateurs du SDC.

---

50. « Après la séance, le speaker-interprète du camion conseilla aux spectateurs musulmans de se présenter dès qu'ils seraient convoqués par leurs caïds, aux séances de vaccination gratuite BCG qui se dérouleront bientôt dans leur douars. » (Heros, 1951b, p. 7)
51. « Comme de coutume, à chaque séance, la projection fut précédée d'une allocution en arabe dialectal présentée par le speaker-interprète du *Cinébus*. La même allocution fut également donnée en français dans les agglomérations où se trouvaient des éléments européens. » (Toche, 1960, p. 2)
52. « Cette action par le film documentaire, par la bande d'information, par le court métrage de prestige, par le film sociologique, par le reportage filmé sur l'œuvre scolaire, l'activité agricole, industrielle, sur l'information sanitaire, sur le sport et sur le folklore musical arabe et berbère [sic] […], fut complétée par l'emploi intensif des speakers-interprètes des camions. » (Murati, 1952g, p. 4)
53. « Séance de travail [le 22 juillet 1960] avec les speakers-interprètes du SDC. » (Murati, 1960i)

3.2 La fonction du speaker-interprète dans le système de propagande

Si l'on ne peut pas identifier un traitement spécifiquement discriminatoire par l'administration française des employés algériens, ils sont manifestement éloignés de postes décisionnels, puisque leurs conditions de travail (salaire, carrière et fonction) les restreignent à des postes subalternes. Pourtant, dans le cas spécifique des *speakers*, leur place dans le dispositif de propagande semble évoluer, bien au-delà d'une simple reconnaissance de leurs loyaux services. Ainsi, au début des activités du SDC, les commentateurs sont considérés comme de simples auxiliaires, chargés de la traduction : du français vers l'arabe ou le kabyle, pour les populations locales, mais aussi dans l'autre sens afin de relayer les questions ou les commentaires des spectateurs pendant les tournées, de traduire les lettres envoyées à l'administration à Alger, et de rapporter les propos tenus pendant les séances. À de très nombreuses reprises, les chefs de bord citent le *speaker* dans leurs rapports de tournée[54]. Comme dans les autres territoires, les administrateurs coloniaux ne maîtrisent que très rarement la langue : ni Murati ni ses adjoints ne parlent l'arabe, aucun d'entre eux ne comprend la langue des spectateurs. Ils dépendent totalement de cet auxiliaire administratif pour interpréter les réactions des audiences. Par contre, Pierre Murati et ses adjoints soulignent très régulièrement qu'ils sont en contrôle des projections éducatives et qu'ils donnent des consignes très strictes aux employés algériens, en particulier à ceux à un poste aussi stratégique[55]. S'ils reconnaissent l'importance du travail de cet agent, les cadres du SDC ne veulent pas mettre trop de l'avant ce qu'ils perçoivent comme une faiblesse de leur dispositif. En effet, ils sont parfaitement conscients de ne pas pouvoir maîtriser l'activité de cet employé subalterne.

De même, la formulation des premiers rapports d'activité donne l'impression que les *speakers* doivent être d'origine algérienne, sans formation ou compétence autre que d'offrir un service de traduction

---

54. Par exemple, Pierre Recorbet (1952e) au sujet de la séance à Jemmapes le 8 juillet 1952 : « [D]urant la projection, mon speaker qui circulait dans la foule entendit à plusieurs reprises des insultes dites à voix basse. » (1952e : 7)

55. « Ceux-ci, sous le contrôle étroit et absolu des chefs de mission et suivant mes directives [Murati], eurent tout au long de ce déplacement, à présenter les programmes, à expliquer les films avant les projections, à dissiper les malentendus, à créer un courant de sympathie entre chaque véhicule et les spectateurs et à noter durant, ou après les projections, les réactions et les réflexions du public. » (Murati, 1952g, p. 4)

fiable et crédible. Ainsi, lorsque Gilbert Heros décrit sa tournée dans l'arrondissement de Tizi Ouzou en mai 1949, il précise que les « annonces et commentaires des films furent faits grâce aux haut-parleurs du "public adress" [*sic*] par le speaker du camion et les khodjas [sic] de certains centres visités » (1949 : 1). D'après le *Code de l'Algérie*, les Khodjas sont des « agents inférieurs » spécialement chargés de tous les détails de la correspondance arabe. On peut déduire de cette formulation que dans son esprit, un employé algérien de l'administration française peut remplacer un autre au microphone du camion cinéma. Comme nous l'avons souligné en début de chapitre, au sein du SDC dans les années 1940, les commentateurs en direct ne sont qu'un rouage du dispositif, sans importance particulière.

Progressivement, une relation de confiance s'installe entre les employés français et algériens. En effet, avec tout le temps passé chaque année en tournée dans les territoires reculés de l'Algérie, les équipes des camions cinéma ont l'occasion de souder des liens et de renforcer leur solidarité. De plus, malgré leur participation à une politique colonialiste, je n'ai trouvé aucune trace de discrimination manifeste de la part des employés français du SDC[56]. Ainsi, à l'image de leur directeur, presque tous les chefs de bord du Service participent à valoriser le talent de leurs collègues algériens. De même, en accord avec l'idéologie qu'ils cherchent à propager, ils n'hésitent pas à « exalter l'amitié franco-musulmane » (Murati, 1957e, p. 1) ou à mettre de l'avant des beautés et les richesses de la culture algérienne (Heros, 1955, p. 8). Dans la mesure du possible, les chefs d'équipe sont très respectueux des contraintes locales, n'hésitant pas à adapter l'heure de la séance[57]. De manière générale, ils semblent très naïvement convaincus du bien-fondé éducatif de leurs activités et ils ont fondamentalement l'impression de travailler au mieux-être des populations.

---

56. Si certaines tournures correspondant aux usages de l'époque sont manifestement racistes, je n'ai isolé aucun propos négatif envers une personne algérienne (employé ou membre de l'audience). Évidemment, cette remarque est basée uniquement sur les archives écrites de ce Service et il faudrait confirmer cette tendance par des témoignages directs. Ayant travaillé avec les services cinématographiques en Algérie après l'indépendance, François Chevaldonné m'a confirmé le bon état d'esprit des équipes du SDC. (François Chevaldonné, entretien le 13 juin 2014). Appelé du contingent en Algérie (1958), Docteur en sociologie, spécialiste de sociologie des médias ; Professeur émérite à l'Université de Provence (en 2012)

57. Comme à Teniet El Haad le 28 juin : « À 20 heures, quelques chefs religieux du village viennent me demander de retarder la séance d'une demi-heure en raison de la prière du soir qui commence à 20 h 45 ». (Recorbet, 1949c, p. 2)

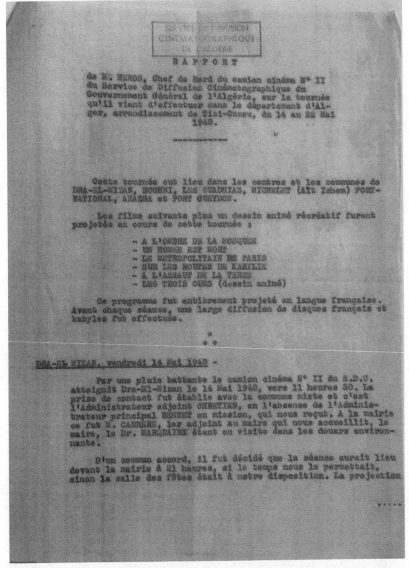

Figure 3.1. *Heros, Rapport de tournée, Département d'Alger, Arrondissement de Tizi Ouzou, 14 au 22 mai 1948, juin 1948.*
Source : Archives ANOM 91/1K507.

Il est donc possible que cet idéal confraternel soit partagé par l'ensemble des employés du Service, ce qui aurait facilité leur entente amicale. On ne trouve nulle part la même méfiance évoquée au sujet des

Figure 3.2. *Une séance du Service de Diffusion Cinématographique aux Ouled Djellal (Sahara Nord).*
Source : SDC de l'Algérie, Sa Filmathèque [*sic*], Alger, 1955, Collection SHD, GR 1 H 2560.

projections de la CAFU concernant la potentielle duplicité du *Commentator*. Ainsi, je n'ai trouvé aucune mention d'un blâme ou d'un avertissement donné par le directeur à l'un de ses subordonnés. De même, l'ancienneté acquise par les auxiliaires algériens est la preuve qu'ils étaient appréciés de leur hiérarchie. En vue de leur statut d'employé non permanent (comme la plupart des agents du SDC), il aurait été facile de ne pas renouveler leur contrat en cas de mauvaise conduite ou de doute sur leur efficacité. Toutes ces raisons renforcent l'idée d'une grande confiance et d'une collaboration amicale entre les membres d'une équipe de camion cinéma. Malheureusement, encore une fois, en l'absence de témoignages directs, il est difficile d'affirmer cela de façon définitive.

Un événement vient tout de même corroborer cette hypothèse : en 1961, le chef de bord du camion n° 4 tombe malade et doit être rapatrié

Figure 3.3. *Les spectateurs suivent la projection effectuée par un Cinébus du S.D.C à Ain-Beida (Département de Constantine).*
Source : SDC de l'Algérie, Sa Filmathèque [*sic*], Alger, 1955, Collection SHD, GR 1 H 2560.

à Alger. En accord avec Pierre Murati, l'équipe est placée sous la direction de M. Abad, *speaker-interprète*. Le seul incident rapporté par Murati (1961a) est le manque de collaboration des autorités militaires à Ain Beida le 7 juin 1961 : « Il est à noter que l'officier chargé du 3e Bureau PH a refusé de recevoir M. Abad qui avait la direction de la Mission depuis Duvivier [29 mai !]. M. Bianchi ayant dû être évacué sur Alger pour raison de santé et sur avis du Médecin d'Oued-Zénati. La séance a malgré tout réuni près de 3 000 spectateurs. » (1961a : 2) Ce fait est également intéressant, car il montre la diversité des positions françaises en Algérie et la complexité des rapports entre les différents services, en particulier, entre le gouvernement civil et les autorités militaires. De plus, cet épisode illustre très bien la place des commentateurs algériens au sein du SDC.

Dès le début des années 1950, les archives du SDC rendent compte du travail de localisation du dispositif par le *speaker*. Comme le souligne Gilbert Heros dans l'introduction d'un document daté d'octobre 1952, le rôle du *speaker-interprète* dépasse la simple traduction :

> En résumé, cette tournée entreprise dans un département réputé pour ses réactions souvent rudes, pour le particularisme de ses habitants, pour sa nervosité sourde, son esprit critique, fut soigneusement préparée, tant du côté psychologique que technique. L'emploi intensif du speaker-interprète du camion n° 2 fut plus poussé qu'ailleurs pour présenter les programmes, expliquer les films et créer un courant de sympathie entre le véhicule et les spectateurs. (1952c : 1)

En effet, sans que cela ne soit jamais exprimé de la sorte dans les archives de l'époque, le commentateur est responsable d'introduire le dispositif et la séance, d'inviter les habitants et de rassurer les moins expérimentés (en particulier les femmes), d'expliquer les références sémantiques et syntactiques, de lire les titres et de traduire le commentaire enregistré, lorsque le film n'est pas disponible dans une version compréhensible par la grande majorité de l'audience. Progressivement, les administrateurs du Service prennent conscience de la diversité et de la complexité de la tâche et tentent de l'expliquer à leur hiérarchie. Par exemple, le commentateur doit posséder à la fois une excellente maîtrise des films programmés et du contexte culturel de diffusion[58]. Cela participe de la rhétorique classique visant à rassurer la haute administration sur le contrôle de cet employé subalterne à un poste si stratégique.

De manière générale, les différents paliers administratifs du Gouvernement général de l'Algérie reconnaissent le grand dévouement des traducteurs, leur compétence et leur excellente connaissance du terrain. En effet, dans les années 1950, Murati ajoute une introduction accompagnant chaque *Rapport de tournée*. Il y affirme régulièrement sa confiance dans le travail des *speakers* et il décrit les différentes

---

58. « Au bureau, [le speaker] traduit et équilibre les commentaires des films qu'il devra présenter au public. Sur les directives du Chef du Service de diffusion cinématographique ou de son chef de bord, il adapte son arabe et ses expressions aux régions à visiter et aux publics variés à toucher. » (Murati, 1951a, p. 35)

étapes de la préparation d'une tournée, en particulier lorsque les conditions sont exceptionnelles, comme lors d'une première visite dans une région ou la rencontre avec des audiences très critiques[59] (1952c : 15). Il en va de même dans le cas d'une audience nouvelle, comme à Lapaine le 21 mai 1953, devant « 500 personnes » (Recorbet, 1953b, p. 3) : « Après avoir expliqué au micro, le programme qui allait être présenté, le speaker Boulares demanda à cette petite foule de bien vouloir se grouper et s'assoir [sic] devant l'écran. C'est dans une surprise générale que nos premières images illuminèrent la toile et créèrent auprès de ces "néophytes du cinéma", les mêmes réactions qui avaient été remarquées à Gounod. » (Recorbet, 1953b, p. 3) La voix du *speaker*, tout comme les autres éléments sonores du dispositif de propagande, sont moins contraignants que la projection audio-visuelle et s'adaptent plus facilement aux besoins des spectateurs : « Les disques adaptés au folklore musical local, ainsi que les annonces du speaker, ont attiré, amusé et intéressé le [sic] foule dans la majorité des centres, avant l'heure du cinéma. » (Plassard, 1948a, p. 5) Gilbert Heros (1948b) reprend cette stratégie lors de sa première tournée en Kabylie : « Ce programme fut projeté entièrement en langue française. Avant chaque séance, les annonces furent faites à l'aide du micro de la cabine de *public adress* [sic] et à l'aide du micro et du haut-parleur d'écran. Une large diffusion de disques français, kabyles et arabes fut également effectuée. » (1948b : 1) Ainsi, le commentaire en direct est très rapidement conçu par les chefs de bord comme une variable d'ajustement, la fonction de localisation du dispositif.

Les administrateurs du SDC demandent également au *speaker* de « renforcer » le message, comme à Boghni le 6 juillet 1950 : « Pour renforcer l'importance du film sur le vaccin BCG, un court arrêt fut marqué avant sa projection afin de permettre ainsi d'effectuer la présentation de ce documentaire en langue française et en kabyle. Après le passage de ce film, une conclusion fut également faite au micro en français et en kabyle. » (Heros, 1950e, p. 3) Même si

---

59. « Ce sont également les raisons pour lesquelles cette nouvelle mission dévolue au Service de diffusion cinématographique a été méthodiquement préparée sur le plan psychologique par l'étude du milieu humain, par le choix de films le plus souvent présentés en arabe dialectal, par la sélection des disques à diffuser avant les séances et par l'emploi rationnel et logique du speaker du camion cinéma pour présenter les programmes, expliquer les séquences des films et créer en somme une sorte de communion d'idée et de courant de sympathie entre les équipes du Service de diffusion cinématographique et les spectateurs dont certains voyaient pour la première fois une séance cinématographique. » (Murati, 1952c, p. 15)

l'on peut en douter, le *speaker* est aussi présenté comme efficace afin de contrer les « positions ouvertement anti-françaises » de la population, par exemple lors de la séance à Boghari le 16 octobre 1949 : « Nos spectateurs apprécièrent également les commentaires des films présentés au micro par le speaker du camion, dont l'érudition et le langage clair permirent à chacun et à tous de comprendre la portée du spectacle présenté. » (Plassard, 1949b, p. 3) Par contre, son allégeance reste irréprochable et il participe à diffuser l'idéologie du SDC, comme à Ouled Djellal le 25 février 1951 : « Comme la veille notre speaker accomplit une excellente besogne en développant, tout en présentant le programme, le thème de l'amitié franco-musulmane et celui de la présence française. » (Recorbet, 1951a, p. 5) Son témoignage est également instrumentalisé dans l'autosatisfaction qui caractérise de nombreux rapports : « Les commentaires recueillis par moi-même et par mon speaker au cours de la projection semblent conformer cette impression. » (Recorbet, 1951a, p. 5) La confiance dans cet auxiliaire étranger augmentant avec le temps, les cadres du Service vont lui confier un rôle de plus en plus important lors des tournées.

La fonction du commentateur de film va ainsi progressivement être mieux reconnue au sein du SDC et dans la hiérarchie française ; de simple traducteur, il va progressivement devenir un médiateur avec les populations visitées, comme le confirme Gilbert Heros en 1950[60]. Le fait qu'il comprenne et respecte les coutumes locales facilite les premiers contacts, que ce soit avec les élites religieuses ou coutumières, lors d'audiences officielles, ou avec les populations locales, via le système de *public adress*. Très régulièrement, les chefs de bord rapportent le « courant de sympathie » que sa parole génère (Murati, 1951a, p. 20 ; Murati, 1952c, p. 15 ; Heros, 1952c, p. 1 ; Heros, 1955, p. 10 ; Toche, 1955e, p. 4). Or, comme nous l'avons vu dans les chapitres précédents, chaque caractéristique du dispositif de propagande peut avoir un impact sur la réception du message : une

---

60. « En tournée, il présente les films, les explique, les commente avant la projection ou en cours de séances. Il oriente la diffusion des disques et doit souvent être un intermédiaire discret et psychologue, entre le chef de mission et les personnalités musulmanes rencontrées, et entre l'équipe et le public. Dans les milieux religieux, son rôle consiste à donner confiance et à éviter de part et d'autre que des erreurs soient commises. Il évite les heurts et les antipathies qui pourraient naître d'une mauvaise prise de contact. Il conseille souvent, en spéculant sur son état de musulman, attaché à sa religion, mais confiant aussi dans l'œuvre éducative du SDC » (Murati, 1951a, p. 35-36)

bonne prise de contact, respectueuse et cordiale, augure positivement sur la séance à venir. Gilbert Heros (1950e), au sujet d'une séance à Dra El Mizan le 5 juillet 1950, regroupant 1 200 spectateurs environ, souligne l'« ambiance favorable » qui entoure cette visite et décrit les différentes étapes de la prise de contact :

> C'est ainsi qu'à 20 h 30 une grosse partie de la population était réunie autour de notre véhicule écoutant les disques français et kabyle que notre haut-parleur d'écran diffusait. […] Puis, à travers les rues du village eurent lieu au micro les annonces concernant la séance cinématographique organisée le soir même à 21 heures devant la Mairie. Une grosse quantité de tracts sur le B.C.G. fut également diffusée au cours de ces annonces. (1950e : 2)

Le commentateur reprend des éléments de la culture locale afin d'introduire la séance. Par exemple, à Duperre le 2 mai 1950, devant 5 000 « pèlerins », il commence par faire référence à un personnage religieux :

> Précédée d'une allocution très appréciée faite au micro par le speaker du camion dans le but d'évoquer la mémoire et les gestes de Si Ahmed Ben Youcef et de souhaiter un heureux pèlerinage aux adeptes et aux descendants de ce saint dont la vie n'est qu'une longue histoire de miracles et de chevauchées à travers la Seguiet El Amra, les oasis de Tiout et les Monts de Miliana, celle-ci obtint un succès sans précédent dans les annales de la diffusion cinématographique. (Plassard, 1950k, p. 2)

Ces quelques mots en début de séance, ou la manière dont le *speaker* va inviter les habitants à rejoindre la projection le soir, sont fondamentaux, car ils constituent la première expérience directe du dispositif de propagande par les spectateurs. Cette prise de contact va déterminer en grande partie leurs impressions et la manière dont ils vont interagir avec les films. Dans le cas où une population a été mise en garde contre ces représentations, une prise de contact respectueuse peut mettre en doute cette opinion. Sans être totalement conscients des enjeux autour de cette figure du médiateur, certains cadres du SDC expriment l'intuition de son rôle central. L'expérience aidant, le *speaker* est de plus en plus autonome et se trouve ainsi en charge de la programmation musicale avant la séance, comme en témoigne

Heros en juin 1955[61]. Ses connaissances des sphères culturelles visitées, alliées à son expérience des séances de propagande, placent le commentateur dans une position permettant la négociation entre le conservatisme ou le nationalisme de certaines audiences et l'impérialisme moderne de la France.

En plus de mieux faire accepter les visites des camions cinéma dans les villages, le statut intermédiaire du commentateur, Algérien travaillant pour la puissance coloniale, est également exploité afin de faciliter l'appropriation des messages. Par exemple à Thiers le 14 août 1957, le camion cinéma attire environ « 600 spectateurs kabyles » (Murati, 1957c, p. 3), bruyants et chahuteurs. Par son talent, le *speaker* arrive à calmer la foule et les « films et le "laïus" de présentation furent suivis avec une attention soutenue par chacun et par tous » (Murati, 1957c, p. 3). Parfois, les spectateurs algériens sont étonnés d'entendre une propagande française en arabe ou en kabyle, comme dans l'arrondissement de Blida en décembre 1954 : « La présentation du programme, faite au micro par moi-même [Diana] et par le speaker, fut écoutée dans le calme et ne souleva aucun murmure aux passages concernant les événements d'Algérie et flétrissant l'action terroriste. » (Murati, 1954b, p. 2) Murati (1951a) souligne également la capacité des commentateurs algériens à s'adapter à leur public : « Dans les milieux plus évolués et moins compassés, il est un personnage gai et enjoué, avec une pointe de malice. En bref il doit selon l'heure et le milieu s'intégrer au public pour mieux convaincre. » (1951a : 36) La flexibilité, la créativité et le charisme des hommes parlant en direct au microphone permettent de créer un espace de négociation à l'intérieur du dispositif, entre l'inadéquation et la rigidité des films et les attentes des publics. Leur perspicacité permet également au système de mieux évoluer, en particulier en fonction des réactions de la foule :

> Pendant la projection, il circule dans la foule pour écouter les réflexions qui s'échangent, donner là quelques explications et observer partout avec promptitude les réactions des spectateurs. C'est lui enfin qui après la séance recueille discrètement

---

61. « À cet effet, je charge toujours le speaker interprète d'entrer en contact avec l'élément musulman, afin de lui permettre de choisir les disques de musique arabe, qui aussitôt, sont passés sur les pick-up du camion. Ceci a pour but de créer un courant de sympathie entre les spectateurs et l'équipe du *Cinébus*. » (Heros, 1955, p. 10)

les commentaires et note les remarques faites en bien comme en mal, pour ensuite permettre au service de fignoler son action ou de la modifier dans certains cas. (1951a : 36)

Les *speakers-interprètes* deviennent ainsi les rouages centraux du dispositif de propagande du SDC, amortissant l'abrupte fin d'une séance imposée par la puissance coloniale, complétant les films en localisant leur contenu tout en étant à l'écoute des populations afin de faciliter l'appropriation des messages éducatifs et renforçant le discours du Gouvernement général en y apportant leur crédit. Comme dans le cas du contenu des films diffusés, leur action ne suffit pas toujours à pallier le déficit de communication des séances. Or, dans le même temps, le commentateur participe à l'oralisation de la réception des films qui, en particulier, favorise la réappropriation de l'espace de projection par les audiences. En cela, il est également à l'origine des espaces *patchworks* qui autorisent certaines *tactiques* de résistance.

4. Impact des projections coloniales ?

Si l'on se fie aux rapports d'activité, on peut avoir l'impression que les projections coloniales du SDC rencontrent un grand succès, que leur audience ne cesse d'augmenter et que leur impact après 15 années d'activité doit être immense. Or la réalité est tout autre : comme nous l'avons vu, après 1956, les chiffres compilés quant à la fréquentation connaissent des baisses qui varient entre 400 et 800 000 spectateurs par année, comme le confirme Sébastien Denis[62] (2012 : 209). Les séances du SDC n'attirent plus les foules, même dans les communes où il rencontrait un franc succès dans les années précédentes. Par exemple, dans les arrondissements de Blida et de Maison-Blanche en octobre 1961 : « Au cours des 11 séances effectuées dans l'arrondissement de Blida, 3 000 spectateurs seulement ont assisté à la projection. Les 4 séances réalisées dans les Communes de Rouïba et de la Réghaïa ont permis de toucher plus de 2 000 personnes. [...] C'est la première fois, depuis la création du Service, que le SDC obtient un résultat aussi médiocre dans la Mitidja. » (Plassard, 1961b, p. 5) La situation va se détériorer progressivement, au même rythme que la perte de contrôle par le Gouvernement

---

62. « C'est en 1956 seulement que la guerre se ferait sentir sur les chiffres de participation publique du SDC, avec 350 000 spectateurs déclarés et des projections plus ponctuelles, faisant suite à l'état d'urgence puis aux pouvoirs spéciaux. » (Denis, 2012, p. 209)

général, comme le constate Roger Plassard dans ses conclusions (1961d : 5). Ainsi, malgré les six ou sept camions cinéma actifs et l'augmentation du nombre de tournées, le SDC touche une population de plus en plus réduite. À ce niveau, il est possible que l'impact du SDC à cette période ait connu une amélioration, car faute de pouvoir parcourir l'ensemble du territoire, les camions cinéma ont concentré leurs tournées sur quelques circuits jugés sécuritaires. Malheureusement, en l'absence de données, il est impossible de statuer sur cette hypothèse. De même, sans avoir accès à une évaluation indépendante du dispositif de propagande, il est difficile d'attester de son efficacité.

Cependant, un faisceau de faits permet d'avancer l'hypothèse de l'inefficacité de la propagande française. Tout d'abord, il faut imaginer la réalité concrète entourant la diffusion d'un film sonore devant un public dont le nombre varie de 500 à 5 000 personnes, rarement silencieuses, en plein air, et avec une amplification sonore insuffisante à couvrir tous les bruits parasites (vent, pluie, animaux, etc.). Ensuite, il est important de prendre en compte que les spectateurs sont plus intéressés par l'événement lui-même, le fait que la communauté soit réunie pour voir une attraction, que par le contenu des films. En effet, comme dans le reste de l'Afrique coloniale, dans beaucoup de villages visités par le SDC, le cinéma est un divertissement rare et beaucoup de personnes s'organisent pour se rendre à la projection, attirées à la fois par l'aspect spectaculaire du dispositif et par sa dimension sociale. C'est pourquoi la réception est principalement collective et est accompagnée d'une grande activité verbale et gestuelle des spectateurs, soit périphérique à la séance, soit tournée vers l'écran. Par ailleurs, ce système de propagande est censé s'adresser à une grande variété de publics, urbains, en contact avec les références culturelles européennes, et ruraux, Européens plus ou moins francophones, Algériens arabophones, Kabyles, etc. Dans le même temps, les moyens trop limités du SDC ne permettent pas d'« éduquer » les spectateurs novices ni d'adapter le dispositif à cette grande diversité linguistique. Malgré la présence positive du commentateur, médiateur entre le dispositif de propagande et la diversité des audiences, beaucoup de malentendus se propagent et de trop nombreuses séances ne dépassent pas l'effet spectaculaire de l'« effet d'attraction ». Étant donné la grande hétérogénéité de l'audience (autant en ce qui concerne les compétences linguistiques que les attentes ou l'expérience cinématographique), il est probable qu'une majorité des spectateurs n'ait pas compris le contenu des films, dont la plupart furent diffusés en français. Comme nous l'avons vu dans le chapitre précédent, cette situation a tendance à augmenter le chahut et à diminuer l'attention du public pour la projection. La faible qualité de la réception des représentations coloniales est aussi aggravée par le peu d'habitude des images audiovisuelles d'une grande partie des spectateurs. Dans les zones éloignées des centres urbains où se trouvent les salles commerciales, les séances gouvernementales sont les seules à rendre le cinéma accessible. Malheureusement, la faible fréquence des tournées ne permet pas de consolider une série de références culturelles et médiatiques, nécessaires pour assurer une interprétation des films européens conforme aux attentes des producteurs et des diffuseurs. D'ailleurs, les administrateurs se plaignent régulièrement du manque de moyen qui empêche d'entretenir une continuité éducative avec les populations visitées. Enfin, malgré les précautions des employés du SDC, chaque séance est perçue comme la diffusion d'un message de propagande par la puissance coloniale, ce qui en diminue le crédit. En résumé, comme avec les autres systèmes de propagande, il est probable que le Service de diffusion cinématographique en Algérie n'ait pas atteint l'efficacité revendiquée dans la propagation de son contenu idéologique. Par contre, on ne peut pas exclure, comme dans les cas précédents, qu'il n'ait pas eu un impact important sur les populations, leur imaginaire collectif et leurs pratiques médiatiques.

4.1 L'échec de la propagande française

Revenons d'abord sur l'échec de la propagande française : plusieurs raisons peuvent l'expliquer dont, comme nous l'avons vu, la faiblesse des moyens (qualité des films, versions disponibles, nombre de camions cinéma, fréquence des tournées), mais aussi une conception erronée de la propagande par des moyens audiovisuels (caractéristiques du message diffusé, place du commentateur dans le dispositif). Une autre explication découle de l'incapacité des gouvernements français successifs de mettre en place une politique claire et réaliste d'information par le film, provoquant les difficultés récurrentes du SDC à s'adresser à des publics aussi hétérogènes et variés. À cela il faut bien sûr associer le contexte politico-social (local, national et international), avec une très grande défiance vis-à-vis des gouvernements coloniaux d'après-guerre. À un niveau mondial, les organismes récemment créés autour des Nations Unies (dont l'UNESCO, la FAO, l'OMS) mettent de la pression sur les administrations coloniales en documentant les manques, les erreurs et les injustices découlant de leur gestion. Suivant la même logique, les puissances dominantes de l'après-guerre (États-Unis, URSS), mais aussi les nations non alignées (telles que l'Égypte, l'Inde ou la Yougoslavie), instrumentalisent ces constats afin de renégocier les équilibres globaux. En même temps, dans le domaine national ou local, des partis politiques défendent des postures radicalement anticoloniales. En France, le Parti communiste français regroupe les principales tendances, alors qu'en Algérie plusieurs mouvements (dont le MNA et le FLN) s'affrontent (Bargelli, 2003). Toutes ces actions politiques, évidemment interconnectées, diffusent des imaginaires qui viennent en contradiction avec l'idéologie promue par le SDC, dont l'idée fondamentale peut être résumée suivant le fantasme d'une Algérie française où les « peuples » vivraient en « harmonie confraternelle ».

Par ailleurs, lié à ces raisons structurelles, il faut également citer la dégradation des relations entre le Gouvernement général à Alger et les populations en Algérie. Les tensions sont évidemment reliées aux revendications nationalistes et à la répression militaire, mais aussi à la prise de conscience plus générale de l'iniquité fondamentale de la domination coloniale. Les audiences expriment au mieux un scepticisme face aux messages du SDC, voire une complète opposition. Les Algériens sont ainsi de plus en plus nombreux à déplorer la mauvaise gestion des ressources par la France ou à regretter l'absence de services efficaces en ce qui concerne la santé, la justice ou l'éducation. Ceci explique, comme le montre Sébastien Denis (2012), la mauvaise réception des films vantant des services auxquels les spectateurs n'ont pas – encore – accès[63]. Suivant cette perspective, on peut supposer que ces spectateurs algériens retiraient plus de frustration que d'espoir face à une politique d'aménagement du territoire trop tardive, partielle et sous-financée[64]. De même, il est peu probable qu'ils se laissent impressionner par l'étalement de la puissance militaire française (*Armée d'Afrique* ; *Avec ceux de la 2eme D.I.M.*) ou convaincre par la présentation de sa politique étrangère (*Le monde libre et l'Égypte*, 1957).

---

63. « Si [les Européens des campagnes], non directement visés par ces opérations, se voyaient confortés dans leur histoire et leur supériorité, les Algériens pouvaient au contraire observer la différence entre leur niveau de vie et celui proposé comme une norme (logements neufs et destruction des bidonvilles, travail et éducation pour tous...) dans des films aux titres évocateurs (*L'Algérie au travail*, 1946 ; *Les grands ports d'Algérie*, 1947 ; *La moisson sera belle*, 1949, etc.). À la grandeur filmique de l'action française s'opposait sèchement la réalité d'une population abandonnée. » (Denis, 2012, p. 203)
64. *Eau, source de richesse*, 1946 ; *J'ai gagné un métier*, 1949 ; *Les grands ports algériens*, 1949.

Cette hypothèse se confirme lors de la séance du 23 novembre 1951 à Boghari, où le camion cinéma arrive dans un climat politique tendu, « touché par les influences nationalistes » (Heros, 1951f, p. 6). Le public présent reste silencieux pendant une bonne partie de la séance et au moment de la présentation d'*Armée d'Afrique* (en français) : « [B]eaucoup de musulmans [sic] quittèrent ostensiblement le lieu de la séance » (1951f : 6). Gilbert Heros rapporte également des commentaires échangés par des spectateurs : « Ils essayent de faire de la réclame pour attirer des gens et les envoyer en Indochine. » (1951f : 6) Il se produit la même chose à Taher le 9 octobre 1952, lorsque 3 500 spectateurs principalement « musulmans » accueillent l'équipe « avec une certaine froideur » (Recorbet, 1952c, p. 4), en particulier lors de la présentation d'*Armée d'Afrique*. Devant les images de la Légion étrangère, un spectateur aurait dit : « Inahal dine immek (maudite soit ta mère) » (1952c : 4). Un autre aurait ajouté : « Si les Égyptiens en avaient autant, il y a longtemps que tout serait fini. » (1952c : 4) Sur un autre thème, à Sidi Khaled, le 3 mars 1954, la projection du film d'actualité *Algérie 53* (en version française) a provoqué de vives réactions : « [...] au cours de la projection d'*Algérie 53* au moment où M. Martinaud Deplat décore le Caïd Idrissi de la Légion d'Honneur, un spectateur a dit à son voisin : "Ils viennent pour se foutre de nous avec leur cinéma !". Ces propos ont été rapportés à M. l'Administrateur Navarre qui m'a confirmé le mauvais esprit des populations de Sidi Khaled dont beaucoup d'habitants ont travaillé dans le TELL ou dans les usines de la Métropole. » (Toche, 1954b, p. 3-4) Plus généralement, les chefs de bord rapportent de nombreuses insultes dites à voix basse ou des réflexions défavorables à la France. Manifestement, ces commentaires viennent de spectateurs ayant à la fois une bonne compréhension du français et des codes cinématographiques.

Or, il faut rappeler que les principales cibles de la propagande française ne sont pas les spectateurs les plus expérimentés : le gouvernement n'envisage pas de modifier l'opinion ni des Européens ni des élites algériennes. Au contraire, à travers le SDC, il cherche à s'adresser aux habitants des villages, aux agriculteurs et aux ouvriers, c'est-à-dire à une population qui ne maîtrise ni le français ni les codes cinématographiques. D'après Suzanne Frère (1961), dans une « enquête sociologique » réalisée à la fin des années 1950[65], 17 %

---

65. Enquête réalisée durant 7 mois entre 1959 et 1960, auprès de 1 860 hommes, « chefs de famille possédant la radio » (Frère, 1961).

des personnes interrogées disent n'avoir « jamais vu le cinéma » (1961 : 65) et, parmi les 83 % « plus ou moins familiarisés avec le cinéma » (1961 : 65), seulement 40 % ont assisté à des projections commerciales régulières ; j'en déduis que le reste des spectateurs ont découvert le cinéma lors des « séances organisées par le SCA ou le SDC » (1961 : 65) ou de projections ambulantes du même type. Ainsi, environ 65 % des personnes interrogées ont une connaissance très faible des références cinématographiques : « La totalité des employés et des militaires que nous avons interrogés connaissaient le cinéma, ainsi que presque tous les artisans dont la moitié fréquentaient les salles de cinéma. C'est parmi les ouvriers et surtout les journaliers agricoles, les fellahs et enfin les pasteurs que se trouvent ceux qui n'ont pas vu des films, tous ne sont pas aptes à comprendre un film. » (1961 : 71) En l'absence de pondération des résultats en fonction de la représentation par catégories socio-économiques de la population algérienne, ces chiffres ne sont pas transposables du point de vue du territoire total. De même, il n'est pas possible d'établir une correspondance directe avec les trois groupes définis par Murati[66], soit les spectateurs « cinématographiquement vierges » (1951a), « le public musulman dégrossi » (1951a) et les « musulmans éduqués » (1951a).

Cependant, ces chiffres sont intéressants pour l'ordre de grandeur qu'ils dessinent : nous ne sommes pas face à un ou deux pour cent des spectateurs du SDC sans expérience cinématographique, mais environ un spectateur sur six découvre le cinéma avec les projections coloniales, parfois même en 1960. De même, près de deux spectateurs sur trois n'ont pas les références culturelles nécessaires au décodage des films diffusés. Malgré une description en termes discutables des habitudes de réception – que je considérerais plutôt comme le résultat d'un point de vue élitiste ou paternaliste, que colonial ou raciste –, l'auteure y souligne les différentes conceptions du cinéma qui coexistent parmi les spectateurs dans l'Algérie qui précède l'indépendance. Si la sociologue constate un intérêt universel pour les images (photographiques, en mouvement, etc.)[67], elle montre comment le cinéma est d'abord perçu comme une « attraction » (Gunning, 1986),

---

66. Sans que cela ne soit affirmé clairement, cette étude semble centrée sur les populations autochtones, principalement rurales (Frère, 1961, p. 11-12). Les statistiques excluent donc la catégorie du « public européen » définie par Murati en 1951.
67. « Il n'est que de constater la curiosité étonnée et amusée avec laquelle des femmes, qui n'ont jamais vu de revues illustrées, regardent les images d'un hebdomadaire ». (Frère, 1961, p. 61)

avant d'être narratif[68]. Cette forme de divertissement, plus basée sur l'effet spectaculaire du dispositif que sur l'interprétation du message éducatif, est très visible dans les Archives des années 1940 aux années 1960. Par exemple, dans les *Conclusions* du rapport de tournée dans l'arrondissement d'Orléansville, Roger Plassard (1948a) revient sur l'effet de surprise provoqué par l'arrivée de l'équipe dans un quartier : « Le camion, d'abord par son aspect et son volume, a produit un effet de surprise et d'étonnement. Nombreux furent les musulmans qui ont suivi avec curiosité la mise en place et le travail préparatoire d'installation. » (1948a : 5) Très régulièrement, l'organisation de la séance est vécue comme un événement en soi et semble, parfois, retenir plus l'attention des audiences que les films projetés. Ainsi, à Bouinan (un village à 34 km au sud d'Alger) le 17 septembre 1957, le microphone du camion cinéma attire des spectateurs de toutes les communautés environnantes : « La 2e projection groupa encore davantage de spectateurs, car à ceux de Bouinan, étaient venus se joindre certains éléments des Douars voisins attirés par les commentaires des spectateurs de la veille et par les Haut-parleurs du "Public Adress" [*sic*] du *Cinébus*. L'élément européen de ce centre était venu également sur l'emplacement réservé à la projection [...]. » (Murati, 1957m, p. 2) Le film qui retient alors l'attention de l'audience est *La fête imprévue*, projetée en version arabe, un mélange hétéroclite de danses, musiques et chants traditionnels et de saynètes comiques.

En effet, comme le décrit Suzanne Frère (1961), à partir d'entretiens semi-dirigés, les spectateurs un peu « familiarisés avec le cinéma » (1961 : 41) qui y voient un divertissement ne cherchent pas forcément à comprendre la narration ou à interpréter le discours produit par le film : « Je ne me souviens de rien ; je regarde par curiosité, mais sans rien comprendre. J'allais au cinéma, mais je ne comprenais pas, c'était l'histoire [*sic*] de passer le temps. Je n'ai rien compris, je me suis même endormi, j'étais comme étourdi. Je n'ai rien retenu ni rien compris. J'ai vu des gens sur l'écran, c'est tout. » (1961 : 71) Ces spectateurs éprouvent généralement des difficultés à interpréter les références étrangères[69] : « Cette psychologie qui n'est pas la sienne,

---

68. « [...] même ceux qui, peu habitués à voir des projections de films, se contentent de regarder des images qui se succèdent à un rythme trop rapide à leur gré, sans pouvoir ou sans essayer de saisir le lien entre les images successives ; ceux-là sont incapables de raconter un film même quand l'histoire est simple. » (Frère, 1961, p. 63)

69. En aurait-il été différemment chez les « provinciaux d'une ville comme Auxerre » (Frère, 1961) ?

Figure 3.4. *Les Unités mobiles du SDC. La camionnette équipée pour projection en 16 mm, les « Cinébus » et les deux groupes électrogènes sur camionnettes.*
Source : SDC de l'Algérie, Sa Filmathèque [*sic*], Alger, 1955, Collection SHD, GR 1 H 2560.

elle est trop complexe et nuancée pour lui, d'où le désintéressement de la plupart de nos enquêtés pour les films sentimentaux qu'ils citent très rarement. » (1961 : 72) Par contre, ils citent couramment des éléments sémantiques qui leur sont importants, dont les animaux présents dans une scène, comme « un âne [ou] un troupeau de mouton » (1961 : 72), ou une scène dont ils sont familiers : « Les hommes sont ravis de retrouver un monde qu'ils connaissent, d'où l'intérêt de ce fellah pour les scènes qui montrent une voiture roulant vite, chose qu'il voit couramment. » (1961 : 72)

De manière assez récurrente, ils affirment ne pas comprendre et ne pas retenir le contenu des films, ce qui est un problème majeur dans un cadre éducatif. Ainsi, un ouvrier affirme à l'enquêteur : « Je vois un film et tout de suite après je l'oublie » (1961 : 65). Cette remarque, qui semble revenir très régulièrement chez les spectateurs peu expérimentés, est également révélatrice d'un malentendu culturel plus profond entre les administrateurs français qui gèrent les projections et la population peu éduquée suivant des normes occidentales. Aucun des employés du SDC n'exprime un doute sur l'adaptation du dispositif de propagande aux audiences. Par exemple, à aucun moment les archives ne mentionnent le fait que la plupart des spectateurs ne sont pas lettrés en français. Il en va de même pour la sociologue qui est fréquemment surprise que ses témoins ne connaissent pas les noms des salles de cinéma, le « genre de film », les titres ou les acteurs « qu'ils préfèrent ». Pourtant, la raison est assez évidente, comme l'explique un des témoins : « Je ne connais pas les titres des films, car je ne sais pas lire. » (1961 : 71)

Éduqués dans un autre système médiatique, en fonction d'autres références, les spectateurs peu « familiarisés avec le cinéma » vont regarder autrement les films, remarquer d'autres détails, faire des associations non anticipées par les producteurs et focaliser leur attention et leur mémoire sur des aspects précis, mais alternatifs. Ainsi, au lieu de chercher à remédier à l'important décalage culturel, certains administrateurs du Service rapportent de manière ironique les réflexions de spectateurs au sujet du dispositif cinématographique :

> En 1947, à Aïn Sefra, par exemple, le mur de la maison du Caïd servait d'écrans pour notre projection. En fin de séance, deux musulmans qui assistaient pour la première fois à une manifestation cinématographique se regardèrent et l'un d'eux s'écria : « dis, camarade, tu as vu les chevaux, les chars, le Général, etc. Ils ont mis tout cela dans le mur ! » Et de tâter ce mur avec anxiété pour se rendre compte de ce qui avait bien pu se passer. (Plassard, 1952j, p. 4)

Ce commentaire révèle l'étendue du décalage entre la conception du *medium* cinématographique largement répandue parmi les fonctionnaires français et l'horizon d'attente des spectateurs les moins expérimentés. Bien sûr, cette situation est extrême, mais ni le chef de bord ni le directeur de service ne choisissent de voir dans cette scène comique une limite de leur action de propagande.

Ce type de malentendu n'est pas réservé aux premières projections, mais va se reproduire régulièrement : à aucun moment les

employés du SDC ne remettent en cause les films projetés ou leurs
manières de faire. Par exemple, plusieurs administrateurs rapportent
un problème de compréhension du dessin animé par le public peu
habitué aux projections cinématographiques. Or, dans une culture
relativement iconoclaste, où les représentations picturales de figures
animales et humaines et le dessin sont quasiment absents, il n'est
pas surprenant que le film d'animation soit en fait plus complexe à
interpréter que l'image photographique. Ceci rejoint une anecdote
ayant eu lieu à Igli (Saoura), le 15 mars 1955, où le chef de mission
rapporte le commentaire du Caïd Glaoui, au sujet du dessin animé
Donald à la plage : « Les Français sont rudement forts, j'avais toujours entendu parler des *Djnoun*, mais je n'en avais jamais vus. Les
Français ont réussi à les photographier… et en couleurs ! » (Toche,
1955b, p. 13) Encore une fois, au lieu de remettre en cause son dispositif de projection, Roger Toche (1955b) y voit, au contraire, une
preuve de l'efficacité de son action : « Après de telles paroles, on
comprend facilement la portée profonde et bienfaisante de notre
cinéma sur des esprits aussi simples et le rayonnement et le prestige que la France peut en retirer » (1955b : 13). Ce qui d'un point
de vue colonial n'est pas faux, mais anéantit toute portée éducative
revendiquée par le SDC !

Faute d'étude et, plus encore, à défaut d'être conscient de ce
biais, ces aspects n'ont jamais été pris en compte par le SDC ni par
les réalisateurs des films éducatifs. C'est, à mon avis, la principale
raison de leur probable inefficacité. Ces témoignages rejoignent celui
de Younes Dadci, dans son ouvrage *Dialogue Algérie – Cinéma* (1970),
qui affirme que cette propagande « n'a eu aucune influence directe et
profonde sur le comportement des spectateurs » (1970 : 203). Dans le
même temps, Dadci confirme l'aspect initiatique de ces projections,
qui pour beaucoup constituait la première rencontre avec le monde
du cinéma[70]. On peut en conclure que si la propagande française

---

70. « On ne peut méconnaître cependant le rôle joué par les ciné-bus qui ont permis
à un grand nombre de villageois ou de paysans de voir ce qu'était le cinéma, muet
d'abord puis parlant. J'ai moi-même vu mon premier film vers les années 1950-1952
dans les halles au grain du marché de mon village. Ce fut d'ailleurs la première et
la dernière projection que je vis. Mon père m'interdisait d'assister à la projection des
"mauvais films". Je protestais un peu, c'était en effet amusant pour les enfants de
mon âge d'assister à ce nouvel amusement. Mais je ne pus convaincre mes parents. Ils
pensaient, et ils n'étaient pas les seuls, que ces ciné-bus ne projetaient que des films
mauvais… Il y avait pourtant de très belles images, mais on me répétait que j'étais trop
jeune pour comprendre le cinéma. » (Dadci, cité dans Denis, 2012, p. 203)

fonctionnait mal en ce qui concerne la diffusion d'un message filmique, le dispositif global avait tout de même un certain impact sur
les populations[71]. C'est pourquoi il faut souligner l'importance de
toutes les activités entourant la projection de films éducatifs : les
annonces diffusées dans les rues des communes visitées, la distribution de tracts et les affiches placardées proche du camion cinéma, la
musique accompagnant l'installation du matériel et l'accueil des spectateurs, les petites interactions entre l'équipe et la population, avant,
pendant et après la séance, les cadeaux et les services accompagnant
la diffusion de la propagande, en particulier les services sanitaires ou
la compagnie des Képis bleus.

Malheureusement pour la mission éducative du SDC, tous les
chefs de bord ne perçoivent pas le rôle clé joué par le *speaker*, en tant
que médiateur entre le dispositif de propagande et les populations
ciblées. Persuadés à la fois de l'universalité du message cinématographique et du potentiel propagandiste des projections sonores, certains employés du Service se concentrent sur la dimension éducative
des films, la pertinence du programme et la qualité technique de la
séance. Or, comme nous l'avons vu, ces trois aspects sont à la fois
relatifs et ne garantissent pas une diffusion d'information adéquate.
Ce constat, concernant les projections coloniales britanniques en *Gold
Coast*, est également valable pour les activités du SDC, qui tendent à
renforcer chaque spectateur dans ses convictions, tout en permettant
au gouvernement français de nouer un lien avec des populations
locales qu'il a longtemps ignorées. Bien entendu, ce contact a été
trop distant, car trop tardif et épisodique, et n'a pas résisté pas au
mouvement global de décolonisation lancé en Algérie comme partout
dans le monde.

Un film est particulièrement révélateur de ce malentendu entre
les autorités françaises et les audiences : *Le monde libre et l'Égypte*
(ECPAD, 1957). Ce documentaire à charge contre le président égyptien Gamal Abdel Nasser et sa décision en 1956 de nationaliser le
canal de Suez, contient plusieurs approximations factuelles, comme
l'affirmation que l'Égypte constitue une menace pour la « paix dans

---

71. « On peut toutefois avancer que, pour ces populations délaissées par la France
depuis le début de la colonisation, le passage des Français était toujours positif, surtout
quand les projections étaient suivies de distributions de denrées alimentaires, dans la
meilleure tradition des "bureaux arabes" du XIXe siècle, puis de l'action psychologique
que les civils et militaires stationnés en Algérie avaient pu voir à l'œuvre dès l'arrivée
des Américains sur le sol africain en 1942. » (Denis, 2012, p. 204)

le monde » et le « monde libre » ou les parallèles entre Nasser et Hitler[72] (ECPAD, 1957).

Globalement, *Le monde libre et l'Égypte* est un échec, son impact est très faible sur l'opinion mondiale (y compris des Alliés comme des États-Unis) ; dans le même temps, Nasser conserve une image relativement positive parmi les populations des pays non alignés. Les ambassades françaises confirment le peu d'intérêt dans le public officiel (administration, autorités militaires, élites politiques) et une très faible diffusion parmi le grand public. Younes Dadci (1970) confirme également que *Le monde libre et l'Égypte* ne connaît pas non plus une bonne réception parmi la population algérienne. Or, Pierre Murati (1957a) semble citer toutes les réactions négatives envers l'Égypte provoquées par la projection du film, en conclusion d'une tournée dans le département de la Grande Kabylie[73]. Murati témoigne également de sérieuses difficultés de réception, voire de réactions très négatives vis-à-vis de ce reportage orienté. Or, il est difficile de déterminer si ces problèmes viennent du film, de son discours exagéré et peu convaincant, du trop grand décalage entre la thèse défendue et les opinions anticoloniales largement répandues parmi les Algériens à la fin des années 1950, ou d'une mauvaise compréhension au sein des personnes non francophones. En fait, la réception du court métrage ne s'améliore pas avec la diffusion de la version arabe (Murati, 1957d, p. 1).

Or, il est intéressant de constater que le phénomène de rejet du *Monde libre et l'Égypte* est relativement systématique, quels que soient le contexte, l'équipe qui organise la projection, ou la version française ou arabe. Cet exemple illustre parfaitement les causes de l'inefficacité fondamentale de la propagande française : la hiérarchie administrative ne comprend pas les bases sur lesquelles serait possible la communication d'un message avec des publics ne partageant ni la langue, ni les références sémantiques ou syntaxiques, ni le cadre paradigmatique. Voyons maintenant comment les audiences, en particulier celles avec des revendications politiques, ont négocié autour de ce dispositif inadapté.

---

72. Le rapprochement du régime de Nasser avec l'hitlérisme est présent tout au long du film, notamment quand le commentaire évoque l'aide d'anciens militaires nationaux-socialistes à la constitution de l'armée égyptienne ou bien une *propagande à la Goebbels* (ECPAD, 1957).
73. « Le film *Le monde libre et l'Égypte* suscita des commentaires peu flatteurs à l'égard du Colonel Nasser et de son armée. » (Murati, 1957a, p. 4)

4.2 Contestation et espaces propres dans le monde colonial

Si la grande majorité des Européens présents devant les écrans du SDC restent très réservés, applaudissant respectueusement les films projetés, sans émettre de commentaire politique, certaines réactions à la propagande française sont assez stéréotypées : soit ils soutiennent l'occupation coloniale et ils ovationnent les images mettant en scène la puissance militaire française, soit ils la critiquent et ils expriment leur hostilité à haute voix. Parfois, comme à Philippeville le 20 mars 1945, alors que Pierre Murati donne une allocution sur les *Combattants musulmans et victoires françaises*, les notables du bourg sont déçus par le contenu :

> Cette causerie traduite par M. Issad fut favorablement commentée, en particulier par les spectateurs musulmans, très nombreux et très attentifs. Il n'en fut pas de même de certains européens [sic] conviés à cette soirée par la Sous-préfecture de Philippeville. Ceux-ci auraient voulu que cette séance prît une tournure de réunion politique et que le nom du Général de Gaulle fût plus largement cité dans les causeries. (1945b : 5)

Des spectateurs expriment également leur satisfaction devant des mises en scènes des forces armées françaises dans des films. Par exemple, à Ameur El Ain le 2 mai 1950, devant 2 000 spectateurs « européens et algériens » visionnant *Armée d'Afrique*, Gilbert Heros (1950b) rapporte la scène suivante :

> *Armée d'Afrique* fut suivi dans un silence impressionnant. Le défilé des tirailleurs fut salué par de longs applaudissements. À un moment même le refrain de la célèbre marche des tirailleurs fut repris par certains spectateurs sans doute anciens « turcos » [Tirailleurs algériens, XIXe]. C'est dans une atmosphère de grande détente et dans un grand calme que se déroula cette première séance de notre tournée. (1950b : 2)

Le même film, projeté à Arris, le 12 octobre 1952, provoque une réaction moins consensuelle : « Si nous disposions d'une garnison ici, il y a longtemps que nous ne parlerions plus des bandits qui se terrent dans la montagne. » (Heros, 1952c, p. 7) De même, les Français présents à Bouinan le 18 septembre 1957 regardent *Défense de l'Algérie* avec beaucoup de satisfaction[74] (Murati, 1957i, p. 2). Par contre, certains colons nationalistes sont choqués que les films ne se concentrent pas plus sur la défense d'une Algérie sous domination française, plutôt que de faire la promotion d'une « amitié franco-musulmane » (Recorbet, 1951a, p. 5) et d'actions du Gouvernement général en faveur de la population algérienne. Enfin, en conclusion d'une tournée dans le département d'Oran en juin 1955, Pierre Recorbet (1955c) rapporte des remarques négatives prononcées pendant sa visite sur les travailleurs espagnols : « [L]a plupart sujets indésirables, garnissent les prisons » (1955c : 10). À l'inverse des « Espagnols lancent, çà et là, dans la foule, des paroles antifrançaises dont les échos se répercutent facilement dans les zônes [sic] limitrophes de cette région » (1955c : 10). Dans les années 1950, les séances sont ainsi le reflet de la diversité des idées politiques en Algérie. Il est tout de même fascinant de voir comment dans un contexte aussi tendu, des gens n'hésitent pas à exprimer à voix haute leur opinion, ouvrant alors la possibilité d'un débat dans cet espace.

Les camions cinéma croisent également des Algériens qui expriment leur désaccord avec le discours politique porté par le SDC. Certains spectateurs, peut-être modérés, se laissent apparemment convaincre d'assister à la projection. C'est le cas de « sympathisants » du Mouvement pour le triomphe des libertés démocratiques (MTLD), parti nationaliste algérien légaliste et modéré (Bargelli, 2003), qui assiste à la séance du 24 février 1951 à Sidi Khaled : « [D]evant l'objectivité de notre présentation des films, [ils] surent taire leurs voix et eurent le bon esprit de ne se livrer à aucun commentaire défavorable. Il est juste d'ajouter d'ailleurs que le "laïus" de notre speaker leur avait également donné à réfléchir. » (Recorbet, 1951a, p. 4) Évidemment, il faudrait avoir d'autres témoignages afin de contrebalancer l'affirmation de cet employé colonial. D'autres ont une réaction spectaculaire de rejet, comme à Dra El Mizan le 5 juillet 1950 devant environ 1 200 spectateurs :

> Toutefois, il me fut permis de relever la remarque suivante au cours de la présentation du film : *Armée d'Afrique*. Lors de la

---

74. « Quant à l'élément européen, il suivit la projection avec une attention soutenue et souvent avec des exclamations d'approbation. Seule l'expression "les ultras" qui revient parfois dans le commentaire a amené quelques murmures dans la foule. Il ne faut pas oublier en effet, que Bouinan se trouve dans une région où la colonisation française est extrêmement florissante avec ses défauts et ses qualités et je comprends que certains spectateurs se soient sentis visés à travers ce mot. » (Murati, 1957i, p. 2)

projection de la séquence sur la Légion Étrangère, trois jeunes
Musulmans [sic] crachèrent ostensiblement avec mépris et mur-
murèrent quelques insultes à l'égard des légionnaires qui ont
laissé de durs souvenirs en Kabylie durant les années 1945 et
1946 à l'issue des événements du Constantinois et de la Basse
Kabylie. (Heros, 1950e, p. 2)

De même à Arb Filfila le 28 avril 1954, un chauffeur « qui accompagnait quelques spectateurs » dit à ses camarades : « Partons d'ici,
c'est le cinéma de Kaoueds (Mot arabe qui signifie dans une forme
triviale souteneurs. Par extension [...] un vendu, un mouchard). »
(Recorbet, 1954d, p. 9) Enfin, d'autres encore cherchent à convaincre
leurs compatriotes de ne pas assister à la séance, comme à Mazouna
le 18 mai 1955, lorsque des dirigeants locaux du UDMA (Union
démocratique du manifeste algérien) essayent de « dissuader les
habitants de Mazouna d'assister [au] spectacle » (Toche, 1955d, p. 4)
expliquant : « Ce n'est que de la propagande française menson-
gère. » (Toche, 1955d, p. 4) Ils semblent échouer dans leur appel au
boycottage, car 1 500 spectateurs, « tous musulmans [sic] » (Toche,
1955d, p. 4), sont présents devant l'écran le soir même. De manière
générale, avant 1955, je n'ai trouvé aucune mention dans les archives
françaises où ce type d'attitude opère une influence sur le reste des
spectateurs.

Plus largement, le dispositif de propagande du SDC est censé
limiter l'influence des mouvements indépendantistes algériens, dont
celle du Front de libération nationale (FLN). Si évidemment personne
ne se revendique ouvertement des groupes considérés comme terro-
ristes par le gouvernement français, leur influence directe ou indirecte sur les séances du Service est tout de même visible[75]. Le conflit
franco-algérien s'est également traduit en guerre des images, lorsque
le FLN a mis en place un système de propagande, comme le confirme
Chominot[76] (2008). Dans le même temps, le FLN lance un mot d'ordre

---

75. « Ces circuits différents, quant à leur déroulement et à leur durée, si j'en crois
certains renseignements officiels et dignes de foi, ont gêné très souvent la propagande
FLN qui, à maintes reprises, a parlé "de l'action néfaste menée par les *Cinébus*". Bien
entendu, les réactions du FLN ont été parfois brutales. Les équipes mobiles du Service
de diffusion cinématographique ont eu à faire face à de fréquentes attaques ou exactions
rebelles (mines, grenades, harcèlement du centre où se déroulait la séance, tentatives
d'embuscades, sabotages). » (Murati, 1959b, p. 2)
76. « L'enquête en terrain algérien révèle que le camp nationaliste a mis en œuvre,
dès 1955-56, une véritable stratégie de communication qui passe par une utilisation

de boycottage afin que les Algériens renoncent aux projections du SDC. Comme nous l'avons vu, certaines séances sont annulées et la fréquentation baisse nettement après 1956.

En retour, les agents du SDC tentent de prouver l'efficacité de leur activité, en présentant ces agressions comme « la preuve que [les] films gênent l'action des propagandistes du front de la libération » (Murati, 1957g, p. 5). Très régulièrement, les rapporteurs citent les positions nationalistes ou les supposées consignes diffusées par le FLN comme une explication d'un échec ou afin de mettre en valeur un succès. Par exemple, à Mirabeau le 8 octobre 1957 devant 600 spectateurs environ, la « projection fut précédée d'un court exposé par micro en français et en Kabyle [sic], destiné à flétrir l'action du FLN, à exalter l'amitié franco-musulmane et à présenter le programme d'une manière vivante et objective. Des applaudissements saluèrent d'ailleurs la fin de ce *speech* » (Murati, 1957e, p. 1).

De même à Guelma le 12 juin 1950, Pierre Recorbet (1950d) souligne l'invective d'un spectateur – parmi une foule de 4 000 personnes environ : « Il est même à noter, fait assez rare pour une population comme celle de Guelma connue pour ses tendances politiques et ses réactions parfois brutales, la réflexion suivante très inattendue de la part d'un Musulman [sic] qui, lors de la séquence sur la Légion dans *Armée d'Afrique*, s'écria avec conviction : "Voilà des soldats, le reste c'est zéro à côté de ceux-là". » (1950d : 6) À l'inverse, dans les conclusions d'une tournée dans le département d'Alger, Pierre Murati (1957i) explique la perplexité du public face au *Monde libre et l'Égypte*, car le film « est en contradiction avec les thèmes de la propagande FLN » (1957i : 2). Nous avons déjà déconstruit cette affirmation en montrant comment le film est totalement inadapté aux projections du SDC.

De l'analyse des archives du SDC, il ressort nettement une augmentation des « tensions nationalistes » dans la seconde moitié des années 1950, même s'il est impossible de les relier directement aux politiques du FLN ou d'un autre mouvement indépendantiste. Or, comme la contre-propagande, les actes de sabotage isolés sont beaucoup plus anciens. Par exemple, à Inkerman le 29 mai 1952, le

---

raisonnée de l'image photographique (et, dans une moindre mesure filmique). Peu importe que les Algériens n'aient pas les moyens de produire massivement des images du conflit, ils se donnent tous les moyens d'assurer la diffusion maximale de toutes celles qui leur parviennent, quelle que soit la filière empruntée. » (Chominot, 2008, p. 12)

haut-parleur d'écran ne fonctionne pas : « Après sondage, nous nous aperçûmes qu'une des phases du câble reliant le haut-parleur au camion avait été intentionnellement sectionnée. Il nous fallut donc utiliser le haut-parleur de "public adress" [sic] pour effectuer notre projection. » (Murati, 1952f, p. 22) Même chose à Oued Zénati le 3 juillet 1952, la fin de la projection est brutalement interrompue[77] (Recorbet, 1952e, p. 3). Bien sûr, les cadres du SDC notent une augmentation des tentatives pour perturber les activités des camions cinéma après 1956, malgré les soins mis dans la sécurisation des tournées, à la fois par les autorités civiles et militaires, locales et régionales. Ainsi, à Boufarik en septembre 1959, la séance « dut être interrompue quelques instants, un sabotage du câble du haut-parleur ayant eu lieu, malgré le Service d'ordre important et le dispositif de sécurité mis en place par l'Armée et la police locale » (Murati, 1959h, p. 2). Parfois, afin de protéger la population, la projection en plein air est annulée, remplacée par une séance en salle, comme à Ain El Adjel le 11 juin 1959 : « Par suite de difficultés rencontrées pour assurer la protection du public et de l'équipe, la séance en 35 mm fut décommandée. » (Murati, 1959c, p. 3) À de très nombreuses reprises en 1958 et 1959, les séances publiques sont remplacées par de petites projections en salle, en 16 mm, pour des groupes clairement identifiés.

Sans aller jusqu'à des gestes violents contre le matériel de projection, ou à menacer la sécurité du personnel ou des audiences, certains indépendantistes choisissent de détourner le dispositif de propagande français à leur profit. Encore une fois, cette tactique apparaît relativement tôt, comme à Boufarik le 25 février 1951, devant 6 000 spectateurs environ :

> Toutefois, il est à noter qu'un groupe de musulmans fit à haute voix la remarque suivante au moment où apparaissent sur l'écran de puissants tracteurs retournant la glèbe d'un terrain : « Ils nous donnent du matériel pour mieux faire suer nos burnous ». Ces

---

77. « La séance s'était déroulée parfaitement lorsque 10 minutes environ avant la fin, deux Musulmans [sic] adultes tirèrent avec violence le câble d'électricité et occasionnaient une rupture de ligature qui nous priva brutalement de courant. Grâce à la rapidité avec laquelle le chef de secteur de l'ECA travailla, la séance put reprendre quelques minutes plus tard et se terminer d'une façon normale et correcte au grand dam sans doute de ceux qui avaient pensé à l'interrompre. Il n'a pas été possible à la police locale de retrouver les deux auteurs de cet acte. » (Recorbet, 1952b, p. 3)

musulmans vite repérés par moi-même et mon équipe quittèrent le lieu de la projection satisfaits sans doute d'avoir ainsi manifesté leur opinion puisée sans nul doute dans une certaine presse tendancieuse ou dans les discours venimeux de certains leaders nationalistes. (Heros, 1951a, p. 5)

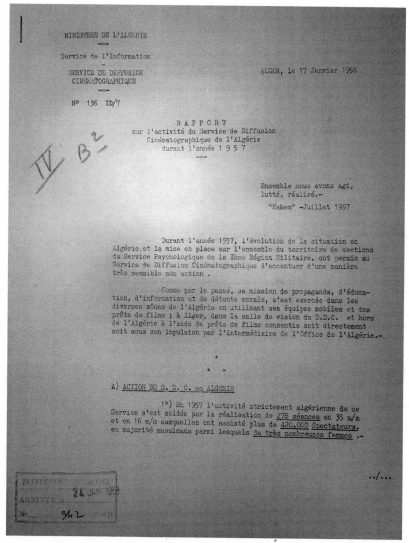

Figure 3.5. *Murati, Rapport d'activité du Service de Diffusion Cinématographique du Gouvernement Général de l'Algérie durant l'année 1957, Alger, janvier 1958.*
Source : *Archives ANOM 932/89.*

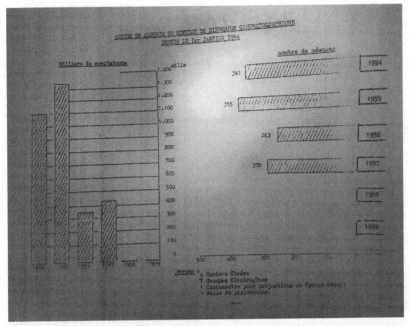

Figure 3.6. Murati, *Rapport d'activité du Service de Diffusion Cinématographique du Gouvernement Général de l'Algérie durant l'année 1957*, Alger, janvier 1958.
Source : *Archives ANOM 932/89.*

Cette action semble concertée, étant donné que plusieurs personnes ont émis un commentaire semblable au même moment de la projection du film *La moisson sera belle*, avant de quitter les lieux. En l'absence de témoins directs, il est difficile d'estimer l'impact d'un tel « sabotage ». Cependant, de telles actions ressemblent aux tactiques mises en place en Afrique de l'Est au moment de la contestation anticoloniale. Il est probable qu'une élite nationaliste ait saisi l'opportunité de la visite du SDC pour exprimer une opinion encore radicale au début des années 1950, afin d'en faire la promotion au sein de la population générale. Ainsi, ils tentent de transformer l'espace *patchwork* de la projection coloniale en un lieu de débat et de contestation du gouvernement colonial. Par la suite, ce type de tactique se répète et rencontre de plus en plus régulièrement un écho favorable parmi l'audience.

Parmi les tactiques de parasitage du dispositif de propagande, on trouve également différentes formes de boycottage ciblées, concernant parfois un segment spécifique de la population : dans certains cas, seuls les hommes se présentent devant le camion cinéma, alors que lors des précédentes visites, l'audience était mixte. Depuis le début des années 1950, les cadres du SDC mettent l'emphase sur l'état de la mixité des audiences. Dans leur discours, la présence des femmes symbolise le succès de l'action féministe et moderne du Gouvernement général, face à des cultures vernaculaires et une religion perçue par les colonisateurs comme rétrograde, paternaliste et liberticide. À plusieurs reprises, les équipes doivent « vaincre certaines réticences » de la population masculine. Pierre Murati (1953b) décide alors d'organiser des « matinées réservées aux femmes » (1953b : 1) afin de « toucher exclusivement un auditoire féminin » (1953b : 1), comme à Tizzi Reniff (Kabylie) en novembre 1953. La veille, le chef de bord présente « le programme destiné aux femmes » à un comité de « censeurs » composé « du Caïd du centre, un Marabout des environ, des membres de la Djemââ locale et du Conseil municipal » (1953b : 1), ainsi que des « notables », leur démontrant ainsi que « rien de choquant ne serait projeté devant leurs mères, leurs épouses, leurs sœurs et leurs filles » (1953b : 1). La séance se déroule en début d'après-midi, dans le local du Foyer Rural et rencontre un certain succès avec « une centaine de femmes et de jeunes filles kabyles entourées de quelques femmes européennes de la commune » (1953b : 1). Ainsi, une estimation du public féminin est presque systématiquement rapportée et les bons résultats soulignés[78]. Or, après 1956, la tendance s'inverse et de moins en moins de femmes assistent aux projections. Dans certains cas, cela peut être attribué à la dégradation de la situation sécuritaire : les séances n'étant plus des lieux sûrs, beaucoup de spectatrices renoncent à s'y rendre. Par contre, dans d'autres cas, cette absence est clairement organisée. Par exemple, à Hadj Yacoub, un village « très favorable à la rébellion » (Murati, 1959h, p. 2), où le « public composé d'environ 400 hommes se montra très fermé et peu sympathique » (Murati, 1959h, p. 2). Les nationalistes vont ainsi inverser le discours colonial : si la présence féminine est un signe de collaboration avec le

---

78. Par exemple, à Nedromah le 16 juin 1955, Pierre Recorbet (1955c) est fier d'annoncer la présence de 4 000 spectateurs, « dont 1 millier de femmes musulmanes » : « Les femmes musulmanes de plus en plus nombreuses à nos séances et placées en un lieu spécialement réservé à leur intention suivirent avec intérêt le déroulement de nos films. En cours de séance les "you-you" fusèrent en signe d'applaudissements ; manifestation qui s'est rarement vue à Nedromah. Signe de détente sans doute et en même temps appréciation spontanée de l'œuvre Française [sic] en Algérie malgré les événements qui se déroulent dans la partie Est du pays. » (1955c : p. 9)

Gouvernement général, la diminution de la participation des femmes devient un défi face à l'autorité française.

L'affrontement symbolique autour des projections coloniales s'intensifie, plusieurs séances sont interrompues par les « rebelles » et la participation dans certains villages diminue nettement. Les chefs de bord rapportent également de plus en plus d'incivilités, y compris des sifflets contre les symboles de la présence française, comme dans le département de Constantine en avril-mai 1954[79] (Recorbet, 1954d). La même chose se répète à plusieurs reprises, dont à Souk Ahras en mai 1957, où une séance « houleuse » rassemble 500 spectateurs : « Il y eut des arrestations et peut-être aussi certaines fautes psychologiques du service d'ordre. Quoiqu'il en soit, le climat de Souk Ahras, où autrefois le SDC réunissait d'énormes auditoires, semble encore lourd et peu détendu pour ne pas dire hostile. [...] Ici il n'y eut pas d'applaudissements mais des coups de sifflet ! » (Murati, 1957g, p. 5) Dans son rapport, Pierre Murati (1957g) reproche aux nationalistes d'avoir diffusé « des arguments [...] sous le burnous » et ainsi, d'avoir découragé les habitants modérés d'assister à la séance, laissant le champ libre à des « activistes » (1957g : 5). Dans ces cas, les employés du SDC perdent le contrôle de leur dispositif de propagande et laissent le camp adverse exhiber leur pouvoir de persuasion sur les habitants d'une localité. La situation semble encore plus dégradée à la fin de la séance à Orléansville le 9 octobre 1961, où devant 2 500 spectateurs « quelques gamins de 8 à 12 ans scandèrent les cris de "Algérie algérienne" en tapant sur de vieux bidons. Certains allèrent même jusqu'à jeter des pierres sur l'équipe du Cinébus » (Plassard, 1961c, p. 2). Il est peu probable que cette manifestation soit totalement spontanée et que ces jeunes garçons soient à l'origine de cette initiative. D'autant plus que le lendemain, au même endroit, devant 3 000 spectateurs, un « instituteur coranique harangua les jeunes enfants qui étaient présents et se fit longuement applaudir » (1961c : 2). Curieusement, Roger Plassard (1961c) n'est pas en mesure d'avoir une traduction de « ce qu'il avait dit à ces jeunes » (1961c : 2). Il devient clair alors que les opinions anticoloniales se répandent et que les séances du SDC sont un espace de diffusion d'une prise de conscience anticoloniale.

---

79. « Il m'a d'ailleurs été signalé qu'à plusieurs reprises dans la salle de Cinéma de Collo, le drapeau français avait été sifflé et que M. Laniel avait été hué. » (Recorbet, 1954d, p. 11)

Figure 3.7. *Photo prise au cours d'une séance cinématographique du SDC à Souk-Ahras (Département de Constantine) en avril 1954. Plus de dix mille spectateurs assistent à la projection, sur la Place de la Victoire.*

Source : SDC de l'Algérie, Sa Filmathèque [*sic*], Alger, 1955, Collection SHD, GR 1 H 2560.

Une autre tactique mise en place par les intellectuels indépendantistes est particulièrement innovante et semble avoir rencontré un grand succès en Algérie. Dans de nombreux cas, les chefs de bord rapportent l'absence de réaction des audiences et il est souvent difficile de caractériser cette attitude : est-ce un silence respectueux, le signe d'une totale incompréhension ou une forme de défi à l'autorité ? Par exemple, lorsqu'à Azazga le 15 octobre 1949, environ 2 500 spectateurs, « quoique très attentifs » durant la projection, n'ont « aucune réaction à la fin du spectacle » et l'équipe du SDC voit « la foule s'écouler en silence et libérer la place en quelques minutes » (Recorbet, 1949a, p. 3),

Pierre Recorbet s'interroge : que cela signifie-t-il ? De même le lendemain à Mekla, où une foule « composé[e] presque exclusivement de musulmans [sic] [...] demeura calme, pour ne pas dire presque amorphe, durant la séance » (1949a : 3). Cette fois-ci Pierre Recorbet (1949a) en conclut : « Il semble que cette population n'étant pas habituée à des pareilles manifestations ait été quelque peu écrasée par la venue du camion. » (1949a : 3) Dans d'autres cas, la foule paraît très disciplinée et elle écoute sans un bruit les commentateurs français et arabes, comme à Trézel le 28 mars 1952, où 4 000 « spectateurs écoutèrent d'abord dans un silence absolu la présentation du programme faite, d'une part, en français par moi-même et traduite, d'autre part, en arabe dialectal par le speaker Achite » (Heros, 1952d, p. 8). Enfin, des chefs de bord rapportent également des silences « admiratifs » (Toche, 1955b, p. 3) ou « religieux » (Heros, 1951c, p. 3) qui semblent correspondre au respect des audiences lors des visites du camion cinéma. Dans ces cas, la rencontre semble répondre au caractère officiel voulu par les autorités françaises, l'aspect solennel de la séance se traduisant par une écoute attentive.

À l'inverse, d'autres silences sont perçus comme « surprenants » (Plassard, 1953d, p. 12), voire suspects, car accompagnés d'une grande froideur. Ainsi, à Boghari le 23 novembre 1951, les 4 000 spectateurs européens et musulmans, dont un « nombre imposant de femmes » (Heros, 1951f, p. 6) restent totalement figées devant l'écran :

> Je me dois cependant de signaler que si nos spectateurs musulmans étaient venus nombreux, ils n'extériorisèrent pas un seul instant leurs sentiments tout au long de la projection. Aucun applaudissement, aucune remarque, aucun rire ne vinrent troubler la voix du commentateur des films. J'ai l'impression, bien qu'il m'ait été impossible de l'établir d'une façon certaine, que la consigne avait été donnée aux spectateurs musulmans de manifester par un silence de commande... mais de ne pas se priver autant d'une manifestation cinématographique. (Heros, 1951f, p. 6)

Cette idée de consignes données et, surtout, respectées par la totalité d'une audience de plusieurs milliers de personnes, incluant généralement des enfants, paraît irréaliste et semble issue d'une paranoïa très répandue parmi les colonisateurs. Cependant, la répétition de telles scènes donne du crédit à une telle explication.

Il est impossible d'interpréter hors de tout doute un silence, car, par définition, rien n'y est exprimé. Il faut donc prendre en compte d'autres signaux, provenant du contexte. Dans ces cas, il faudrait pouvoir distinguer la simple réserve individuelle (manque d'intérêt, désapprobation silencieuse, peur d'être identifié à un camp) de la véritable action concertée collectivement. Ainsi, à de très nombreuses reprises, la population accueille le camion cinéma et la projection « avec une certaine froideur » (Recorbet, 1952c, p. 4), comme à Taher le 9 octobre 1952. Cela semble même être la norme en pays Kabyle, dont à Cheurfa Em Bahloul le 1er avril 1957 (Murati, 1957f, p. 2). Les sentiments des populations envers les équipes du SDC évoluent avec le temps, se réchauffant dans les premières années, avant de redevenir distants avec l'intensification du conflit. Par exemple, à Relizane le 8 juin 1955, la projection attire une « foule très dense, composée surtout d'autochtones » (Heros, 1955, p. 4) d'environ 4 500 personnes : « Toutefois, il m'a semblé que la population musulmane afficha, contrairement aux années précédentes, une froideur marquée tout au cours de la projection. Elle reste [sic] calme et disciplinée, mais ne s'extériorisa pas comme elle en a l'habitude. » (Heros, 1955, p. 4) On peut lire dans cette description la simple méfiance d'une communauté où progressent les opinions anticoloniales. Par contre, le silence systématique de certaines audiences dépasse la simple réserve et des séances se déroulent « dans une atmosphère figée sans un applaudissement », comme à Maziuna les 23 et 24 octobre 1957 (Murati, 1957j, p. 6). Pierre Murati (1957j) s'interroge : « Faut-il voir dans cette attitude le fait d'un état de surprise, ou bien d'une crainte des rebelles ou de leurs sympathisants. » (1957j : 6) Il conclut sur la nécessité d'intensifier la propagande dans cette région pour « une population inquiète et en équilibre instable sur le chemin de la France ou sur celui du FLN » (1957j : 6). La même chose se produit à La Calle, où la Note des Renseignements généraux (1957) sur une projection du SDC souligne le faible impact de cette séance : « En ce qui concerne l'effet psychologique sur la population musulmane de La Calle, on a noté certaines réticences, notamment lorsque l'appel lancé aux anciens combattants musulmans par l'Officier de l'action psychologique est resté sans écho » (1957 : 2). Enfin, se basant sur des témoignages d'Algériens ayant collaboré avec le Service, François Chevaldonné (2004) donne également quelques indices sur cette forme de non-réaction du public, au sujet d'une séance à Gaston Doumergue en 1960 :

> Une opération d'une semaine entière vient de s'y terminer, avec
> des pertes de part et d'autre. [...] [Le Cinébus] arrive à exécuter
> sa projection, devant 300 spectateurs du village et des environs
> regroupés devant la cave coopérative. Eh bien, constate le chef
> de bord du camion, aucune réaction devant les films. Pourtant,
> il y avait un Charlot, et un sketch comique en arabe ; les specta-
> teurs – y compris une centaine d'enfants ! – restent impassibles.
> (2004 : 43)

L'information est également confirmée par Roger Toche[80] (1960).
Manifestement les significations de ce type de réception sont multiples : elle peut correspondre à une paralysie d'une population prise
entre deux feux, dans une guerre de décolonisation où elle ne sait
pas encore prendre position. Elle peut également être une forme de
réponse passive et concertée d'une communauté à l'occupation par la
force de leur territoire par une puissance étrangère. Enfin, cela peut
constituer un mot d'ordre lancé nationalement par un des mouvements indépendantistes algériens, tels que le FLN, puis repris par les
habitants d'un village. En l'état actuel des recherches, rien ne permet
d'étayer cette dernière hypothèse ni de l'écarter.

En effet, la guerre anticoloniale d'Algérie est également une lutte
symbolique autour des espaces administrés par le Gouvernement
général et, en particulier, des séances organisées par le SDC. À un
premier niveau, un certain nombre de « tactiques » (Certeau, 1980) de
résistance sont mises en place, lorsque quelques membres du public
décident de modifier le dispositif de propagande par des actes symboliques (commentaire à haute voix, sifflets, boycottage ou silence)
ou violents (sabotages, attaques des équipes, menaces contre les
audiences). Dans ces cas, les résistants combattent sur l'espace du gouvernement colonial, par rapport à un « propre » (Certeau, 1980) qu'ils
ne contrôlent pas. Ils réagissent à l'ensemble des signaux acheminés
par la visite du camion cinéma, tentant de détourner le sens perçu par
l'ensemble de l'audience grâce à ces quelques tactiques. Ils parasitent
la communication du Gouvernement général à leur profit, cherchant
non seulement à perturber la diffusion du discours colonial (administration française du territoire algérien, amitié franco-algérienne,

---

80. « À signaler que les spectateurs assistèrent impassibles à la projection et que ni
Charlot, ni le sketch comique n'arrivèrent à les dérider alors que partout ailleurs, ces
films eurent le don de déchaîner les rires et les exclamations de l'assistance. » (Toche,
1960, p. 2)

services à la population), mais aussi en initiant un débat sur la légitimité du pouvoir colonial. Progressivement, ces espaces *patchworks*, tels que créés par le SDC, puis amplifiés par des indépendantistes, deviennent un lieu d'échange sur les politiques coloniales et anticoloniales, qui ensuite peuvent éventuellement servir de base au partage d'un nouveau consensus communautaire. Comme lors des projections de la CAFU, l'oralisation du dispositif de propagande (par le renforcement du rôle du commentateur ou l'inclusion de références orales locales dans les films) invite à une plus grande interaction verbale et gestuelle entre les films et les audiences. Ouvrant alors un espace intermédiaire entre les règles figées des cérémonies officielles et les espaces lisses des cinémas de divertissement, les séances du SDC peuvent devenir des lieux d'échange entre les membres d'une communauté.

Au moment où un nouveau consensus communautaire est atteint, un changement majeur a lieu autour des projections coloniales : le dispositif de propagande n'est plus maîtrisé par les employés du SDC, mais est détourné par les nationalistes algériens à leur profit. Lorsque le boycottage concerne une très grande partie de la population d'une localité, quand les spectateurs contestent ouvertement l'autorité française avant, pendant ou après la séance, ou lorsqu'ils choisissent de rester collectivement silencieux, sans réaction, même devant un film comique, l'audience s'approprie l'espace colonial et peut mettre en place des « stratégies » (Certeau, 1980). L'audience prend alors collectivement contrôle du processus d'interprétation. Les spectateurs dépendent certes toujours de l'équipe du camion cinéma pour ce qui est des images audiovisuelles projetées ou du commentaire prononcé en direct dans le microphone. Cependant, par leurs actions (boycottage, contre-commentaire, ou silence concerté), ils modifient en profondeur le sens véhiculé par la projection. En anticipant sur le déroulement de la séance et en préparant une « stratégie » afin de mettre en échec la diffusion du message colonial, les habitants reprennent en main la mise en récit de leur propre réalité, non plus au profit de la France, mais en fonction de références et de valeurs qui leur sont propres.

À ce moment-là, le dispositif du SDC connaît son plus grand revers, car il n'échoue pas seulement à diffuser la propagande coloniale, mais il offre également l'opportunité pour une communauté de se restructurer autour d'un idéal postcolonial. Or, cette forme de communication est en fait beaucoup plus efficace que celle du Gouvernement général, car elle est issue de l'intérieur et basée sur des références communes. En cela, elle participe à renforcer le consensus qui unit la communauté devant l'écran, qui agit ensemble dans un but commun, concerté à l'avance. Dans le même temps, les résistants savent qu'en sabotant le dispositif de propagande du Gouvernement général, ils envoient un message fort aux autorités françaises : la France vient de perdre le contrôle d'un autre espace au sein du territoire algérien. En effet, en ne se comportant plus de manière respectueuse lors des visites du SDC, les habitants d'une localité indiquent clairement leur choix collectif de ne plus respecter la domination coloniale, mise en place d'abord militairement, puis par l'imposition d'une administration et d'un certain nombre de symboles (drapeau, langue, devise, idéologie, etc.) par la France. Cette opposition symbolique, qui a lieu dans tous les espaces gérés par le Gouvernement général (dispensaires, écoles, bureaux officiels, etc.) est complémentaire de la résistance armée menée, en particulier, par l'Armée de libération nationale (ALN), et des luttes politiques des différents mouvements anticoloniaux avec le gouvernement et sa majorité. Ces microdéfaites contribuent ainsi à délégitimer le pouvoir français, à fédérer la population algérienne autour du projet national et à démotiver les agents coloniaux.

En effet, en même temps que l'administration coloniale en Algérie, les activités du SDC se délitent progressivement avec la perte de motivation des administrateurs locaux et le désengagement de l'État français. Les autorités locales sont de moins en moins réceptives aux consignes sur l'organisation des tournées, comme le confirme Pierre Murati en mars 1960, soulignant des problèmes d'organisation : « Il serait de toute utilité, à mon sens, que les renseignements techniques que j'ai coutume de fournir aux autorités qui connaissent mal le SDC soient suivis à la lettre. Cela empêcherait bien des ennuis à ceux de mon service qui ont le souci constant de mener leur tâche avec foi et objectivité. » (1960d : 1) De même, il souligne le manque de coopération des autorités militaires (1961a : 2), comme à Reghaia le 10 septembre 1959, où « l'intransigeance obstinée du commandant Mercier » refusant de retarder le couvre-feu, a pour conséquence que « aucun musulman [sic] des environs ne [peut] se rendre à la projection » et l'équipe est contrainte d'abréger la séance (1959g : 4-5). Il est difficile de savoir si ce refus correspond à la prise en compte d'un risque réel, à un manque d'intérêt pour la propagande audiovisuelle, ou à une forme de sabotage des activités du gouvernement civil. À la même période, les rapports de tournée sont plus généraux, comportent moins de détails, et se désintéressent de la réaction des spectateurs. Nonobstant cela, il reste difficile de déterminer avec exactitude la cessation des activités du SDC, les dernières archives ayant été abandonnées dans les locaux à Alger. Il semble tout de même possible d'affirmer que les activités du Service perdent en crédibilité à la fin du régime colonial, autant du côté des audiences que de la hiérarchie administrative[81]. La transition politique correspond également à une rupture médiatique : pour le gouvernement français, l'avenir de la propagande se situe du côté de la télévision publique[82]. Dans tous les cas, le résultat du référendum d'autodétermination du 1er juillet 1962, où les Algériens rejettent très massivement la tutelle française au profit de l'indépendance de l'Algérie, est un signal clair montrant l'échec global des activités du Gouvernement général visant à convaincre la population du bien-fondé des politiques coloniales.

Paradoxalement, la propagande cinématographique ciblée et délocalisée conserve tout son intérêt pour l'Algérie nouvellement indépendante : « De manière ironique, les *Cinébus* français seront repris à son compte par la jeune République algérienne pour initier la population au cinéma ou pour diffuser des "actualités" algériennes » (Denis, 2012, p. 212). François Chevaldonné[83] (entretien le 13 juin 2014), qui a participé en tant que coopérant international à ce dispositif éducatif dans les années 1960, confirme que les employés algériens du SDC (les commentateurs, les chauffeurs et certains projectionnistes) ont continué pendant plusieurs années à organiser des tournées similaires. En effet, faute de budgets suffisants et en l'absence de personnel compétent, il a été jugé profitable pour la population de continuer les visites des camions cinéma avec certains des films éducatifs produits en France, complétés d'images d'actualités et, parfois, de reportages fournis par des pays alliés. Même dans le cas où les films français sont commentés par un ancien employé du SDC, le fait que l'organisme contrôlant le dispositif ait radicalement changé modifie en profondeur le sens

---

81. « À la fin de la guerre, même les films produits spécialement pour le public arabophone ne font plus mouche : le fonctionnement du cinéma d'État depuis 1945 est mis à mal. Au même moment, c'est d'ailleurs la télévision, et non plus le cinéma, qui est choisie pour devenir le vecteur des velléités gouvernementales au sein des populations métropolitaine et algérienne. » (Denis, 2012, p. 212)

82. À Alger cela se concrétise par la promotion de P. Quere, chef de service à la Radiodiffusion – Télévision Française, responsable des émissions en langues arabe et « kabyle » (Archives ANOM 81F365).

83. Appelé du contingent en Algérie (1958), Docteur en sociologie, spécialiste de sociologie des médias ; Professeur émérite à l'Université de Provence (en 2012).

véhiculé par ces projections : il s'agit toujours d'une forme de propagande, mais dont le sens diffusé est totalement différent. En l'absence de données sur le sujet, on ne peut que faire des hypothèses, comme, par exemple, le fait que l'idéologie « libérale » du SDC (promotion de la gestion française, amitié franco-algérienne) soit remplacée par un discours en phase avec le nouveau pouvoir à Alger (*nation building*, perspective communiste). Dans le même temps, la continuité entre les deux dispositifs influence probablement la réception : il est possible que les audiences conservent des pratiques mises en place à la fin du régime français ; il est également probable que la similarité favorise un transfert des valeurs d'un système à l'autre. Ces hypothèses devront être confrontées au plus vite à l'étude détaillée du dispositif du cinéma éducatif algérien.

Conclusion

La mise en place des systèmes de propagande dans les territoires coloniaux par les autorités britanniques, belges et françaises débute dès la fin des années 1920, puis connaît deux périodes d'expansion importantes : au début de la Seconde Guerre mondiale, afin de mobiliser les forces vives de leurs empires face à la menace nazie, et après la guerre, en réponse aux différentes pressions anticoloniales. Malgré une expérience très diversifiée de la propagande européenne, à la fois dans leur propre sphère culturelle et à l'étranger, une compréhension erronée du fonctionnement des dispositifs de communication de masse en Afrique a rendu inutile la plupart de ces activités. En effet, la grande majorité des administrateurs sont partis du principe que les mêmes films, diffusés dans les mêmes conditions, ont la même efficacité de manière quasi universelle, sans prendre en compte les spécificités de chaque auditoire, autant dans le domaine linguistique, qu'en ce qui concerne les références culturelles et les compréhensions paradigmatiques. Comme nous l'avons décrit en détail dans le premier chapitre, plusieurs hypothèses permettent d'expliquer ce déni, dont le fait qu'il est important de contrôler le message délivré à la population, garanti par un commentaire enregistré, ou qu'une personne expliquant le film pendant la projection modifie le dispositif de propagande et diminue « l'impact du cinéma sur les consciences ». Cependant, la principale explication est que les administrations coloniales ont une confiance irrationnelle dans les dispositifs de propagandes audiovisuels, une foi basée sur une conception similaire du *medium* cinématographique. En effet, les synthèses des systèmes de propagande mis en place en Europe et les rapports sur les expérimentations envisagées dans les colonies révèlent un certain nombre de préconceptions récurrentes : d'un côté, le film comme vecteur d'un message universellement déchiffrable, de l'autre, la projection audiovisuelle comme forme de communication directe avec le subconscient du spectateur. Or, comme nous l'avons vu en détail dans le second chapitre, ces deux aspects ont montré leurs limites dans le cadre des projections coloniales en Afrique.

En l'absence d'une interprétation classique des films, principalement en raison d'un trop grand éloignement entre les sphères culturelles de production et de réception, les audiences se sont concentrées sur l'aspect spectaculaire du *medium*. De cette manière, bien que les séances de cinéma n'aient pas permis la diffusion des messages éducatifs ou politiques telle que planifiée, les projections ont tout de même eu un impact sur les spectateurs. Ainsi, l'hypothèse explorée dans ce livre montre que ces projections faisant souvent partie des premières expériences cinématographiques des populations locales et qu'elles ont structurées de manière très spécifique leurs pratiques de réception audiovisuelle. En plus de la modification de l'imaginaire collectif, autant en ce qui concerne les références sémantiques que syntaxiques, les projections coloniales sont devenues une des formes d'expression de la logique mécanique européenne et, en cela, ont participé à une transformation fondamentale des compréhensions paradigmatiques. Ce processus de *créolisation*, à l'œuvre chaque fois de manière différente, mais suivant des schèmes similaires, en fonction des contraintes, des apports et des nécessités, a facilité la médiation entre les violences racistes des politiques coloniales et les pratiques de résistance des populations sous domination, mais également entre la rationalité moderne et les cosmogonies vernaculaires. L'insertion d'une forme d'oralité (présence, improvisation) dans un dispositif initialement pensé par les autorités coloniales autour du paradigme mécanique ou de la *literacy*, a permis à la fois, à un niveau politique, une prise de conscience anticoloniale et, sur le plan médiatique, l'émergence d'un imaginaire postcolonial.

1. Étude comparatiste des *media*

Afin d'explorer les différents impacts de la propagande audiovisuelle sur les imaginaires collectifs des sociétés africaines, ce livre décrit la réception des films dans un contexte colonial, c'est-à-dire plus de 60 ans après la fin de ces activités. Le premier défi était d'étudier des pratiques cinématographiques orales, à partir de traces écrites, avec toute la perte d'information que cela suppose et les biais évidents. En effet, la plupart des sources ayant été compilées et conservées par les autorités coloniales, elles étaient centrées sur d'autres intérêts (comme le contrôle des populations ou la justification des dépenses publiques) et étaient fondamentalement partiales, ne reflétant que les points de vue des fonctionnaires gouvernementaux. Une autre limite venait de l'aspect fragmentaire de ces archives, plus ou moins bien conservées et, parfois, difficile d'accès. Enfin, découlant de ces différents défis, mais aussi du faible nombre de travaux se focalisant sur des questions médiatiques sur ce corpus, ce projet a rencontré un certain nombre de difficultés méthodologiques et conceptuelles. En effet, il a été nécessaire d'actualiser les cadres d'analyses, en fonction à la fois des données disponibles et des contextes culturels.

Au niveau méthodologique, le défi était double : il a fallu corriger les différentes distorsions (éloignements historique et culturel du chercheur ; prescription médiatique, biais et aspect fragmentaire des sources) et construire une réflexion qui émane des études de cas en collectant le maximum de données, avant d'échafauder un modèle à partir des premières conclusions. Comme l'ont théorisé les historiens et les anthropologues, il est toujours difficile d'analyser des discours d'une époque que nous n'avons pas vécu ou d'une culture dont nous ne sommes pas issus. De même, l'impossibilité d'étudier des pratiques orales sans pouvoir en observer directement la performance fragilisait leur examen. Dans le même temps, il fallait déconstruire la partialité des témoins et des auteurs des rapports d'activité. Enfin, il a été indispensable de compenser l'aspect fragmentaire des données recueillies. En effet, face aux recherches actuelles sur la réception des produits audiovisuels, le manque d'information est une limitation qui semble indépassable : comment comparer le monde des archives administratives du milieu du XXe siècle aux données numériques accessibles aux moteurs de recherche des *digital humanities* ? Quelle méthodologie concevoir permettant de comprendre des pratiques médiatiques aujourd'hui disparues ?

C'est pourquoi j'ai mis en place une forme de comparatisme médiatique, compilant les effets récurrents et, surtout, soulignant les variations, qu'elles soient imputables au contexte, à des questions techniques ou à des pratiques spécifiques. En effet, les études de cas conduites dans cet ouvrage qui, dans un premier temps, pouvaient sembler inutiles ou tautologiques visaient à repenser une compréhension de la réception audiovisuelle en Afrique coloniale. Suivant cette approche, la première étape a consisté en une description la plus précise possible des dispositifs de propagande, prenant en compte les différentes variations dans l'espace et dans le temps, mais aussi les différences dans les sphères culturelles. Partant d'un premier modèle, mis en place à partir d'un cas concret, il a ensuite été confronté et amélioré en fonction des caractéristiques d'un autre exemple, ouvrant la possibilité à de nouveaux niveaux d'analyses, non préconçus. Ainsi, la confrontation entre des données provenant de différents contextes a également généré une autre compréhension des phénomènes, généralement plus complexes. Par exemple, l'absence de corrélation entre le cadre de référence des films, d'un côté et, de l'autre, l'imaginaire collectif et les compétences individuelles des publics constitue à la fois une forme de violence symbolique, caractéristique des politiques coloniales, et le principal échec des projections gouvernementales. Dans des cas précis, ce fossé interprétatif a autorisé des formes de résistance et a même été le moteur d'une forme de *créolisation médiatique*. Si cette méthodologie a permis de dépasser certains manques par rapport aux archives, elle n'a pas abouti à un nivellement des différences. Au contraire, en étudiant avec précision les contextes culturels de chaque pratique, elle a permis de s'attacher à tous les détails des dispositifs médiatiques et de souligner les variations, même minimes.

Dans le même temps, le comparatisme médiatique a isolé des invariants paradigmatiques dans un espace culturel donné et a permis une forme d'archéologie des *media*. Par exemple, nous avons exploré en détail comment le SDC en Algérie est l'héritier des différentes pratiques de propagande occidentale à la fin de la Seconde Guerre mondiale. On trouve tout d'abord les mêmes caractéristiques que dans les dispositifs britanniques ou belges : une difficulté d'adaptation et un échec à diffuser un message ; une prise de conscience des insuffisances du dispositif de propagande par le bas, qui remonte progressivement la hiérarchie. Ces insuffisances et les tentatives pour les corriger ont abouti dans la plupart des cas à une valorisation des pratiques cinématographiques orales, qui participent à la structuration des activités de réception audiovisuelle dans tous les anciens territoires coloniaux. Dans certaines conditions, cela a abouti à la mise en place d'espaces *patchworks* qui donnent lieu, parfois, à des revendications anticoloniales. Enfin, comme en *Gold Coast*/Ghana ou au Nigeria, le dispositif de propagande colonial a été repris par des mouvements politiques ou des gouvernements après l'indépendance. Par exemple, comme le rapporte Wendell Holbrook (1985), le parti politique fondé par Kwame Nkrumah[1], Convention People's Party (CPP), a embauché d'anciens employés de la CFU afin de diffuser son message indépendantiste : « The party's use of loudspeaker vans, modelled on those used by the Information Department, also provided new job opportunities for men who had worked in the government's wartime cinema propaganda initiative. » (1985 : 360) Il serait intéressant d'avoir plus d'information sur la réception de cette communication partisane, reprenant en grande partie le dispositif de propagande colonial.

Le fait que les mêmes dispositifs ont été repris par les nouveaux états indépendants et qu'ils influencent toujours les activités éducatives basées sur un discours enregistré sur un support audiovisuel constitue le dernier aspect de l'impact des projections coloniales sur les pratiques audiovisuelles postcoloniales. Au moment de l'indépendance, les employés français du SDC ont quitté l'Algérie avec le reste de l'administration française, abandonnant sur place du matériel et des archives[2]. Par contre, certains des employés algériens ont continué à travailler, avec le matériel et, parfois, des films de propagande du SDC, comme l'a confirmé François Chevaldonné[3]. Dans le cas où les mêmes films étaient diffusés par les mêmes équipes (à l'exception du chef de bord), le fait que ce n'était plus des projections organisées par un gouvernement colonial, mais plutôt par un état nouvellement indépendant, en changeait radicalement le sens. Dans le même temps, il est possible que des spectateurs aient conservé certains des réflexes de résistances créés lors de la réception de la propagande coloniale. Dans tous les cas, il y a ici une urgente nécessité d'effectuer une recherche en détail sur ces aspects postindépendances afin de confronter ces hypothèses aux faits et de mieux comprendre les processus d'appropriation à l'œuvre dans les années 1960.

Plus largement, le dispositif mis en place par le SDC en Algérie constitue également une expérience fondatrice que l'administration

---

1. Intellectuel panafricaniste, il a été premier ministre (1957 à 1960), puis président de la République (1960 à 1966) du Ghana indépendant.
2. D'après Daniel Hick, conservateur en chef à l'ANOM, ce serait probablement une explication de la disparition des archives du SDC dans les années 1960.
3. François Chevaldonné, entretien le 13 juin 2014, 1 h 30. Appelé du contingent en Algérie (1958), Docteur en sociologie, spécialiste de sociologie des médias ; Professeur émérite à l'Université de Provence (en 2012).

française va progressivement diffuser dans les territoires coloniaux et, après les indépendances, dans les nouveaux états coopérant avec elle. Par exemple en AOF, le gouvernement met en place deux équipes mobiles à partir de 1956 :

> Le seul moyen de toucher les populations de brousse par le cinéma réside dans l'organisation de tournées de camion cinéma. C'est ce qui a conduit les Hauts-Commissaires et Gouverneurs à faire un effort en ce sens. Cet effort a été particulièrement sensible en AOF pour l'année 1956 : 40 % de la population du Dahomey ont été touchés ; au Sénégal l'un des camions a parcouru plus de 20 000 kilomètres en donnant une centaine de séances. (CMISOM, ca. 1958, p. 30)

Malheureusement, les données collectées à l'heure actuelle sont beaucoup trop parcellaires pour permettre une analyse concluante. C'est pourquoi il est indispensable d'étudier en détail les transitions entre les projections éducatives gouvernementales en AOF, puis au Sénégal et au Burkina Faso, mais également, à partir des années 1980, vers les pratiques des ONG. Par exemple, d'après les premières sources (UNESCO, 2008), des spectateurs dans des contextes spécifiques ont exprimé une réaction négative face à un discours venant de l'extérieur de leur communauté. Ce refus, parfois totalement justifié, des pratiques modernes en agriculture, en santé, ou en éducation, est évidemment lié à un scepticisme par rapport aux nouvelles pratiques et valeurs promues par les élites (quelle que soit leur légitimité ou la forme de pouvoir). Il est également possible que les audiences reprennent des attitudes héritées de la période coloniale. En effet, ces mauvaises expériences sont toujours présentes dans l'imaginaire collectif et influencent les relations postcoloniales, sur le plan institutionnel, mais aussi par rapport aux êtres humains. C'est pourquoi il est urgent et nécessaire de confronter ces modèles à d'autres cas et d'étudier comment des *processus de créolisation* ou *modes de résistance* ont évolué avec le temps.

2. Créolisation, résistance et remédiation

Constatant la fracture interprétative entre les références coloniales et l'imaginaire collectif de leurs audiences, les administrateurs européens ont tenté de modifier les structures de production cinématographique et les conditions de visionnement, afin d'adapter le dispositif de propagande aux besoins des spectateurs. Au niveau esthétique, différentes stratégies ont été envisagées, dont l'idée de s'inspirer des cultures vernaculaires, comme en intégrant des contes dans des séquences fictives, mais aussi l'utilisation pédagogique de la comédie, en créant des personnages burlesques. L'originalité de la production locale a pris alors plusieurs formes, dont la principale était peut-être la généralisation de l'emploi des acteurs africains et, à travers eux, la voix du colonisé. De même, si les versions dans leur ensemble ont été réalisées dans la langue du colonisateur, certains personnages ont prononcé quelques phrases dans un dialecte local.

Enfin, les réalisateurs européens ont cherché à incorporer des références prisées par les audiences, comme la musique, le vêtement ou la danse. Au niveau de la réception, les administrateurs des dispositifs de propagande ont complété ce processus en standardisant la présence d'un commentateur lors de la projection, chargé de traduire les films dans une langue comprise par les spectateurs et plus largement d'adapter le dispositif de propagande aux horizons d'attente spécifiques des audiences. Ce membre particulier des équipes de tournée cinématographique est devenu progressivement un médiateur entre une communauté, sa langue, sa culture et ses normes médiatiques, et un dispositif technique occidental. Nous avons ainsi détaillé dans les deuxième et troisième chapitres les nombreux échecs et les rares succès de ces expérimentations. Cependant, le principal impact de ces tentatives de localisation du contenu de la propagande a été une *oralisation* du dispositif.

La tentative de métissage entre un appareil moderne, la projection cinématographique et des cultures vernaculaires, dont la plupart fonctionnent autour d'un paradigme médiatique d'ordre humain, basé d'abord sur la stabilité de la communauté, la performance en présence et un système de croyances unifiant, a provoqué un télescopage entre ces différents systèmes de pensée, et a transformé en profondeur l'*espace* de réception des films coloniaux. Comme nous l'avons vu en détail, la rupture du *schème interprétatif* a souvent déclenché une prise de parole désordonnée parmi les audiences. Ensuite, l'inclusion de références à des cultures orales au sein d'une logique cinématographique a produit une forme de *disruption esthétique*. Les références locales dans les films, ajoutées afin de faciliter l'interprétation, ont brisé l'homogénéité du message de propagande et ont rendu perplexes certains spectateurs. En effet, alors que les premières projections ont imposé un message peu intelligible à des populations sous contrôle, rejoignant les différentes formes de violence symbolique accompagnant la domination européenne, cette évolution a rompu brusquement avec des logiques coloniales, racistes et ségrégationnistes, donnant une impression de relâchement. Parfois, la simple traduction, comme lorsque la propagande s'adresse directement aux spectateurs dans leur langue, a pu surprendre en redonnant une place centrale à des cultures jugées subalternes, remettant en cause la hiérarchie mise en place par la puissance dominante. D'une certaine manière, ces évolutions ont contribué à délégitimer le pouvoir colonial. Enfin, la présence d'un commentateur au pied de l'écran a définitivement rompu le flux audiovisuel et a engendré une confusion médiatique, ouvrant par-là la possibilité pour les audiences de se réapproprier le dispositif de propagande. Des intervalles hybrides sont alors apparus entre des normes vernaculaires et des conventions imposées par la colonisation, dans un espace *patchwork* où les spectateurs ont inventé ensemble un cadre interprétatif, faisant coïncider des pratiques hétérogènes provenant autant de leur substrat culturel commun que de leurs expériences individuelles. Dans le même temps, l'ouverture d'un lieu d'échange entre les participants a autorisé un débat, dont le contrôle a parfois échappé aux organisateurs, plateforme d'expression de passions qui, dans la plupart des cas, ont pris une dimension anti-impérialiste. Toutes ces pratiques ont participé à la remise en cause du *statu quo* colonial.

Échouant la plupart du temps à faire la promotion des politiques coloniales, les dispositifs de propagande ont parfois facilité une prise de conscience de leur injustice et de leur absence de légitimité. Comme l'a montré Albert Memmi, dans son *Portrait du colonisé* (1957), tout l'enjeu de la lutte contre les pouvoirs coloniaux était de démystifier leur domination et de déconstruire leur système de valeur : le colonisé « doit cesser de se définir par les catégories colonisatrices » (1957 : 176). Tel que l'a précisé Frantz Fanon, dans *Les damnés de la terre* (1961), le rôle de l'intellectuel était de prendre conscience individuellement de l'iniquité de la situation, avant de chercher à convaincre le peuple de sortir de sa torpeur : « Au lieu de privilégier la léthargie du peuple il se transforme en réveilleur de peuple. Littérature de combat, littérature révolutionnaire, littérature nationale. » (1961 : 211) Le constat de leur aliénation a d'abord été partagé avec une élite lettrée avant d'être diffusé parmi les classes populaires, dans des formes et des lieux qui leur convenaient. Les projections cinématographiques étaient une voie ; malheureusement, comme beaucoup de spectacles appréciés par le peuple, elles étaient très contrôlées par les autorités, allant même jusqu'à la censure des films (Goerg, 2015, p. 73) ainsi qu'à la surveillance des salles (Goerg, 2015, p. 158). Paradoxalement, les projections gouvernementales n'étaient pas moins accessibles à la contre-propagande et, comme nous l'avons vu en détail dans les chapitres deux et trois, certaines ont été le lieu de pratiques de *résistance*, soit orchestrées par des groupes politiques (FLN en Algérie, UDI en *Rhodesia*, ou UGCC au Ghana), soit improvisées collectivement par des audiences.

Si le contre-commentaire est directement lié à l'*oralisation du dispositif*, les diverses pratiques de *résistances* en découlent plus ou moins directement, via l'appropriation de l'espace de la projection coloniale par les audiences. Outre les débats, plus ou moins en lien avec le contenu des films, les contestations lors des séances ont également pris la forme de différentes tactiques de sabotage (violences vis-à-vis du matériel, des employés ou des publics) et de boycottage (absence ou présence silencieuse). La localisation, soit directement dans le contenu des films, soit à travers les références ou l'esthétique, soit dans la langue des versions ou du commentaire en direct, a accéléré un processus de *créolisation* du dispositif et a autorisé de nouvelles pratiques au sein d'espaces *patchworks*. C'est ainsi que, parfois, les séances de propagande sont devenues un espace mixte, où des *tactiques* anticoloniales ont pu être mises en place. Dans un second temps, ces espaces sont devenus le lieu de luttes symboliques entre deux types de discours. Dans certains cas, les indépendantistes ont pris le dessus et leur point de vue a convaincu une grande part d'une audience, par exemple lorsque les spectateurs se sont moqués ouvertement des films de la CAFU en *Rhodesia* ou alors que l'ensemble du public est resté silencieux en Algérie devant une séance du SDC. Là où l'idéologie anticoloniale est devenue majoritaire, les spectateurs résistants se sont appropriés le *propre* de la séance, mettant en place des *stratégies* afin de changer les perceptions et de diffuser leur constat anticolonial avec la majorité. Dans ces cas extrêmes, la propagande coloniale a connu ses plus grands échecs, aliénant encore plus la confiance des populations sous domination, diminuant la crédibilité du pouvoir colonial, démotivant ses agents et, au comble de l'absurde, diffusant un consensus anti-impérialiste. Alors que certaines communautés se sont restructurées autour de nouvelles valeurs politiques, les projections coloniales sont devenues le lieu d'une réappropriation culturelle.

Le moment de révolte, s'il était indispensable au déroulement du processus, n'en était pas la finalité : la lutte d'indépendance devait laisser place à la vulgarisation d'un projet politique postcolonial, c'est-à-dire l'actualisation des *systèmes de pensée* (cosmogonies, paradigmes, institutions) en fonction du traumatisme politique, économique, démographique, mais surtout culturel provoqué par la colonisation. Les populations anciennement sous domination européenne se trouvaient face à une série d'impossibilités : d'un côté, elles refusaient catégoriquement les logiques et les valeurs imposées par les puissances coloniales, de l'autre, elles reconnaissaient que le retour à la vie d'avant, à travers une essentialisation des cultures vernaculaires, n'était pas une option viable. Comment alors se reconstruire, tout en dépassant ce stade post-traumatique ? Comment initier une pensée postcoloniale, c'est-à-dire à la fois désaliéner toutes les strates d'une société, des êtres humains aux institutions, et, en même temps, construire un nouveau vivre ensemble dans les communautés issues des Indépendances ? Comme le propose Margaret Atwood (1972) dans son essai *Survival*, une nouvelle attitude est essentielle afin de poursuivre la décolonisation : « In Position Four, creativity of all kinds becomes possible. Energy is no longer being suppressed (as in Position One) or used up for displacement of the cause, or for passing your victimisation along to others (Man kicks Child, Child kicks Dog) as in Position Two; nor is it being used for the dynamic anger of position three. » (1972 : 38) Au moment où la relation à l'oppresseur n'est plus la référence, tout devient possible, pour les créateurs, les intellectuels, mais aussi l'ensemble de la population, ce, si chacun arrive à se défaire de l'*imaginaire colonial* : un mode de gestion administratif et politique basé sur l'exploitation, l'arbitraire et l'injustice ; des valeurs et des représentations produites par un système raciste ; des institutions culturelles maintenant des discriminations systémiques (en ce qui a trait aux aspects sociaux, ethniques et du *gender*). Le problème est qu'il est impossible de penser hors de ces cadres et qu'il faut s'en distancer afin de pouvoir les réformer, c'est-à-dire de *décoloniser les imaginaires* (Fanon, 2011). C'est pourquoi ce processus ne peut être que lent, imparfait et progressif ; il a été initié par certains intellectuels dès le début du XXe siècle et est toujours à l'œuvre actuellement. En Afrique, si les projections cinématographiques ont participé à la diffusion des références ou des idéaux de la modernité coloniale, le cinéma, autant dans le domaine de la création que de la réception, contribue à cette lente adaptation des sociétés aux nouvelles réalités des Indépendances.

C'est pourquoi, en explorant l'impact déterminant des systèmes de propagande européens sur les imaginaires collectifs des sociétés colonisées, ce livre insiste à la fois sur l'évolution des systèmes de représentation, sur les connotations véhiculées par la projection cinématographique elle-même et, plus largement, sur les perceptions de l'enregistrement audiovisuel. Concrètement, l'association entre des valeurs racistes et des dispositifs de propagande déficients a contribué à délégitimer certains pouvoirs coloniaux, comme nous l'avons détaillé au sujet de la *Rhodesia* ou de l'Algérie. Dans le même temps, cela a structuré négativement les modes de réception qui dans certains cas sont toujours actifs. Cela est toujours observable sur certaines activités éducatives dans des zones rurales, en particulier celles impliquant des films. Enfin, ces séances ont également introduit un paradigme moderne occidental et facilité un métissage postcolonial. Par exemple, l'idée d'une reproduction mécanique d'un geste ou d'une communication *en absence* était alors un concept étranger, dont le cinéma a contribué à vulgariser le principe. Ainsi, un autre effet de l'oralisation des dispositifs de propagande est l'ouverture à la possibilité, pour les spectateurs, de s'approprier le principe même de la projection audiovisuelle et à travers celle-ci, tout un paradigme moderne.

Comme nous l'avons vu en détail dans les deuxième et troisième chapitres, comprendre les prolongements humains des dispositifs de propagande revient à explorer les processus par lesquels une *machine* modifie à la fois nos manières de faire, nos compréhensions et nos imaginaires. Comme le montre Gilbert Simondon, dans *Du mode d'existence des objets techniques* (1958), les *objets techniques* sont, tout à la fois, l'expression de leur milieu d'apparition, mais aussi de différentes réorganisations des interactions humaines autour de cette perturbation. Ainsi, la propagande cinématographique dans les territoires coloniaux était en même temps un mode d'expression spécifique de la violence du choc colonial et une possibilité de métissage des manières de faire, des institutions culturelles et des cosmogonies. Cela revient à considérer le cinéma comme un *Pharmacon* (Stiegler, 2010), à la fois le poison et la cure, soit la manifestation du traumatisme de l'introduction trop rapide et imposée d'un paradigme étranger, mécanique puis électrique, mais également son remède.

D'un côté, les dispositifs de propagande sont devenus l'expression concrète du choc paradigmatique entre une rationalité colonialiste et des sociétés principalement basées sur des modes de communication

à dimension humaine. Par exemple, l'obligation imposée par les autorités de regarder des films éducatifs, dont le contenu, autant par la
langue que les références culturelles, restait incompréhensible pour
la plupart des spectateurs, s'apparentait à d'autres lois ou cérémonies
coloniales dont la logique semblait totalement absurde aux populations locales. Ainsi, le trop grand décalage entre les sphères culturelles
de production et de réception ne permettait pas aux audiences de
mettre en place les cadres d'interprétations adéquats afin de s'approprier les images et les sons, créant frustration et incompréhension. Par
ce biais, les projections coloniales ont contribué aux violences symboliques mises en place par les gouvernements européens, imposant
des représentations racistes et renforçant la hiérarchie des valeurs.

De plus, les séances ont également été le lieu de dialogues entre ces
différentes logiques, permettant une prise de contact technologique,
puis une *créolisation* des pratiques et, éventuellement, une reconfi-
guration des interactions communautaires. En effet, l'inadéquation
entre le film et le public a nécessité la création d'une nouvelle forme
de cadre interprétatif. Dans certains cas, l'oralisation du dispositif
de propagande a ouvert un espace intermédiaire entre les pratiques
modernes occidentales et les usages en vigueur dans la communauté.
Par exemple, des spectateurs se sont mis à faire des propositions de
sens à haute voix que d'autres membres du groupe ont validé ou
contesté. La projection commentée a alors réintroduit de la performance en présence dans un spectacle basé uniquement sur la reproduction optique, chimique, mécanique et électrique de la réalité. Ainsi,
l'appropriation, partielle et relative, de la séance cinématographique
par les audiences a permis le *métissage* des conventions structurant la
séance et la *créolisation* des modes de réception d'un spectacle.

On peut alors observer une forme de *remédiation* (Bolter et Grusin,
1999) des manières de faire communautaire, à travers le recyclage
de l'expérience individuelle, ce, en fonction d'un impératif commun
et d'un imaginaire collectif. Même en gommant les différences entre
chaque dispositif de propagande, chaque effet de *remédiation* a pris
des formes et a produit des résultats différents, car elle dépendait
à la fois des nécessités locales où cette créolisation avait lieu et des
capacités d'innovations des individus face à un nouveau dispositif.
Comme l'explique Philippe Despoix (2005), dans *Remédier*, le concept
de *remédiation* oscille entre deux connotations, l'une *médicale* (traité
par des remèdes) et l'autre *médiale* (agencement de technologies et
de pratiques) :

À l'évidence, *remédier* ne possède pas encore en français la teneur *médiale* qu'il semble acquérir depuis quelques années dans la langue anglaise à partir de la catégorie de *remédiation*. C'est beaucoup plus le remède que le *médium* que l'on y entend, alors que la définition récente proposée dans un ouvrage précisément intitulé *Remediation* : « a medium is that which remediates », déplace la sémantique de ce terme du domaine médical ou environnemental qui était le sien vers celui des techniques de transmission et de représentation. (2005 : 9)

Or, dans le cas qui nous occupe, on assiste à la réconciliation entre les deux compréhensions du terme : les projections coloniales auraient constitué un remède à des configurations médiatiques qui empoissonnaient les communautés via la recombinaison de pratiques et de discours. En effet, les *créolisations*, expérimentées pendant la colonisation sur des activités comme la réception audiovisuelle, ont pu servir de base afin de créer un nouveau mode de vie, suivant des logiques postcoloniales. La *décolonisation des imaginaires*, commencée pendant la période coloniale, est un long processus dont nous sommes tous à la fois les témoins, les sujets et les acteurs.

Références

Cultures africaines

ABÉLÈS, Marc et Chantal COLLARD (dir.) (1985). *Âge, pouvoir et société en Afrique noire*, Montréal, Presses de l'Université de Montréal.

ACHILLE, Louis T. (1957). « L'artiste noir et son peuple », *Présence africaine*, n°16, novembre.

ADAMSON, Ginette et Jena-Marc GOUANVIC (dir.) (1995). *Francophonie plurielle*, Montréal, HMH.

ADDI, Lahouari (1996). « Colonial Mythologies: Algeria in the French Imagination », dans BROWN, Carl (dir.) *Franco-Arab Encounters*, Beyrouth, American University of Beirut, p. 93-105.

AKCHOTÉ, Noël (1995). *Écoutons-voir ce cinéma qu'on n'entend pas*, Cahiers du cinéma, numéro hors-série : *Musique au cinéma*.

ALEXANDRE, Lucie et Guy BESSETTE (dir.) (2000). *L'appui au développement communautaire : une expérience de communication en Afrique de l'Ouest*, Ottawa, Centre de recherches pour le développement international.

ALMEÏDA, Ayi Francisco de (1983). « Publics oubliés, publics absents », *L'Afrique littéraire*, n° 68-69.

ANDRIAMIRADO, Virginie (2005). *Où va la création artistique en Afrique francophone ?*, Paris, L'Harmattan.

ARMES, Roy (1987). *Third World Film Making and the West*, Berkeley, University of California Press.

AVRON, Dominique (1977). « Au ciné Oubri à Ouagadougou », *Melba*, n° 3.

AZIZA, Mohamed (dir.) (1977). *Patrimoine culturel et création contemporaine en Afrique et dans le monde arabe*, Dakar, Nouvelles Éditions africaines.

BÂ, Amadou Hampâté (1994). *Contes initiatiques peuls*, Paris, Éditions Stock.

BACHY, Victor (1983). « Panoramique sur les cinémas africains », *L'Afrique littéraire*, n° 68-69.

BACHY, Victor (1987). *Pour une histoire du cinéma africain*, Bruxelles, Éditions OCIC.

BACHY, Victor (1989). *Tradition orale et nouveaux médias*, Bruxelles, Éditions OCIC.

BAKARI, Imruh et Mbye CHAM (dir.) (1996). *African Experiences of Cinema*, Londres, BFI Publishing.

BALIMA, Serge Théophile (dir.) (2012). *Les médias de l'expression de la diversité culturelle en Afrique*, Paris, Bruylant.

BALIMA, Serge Théophile et Marie-Soleil FRÈRE (2003). *Médias et communications sociales au Burkina Faso, approche socio-économique de la circulation de l'information*, Paris, L'Harmattan.

BALOGUN, Françoise (2002). « Un cinéma différent », *Notre Librairie, Cinémas d'Afrique*, n° 149, octobre-décembre.

BARBER, Karin (2018). *A History of African Popular Culture*, Cambridge, Cambridge University Press.

BARLET, Olivier (1996). *Les cinémas d'Afrique noire : le regard en question*, Paris, L'Harmattan.

BARLET, Olivier (2000). *L'image, Cinémas*, vol. 11, n° 1.

BARLET, Olivier (2002). « Grandeurs et limites de la promotion festivalière », *Notre Librairie, Cinémas d'Afrique*, n° 149, octobre-décembre.

BARROT, Pierre (2005). *Nollywood : le phénomène vidéo au Nigeria*, Paris, L'Harmattan.

BASSORI, Timité (1964). *Un cinéma mort né ?*, *Présence africaine*, n° 49, 1er trimestre.

BATIONO, Arsène Flavien (dir.) (2014). *Nouveaux médias et démocratie au Burkina Faso : opportunités et paradoxes*, Ouagadougou, GERSTIC.

BAVUALA MATANDA, Tshishi (1984). « Discours filmique africain et communication traditionnelle », dans WONDJI, Christophe (dir.). *Caméra Nigra, Le discours du film africain*, Bruxelles, Éditions OCIC/L'Harmattan.

BEAURAIN, Nicole, et coll. (2004). *Le cinéma populaire et ses idéologies, L'homme et la société*, n° 154.

BELINGA, Eno (1977). « Audiovisuel et tradition orale », dans AZIZA, Mohamed et Mohamed BOUGHALI (dir.). *Patrimoine culturel et création contemporaine en Afrique et dans le monde arabe*, Dakar, Nouvelles Éditions africaines.

BENALI, Abdelkader (1994). *Le cinéma colonial au Maghreb : l'imaginaire en trompe-l'œil*, Paris, Cerf.

BERGER, Jean du, Jacques MATHIEU et Martine ROBERGE (1997). *La radio à Québec, 1920-1960*, Québec, Presses de l'Université Laval.

BERNABÉ, Jean, Patrick CHAMOISEAU et Raphaël CONFIANT (1993). *Éloge de la créolité*, Paris, Gallimard.

BILAL, Fall et Jacques POLLET (1984). « Le film africain : traits immanents et relation à son public », dans WONDJI, Christophe (dir.). *Caméra Nigra, Le discours du film africain*, Bruxelles, Éditions OCIC/L'Harmattan.

Bɪʟᴛᴇʀᴇʏsᴛ, Daniel et Daniela Tʀᴇᴠᴇʀɪ Gᴇɴɴᴀʀɪ (dir.) (2015). *Moralizing Cinema: Film, Catholicism and Power*, Londres, Routledge.

Bɪɴᴇᴛ, Jacques (1983). « Les cultures africaines et les images », *L'Afrique littéraire*, n° 68-69.

Bɪɴᴇᴛ, Jacques (1983). « Le langage des cinéastes africains », *L'Afrique littéraire*, n° 68-69.

Bɪɴᴇᴛ, Jacques (1983). « L'utilisation du son », *L'Afrique littéraire*, n° 68-69.

Bɪɴᴇᴛ, Jacques (1983). « La fonction du héros », *L'Afrique littéraire*, n° 68-69.

Bɪssoᴛ, Louis (1952). « À propos du théâtre indigène », *Zaïre : revue congolaise*, vol. 6, juin.

Bʟᴀɴᴄʜᴀʀᴅ, Pascal, Sandrine Lᴇᴍᴀɪʀᴇ et Nicolas Bᴀɴᴄᴇʟ (dir.) (2008). *Culture coloniale en France : de la Révolution française à nos jours*, Paris, CNRS.

Bʟooᴍ, Peter (2008). *French Colonial Documentary*, Minneapolis, University of Minnesota Press.

Boᴜᴄʜᴀʀᴅ, Vincent (2009). « *Cinema van* et *Interpreter* : deux éléments fondamentaux du système de propagande britannique », *Cinémas*, vol. 20, n° 1, automne, p. 23-44.

Boᴜᴄʜᴀʀᴅ, Vincent (2017). « Appropriation de l'œuvre audiovisuelle par le spectateur : le cas du film commenté au Sénégal et au Burkina Faso », dans Cᴀɪʟʟᴇ́, Patricia et Claude Foʀᴇsᴛ (dir.). *Regarder des films en Afriques*, Lille, Presses universitaires du Septentrion, p. 97–114.

Boᴜᴄʜᴀʀᴅ, Vincent (2023). « Le commentateur de film dans les archives coloniales », *Cinémas*, vol. 30, n° 1, (« Cinélekta 9 »).

Boᴜɢʜᴇᴅɪʀ, Ferid (1983). « Les grandes tendances du cinéma en Afrique noire », *L'Afrique littéraire*, n° 68-69.

Boᴜɢʜᴇᴅɪʀ, Ferid (1987). *Le cinéma africain de A à Z*, Bruxelles, Éditions OCIC.

Boᴜʟᴀɴɢᴇʀ, Pierre (1975). *Le cinéma colonial de l'Atlantide à Laurence d'Arabie*, Paris, Seghers.

Boᴜ́ʀɢᴀᴜʟᴛ, Louise Manon (1995). *Mass Media in sub-Saharan Africa*. Bloomington, Indiana University Press.

Boᴜʀɢᴇoɪs, Michel (2011). *Senghor et la décolonisation : Radio Dissoo, la révolte paysanne*, Paris, L'Harmattan.

Bʀᴀʜɪᴍɪ, Denise (1997). *Cinémas d'Afrique francophone et du Maghreb*, Paris, Nathan.

Bʀᴇᴍoɴᴅ, Claude (1963). « Les communications de masse dans les pays en voie de développement », *Communication*, n° 2, p. 56-67 (Archives INA).

Bʀʏᴀɴᴛ, Jennings (dir.) (2009). *Media Effects: Advances in Theory and Research*, 3ᵉ édition, New York, Routledge.

Bʀʏᴀɴᴛ, Jennings (dir.) (2002). *Fundamentals of media effects*, Boston, McGraw-Hill.

Cᴀʟᴀᴍᴇ-Gʀɪᴀᴜʟᴇ, Geneviève (dir.) (1989). *Graines de parole, puissance du verbe et traditions orales*, Paris, CNRS.

Cᴀʟᴠᴇᴛ, Louis Jean (1984). *Linguistique et colonialisme*, Paris, PUF.

CAMERON, Kenneth M. (1994). *Africa on Film: Beyond Black and White*, New York, Continuum.

CHAM, Mbye (1993). « Le passé, le présent et l'avenir », *Écrans d'Afrique*, n° 4, 2e trimestre.

CHERIÂA, Tahar (1984). « Le groupe et le héros », dans WONDJI, Christophe (dir.). *Caméra Nigra, Le discours du film africain*, Bruxelles, Éditions OCIC/L'Harmattan.

CHERIÂA, Tahar (2002). *Cinémas d'Afrique noire : jalons et perspectives, Notre Librairie, Cinémas d'Afrique*, n° 149, octobre-décembre.

CHRÉTIEN, Jean-Pierre et Jean-Louis TRIAUD (dir.) (1999). *Histoire d'Afrique : les enjeux de mémoire*, Paris, Karthala.

CONTEH-MORGAN, John (2010). *New Francophone African and Caribbean Theatres*, Bloomington, Indiana University Press.

CORROY, Laurence (2012). « L'éducation aux médias dans le monde : état des lieux et perspectives », *Cahiers francophones de l'éducation aux médias*, n° 4.

DANINOS, Guy (1978). « De l'importance de la littérature orale en Afrique noire et au Congo en particulier », *L'Afrique littéraire*, n° 48.

DAVIDSON, Basil (1995). *Africa in History: Themes and Outlines*, New York, Simon & Schuster.

DERIVE, Jean (1985). « Oralité, écriture et le problème de l'identité culturelle en Afrique », *Bayreuth African Studies Series*, n° 3, p. 5-36.

DESSAJAN, Séverine (2002). « Le documentaire en Afrique : un certain regard », *Notre Librairie, Cinémas d'Afrique*, n° 149, octobre-décembre.

DIA-MOUKORI, Urbain (1967). « Intuition d'un langage cinématographe africain », *L'Afrique littéraire*, n° 61.

DIAWARA, Mamadou (1990). *La graine de la parole*, Cologne, Köppe.

DIAWARA, Mamadou (2003). *L'empire du verbe et l'éloquence du silence : vers une anthropologie du discours dans les groupes dits dominés au Sahel*, Cologne, Köppe.

DIAWARA, Manthia (1988). « Popular Culture and Oral Traditions in African Film », *Film Quarterly*, vol. 41, n° 3.

DIAWARA, Manthia (1989). « Oral Literature and African Film: Narratology in *Wend Kuuni* », dans WILLEMEN, Paul et Jim PINES (dir.). *Questions of Third Cinema*, Londres, British Film Institute, p. 199-211.

DIAWARA, Manthia (1992). *African Cinemas: Politics and Culture*, Bloomington, Indiana University Press.

DIOH, Tidiane (2009). *Histoire de la télévision en Afrique noire francophone, des origines à nos jours*, Paris, Karthala.

DIOP, Mohamed (1971). *Cinéma et éducation sociale en Afrique*, Paris, Institut français de presse (Archives INA).

DOWNING, John D. H. (1987). *Film & Politics in the Third World*, New York, Praeger.

DULUCQ, Sophie (2009). *Écrire l'histoire de l'Afrique à l'époque coloniale : XIXe-XXe siècles*, Paris, Karthala.

DULUCQ, Sophie et Pierre SOUBIAS (dir.) (2004). *L'espace et ses représentations en Afrique subsaharienne : approches pluridisciplinaires*, Paris, Karthala.

EKOTTO, Frieda (2002). « À propos du choix des thèmes dans le cinéma subsaharien », *Notre Librairie, Cinémas d'Afrique*, n° 149, octobre-décembre.

EKWUAZI, Hyginus (1991). « Towards the Decolonization of African Film », *African Media Review*, vol. 5, n° 2, p. 95-106

EL FTOUH, Youssef (1994). « L'Afrique dans les images coloniales », *Écrans d'Afrique*, n° 9-10, 3e et 4e trimestre.

FAÏK NZUFI MADIYA, Clémentine (1984). « Symbolisme et cinéma africain », dans WONDJI, Christophe (dir.). *Caméra Nigra, Le discours du film africain*, Bruxelles, Éditions OCIC/L'Harmattan.

Food and Agriculture Organisation [FAO] (1967). *Rapport Sur le séminaire international de la radio rurale pour les pays d'expression française en Afrique au Sud du Sahara* (1966), Gisenyi, Rwanda, Rome.

FIELD, Simon et Peter SAINSBURY (dir.) (1971). *Third World Cinema*, Londres, Afterimage.

FINNEGAN, Ruth H. (1976). *Oral Literature in Africa*, Nairobi, Oxford University Press.

FINNEGAN, Ruth H. (1992). *Oral Traditions and the Verbal Arts: A Guide to Research Practices*, New York, Routledge.

FONKOUA, Romuald-Blaise (2002). « Trente ans d'écriture filmique en Afrique : d'Ousmane Sembène à Jean-Pierre Bekolo », *Notre Librairie, Cinémas d'Afrique*, n° 149, octobre-décembre.

FOX, Jo (2007). *Film Propaganda in Britain and Nazi Germany: World War II Cinema*, Oxford, Berg.

FOX, Jo et David WELCH (dir.) (2012). *Justifying War: Propaganda, Politics and the Modern Age*, New York, Palgrave Macmillan.

GARDIES, André (1989). *Cinéma africain noire francophone*, Paris, L'Harmattan.

GARDIES, André et Pierre Haffner (1987). *Regards sur le cinéma négro-africain*, Bruxelles, Éditions OCIC.

GAZUNGIL, Kapalanga et Daniel PERAYA (1984). « Le groupe, essence du spectacle africain », dans WONDJI, Christophe (dir.). *Caméra Nigra, Le discours du film africain*, Bruxelles, Éditions OCIC/L'Harmattan.

GENOVAL, James E. (2013). *Cinema and Development in West Africa*, Bloomington, Indiana University Press.

GETINO, Octavio et Fernando SOLANAS (1970). « Towards a Third Cinema », *Cineaste*, vol. 4, n° 3.

GIVANNI, June (dir.) (2000). *Symbolic Narratives/African Cinema: Audiences, Theory and the Moving Image*, Londres, BFI Publishing.

GOERG, Odile, Jean-Luc MARTINEAU et Didier NATIVEL (2013). *Indépendances en Afrique : l'événement et ses mémoires, 1957/1960-2010*, PUR.

GOERG, Odile (2015). *Fantômas sous les tropiques : aller au cinéma en Afrique coloniale*, Paris, Vendémiaire.

GOERG, Odile (2020). *Tropical Dream Palaces: Cinema in Colonial West Africa*, Londres, Hurst.

GUNERATNE, Anthony R. et Wimal DISSANAYAKE (dir.) (2003). *Rethinking Third Cinema*, Londres, Routledge.

HAFFNER, Pierre (1978). *Essai sur les fondements du cinéma africain*, Dakar, Nouvelles Éditions africaines.

HAFFNER, Pierre (1978). *Palabres sur le cinématographe : initiation au cinéma*, Dakar, Les presses africaines.

HAFFNER, Pierre (1975). « L'esthétique des films », *L'Afrique littéraire*, n° 35.

HAFFNER, Pierre (1975). « Traditions, roman et cinéma », *L'Afrique littéraire*, n° 35.

HAVELANGE, Françoise (1991). *Libérer la parole paysanne au Sahel*, Paris, L'Harmattan.

HENNEBELLE, Guy (1975). « Entretien avec Mahama Traoré », *L'Afrique littéraire*, n° 35.

HENNEBELLE, Guy (1977). « Entretien avec Jean-René Debrix », *L'Afrique littéraire*, n° 43.

HENNEBELLE, Guy et Catherine RUELLE (dir.) (1978). « La fin du mégotage ? », *L'Afrique littéraire*, n° 49.

HENNEBELLE, Guy et Catherine RUELLE [ca. 1979]. *Cinéastes d'Afrique noire*, Paris, Jeune cinéma.

HENNEBELLE, Monique (1975). « Mass media et culture traditionnelle en Afrique noire : le cinéma, une thèse de Mohamed Diop », *L'Afrique littéraire*, n° 35.

HENRY, Jean-Robert et Jean-Claude VATIN (dir.) (2012). *Le temps de la coopération : sciences sociales et décolonisation au Maghreb*, Paris, Karthala.

HOEFERT DE TURÉGANO, Teresa (2004). *African Cinema and Europe: Close-Up on Burkina Faso*, Florence, European Press Academic Publishing.

HOFFER, Wilfried (1980). *Formation des journalistes en Afrique : l'esquisse d'une vue d'ensemble*, Bonn, Fondation Friedrich Naumann.

HOPKINSON, Peter (1972). *Le rôle du film dans le développement*, Paris, UNESCO.

HUDSON, Robert B. et Henry C. ALTER (1962). *Télévision et éducation populaire*, Paris, UNESCO (Archives INA).

INSTITUT CULTUREL AFRICAIN (1985). *La fonction culturelle de l'information en Afrique*, Dakar, Nouvelles Éditions africaines.

INSTITUT CULTUREL AFRICAIN (1985). *Quel théâtre pour le développement en Afrique ?*, Dakar, Nouvelles Éditions africaines.

JULIEN, Eileen (1992). *African Novels and the Question of Orality*, Bloomington, Indiana University Press.

KADIMA-NZUJI, Mukala (1987). « La parole traditionnelle et les nouveaux media », *Zaïre-Afrique*, n° 214.

KAKOU, Antoine (1985). « Les gris-gris d'un conteur », *CinémAction*, n° 34, septembre.

Niane, Djibril Tansir, et coll. (1974). « Séminaire sur "Le rôle du cinéaste africain dans l'éveil d'une conscience de civilisation noire" », *Présence africaine*, n° 90.

N'Sougan Agblemagnon, Ferdinand (1965). « La condition socio-culturelle négro-africaine et le cinéma », *Présence africaine*, n° 55, 3ᵉ trimestre.

Okome, Onookome et Jonathan Haynes (1995). *Cinema and Social Change in West Africa*. Jos, Nigerian Film Corp.

Okome, Onookome (1996). « The Context of Film Production in Nigeria: The Colonial Heritage », *Ufahamu*, n° 24.

Okpewho, Isidore (1992). *African Oral Literature: Backgrounds, Character, and Continuity*, Bloomington, Indiana University Press.

Ossama, François (2001). *Les nouvelles technologies de l'information : enjeux pour l'Afrique subsaharienne*, Paris, L'Harmattan.

Ouédraogo, Amadou (2017). *The Aesthetic of Mandé Hunting Tradition*, Lafayette, University of Louisiana Press.

Pines, Jim et Paul Willemen (dir.) (1989). *Questions of Third Cinema*, Londres, BFI Publishing.

Ricard, Alain (1983). « Du théâtre au cinéma yoruba : le cas nigérian », *CinémAction*, n° 26.

Ruelle, Catherine (1978). « Entretien avec Djibril Diop Mambety », *CinémAction, Cinéastes d'Afrique noire*, n° 3.

Ruelle, Catherine (2002). « Entretien avec le cinéaste Mansour Sora Wade », *Notre Librairie, Cinémas d'Afrique*, n° 149, octobre-décembre.

Ruelle, Catherine, Clément Tapsoba et Alessandra Speciale (dir.) (2005). *Afriques 50 : singularités d'un cinéma pluriel*, Paris, L'Harmattan.

Sail, Noureddine (1983). *La question du public dans la problématique du cinéma africain, Revue du VIIᵉ Fespaco*, Ouagadougou.

Salazar, Philippe Joseph et Anny Wynchank (1995). *Afriques imaginaires : regards réciproques et discours littéraires, 17ᵉ-20ᵉ siècles*, Paris, L'Harmattan.

Senghor, Blaise (1964). « Pour un authentique cinéma africain », *Présence africaine*, n° 49, 1ᵉʳ trimestre.

Soh Tatcha, Charles (2002). « L'éducation cinématographique et ses évolutions : le cas du Cameroun », *Notre Librairie, Cinémas d'Afrique*, n° 149, octobre-décembre.

Stefanson, Blandine (2002). « L'état de la recherche sur les cinémas d'Afrique », *Notre Librairie, Cinémas d'Afrique*, n° 149, octobre-décembre.

Tcheuyap, Alexie (2005). *De l'écrit à l'écran : les réécritures filmiques du roman africain francophone*, Ottawa, Les Presses de l'Université d'Ottawa.

Tebib, Elias (2002). « Panorama des cinémas maghrébins », *Notre Librairie, Cinémas d'Afrique*, n° 149, octobre-décembre.

Téno, Jean-Marie (1969). *Liberté, le pouvoir de dire non, Cinéma et liberté*, Présence africaine, Paris.

Thackway, Melissa (2002). « Future Past: Integrating Orality into Francophone West African Film », *Matutu*, n° 25.

KANINDA, M'Bayi (1984). « Le héros, le groupe et l'ordre social », dans WONL Christophe (dir.). *Caméra Nigra, Le discours du film africain*, Bruxelle, Éditions OCIC/L'Harmattan.

KAVWAHIREHI, Kasereka (2005). « La littérature orale comme production coloniale : notes sur quelques enjeux postcoloniaux », *Cahiers d'Études africaines*, vol. XLIV, n° 4, 176, p. 793-813.

KESTELOOT, Lilyan (2001). *Histoire de la littérature négro-africaine*, Paris, Karthala.

KOMPAORÉ, Prosper (1981). « Le spectateur africain et le spectacle cinématographique », *Revue du VIIe Fespaco*.

KONAN, Yao (1990). *Cinéma et marginalité sociale : l'exemple des quartiers populaires*, mémoire de DEA, Institut d'ethnosociologie de la faculté des Lettres, Arts et Sciences humaines d'Abidjan.

KRIEGER, Kurt (1965). *Westafrikanische Plastik*, Berlin, Museum für Völkerkunde.

KRINGS, Matthias (2012). « Turning Rice into Pilau », *Intermédialité*, « Traverser », n° 20, automne.

« La chartre d'Alger du cinéma africain » (1975). *L'Afrique littéraire*, n° 35.

LARKIN, Brian (2008). *Signal and Noise: Media, Infrastructure, and Urban Culture in Nigeria*, Durham, Duke University Press.

LAROUCHE, Michel (dir.) (1991). *Films d'Afrique*, Montréal, Guernica.

LECHERBONNIER, Bernard (1977). *Initiation à la littérature négro-africaine*, Paris, Nathan.

LEE, Sonia (2002). « Les Africaines à l'écran et derrière la caméra », *Notre Librairie, Cinémas d'Afrique*, n° 149, octobre-décembre.

LEQUERET, Elisabeth (2003). *Le cinéma africain : un continent à la recherche de son propre regard*, Paris, Cahiers du cinéma.

LYE, Mu et Dada YOKA (1976). « La critique coloniale et la naissance du théâtre au Zaïre », *L'Afrique littéraire*, n° 37.

MEILLASSOUX, Claude (1964). « La farce villageoise à la ville : le Koteba de Bamako », *Présence africaine*, n° 52, 4e trimestre.

MESSANGA, Obama (1998). *Mutations et habitudes de consommation du cinéma au Cameroun de 1985 à 1998 : le cas de Yaoundé*, Yaoundé, Université de Yaoundé II.

MIGNOT-LEFEBVRE, Yvonne (dir.) (1979). « Audiovisuel et développement », *Tiers Monde*, vol. 20, n° 79.

MONGA, Célestin (1995). *Anthropologie de la colère, société civile et démocratie en Afrique noire*, Paris, L'Harmattan.

MORISSEAU-LEROY, Félix (1964). « Le théâtre dans la révolution africaine », *Présence africaine*, n° 52, p. 60-67.

N'DIAYE, Alphonse Raphaël (1980). « Les traditions orales et la quête de l'identité culturelle », *Présence africaine*, n° 114, 2e trimestre.

NIANE, Djibril Tansir (1960). *Soundjata ou l'épopée mandingue*, 1ère édition, Paris, Présence africaine.

THIERS-THIAM, Valérie (2005). *À chacun son griot : le mythe du griot narrateur dans la littérature et le cinéma d'Afrique de l'Ouest*, Paris, L'Harmattan.

THOMPSON, C. W. (dir.) (1995). *L'autre et le sacré : surréalisme, cinéma, ethnologie*, Paris, L'Harmattan.

TOURÉ, Kitia (1983). « Une dramaturgie dominée par une volonté de didactisme », *L'Afrique littéraire*, n° 68-69.

TRAORÉ, Bakary (1957). « Le théâtre négro-africain et ses fonctions sociologiques », *Présence africaine*, n° 14-15, juin-septembre.

TUDESQ, André-Jean (1999). *Les médias en Afrique*, Paris, Ellipses.

UKADIKE, Nwachukwu Frank (1994). *Black African Cinema*, Berkeley, University of California Press.

UKADIKE, Nwachukwu Frank (dir.) (1995). « Nouveaux discours du cinéma africain », n° 18, printemps.

UKADIKE, Nwachukwu Frank (1998). « African Cinema », dans HILL, John et Pamela Church GIBSON (dir.). *Oxford Guide to Film Studies*, Oxford, Oxford University Press.

UKADIKE, Nwachukwu Frank (2002). *Questioning African Cinema: Conversations with Filmmakers*, Minneapolis, University of Minnesota Press.

UNESCO (1947). *Presse, film, radio : rapport de la Commission des besoins techniques après enquête dans quatorze pays et territoires*, Paris (Archives INA).

UNESCO (1959). *Les auxiliaires visuels dans l'éducation de base et le développement communautaire*, p. 199-211 (Archives INA).

UNESCO (1962). *Developing Information Media in Africa*, Paris (Archives INA).

UNESCO (2008). *Rapport UNGASS 2008 du Burkina Faso*, Assemblée générale des Nations Unies.

VIEYRA, Paulin Soumanou (1957). « Où en sont le cinéma et le théâtre africains ? », *Présence africaine*, n° 13.

VIEYRA, Paulin Soumanou (1969). « Le cinéma et l'Afrique », Paris, *Présence africaine*.

VIEYRA, Paulin Soumanou (1975). « Le cinéma africain : des origines à 1973 », Paris, *Présence africaine*.

WAYNE, Mike (2001). *Political Film: The Dialectics of Third Cinema*, Londres, Pluto Press.

ZYL, John van (1986). « Une expérience : le Centre du Cinéma Direct », *CinémAction, Le cinéma sud-africain est-il tombé sur la tête ?*, n° 39.

Projections coloniales britanniques

National Archives, Londres (ordre chronologique)

WOOLFE, H. Bruce (1934). *Report of Sub-committee appointed to consider the question of instructional films for East Africa*, septembre, CO 323/1252/16.

HAMMOND, S. A. (1936). *Proposal for a Colonial Film Unit, Dominions, India and Colonies*, British Film Institute, Londres, mars, CO 323/1356/3.

Memorandum on the Supply of Films for Africans for the Conference of East African Directors of Education, Kampala (1937). 17 janvier 1937, CO 323/1420/10.

British Film Institute (1937). *Draft report on the Machinery for the Distribution and Display of Educational Films in Educational and Similar Institutions within the British Empire*, CO 323/1420/10.

British Film Institute (1938). *Revised Draft Report on the Machinery for the Distribution and Display of Educational films in Educational and Similar Institutions within the British Empire*, CO 323/1420/11.

Internal note to Mr. Calder (1938). Londres, CO 323/1420/10.

HALL (1938). *Conference of Governors of British East Africa Territories, Bantu Educational Kinema experiment, Dispatch from British Resident, Zanzibar, to Secretary of State for the Colonies*, Zanzibar, février, CO 323/1535/02.

Report on the Distribution of Films in the British Empire, The Travel and Industrial development Association of Great Britain and Ireland (1938). Londres, avril, CO 323/1535/5.

Robertson (1940). *Memorandum to Commissioners, Mobile Daylight Cinema Van Campaign*, War Savings Campaign, National Savings Committee, février, NSC 29/15.

Letter to H. M. Young (1941). Septembre, NSC 29/15.

FRANCIS (1941). *Letter to N.T. Flett*, décembre, NSC 29/15.

Provision of mobile cinema vans for colonies (1942). Londres, CO 875/10/14.

FRANCIS (1942). *Budget for October 1942 to March 1943*, NSC 29/15.

PEARSON, George (1942). *Memorandum re Films for African Primitives*, Londres, octobre, CO 875/10/9.

Survey of Educational Films – Interim Report – August – December 1942 (1943). Londres, CO 875/10/9.

British Film Institute (1943). *Extract from the Annexure to Mass Education Report*, Londres, CO 859/6/11.

The Development of the Cinema in Nigeria (1943). Londres, CO 875/10/4.

Film Exhibition in West & East Africa (1943). Tanganyika, CO 875/10/4.

Ministry of Information (1943). *Minutes of Meeting on Films for the Colonies*, Londres, juin, CO 875/10/9.

Memorandum of the Cinema Branch of the Information, Department Gold Coast and the Use of Mobile Cinema Units for Mass Information and Education (1943). Accra, juillet, CO 875/10/9.

Questionnaire to Mobile Cinema Officials (1943a). Londres, CO 875/10/9.

The Cinema (1943). Londres, National Archives, CO 875/10/9.

Questionnaire to Mobile Officials (1943b). Dar Es Salaam, avril, CO 875/10/11.

Questionnaire to Mobile Officials (1943c). Enclosure number 1, Zomba, Nyasaland, juin, CO 875/10/11.

Questionnaire to Mobile Officials (1943d). Enclosure number 2, Zomba, Nyasaland, juin, CO 875/10/11.

Questionnaire to Mobile Officials (1943e). Zanzibar, juin, CO 875/10/11.

Questionnaire to Mobile Officials (1943f). Ceylon, juin, CO 875/10/11.

Questionnaire to Mobile Officials (1943g). Sierra Leone, juillet, CO 875/10/11.

Questionnaire to Mobile Officials (1943h). Lusaka, Northern Rhodesia (Zambia), octobre, CO 875/10/11.

CHAMPION, Arthur M. (1943). *Questionnaire to Mobile Officials*, Nairobi, Kenya, juillet, CO 875/10/11.

MAUD, E.R. (1943). *Questionnaire to Mobile Officials*, Bathurst, Gambia, août, CO 875/10/11.

Advisory Committee on Education in the Colonies (1943). *Report of the Adult and Mass Education Sub-Committee*, Londres, septembre, CO 859/6/11.

LIRONI, H.E. (1943). *Answers to Questionnaire*, Gold Coast Colony, Ministry of Information, CO 875/10/11.

JONES, G.I., District Officer, Owerri (Nigeria) (s.d.). *Questionnaire to Mobile Officials*, CO 875/10/11.

POWELL, Asst. District Officer, Orlu (Nigeria) (s.d.). *Questionnaire to Mobile Officials*, CO 875/10/11.

Analysis of Questionnaire (1943). Londres, CO 875/10/11.

Propaganda – Mobile Cinema Vans and Selling Office and Portable Public Address Equipment (1946). Section 4th, National Savings Committee, avril, National Archives, NSC 29/15.

Report on use of Daylight Cinema Unit and Speakers for Disseminating Information on the Economic Theme (1948). East and West Riding Region, Central Office of Information, Leeds, août, INF 12/215.

BILLSON (1948). *Open Air Campaigns*, 1st June – 20th September, East and West Riding Region, Central Office of Information, Leeds, novembre, INF 12/215.

Programme Estimates 1948/49 [ca. 1949]. Appendix C, Colonial Film Unit, CO 875/26/1.

Proposals for the Re-organisation of the Colonial Film Unit (1949). Londres, CO 875/51/7.

McDERMID (1949). *Draft note on the use of Speakers in Exhibitions, with Mobile Cinema Vans and for Open Air Campaigns*, Lecture Section, Campaigns & Lectures Division, Central Office of Information, Londres, juillet, INF 12/215.

SHAND (1949). *Note on a series of Open Air meetings organised in the Northern Region on the Economic Theme*, Northern Region, Newcastle, Central Office of Information, Newcastle, juillet, INF 12/215.

SHAND (1950). *Letter to Mr. McDermid*, Newcastle, mars, INF 12/215

Nursing Recruitment Trailer (1950). Newcastle, mars, INF 12/215

Financial Background (1950). Colonial Development and Welfare Act – Colonial Film Unit, CO 875/51/7.

British Library, Londres

Beale, Colin, B.Sc., F.R.P.S. (Secretary, Edinburgh House Bureau for Visual Aids) (s.d.). *The Commercial Entertainment Film and Its Effect on Colonial Peoples.*

Blackburne, C.M.G., O.B.E. (*Director of Information Services, Colonial Office*) (s.d.). *Financial Problems and Future Policy in British Colonies.*

Caine (1936). *Film Instruction and Propaganda in Agriculture in Kenya, Uganda and the Tanganyika Territory,* Colonial Office Memorandum, Londres, septembre.

Champion, Arthur M. (1945). « Correspondence to the Editor of Colonial Cinema », *Colonial Cinema,* vol. 3, n° 1, mars.

« Charlie Chaplin films » (1943). *Colonial Cinema,* vol. 1 n° 2, avril.

Creech Jones, M. P. (H. M. Secretary to the Secretary of State for the Colonies) (s.d.). *Opening Address.*

Colonial Cinema (1942-1950). Londres, H. M. 50, Central Office of Information.

Davis, John Merle (1937). « Forward », dans Notcutt, Leslie Alan et George Chitty Latham. *The African and the Cinema,* Londres, Edinburgh House Press, p. 9-14.

« Editorial Note » (1945). *Colonial Cinema,* vol. 3, n° 1, mars.

« Effective Propaganda » (1945). *Colonial Cinema,* vol. 3, n° 4, décembre.

« Films for African Audiences » (1943). *Colonial Cinema,* vol. 1, n° 4, juin.

Grierson, John (Director of Mass Communications, UNESCO) (s.d.), *The Film and Primitive Peoples.*

« Ground Nut Campaign » (1944). *Colonial Cinema,* vol. 2, n° 10, octobre.

Izod, Alan (Films Division, Central Office of Information) (s.d.). *Some Special Features of Colonial Film Production.*

Latham, George Chitty (1936a). *Summary of Observers' Views,* Vugiri, avril.

Latham, George Chitty (1936b). *Experiments with Small Cinemas,* Vugiri, avril.

Latham, George Chitty. (1936c). *Interim Report of the BEKE,* Vugiri.

Lugard, P. C. (1939). *Minutes of the Second Meeting of the Advisory Council of the BEKE,* BEKE, Londres, avril.

Morton-Williams, P. (1952). *Cinema in Rural Nigeria: A Field Study of the Impact of Fundamental-Education Films on Rural Audiences in Nigeria,* Lagos, Federal Information Services.

Notcutt, Leslie Alan et George Chitty Latham (1937). *The African and the Cinema: An Account of the Work of the Bantu Educational Cinema Experiment during the Period March 1935 to May 1937,* Londres, Edinburgh House Press.

Odunton, G. B. (1950). « One Step Ahead », *Colonial Cinema,* vol. 8, n° 2.

Pearson, George, Hon. F.R.P.S. (Colonial Film Unit) (s.d.). *The Making of Films for Illiterates in Africa.*

Pearson, George (1949). « Health Education by Film in Africa », *Colonial Cinema,* vol. 7, n° 1.

« Programmes » (1944). *Colonial Cinema*, vol. 2, n° 1, janvier.

« Reports from Overseas, Rambling Notes on the Mobile Cinema » (1945). *Colonial Cinema*, vol. 3, n° 4, décembre.

SHIELDS, Drummond (1939). *Minutes of the Third Meeting of the Advisory Council of the Bantu Educational Cinema Experiment*, Londres, janvier.

« Some Audience Reactions » (1943). *Colonial Cinema*, vol. 1, n° 10, décembre.

« Sound Recordings » (1944). *Colonial Cinema*, vol. 2, n° 1, janvier.

« Sound Recordings » (1945). *Colonial Cinema*, vol. 3, n° 4, décembre.

The Film in Colonial Development: A Report of a Conference (1948). Londres, British Film Institute.

« The Mobile Cinema Van in the Villages » (1945). *Colonial Cinema*, vol. 3, n° 1, mars.

« The New Cinema Vans » (1943). *Colonial Cinema*, vol. 1, n° 3, mai.

« The Units at Work » (1943). *Colonial Cinema*, vol. 1, n° 9, novembre.

Autres sources

AMBLER, Charles (2001). « Popular Films and Colonial Audiences: The Movies in Northern Rhodesia », *American Historical Review*, vol. 106, n° 1, février, p. 81-105.

AUSTEN, Ralph A. (2011). « Colonialism from The Middle: African Clerks as Historical Actors and Discursive Subjects », *History in Africa*, vol. 38, p. 21-33.

BURKE, Timothy (2002). « "Our mosquitoes are not so big": Images and Modernity in Zimbabwe », dans LANDAU, Paul et Deborah KASPIN (dir.) *Images and Empires: Visuality in Colonial and Postcolonial Africa*, Oakland, University of California Press, p. 41-54.

BURNS, James McDonald (2000). « Watching Africans Watch Films: Theories of Spectatorship in British Colonial Africa », *Historical Journal of Film, Radio and Television*, n° 20.

BURNS, James McDonald (2002). *Flickering Shadows: Cinema and Identity in Colonial Zimbabwe*, Athens, Ohio University Research in International Studies.

CHIKONZO, Kelvin (2018). « A post-colonial reading of CAFU's comical films », *African Identities*, vol. 16, n° 1, p. 103-115.

COHEN, Andrew (2017). *The Politics and Economics of Decolonization in Africa: The Failed Experiment of the Central African Federation*, New York, Tauris.

DAVIS, John Merle (dir.) (1933). *Modern Industry and the African*, Londres, Macmillan Publishing.

DAVIS, John Merle (1936). « The Cinema and Missions in Africa », *International Review of Missions*, vol. xxv, n° 99.

DE BOECK, Filip (2014). « The Making of Publics in Kinshasa [Communication] », *Religion and Migration Initiative*, 17 novembre 2014, University of the Witwatersrand, Johannesburg, South Africa.

« Deux méthodes bien différentes » (1937). *Le courrier colonial*, 9 juillet 1937, Dakar, Archives de l'AOF, 64 (31).

Giltrow David Roger et P. M. Giltrow (1986). *Cinema with a Purpose: Films for Development in British Colonial Africa, 1925-1939*, African Studies Association of the U.K., University of Kent, septembre.

Ginio, Ruth (2006). « Negotiating Legal Authority in French West Africa: The Colonial Administration and African Assessors, 1903-1918 », dans Lawrance, Benjamin, Emily Lynn Osborn et Richard Roberts (dir.). *Intermediaries, Interpreters, and Clerks: African Employees in the Making of Colonial Africa*, Madison, University of Wisconsin Press.

Grierson, John (1948). « National Film Services in the Dominions », *United Empire*, vol. 39, n° 6, p. 279-280.

Grieveson, Lee et Colin MacCabe (dir.) (2011). *Empire and Film*, Londres, British Film Institute.

Hodsun, Arnold (1935). « Le problème de l'éducation en Gold Coast », in *East African*, traduction en français, 19 mars 1935, Archives de l'AOF, 64 (31), Dakar.

Holbrook, Wendell (1985). « British Propaganda and the Mobilization of the Gold Coast War Effort, 1939-1945 », *The Journal of African History*, vol. 26, n° 4, p. 347-361.

Kerr, David (1993). « The Best of Both Worlds? Colonial Film Policy and Practice in Northern Rhodesia and Nyasaland », *Critical Arts*, n° 7, p. 11-42.

« L'éducation dans l'Ouest Africain » (1930). *The African World*, traduction en français, 16 août 1930, Dakar, Archives de l'AOF, 64 (31).

« L'effort de la France en Afrique occidentale française » (1936). *The African World*, traduction en français, 18 janvier 1936, Dakar, Archives de l'AOF, 64 (31).

Lawrance, Benjamin, Emily Lynn Osborn et Richard Roberts (dir.) (2006). *Intermediaries, Interpreters, and Clerks: African Employees in the Making of Colonial Africa*, Madison, University of Wisconsin Press.

MacCabe, Colin (2011). *Film and the End of Empire*, New York, Palgrave Macmillan.

Malkmus, Lizbeth et Roy Armes (1991). *Arab and African Film Making*, Londres, Atlantic Highlands.

Mbogoni, Lawrence E. Y. (2013). *Aspects of Colonial Tanzania History*, Oxford, African Books Collective.

Morris, Peter (1987). « Re-thinking Grierson », dans Véronneau, Pierre, Michel Dorland, et Seth Feldman (dir.). *Dialogue cinéma canadiens et québécois*, Montréal, Mediatexte.

Mukotekwa, M. C. (2005). « The Central African Film Unit as a Vehicle for African Development in Zimbabwe, 1948-64 », *Journal of Film Preservation*, n° 70, p. 26-29.

Paddock, Alfred H., Jr. (1982). *U.S. Army Special Warfare: Its Origins – Psychological and Unconventional Warfare, 1941-1952*, Washington, D.C., National Defense University Press.

Powdermaker, Hortense (1962). *Copper Town: Changing Africa*, New York, Harper & Row.

Pronay, Nicholas, Frances Thorpe et Clive Coultass (1980). *British Official Films in the Second World War*, Oxford, Clio Press.

Reeves, Nicholas (1999). *The Power of Film Propaganda: Myth or Reality*, Londres, Cassell.

Reith, John Charles Walsham (1949). *Into the Wind*, Londres, Hodder & Stoughton.

Reynolds, Glenn (2015). *Colonial Cinema in Africa: Origins, Images, Audiences*, Jefferson, McFarland.

Rice, Tom (2008a). « *Pitaniko* », *Colonial Film: Moving Images of the British Empire* [En ligne], mis à jour en février 2008. [http://www.colonialfilm.org.uk/node/576]

Rice, Tom (2008b). « *Boy Kumasenu* », *Colonial Film: Moving Images of the British Empire* [En ligne], mis à jour en mai 2008. [http://www.colonialfilm.org.uk/node/332]

Rice, Tom (2008c). « *Mr. Mensah Builds a House* », *Colonial Film: Moving Images of the British Empire* [En ligne], mis à jour en mai 2008. [http://www.colonialfilm.org.uk/node/615]

Rice, Tom (2008d). « *Progress in Kokokrom* », *Colonial Film: Moving Images of the British Empire* [En ligne], mis à jour en avril 2008. [http://www.colonialfilm.org.uk/node/ 2566]

Rice, Tom (2008e). « *Two Farmers* », *Colonial Film: Moving Images of the British Empire* [En ligne], mis à jour en septembre 2008. [http://www.colonialfilm.org.uk/node/828]

Rice, Tom (2009a). « *Chisoko the African* », *Colonial Film: Moving Images of the British Empire* [En ligne], mis à jour en février 2009. [http://www.colonialfilm.org.uk/node/46]

Rice, Tom (2009b). « *Community Development in Awgu Division, Nigeria* », *Colonial Film: Moving images of the British Empire* [En ligne], mis à jour en février 2009. [http://www.colonialfilm.org.uk/node/1054]

Rice, Tom (2009c). « *Smallpox* », *Colonial Film: Moving Images of the British Empire* [En ligne], mis à jour en février 2009. [http://www.colonialfilm.org.uk/node/770]

Rice, Tom (2009d). « *Amenu's Child* », *Colonial Film: Moving Images of the British Empire* [En ligne], mis à jour en mars 2009. [http://www.colonialfilm.org.uk/node/6730]

Rice, Tom (2009e). « *Giant in the Sun* », *Colonial Film: Moving Images of the British Empire* [En ligne], mis à jour en avril 2009. [http://www.colonialfilm.org.uk/node/1820]

Rice, Tom (2009f). « *Mulenga Gets a Job* », *Colonial Film: Moving Images of the British Empire* [En ligne], mis à jour en octobre 2009. [http://www.colonialfilm.org.uk/node/2018]

Rice, Tom (2010a). « Central African Film Unit », *Colonial Film: Moving Images of the British Empire* [En ligne], mis à jour en janvier 2010. [http://www.colonialfilm.org.uk/production-company/central-african-film-unit]

Rice, Tom (2010b). « Gold Coast Film Unit », *Colonial Film: Moving Images of the British Empire* [En ligne], mis à jour en juin 2010 [http://www.colonialfilm.org.uk/production-company/gold-coast-film-unit]

Rice, Tom (2019). *Films for the Colonies: Cinema and Preservation of the British Empire*, Berkeley, University of California Press.

Sellers, William (1953). « Making Films in and for the Colonies », *Journal of the Royal Society of Arts*, n° 101, pp. 828-837.

Smyth, Rosaleen (1979). « The Development of British Colonial Film Policy, 1927-1939 », *Journal of African History*, vol. 20, n° 3.

Smyth, Rosaleen (1983). « The Central African Film Unit's Images of Empire, 1948-1963 », *Historical Journal of Film, Radio and Television*, n° 3.

Smyth, Rosaleen (1986). *The Colonial Film Unit during the Second World War* [inédit], Aka (U.K.), University of Kent, 17-19 septembre.

Smyth, Rosaleen (1988). « The British Colonial Film Unit and Sub-Saharan Africa, 1939-1945 », *Historical Journal of Film, Radio and Television*, n° 8.

Smyth, Rosaleen (1992). « The Post-War Career of the Colonial Film Unit in Africa: 1946-1955 », *Historical Journal of Film, Radio and Television*, vol. 12, n° 2.

Smyth, Rosaleen (2004). « The Roots of Community Development in Colonial Office Policy and Practice in Africa », *Social Policy & Administration*, vol. 38, n° 4, août.

Swanzy, Henry (1954). « Quarterly Notes », *African Affairs*, vol. 53, n° 212, juillet, p 181-234.

Taylor, Philip M. (1981). *The Projection of Britain: British Overseas Publicity and Propaganda 1919-1939*, 1re edition, Cambridge, Cambridge University Press.

Taylor, Philip M. (1988). *Britain and the Cinema in the Second World War*, Basingstoke, Macmillan Press.

Thomas, Howard (1949). « Industry and the Film: *The Tree of Life*, a Film », *Progress*, n° 223, été.

Wilson, J. (1944). « Gold Coast Information », *African Affairs*, n° 43, p. 111-115.

Projections coloniales belges

Archives africaines du ministère des Affaires étrangères (AAMAF)

Directives concernant l'utilisation dans les milieux indigènes des groupes mobiles de cinéma (1949). Léopoldville, 16 décembre 1949, GG 8780.

Rapport sur la Tournée du Groupe Mobile Cinématographique en Territoire de Gemena (1954a). Gemena, 26 août 1954, GG 8780.

Rapport sur la Tournée du Groupe Mobile Cinématographique en Territoire de Gemena (1954b). Gemena, 19 septembre 1954, GG 8780.

Rapport sur la Tournée du Groupe Mobile Cinématographique en Territoire de Gemena (1954c). Gemena, 2 octobre 1954, GG 8780.

Dethier, F. M. (1956). *Lettre à Messieurs les administrateurs de territoire de la province de l'Équateur, Groupe Mobile N° 1 Tournée spéciale Film « Le Voyage Royal »*, Coquilhatville, 5 novembre 1956, GG 6337.

Rapport sur la Tournée du Groupe Mobile Cinématographique en Territoire de Basankusu (1955). Basankusu, 30 août 1955, GG 6337.

Aldeweiredlt, F. (1951). *Lettre à Messieurs les administrateurs de territoire de la province de l'Équateur*, Utilisation des *groupes mobiles de cinéma*, Léopoldville, 16 octobre 1951, GG 6337.

Cinémathèque du Congo belge (s.d.). Service de l'information du Gouvernement général, GG 7936.

Le Bussy, Roger (1944). *Rapport sur la Projection de films cinématographiques qui eut lieu le 11 décembre entre 19 et 21 heures dans le temple de la Baptist Missionary Society, avenue d'Itaga, dans la cité indigène de Kinshasa (Léopoldville-Est), District du Moyen-Congo*, Ville de Léopoldville, Léopoldville, 12 décembre 1944, GG 20937.

Piron, P. (1948). *Règlement relatif à la location des films pour projections cinématographiques dans les milieux indigènes*, Secrétariat Général, Section de l'Information, Léopoldville, 22 juillet 1948, GG 545.

Matériel de projections cinématographiques et public adress en usage (s.d.). GG 6337.

Autres sources

Ballereau, B. (1949). « Au Congo belge, il existe un cinéma noir spécialement conçu pour les indigènes ». *Le Figaro*.

Bever, L. van (1950). « Le cinéma pour Africains », *Cahiers belges et congolais*, n° 14.

Bolen, Francis (1967). « Alfred Machin, le pionnier », *Ciné-Dossiers*, n° 3, août.

Bolen, Francis (1969). « Cinéma au long cours » (1952-1962), *Ciné-Dossiers*, n° 13, avril.

Bolen, Francis (1969). « Dans un Congo en guerre », *Ciné-Dossiers*, n° 17, décembre.

Bolen, Francis (1980). *Quand les Belges contaient l'Afrique centrale...*, Paris, AGE-COF.

Bonneville, Léo (1998). *Soixante-dix ans au service du cinéma et de l'audiovisuel : organisation catholique internationale du cinéma (OCIC)*, Montréal, Fides.

Brys, Albert (1956). *La lutte contre l'analphabétisme et l'éducation populaire par l'enseignement rural, la presse et le cinéma au Congo belge*, Louvain, CICM.

Catrice, abbé P. (1933a). « Le cinéma et les missions », dans *L'éducation chrétienne aux missions, XIe semaine de missiologie de Louvain*, Louvain, Museum Lessianum.

Catrice, abbé P. (1933b). « Cinéma et missions : le développement du cinéma dans les pays de mission », dans *Les missions catholiques*, Louvain, Museum Lessianum, p. 271-274.

Cauvin, André et Jean Leyder (1967). « Le cinéma au Congo belge », *Les vétérans coloniaux*, n° spécial, octobre.

Convents, Guido (s.d.). « Le cinéma au temps du Congo belge (1945-1960) », *Rétrospective, Festival international du film d'Amiens*, 24e festival international du film d'Amiens, Archives Kadoc.

Convents, Guido (1986). *À la recherche des images oubliées, Préhistoire du cinéma en Afrique, 1897-1918*, Bruxelles, Éditions OCIC.

Convents, Guido (2006). *Images et démocratie : les Congolais face au cinéma et à l'audiovisuel*, Bruxelles, Afrika Filmfestival.

Cornil (L'abbé) (1951). « Le cinéma éducatif pour Indigènes », *Revue coloniale belge*, n° 142, 1e septembre 1951.

Daway, Paul (1973). *Cinéma de Belgique*, Bruxelles, Duculot.

De Jonghe, M. E. (1933). « La question de la langue véhiculaire : Les langues littéraires communes au Congo » Dans *L'éducation chrétienne aux missions, XIe semaine de missiologie de Louvain*, Louvain, Museum Lessianum.

Decker, V. de (1955). « Humanisme ou perversion », *Grands Lacs*, n° 181, septembre.

Delanaye, P. (1953). « Méthodologie provisoire et conditions d'utilisation du cinéma dans l'enseignement », *Nouvelle revue pédagogique*, Tome VIII, n° 4, janvier.

Delanaye, P. (1953). « Le cinéma dans l'enseignement (I & II) », *Droit et Liberté*, UCEO, 4e année n° 5, juin.

Filmarchives Online (s.d.). « Marie lépreuse » [En ligne] http://www.filmarchives-online.eu/viewDetailForm ?FilmworkID=f15a2cd81c8f49dd3b0f3d34ac709b52

Haelst, Albert Van (1949). « Le cinéma dans les missions », *Revue internationale du cinéma*, n° 4.

Haelst, Albert Van (1955). « Ce qui convient aux noirs », *Grands Lacs*, n° 181, septembre.

Haffner, Pierre (1978). « Entretien avec le père Alexandre Van den Heuvel, pionnier du cinéma missionnaire », *L'Afrique littéraire*, n° 48.

Haffner, Pierre (2002). « Nations nègres et cinéma », *Notre Librairie, Cinémas d'Afrique*, n° 149, octobre-décembre.

HEUVEL, Alexandre van den (1953). « Le Centre congolais d'action catholique cinématographique », *Revue internationale du cinéma*, n° 17.

HEUVEL, Alexandre van den (1955). « Le cinéma missionnaire au Congo », *Grands Lacs*, n° 181, septembre, Namur.

HEUVEL, Alexandre van den (1958). « Convient-il de faire des "films pour Africains ?" », *Rencontres internationales* (exposition universelle), Bruxelles.

HEYSE, Théodore (1950). « Bibliographie du Congo belge et du Rwanda Urundi (1939-1949) », *Cahiers belges et congolais*, n° 11.

ILUNGA, Kabongo (1977). *Au-delà du cinéma colonial belge : ses débuts et son impact sur la mentalité des autochtones congolais*, Mémoire de diplôme en information et communication de l'IFP, Université Paris II, dir. Enrico Fulchignoni, Paris.

INGLESIS, Emile (1953). « Les missions en face du cinéma », *Revue internationale du cinéma*, n° 17.

JADOT, J. M. (1950). « Le cinéma pour Africains », *Cahiers belges et congolais*, n° 14.

J.V.C., (1956). « L'étrange activité d'un cinéaste au service du ministère des Colonies », *Ciné Presse*, n° 47, p. 7.

L'éducation chrétienne aux missions, XIe semaine de missiologie de Louvain (1933). Louvain, Museum Lessianum.

LARNAUD, J. (1953). « L'UNESCO et le cinéma dans l'éducation de base », *Revue internationale du cinéma*, n° 17.

Les Missions catholiques (1933). Éditions Museum Lessianum.

MAKLAKOFF, G. (1933). « Les méthodes de la propagande bolcheviste », dans *L'éducation chrétienne aux missions, XIe semaine de missiologie de Louvain*, Louvain, Museum Lessianum.

Mère Patrice (1933). « L'enseignement au féminin au Ruanda », dans *L'éducation chrétienne aux missions, XIe semaine de missiologie de Louvain*, Louvain, Museum Lessianum.

M'PUNGU MULENDA, Saïdi (1980). *Les Révérends Pères Salésiens et les médias au Zaïre* [inédit], Louvain (Cinémathèque belge).

M'PUNGU MULENDA, Saïdi (1987). *Un regard en marge : le public populaire du cinéma au Zaïre*, Thèse (Ph. D.), Louvain, Université catholique.

NEVINS, Albert J. (1953). « Le cinéma et l'Apostolat missionnaire », *Revue internationale du cinéma*, n° 17.

OTTEN, Rik (1984). *Le cinéma au Zaïre, au Rwanda et au Burundi*, Bruxelles, Éditions OCIC/L'Harmattan.

« Production de courts métrages pour les missions » (1953). *Revue internationale du cinéma*, n° 17.

RAMIREZ, Francis (1982). *Histoire du cinéma colonial au Zaïre, au Rwanda et au Burundi*, Thèse (Ph. D.) Paris, Sorbonne Université.

RAMIREZ, Francis et Christian ROLOT (1985). *Histoire du cinéma colonial au Zaïre, au Rwanda et au Burundi*, Tervuren, Ed. MRAC.

Ramirez, Francis et Christian Rolot (1990). « Le cinéma colonial belge : archives d'une utopie », *Revue belge du cinéma*, n° 29.

Schuylenbergh, Patricia van et Mathieu Zana Aziza Etambala (dir.) (2010). *Patrimoine d'Afrique centrale, Archives Films, Congo, Rwanda, Burundi, 1912-1960*, Ed. MRAC, Tervuren.

Schuylenbergh, Patricia van, Catherine Plasman et Pierre-Luc Plasman (dir.) (2014). *L'Afrique belge aux xix*e *et xx*e *siècles : nouvelles recherches et perspectives en histoire coloniale*, Bruxelles, Peter Lang.

Schuylenbergh, Patricia van (2021). « *Le Congo belge sur pellicule, Ordre et désordres autour d'une décolonisation (ca. 1940 – ca. 1960)* », *Revue d'Histoire Contemporaine de l'Afrique*, n° 1.

Scohy, André (1958). *L'action du Gouvernement général au Congo belge dans l'éducation de masse par le cinéma*, Rencontres Internationales (exposition universelle), Bruxelles.

Slokers, O. P. (1933). « La langue vernaculaire dans l'enseignement aux Missions : le système en usage au Congo belge », dans *L'éducation chrétienne aux missions, XI*e *semaine de missiologie de Louvain*, Louvain, Museum Lessianum.

Swaeb, René (1956). *Le cinéma au Congo où l'on fait mieux que la Belgique*, Éd. COURAF, 27 décembre 1956, Archives Kadoc.

Verachtert, J. (1970). *Le cinéma et toi*, Anvers, Cedoc-film.

Verstegen, (1955). « Vedettes et mise en scène », *Grands Lacs*, n° 181, septembre.

Vloo, Roger de (1955). Chez les pygmées de l'Ituri, *Grands Lacs*, n° 181, septembre.

Projections coloniales françaises

Archives Nationales (AN), Pierrefitte-sur-Seine

[Feuille libre] (3.d.) [utilisée comme brouillon], AN 19930381/7.

Archives nationales d'outre-mer (ANOM), Aix-en-Provence

ANOM AGEFOM/406

Brerault, Jean (1949). *Commission du cinéma d'outre-mer*, juillet, Paris ?

Direction du Service général de l'information (1954). *Le service général de l'information à Madagascar*, Paris ?

Note relative à l'information cinématographique rendant compte des résultats obtenus par le FIDES dans les Territoires d'outre-mer, [ca. 1949-1954]. Paris ?

Vaudiau [ca. 1949-1954]. *Note sur la nécessité de coordonner les réalisations cinématographiques privées ou subventionnées par les Territoires et le Département*, Paris ?

Conférence de l'information, Cinéma (1954). Novembre, Paris.

Ministère de l'éducation nationale (1954). *Lettre au ministre de la France d'outre-mer*, août, Paris.

Information et documentation cinématographique dans et sur les Territoires d'outre-mer (1954). Novembre, Paris ?

Radiodiffusion de la France d'outre-mer [ca. 1954]. *Réunions inter services de coordination : éducation de base.*

Capitaine Beslay (1957). *L'information et la contre propagande en Mauritanie*, juin, Saint-Louis.

Mouragues (1957). *Lettre au Haut-Commissaire de la République en AOF (Direction des Affaires Politiques)*, juillet, Saint-Louis.

ANOM 915/137

Préfet d'Alger (1943). *Propagande en milieu musulman, par voiture-auto munie d'un haut-parleur*, Alger, octobre.

Administrateur Principal de la Commune mixte de Fort-National (1943). *Propagande en milieu musulman, par voiture-auto munie d'un haut-parleur*, Tizi Ouzou, octobre.

Administrateur de la Commune mixte de Mizrana (1943). *Propagande en milieu musulman, par voiture-auto munie d'un haut-parleur*, Tizi Ouzou, octobre.

Heros, Gilbert et Pierre Recorbet (1949a). *Rapport de tournée, Arrondissement de Tizi Ouzou, 2 au 11 mai 1949*, Alger, mai.

Heros, Gilbert (1949). *Rapport de tournée, Arrondissement de Tizi Ouzou, 2 au 11 mai 1949*, Alger, mai.

Heros, Gilbert et Pierre Recorbet (1949b). *Rapport de tournée, Arrondissement de Tizi Ouzou, 12 au 21 octobre 1949*, Alger, octobre.

Recorbet, Pierre (1949a). *Rapport de tournée, Arrondissement de Tizi Ouzou, 12 au 21 octobre 1949*, Alger, octobre.

A Zupan (1949). « Le cinéma dans un village de Kabylie », *Vorarlberger Nachrichten*, no 289, traduction de l'allemand par Murati, décembre.

Heros, Gilbert et Pierre Recorbet (1950). *Rapport de tournée, Arrondissement de Tizi Ouzou, 5 au 12 juillet 1950*, Alger, juillet.

Plassard, Roger (1950a). *Rapport de tournée, Arrondissement de Tizi Ouzou, 5 au 12 juillet 1950*, Alger, juillet.

Murati, Pierre (1952a). *Rapport d'activité du Service de diffusion cinématographique du Gouvernement général de l'Algérie durant l'année 1951*, Alger, février.

ANOM 915/175

Service des mouvements de jeunesse et d'éducation populaire en Algérie (1948). *Projections cinématographiques en 16 mm, Les possibilités en films à Alger*, Alger, été.

Service des mouvements de jeunesse et d'éducation populaire en Algérie (1948-1948). Fiche n° 2, *Le cinéma éducateur en Algérie*, Cahier I, Alger.

CARRERE (1949). *Budget prévisionnel des recettes et des dépenses pour l'année 1949, Cahier d'observation*, Dra-el-Mizan, mars.

Président du Foyer rural d'Haussonvillers (1954). *Lettre à M. Le Sous-Préfet* [Tizi Ouzou ?], Haussonvillers, avril.

Président du Foyer rural de Djemaa-Saharidj (1954). *Lettre à M. Le Préfet du Département d'Alger, 2ᵉ division*, Djemaa-Saharidj, octobre.

ANOM 932/89

MURATI, Pierre (1957a). *Projet de tournée d'information cinématographique*, 13 au 29 mai 1957, Alger, juin.

MURATI, Pierre (1957b). *Rapport de tournée dans le Constantinois, 13 au 29 mai 1957*, Alger, juin.

MURATI, Pierre (1958a). *Rapport d'activité du Service de diffusion cinématographique du Gouvernement général de l'Algérie durant l'année 1957*, Alger, janvier.

ANOM 9150/180

MURATI, Pierre (1957c). *Rapport de tournée, Département de la Grande Kabylie, 5 au 17 août 1957*, Alger, août.

MURATI, Pierre (1957d). *Lettre à M. le Préfet de la Grande Kabylie, Information cinématographique, septembre 1957*, Alger, septembre.

MURATI, Pierre (1957e). *Rapport de tournée, Département de la Grande Kabylie, 7 au 10 octobre 1957*, Alger, octobre.

MURATI, Pierre (1958b). *Compte rendu de la mission d'Information Cinématographique, Département de la Grande Kabylie et de Setif, 22 avril au 5 mai 1958*, Alger, mai.

MURATI, Pierre (1958c). *Rapport de tournée, Département de la Grande Kabylie et de Setif, 22 avril ou 5 mai 1958*, Alger, mai.

MURATI, Pierre (1958d). *Rapport de tournée, Département de la Grande Kabylie, 21 au 26 juillet 1958*, Alger, août.

MURATI, Pierre (1959a). *Rapport de tournée, Département de la Grande Kabylie et de Setif, 16 au 30 octobre 1959*, Alger, octobre.

MURATI, Pierre (1960a). *Rapport de tournée, Département de la Grande Kabylie et du Titteri, 19 au 25 mai 1960*, Alger, juin.

ANOM 9334/36

PAPON (1956). *Directives concernant l'action psychologique, Confidentiel*, Paris, novembre.

MANIÈRE (1956). *Note de service, Tournée dans le département du Camion de projection cinématographique du Gouvernement général*, Bône, 13 octobre 1956.

MANIÈRE (1957). *Note de service, Tournée dans le département du Camion de projection cinématographique du Gouvernement général*, Bône, mai.

COUP DE FREJAC (1961). *Lettre à M. le Préfet de Bône*, Alger, janvier.

DESMET (1961). *Lettre à Messieurs les Sous-Préfets,* diffusion de magazines filmés, Bône, mars.

ANOM 50COL63

Projet de tournée de représentations cinématographiques en Afrique occidentale française par Marcel Brach, propriétaire du café chantant « Au Pierrot Noir » à Paris (1923/1924).

ANOM 61COL859

JOURDAN (1930). *Lettre à Monsieur le Ministre des Colonies,* Paris, janvier.

GUISE, R. de (1932). *Lettre à Monsieur le Ministre des Colonies, Direction des Affaires Politiques,* 2e Bureau, *Adoption d'une « politique de film » aux colonies,* Lomé, juillet.

CHAPPEDELAINE, (1932). *Lettre à Messieurs les Gouverneurs Généraux, Gouverneurs des colonies et Commissaires de la République dans les Territoires sous Mandat, Adoption d'une politique du film aux colonies et dans les territoires sous mandat,* Paris, mars.

JOSEPH, Gaston [ca. 1932]. *Rapport au Ministre* [Chappedelaine], *Nécessité d'adopter une « politique du film » aux Colonies,* Paris.

CHARTON, (1932). *Note de l'Inspecteur général de l'enseignement, Le film à l'école,* Dakar, juillet.

BONARDI (1934). « Pour le meilleur film colonial », *Ciné-Miroir,* Paris ?

MOULIN (1938). *Rapport sur l'organisation du cinéma éducateur aux Colonies françaises, Le film à l'école,* Dakar, mars.

DAVESNE (1938). *Rapport du Directeur de l'Enseignement de L'AEF sur l'organisation du cinéma éducateur dans les Colonies françaises,* Brazzaville, octobre.

DE COPPET (1938). *Lettre à Monsieur le ministre des Colonies, Direction des Affaires Politiques, Haut Comité Méditerranéen Artisanat Cinéma,* Dakar, octobre.

[Gouverneur de la Guadeloupe et Dépendances] (1939). *Lettre à Monsieur le ministre des Colonies, Inspection-Conseil de l'Instruction Publique, Cinéma éducateur,* Basse Terre, janvier.

[Gouverneur de l'Afrique Occidentale Française] (1939). *Lettre à Monsieur le ministre des Colonies, Inspection-Conseil de l'Instruction Publique, Cinéma éducateur,* Dakar, janvier.

[Gouverneur de la Côte Française de Somalis] (1940a). *Lettre à Monsieur le ministre des Colonies, Direction des Affaires Politiques,* Djibouti, février.

GEISMAR (1940). *Lettre à Monsieur le ministre des Colonies, Direction des Affaires Politiques,* 2e *Bureau,* Dakar, avril.

[Gouverneur de la Côte Française de Somalis] (1940b). *Lettre à Monsieur le ministre des Colonies, Direction des Affaires Politiques,* Djibouti, avril.

ANOM 61COL1733

L'exploitation cinématographique aux colonies [ca. 1930]. Paris.

Afrique occidentale française (1932). *Le film à l'école*, Dakar, mars.

Ministère des Colonies (1933). *Note pour le Ministre sur les éléments d'une politique du film colonial*, Paris, septembre.

ANOM 61COL2127

LEMAIRE, André (1949). *Éléments d'un rapport sur les problèmes d'éducation et d'information audiovisuelle entre l'Afrique noire et la métropole*, Paris, décembre.

Commission du cinéma d'outre-mer (1950). *Procès-verbal de la séance du Jeudi 15 juin 1950*, Paris, juin.

Commission du cinéma d'outre-mer [ca. 1950]. *Projet d'instructions ministérielles relatives au cinéma non commercial*, Paris.

Décret du 8 mars 1934 (1934). Paris.

ANOM 123COL53/7

LACOLLEY, Albert (1945). *Le cinéma dans les territoires d'outre-mer*.

ANOM 81F/63

Loi du 6 août 1953, Règlement d'administration publique pour l'application de la loi d'aide à l'Algérie [ca. 1953]. Paris.

Note sur l'application de la Loi du 6 août 1953 dite « Loi d'Aide au Cinéma » [ca. 1950]. Paris ?

Liste des courts métrages subventionnés par le Gouvernement général [de l'Algérie] depuis 1951 [ca. 1950]. Alger ?

THOMAS (1956). *Lettre à Monsieur le Gouverneur général de l'Algérie, Production de documentation audiovisuelle d'éducation de base*, Paris, janvier.

LACOSTE, (1956) *Lettre à Monsieur le Secrétaire d'État de l'industrie et au commerce*, Alger, mai.

GORLIN (1956). *Note à M. Neurisse, Personnelle*, Paris, mai .

MEYER (1956). *Lettre à M. Neurisse, Activités du Service cinématographique de l'armée en Algérie*, Paris, juin.

GORLIN (1956). *Note d'information n° 2 concernant la technique de l'action psychologique*, Alger, juillet.

LUNG (1956). *Projet de Décret accordant un concours financier exceptionnel aux exploitants des salles de spectacles cinématographiques en Algérie*, Paris, décembre.

Note succincte sur le film arabe [ca. 1950]. Alger.

VAURS (1958). *L'information aux États-Unis, Exposé oral*.

ANOM 81F/287

« Allocution » (1953). Séance de présentation de courts métrages algériens au cinéma Marignan.

ANOM 81F/635

Colonne (1961). *Étude des réactions du public algérien et de la presse spécialisée à la suite de la diffusion du premier programme de Télé-A.K. en Algérie*, Paris, décembre.

Quere, P. (1962). *Physionomie mensuelle des programmes et courriers des ELAB*, Paris, octobre.

ANOM 81F/584

Le cinéma en pays musulman et en Afrique du Nord [ca. 1940]. Paris.

L'Algérie présente ses films [ca. 1949]. Paris.

Synopsis des films réalisés par le Service de diffusion cinématographique du Gouvernement général de l'Algérie (1949). Paris.

ANOM 81F/585

Haut Comité Méditerranéen et de l'Afrique du Nord (1939). *Le cinéma en pays musulman et en Afrique du Nord*, Session de mars 1939, Rapport n° 3.

Texte du commentaire du film Pastorale algérienne (1949). 16 février 1949, Alger.

Texte du commentaire du film Eau, source de richesse (français) (1949). 16 février 1949, Alger.

Texte du commentaire du film Eau, source de richesse (arabe) (1949). 16 février 1949, Alger.

Queuille (1950). « Le cinéma non commercial », *Le cinéma français*, août, n° 1370, Paris.

Liste des films dont le Gouvernement général de l'Algérie possède la propriété pleine et entière pour une diffusion non commerciale (1950). Alger, septembre.

Liste des films dont le Gouvernement général de l'Algérie possède la propriété pleine et entière pour une diffusion non commerciale (1950). Alger, novembre.

ANOM 81F/587

Catalogue de la Filmathèque [ca. 1958-1961]. Paris.

Melut (1958). *Lettre à M. Meyer, Musique kabyle du film* La femme bénédiction de Dieu, Service algérien d'information, Alger, 28 mars 1958.

ANOM 81F/590

Murati, Pierre (1949). *Rapport de tournée, M'Zab, 14 novembre au 2 décembre 1949*, Alger, décembre.

Murati, Pierre (1950a). *Introduction aux rapports d'activité du Service de diffusion cinématographique du 20 février au 8 mars 1950*, Alger, mars.

Plassard, Roger (1950b). *Rapport de tournée, Ouest d'Alger et en Oranie, 20 février au 8 mars 1950*, Alger, mars.

Heros, Gilbert (1950a). *Rapport de tournée, Ouest d'Alger et en Oranie, 20 février au 6 mars 1950*, Alger, mars.

Recorbet, Pierre (1950a). *Rapport de tournée, Ouest d'Alger et en Oranie, 20 février au 7 mars 1950*, Alger, mars.

Murati, Pierre (1950b). *Introduction aux rapports d'activité du Service de diffusion cinématographique 2 au 13 mai 1950*, Alger, mai.

Recorbet, Pierre (1950b). *Rapport de tournée, Territoire militaire de Ghardaïa, 2 au 13 mai 1950*, Alger, mai.

Heros, Gilbert (1950b). *Rapport de tournée, Département d'Alger et d'Oran, 2 au 13 mai 1950*, Alger, mai.

Plassard, Roger (1950c). *Rapport de tournée, Département d'Alger et d'Oran, 2 au 13 mai 1950*, Alger, mai.

Recorbet, Pierre (1950c). *Rapport de tournée, Arrondissement de Tizi Ouzou, 30 mai au 2 juin 1950*, Alger, juin.

Heros, Gilbert (1950c). *Rapport de tournée, Arrondissement de Tizi Ouzou, 30 mai au 2 juin 1950*, Alger, juin.

Plassard, Roger (1950d). *Rapport de tournée, Arrondissement de Tizi Ouzou, 30 mai au 2 juin 1950*, Alger, juin.

Murati, Pierre (1950c). *Introduction aux rapports d'activité du Service de diffusion cinématographique 8 au 20 juin 1950*, Alger, juin.

Recorbet, Pierre (1950d). *Rapport de tournée, Département de Constantine, 8 au 20 juin 1950*, Alger, juin.

Heros, Gilbert (1950d). *Rapport de tournée, Département de Constantine, 8 au 20 juin 1950*, Alger, juin.

Plassard, Roger (1950e). *Rapport de tournée, Département de Constantine, 8 au 20 juin 1950*, Alger, juin.

Heros, Gilbert (1950e). *Rapport de tournée, Arrondissement de Tizi Ouzou, 5 au 12 juillet 1950*, Alger, juillet.

Plassard, Roger (1950f). *Rapport de tournée, Arrondissement de Tizi Ouzou, 5 au 12 juillet 1950*, Alger, juillet.

Recorbet, Pierre (1950e). *Rapport de tournée, Arrondissement de Blida, 19 au 23 septembre 1950*, Alger, septembre.

Heros, Gilbert (1950f). *Rapport de tournée, Département de Constantine, 24 au 28 septembre 1950*, Alger, octobre.

Recorbet, Pierre (1950f). *Rapport de tournée, En Oranie, 10 au 18 octobre 1950*, Alger, octobre.

Heros, Gilbert (1950g). *Rapport de tournée, Département de Constantine, 16 au 23 octobre 1950*, Alger, octobre.

Plassard, Roger (1950g). *Rapport de tournée, Département d'Oran, 20 au 28 octobre 1950*, Alger, octobre.

Recorbet, Pierre (1950g). *Rapport de tournée, Arrondissement d'Alger, 21 au 24 novembre 1950*, Alger, novembre.

PLASSARD, Roger (1950h). *Rapport de tournée, Arrondissement d'Alger, 14 au 18 novembre 1950*, Alger, novembre.

HEROS, Gilbert (1950h). *Rapport de tournée, Département d'Oran, 2 au 13 décembre 1950*, Alger, décembre.

PLASSARD, Roger (1950i). *Rapport de tournée, Département de Constantine, 2 au 9 décembre 1950*, Alger, décembre.

MURATI, Pierre (1950d). *Rapport d'activité du Service de diffusion cinématographique durant l'année 1950*, Alger, 26 décembre 1950.

RECORBET, Pierre (1951a). *Rapport de tournée, Territoires du Sud, 23 février au 1er mars 1951*, Alger, mars.

HEROS, Gilbert (1951a). *Rapport de tournée, Arrondissement de Blida, 23 février au 28 février 1951*, Alger, mars.

PLASSARD, Roger (1951a). *Rapport de tournée, Arrondissement de Tizi Ouzou, 22 février au 28 février 1951*, Alger, mars.

RECORBET, Pierre (1951b). *Rapport de tournée, Arrondissement d'Orléansville, 16 au 22 mars 1951*, Alger, mars.

HEROS, Gilbert (1951b). *Rapport de tournée, Arrondissement d'Orléansville, 16 au 21 mars 1951*, Alger, mars.

PLASSARD, Roger (1951b). *Rapport de tournée, Arrondissement de Miliana et d'Orléansville, 16 au 23 mars 1951*, Alger, mars.

MURATI, Pierre (1951a). *Le Service de diffusion cinématographique de l'Algérie : moyen moderne d'information et d'éducation*, Alger, CHEAM.

HEROS, Gilbert (1951c). *Rapport de tournée, Arrondissement de Médéa, 4 au 7 avril 1951*, Alger, avril.

ANOM 81F/633

Haut Comité Méditerranéen et de l'Afrique du Nord (1938). *La radiodiffusion en Afrique du Nord et dans les pays d'Islam*, Session de mars 1938, Rapport n° 2.

Cabinet du Gouvernement général de l'Algérie [ca. 1938]. *Note sur le cinéma et les populations musulmanes d'Algérie*, Alger.

ANOM 91/1K507

PLASSARD, Roger (1947). *Rapport de tournée, Département d'Oran, territoire d'Ain-Sefra, 27 novembre au 22 décembre 1947*, décembre.

PLASSARD, Roger (1948a). *Rapport de tournée, Arrondissement d'Orléansville, 26 janvier au 4 février 1948*, février.

HEROS, Gilbert (1948a). *Rapport de tournée, Département d'Alger, Arrondissement de Tizi Ouzou, 14 au 22 mai 1948*, juin.

HEROS, Gilbert (1948b). *Rapport de tournée, Arrondissement de Tizi Ouzou, 23 juin au 2 juillet 1948*, juillet.

PLASSARD, Roger (1948b). *Rapport de tournée, Département d'Alger, 14 au 23 août 1948*, août.

HEROS, Gilbert (1948c). *Rapport de tournée, Département d'Alger et de Constantine, 23 août au 4 septembre 1948*, septembre.

RECORBET, Pierre (1949b). *Rapport de tournée, Arrondissement de Tizi Ouzou, 9 au 15 mai 1949*, mai.

RECORBET, Pierre (1949c). *Rapport de tournée, Département d'Alger et d'Oran, 27 juin au 12 juillet 1949*, juillet.

PLASSARD, Roger (1949a). *Rapport de tournée, Arrondissement de Blida, 19 au 23 septembre 1949*, septembre.

PLASSARD, Roger (1949b). *Rapport de tournée, Territoires du Sud, 16 au 30 octobre 1949*, novembre.

MURATI, Pierre (1950e). *Le cinéma : moyen d'information moderne en Algérie*, février.

MURATI, Pierre (1950f). *Introduction, Département d'Alger et de Constantine*, avril.

RECORBET, Pierre (1950h). *Rapport de tournée, Département d'Alger et de Constantine, 27 mars au 7 avril 1950*, avril.

HEROS, Gilbert (1950i). *Rapport de tournée, Département d'Alger et de Constantine, 27 mars au 7 avril 1950*, avril.

PLASSARD, Roger (1950j). *Rapport de tournée, Département d'Alger et de Constantine, 27 mars au 7 avril 1950*, avril.

MURATI, Pierre (1950g). *Introduction, Territoires du Sud*, mai.

RECORBET, Pierre (1950i). *Rapport de tournée, Territoires du Sud, 2 au 13 mai 1950*, mai.

HEROS, Gilbert (1950j). *Rapport de tournée, Territoires du Sud, 2 au 13 mai 1950*, mai.

PLASSARD, Roger (1950k). *Rapport de tournée, Territoires du Sud, 2 au 13 mai 1950*, mai.

RECORBET, Pierre (1951c). *Rapport de tournée, Arrondissement de Miliana, 9 au 13 avril 1951*, mai.

PLASSARD, Roger (1951c). *Rapport de tournée, Arrondissement de Miliana, 9 au 13 avril 1951*, mai.

PLASSARD, Roger (1951d). *Rapport de tournée, Arrondissement de Miliana, 23 au 29 avril 1951*, mai.

RECORBET, Pierre (1951d). *Rapport de tournée, Arrondissement de Tizi Ouzou, 20 au 23 juin 1951*, juin.

HEROS, Gilbert (1951d). *Rapport de tournée, Arrondissement de Tizi Ouzou, 20 au 23 juin 1951*, juin.

PLASSARD, Roger (1951e). *Rapport de tournée, Arrondissement de Tizi Ouzou, 20 au 23 juin 1951*, juin.

RECORBET, Pierre (1951e). *Rapport de tournée, Arrondissement de Tizi Ouzou, 22 au 25 octobre 1951*, octobre.

PLASSARD, Roger (1951f). *Rapport de tournée, Arrondissement de Blida, 24 au 30 octobre 1951*, octobre.

HEROS, Gilbert (1951e). *Rapport de tournée, Arrondissement d'Aumale, 23 au 28 octobre 1951*, octobre.

MURATI, Pierre (1952b). *Rapport d'activité du Service de diffusion cinémato-graphique durant l'année 1951*, Alger, février.

RECORBET, Pierre (1952a). *Rapport de tournée, Arrondissement de Blida, 7 au 12 août 1952*, août.

HEROS, Gilbert (1952a). *Rapport de tournée, Arrondissement de Tizi Ouzou, 8 au 19 septembre 1952*, septembre.

PLASSARD, Roger (1952a). *Rapport de tournée, Arrondissement de Médéa et Miliana, 17 au 21 septembre 1952*, septembre.

PLASSARD, Roger (1952b). *Rapport de tournée, Arrondissement de Tizi Ouzou, 21 au 30 octobre 1952*, octobre.

MURATI, Pierre (1953a). *Rapport d'activité du Service de diffusion cinématogra-phique durant l'année 1952*, Alger, janvier.

PLASSARD, Roger (1953a). *Rapport de tournée, Arrondissement de Tizi Ouzou, 19 au 27 octobre 1953*, octobre.

MURATI, Pierre (1954a). *Rapport d'activité du Service de diffusion cinématogra-phique durant l'année 1953*, Alger, janvier.

HEROS, Gilbert (1954a). *Rapport de tournée, Arrondissement de Médéa, 16 au 28 mars 1954*, avril.

TOCHE, Roger (1954a). *Rapport de tournée, Arrondissement de Tizi Ouzou, 24 au 28 mai 1954*, juin.

HEROS, Gilbert (1954b). *Rapport de tournée, Arrondissement de Tizi Ouzou, 24 au 29 mai 1954*, juin.

RECORBET, Pierre (1954a). *Rapport de tournée, Arrondissement de Tizi Ouzou, 24 au 29 mai 1954*, juin.

RECORBET, Pierre (1954b). *Rapport de tournée, Arrondissement de Tizi Ouzou, 21 au 29 octobre 1954*, novembre.

DIANA, Paul (1954). *Rapport de tournée, Arrondissement de Blida, 18 au 26 octobre 1954*, novembre.

MURATI, Pierre (1954b). *Rapport de tournée, Arrondissement de Blida, 29 novembre au 2 décembre 1954*, décembre.

MURATI, Pierre (1955). *Rapport d'activité du Service de diffusion cinématographique durant l'année 1954*, Alger, janvier.

TOCHE, Roger et Paul Diana (1955). *Rapport de tournée, Arrondissement de Tizi Ouzou, 20 au 30 avril 1955*, mai.

RECORBET, Pierre (1955a). *Rapport de tournée, Territoires du Sud, 18 avril au 9 mai 1955*, mai.

DIANA, Paul et Pierre Recorbet (1955). *Rapport de tournée, Arrondissement de Tizi Ouzou, 7 au 20 juillet 1955*, juillet.

DIANA, Paul (1955). *Rapport de tournée, dans l'ouest algérois, 16 au 28 août 1955*, août.

TOCHE, Roger (1955a). *Rapport sur la tournée, Département d'Alger, 6 au 7 sep-tembre 1955*, Alger, septembre.

ANOM 1K/893

Murati, Pierre (1958e). *Compte rendu d'une séance d'information cinématographique exécutée à Bilda le 26 août 1958*, Alger, août.

ANOM 208 APOM 26

Société des missions évangéliques [ca. 1960]. *Liste des films*, Paris.

ANOM GGA 3 R 205

Service d'information et de documentation [ca. 1950]. *Synopsis des films réalisés par le Service de diffusion cinématographique du Gouvernement général de l'Algérie*, Alger.

ANOM GGA 3 R 254

Murati, Pierre (1951b). *Note de présentation de tournées effectuées en Algérie, par le Service de diffusion cinématographique, en faveur de l'émission des Bons d'équipement à l'intérêt progressif*, Alger, décembre.

Recorbet, Pierre (1951f). *Rapport de tournée, Département de Constantine, 12 au 20 novembre 1951*, Alger, décembre.

Plassard, Roger (1951g). *Rapport de tournée, Département d'Alger, 12 au 21 novembre 1951*, Alger, décembre.

Heros, Gilbert (1951f). *Rapport de tournée, Département d'Alger, 19 au 26 novembre 1951*, Alger, décembre.

Murati, Pierre (1952c). *Rapport de tournée, Territoires de Ghardaïa, 3 au 19 mars 1952*, Alger, mars.

Heros, Gilbert (1952b). *Rapport de tournée, Territoires de Ghardaïa, 23 mars au 10 avril 1952*, Alger, avril.

Murati, Pierre (1952d). *Introduction aux rapports de tournée Département de Constantine*, juillet.

Recorbet, Pierre (1952b). *Rapport de tournée, Département de Constantine, 2 au 10 juillet 1952*, Alger, juillet.

Plassard, Roger (1952c). *Rapport de tournée, Département de Constantine, 2 au 10 juillet 1952*, Alger, juillet.

Recorbet, Pierre (1952c). *Rapport de tournée, Département d'Alger, 6 au 15 octobre 1952*, Alger, novembre.

Heros, Gilbert (1952c). *Rapport de tournée, Département d'Alger, 6 au 16 octobre 1952*, Alger, novembre.

Plassard, Roger (1952d). *Rapport de tournée, Département d'Alger, 21 au 30 octobre 1952*, Alger, novembre.

Plassard, Roger (1953b). *Rapport de tournée, Territoires de Touggourt, 4 au 12 mars 1953*, Alger, mars.

Heros, Gilbert (1953a). *Rapport de tournée, Territoires du Sud, 23 février au 14 mars 1953*, Alger, mars.

PLASSARD, Roger (1953c). *Rapport de tournée, Département de Constantine, 13 au 23 avril 1953*, Alger, avril.

PLASSARD, Roger (1953d). *Rapport de tournée, Territoires d'Aïn Sefra, 13 au 23 avril 1953*.

HEROS, Gilbert (1953b). *Rapport de tournée, Département d'Alger et de Constantine, 8 au 25 juin 1953*, Alger, juillet.

MURATI, Pierre (1953b). *Compte rendu de séance*, Alger, novembre.

PLASSARD, Roger (1953e). *Rapport de tournée, Territoires d'Aïn Sefra, 23 au 30 novembre 1953*, Alger, décembre.

TOCHE, Roger (1954b). *Rapport de tournée, Département d'Alger et de Constantine, 1er au 15 mars 1954*, Alger, mars.

RECORBET, Pierre (1954c). *Rapport de tournée, Territoires du Sud, 1er au 27 mars 1954*, Alger, avril.

RECORBET, Pierre (1954d). *Rapport de tournée, Département de Constantine, 20 avril au 8 mai 1954*, Alger, mai.

HEROS, Gilbert (1954c). *Rapport de tournée, Département de Constantine, 20 avril au 9 mai 1954*, Alger, mai.

TOCHE, Roger (1954c). *Rapport de tournée, Département de Constantine, 20 avril au 9 mai 1954*, Alger, mai.

MURATI, Pierre, Gilbert HEROS et Roger TOCHE (1954). *Rapport de tournée, Département d'Alger et d'Oran, 10 au 30 juin 1954*, Alger, juillet.

HEROS, Gilbert (1954d). *Rapport de tournée, Département d'Oran, 1er au 30 juin 1954*, Alger, juillet.

RECORBET, Pierre (1954e). *Rapport de tournée, Département d'Alger, 14 au 25 septembre 1954*, Alger, septembre.

TOCHE, Roger (1954d). *Rapport sur la tournée, Département de Haute Kabylie, 6 au 14 octobre 1954*, Alger, octobre.

HEROS, Gilbert (1954e). *Rapport de tournée, Département d'Alger, 8 au 16 octobre 1954*, Alger, octobre.

Général FAURE (1954). *Ciné-clubs*, Paris, octobre.

ANOM GGAR 259

MURATI, Pierre (1960b). *Rapport de tournée, Arrondissement de Philippeville, 1 au 14 avril 1960*, Alger, mars.

MURATI, Pierre (1960c). *Rapport de tournée, Département d'Oran, 16 au 27 juin 1960*, Alger, juin.

MURATI, Pierre (1960d). *Rapport de tournée, Département de Sétif, 11 au 27 juillet 1960*, Alger, août.

ANOM GGA 3 R 295

TOCHE, Roger (1955b). *Rapport de tournée, Département d'Oran et d'Alger, 3 au 27 mars 1955*.

RECORBET, Pierre (1955b). *Rapport de tournée, Arrondissement de Tizi Ouzou, 25 au 31 mars 1955*, Alger, avril.

TOCHE, Roger (1955c). *Rapport sur la tournée, Département d'Oran et d'Alger, 25 au 31 mars 1955*, Alger, avril.

DIANA, Paul (1955). *Rapport de projection, Attatba (Arrondissement de Blida), 15 avril 1955*, Alger, avril.

TOCHE, Roger (1955d). *Rapport sur la tournée, Département d'Oran et d'Alger, 16 au 22 mai 1955*, Alger, mai.

RECORBET, Pierre (1955c). *Rapport de tournée, Département d'Oran, 7 au 24 juin 1955*, Alger, juin.

HEROS, Gilbert (1955). *Rapport de tournée, Département d'Alger et d'Oran, 7 au 23 juin 1955*, Alger, juin.

TOCHE, Roger (1955e). *Rapport sur la tournée, Département de Constantine, 22 au 27 août 1955*, Alger, septembre.

ANOM GGA 3 R 359

PLASSARD, Roger (1952e). *Quelques réflexions sur l'activité générale du Service de diffusion cinématographique*, Alger, août.

MURATI, Pierre (1957f). *Rapport de tournée, Département de la Grande Kabylie, 1er au 13 avril 1957*, Alger, avril.

MURATI, Pierre (1957g). *Rapport de tournée, Département de Constantine, 13 au 29 mai 1957*, Alger, juin.

MURATI, Pierre (1957h). *Rapport de tournée, Département d'Oran, juillet 1957*, Alger, juillet.

MURATI, Pierre (1957i). *Rapport de tournée, Département d'Alger, 16 et 17 septembre 1957*, Alger, septembre.

MURATI, Pierre (1957j). *Rapport de tournée, Département de Mostaganem, octobre 1957*, Alger, novembre.

PLASSARD, Roger (1957). *Le rôle du Service de diffusion cinématographique depuis la naissance d'une arme nouvelle : l'arme psychologique*, Alger, décembre.

RENSEIGNEMENTS GÉNÉRAUX (1957). *Note de renseignement, Séance cinématographique donnée par un camion du Gouvernement général à La Calle*, Alger, décembre.

MURATI, Pierre (1958f). *Rapport de tournée, Département de Mostaganem, 25 mars au 1er avril 1958*, Alger, avril.

ANOM GGA 3 R 544

MURATI, Pierre (1959b). *Rapport annuel du Service de diffusion cinématographique, 1958*, Alger, janvier.

MURATI, Pierre (1959c). *Rapport de tournée, Département de la Grande Kabylie, 8 au 20 juin 1959*, Alger, juin.

MURATI, Pierre (1959d). *Rapport de tournée, Département d'Oran et de Tlemcen, 8 au 27 juillet 1959*, Alger, juillet.

MURATI, Pierre (1959e). *Rapport de tournée, Département de la Grande Kabylie, 14 au 25 octobre 1959*, Alger, octobre.

ANOM 8CAB/92

MURATI, Pierre (1945a). *Rapport de tournée, dans le Territoire de Touggourt et le Département de Constantine du 31 janvier au 17 février*, février.

MURATI, Pierre (1945b). *Rapport de tournée, dans le Département de Constantine, du 15 au 31 mars*, avril.

MURATI, Pierre (1947). *Rapport d'une tournée, dans les centres de colonies de vacances du Bon Pasteur et de Chréa*, septembre.

COQUELLE (1947). *Rapport d'une tournée, camion n° 2 de projections cinématographiques du SDC dans l'arrondissement d'Aumale du 13 au 18 octobre 1947*, octobre.

ANOM 9CAB/39

COQUELLE (1948). *Rapport de la tournée du camion de projections cinématographiques n° 2 du S.D.C. dans les départements d'Alger et d'Oran et le territoire de Ghardaïa du 16 au 29 avril 1948*, mai.

PLASSARD, Roger (1948c). *Rapport de tournée, Département d'Oran, 16 avril au 2 mai 1948*, mai.

FIGIÈRE (1949). *Séance cinématographique pour les élèves adjoints techniques de la Santé Publique*, janvier.

FIGIÈRE (1949). *Séance de projections cinématographiques au CIT 10 Béni-Messous*, novembre.

FIGIÈRE (1949). *Séance cinématographique aux officiers du cours d'instruction préparatoire aux Affaires Sahariennes*, décembre.

FIGIÈRE (1950). *Note au sujet d'une série de séances cinématographiques du 26 janvier au 9 février 1950*, février.

RECORBET, Pierre (1950j). *Rapports d'une tournée, Arrondissement de Tizi Ouzou, 30 mai au 2 juin*, juin.

HEROS, Gilbert (1950k). *Rapports d'une tournée, Arrondissement de Tizi Ouzou, 30 mai au 2 juin 1950*, juin.

PLASSARD, Roger (1950l). *Rapports d'une tournée, des camions cinéma du S.D.C. en Kabylie*, juin.

FIGIÈRE (1950). *Séance cinématographique à El-Riath*, juin.

PLASSARD, Roger (1950m). *Rapport sur la tournée en Kabylie du 5 au 12 juillet 1950*, juillet.

HEROS, Gilbert (1950l). *Rapport de tournée, Arrondissement de Tizi Ouzou, 5 au 12 juillet 1950*, Alger, juillet.

MURATI, Pierre (1950h). *Note des séances de cinéma dans les colonies de vacances du 2 au 12 août 1950*, août.

Représentations des films algériens dans le Métropole (1950). Août.

Figière (1950). *Séance cinématographique à la Base aérienne de Blida le 31 octobre 1950*, novembre.

Figière (1950). *Séance cinématographique à la Base aérienne de Boufarik le 7 novembre 1950*, novembre.

Figière (1950). *Un article à l'issue de la tournée effectuée par M. Plassard dans le Constantinois*, décembre.

Heros, Gilbert (1950m). *Rapport de tournée, dans le département d'Oran du 2 au 13 décembre*, décembre.

ANOM 9CAB/46

Figière (1948). *Préparations de tournée*, mars-avril.

ANOM 9CAB/169

Service d'information et de Documentation (1948). *Activités du Service d'information et de Documentation*, Alger.

ANOM 10CAB/31

Murati, Pierre (1951c). *Présentation du film* Armée d'Afrique *le 21 janvier 1951*, janvier.

Figière (1951). *Séance cinématographique le 4 janvier 1951*, janvier.

Figière (1951). *Séance cinématographique à l'Hôpital Maillot*, janvier.

Figière (1951). *Séance cinématographique à l'École d'agriculture de Philippeville le 3 février 1951*, février.

Figière (1952). *Séance cinématographique aux élèves de l'École d'administration le 8 février*, février.

Figière (1952). *Séance cinématographique, Sœurs blanches de Birmandreiss*, avril.

Figière (1952). *Séance cinématographique au concours-exposition agricole d'Affreville du 17 au 20 avril 1952*, avril.

Figière (1952). *Tournage d'un film du Service consacré aux Anciens Combattants le 1er juillet 1952*, mai.

Figière (1952). *Séance cinématographique à El-Riath le 6 mai 1952*, mai.

Figière (1952). *Séance cinématographique à l'hôpital Maillot le 2 mai 1952*, mai.

Figière (1952). *Séance cinématographique à Aumale le 30 avril 1952*, mai.

Figière (1952). *Séance cinématographique pour l'Institut Industriel de Maison-Carrée le 4 juin 1952*, juin.

Figière (1952). *Séances cinématographiques le 7, 8, 9 juin 1952*, juin.

Figière (1952). *Séances cinématographiques le 12 juin et le 14 juin 1952*, juin.

Figière (1952). *Une séance de projection cinématographique à l'École Lavigerie à Alger le 5 novembre 1952*, novembre.

Figière (1952). *Une séance cinématographique organisée à la Base Aérienne de Boufarik le 4 novembre 1952*, novembre.

FIGIÈRE (1952). *Une séance cinématographique aux T. A. le 6 novembre,* novembre.

FIGIÈRE (1952). *Une séance cinématographique au Sanatorium de Béni-Messous,* novembre.

FIGIÈRE (1952). *Deux séances cinématographiques, Camp de Lido, 20 novembre 1952,* novembre.

FIGIÈRE (1952). *Une séance de projections cinématographiques, 1ᵉʳ TRA de Zéralda, 20 novembre 1952,* novembre.

FIGIÈRE (1952). *Une séance de projection cinématographique le 5 décembre 1952,* décembre.

FIGIÈRE (1952). *Une séance cinématographique à Maison-Blanche en format réduit le 2 décembre 1952,* décembre.

FIGIÈRE (1952). *Une séance d'information cinématographique en milieu militaire le 13 janvier 1953,* janvier.

FIGIÈRE (1953). *Une séance de projection cinématographique le 16 janvier 1953,* janvier.

FIGIÈRE (1953). *Séance cinématographique en milieu féminin musulman, 9, 10, 14 et 15 janvier 1953,* janvier.

FIGIÈRE (1953). *Projections de films documentaires du S.D.C. à la S.I.C.AL. le 26 janvier 1953,* janvier.

FIGIÈRE (1953). *Communiqués de presse relatifs aux tournées dans les Territoires du Sud du 23 février au 14 mars 1953,* mars.

FIGIÈRE (1953). *Séance de cinéma au Bon Pasteur, 16 avril 1953,* avril.

MURATI, Pierre (1953c). *Compte rendu de la séance de projections cinématographiques le 23 janvier 1953,* janvier.

MURATI, Pierre (1953d). *Compte rendu de séance cinématographique le 4 février 1953,* février.

MURATI, Pierre (1953e). *Compte rendu de séance de projections cinématographiques le 5 février 1953,* février.

MURATI, Pierre (1953f). *Compte rendu de séance de projections cinématographiques le 14 février 1953,* février.

MURATI, Pierre (1953g). *Compte rendu de séance de projections cinématographiques le 20 février 1953,* février.

MURATI, Pierre (1953h). *Compte rendu d'un stage de normaliens au Centre éducatif d'El Riath le 13 mars 1953,* mars.

MURATI, Pierre (1953i). *Compte rendu de séance de projections cinématographiques le 19 mars 1953,* mars.

MURATI, Pierre (1953j). *Compte rendu de la participation du S.D.C. à un nouveau stage cinématographique au centre éducatif d'El-Riath le 2 avril 1953,* avril.

MURATI, Pierre (1953k). *Compte rendu de séance de projections cinématographiques le 10 avril 1953,* avril.

MURATI, Pierre (1953l). *Compte rendu de séance de projections cinématographiques le 16 avril 1953,* avril.

MURATI, Pierre (1953m). *Compte rendu de la participation du S.D.C. à un nouveau stage cinématographique au centre Éducatif d'El-Riath le 27 avril 1953*, avril.

BOUCLY (1953). *Représentation donnée par les camions du Service cinématographique du Gouvernement général le 16 et 17 mai 1953*, mai.

MURATI, Pierre (1953n). *Compte rendu de séances de projections cinématographiques effectuées par l'équipe dirigée par M. Heros les 20 et 21 mai 1953*, mai.

MURATI, Pierre (1953o). *Compte rendu d'une séance cinématographique le 7 octobre 1953*, octobre.

RECORBET, Pierre (1953a). *Compte rendu d'une séance cinématographique le 12 novembre 1953*, novembre.

HEROS, Gilbert (1954f). *Trois comptes rendus de séances cinématographiques dans la Salle de la Croix-Rouge française du Boulevard de Verdun*, janvier.

TOCHE, Roger (1954e). *Compte rendu d'une séance cinématographique le 28 janvier 1954*, janvier.

MURATI, Pierre (1954c). *Compte rendu d'une projection cinématographique le 29 janvier 1954 à bord du navire école Brésilien « Duque de Caxias »*, février.

RECORBET, Pierre (1954f). *Compte rendu d'une séance cinématographique le 9 février 1954*, février.

RECORBET, Pierre (1954g). *Compte rendu d'une séance de projection cinématographique le 11 février 1954 aux Tramways algériens*, février.

TOCHE, Roger (1954f). *Compte rendu d'une séance cinématographique à l'Hôpital Maillot 18 février 1954*, février.

TOCHE, Roger (1954g). *Compte rendu d'une séance cinématographique le 23 février 1954*, février.

TOCHE, Roger (1954h). *Compte rendu d'une séance cinématographique le 24 février 1954*, février.

RECORBET, Pierre (1954h). *Deux comptes rendus de séances cinématographiques les 25 février 1954*, mars.

HEROS, Gilbert (1954g). *Compte rendu de séance à Birkadem le 26 février 1954*, mars.

MURATI, Pierre (1952e). *Rapport de la tournée, Territoires de Ghardaïa, des Oasis et de Touggourt, du 3 au 19 mars 1952*, mars.

HEROS, Gilbert (1952d). *Rapport de la tournée, dans le Sud Algérois et Oranais, 23 mars au 10 avril 1952*, avril.

PLASSARD, Roger (1952f). *Rapport de la tournée, dans l'arrondissement de Miliana, 5 au 9 mai 1952*, mai.

MURATI, Pierre (1952f). *Rapport de la tournée, dans l'ouest Algérois, et le département d'Oran, du 15 au 30 mai 1952*, juin.

RECORBET, Pierre (1952d). *Rapports de la tournée, dans les départements d'Alger (Tizi Ouzou), du 16 au 20 juin 1952*, juin.

PLASSARD, Roger (1952g). *Rapports de la tournée, dans les départements de Kabylie (Maillot), du 16 au 20 juin 1952*, juin.

HEROS, Gilbert (1952e). *Rapport de la tournée, dans le département d'Alger, en Kabylie, du 17 au 20 juin 1952*, juillet.

MURATI, Pierre (1952g). *Introduction aux rapports établis par Recorbet et Plassard à l'issue de la tournée d'information cinématographique du 2 au 11 juillet 1952*, juillet.

RECORBET, Pierre (1952e). *Rapport de la tournée, dans le département de Constantine, du 2 au 9 juillet 1952*, juillet.

PLASSARD, Roger (1952h). *Rapports de la tournée, dans le département de Constantine, du 2 au 10 juillet 1952*, juillet.

MURATI, Pierre (1952h). *Une séance cinématographique à Courbet-Marine le 22 août 1952*, août.

RECORBET, Pierre (1952f). *Rapport de la tournée, dans le département d'Alger, du 7 au 12 août 1952*, août.

RECORBET, Pierre (1952g). *Rapport de la tournée, dans les départements de Constantine et d'Alger, du 6 au 15 octobre 1952*, octobre.

HEROS, Gilbert (1952f). *Rapport de la tournée cinématographique dans le département de Constantine du 6 au 16 octobre 1952*, octobre.

PLASSARD, Roger (1952i). *Rapport de la tournée cinématographique dans le département d'Alger du 21 au 30 octobre 1952*, octobre.

PLASSARD, Roger (1953f). *Rapport de la tournée, dans le territoire de Touggourt et dans l'arrondissement d'Aumale, du 4 au 13 mars 1953*, mars.

PLASSARD, Roger (1953g). *Rapport de la tournée, dans le département de Constantine (arrondissements de Sétif – Constatine – Guelma et Phillippeville,) du 13 au 23 avril 1953*, avril.

HEROS, Gilbert (1953c). *Rapport de la tournée, dans l'arrondissement de Blida, du 11 au 16 mai 1953*, mai.

RECORBET, Pierre (1953b). *Rapport de la tournée, dans les arrondissements de Sétif, Constantine et Guelma, du 9 au 23 mai 1953*, juin.

MURATI, Pierre (1953p). *Communiqués de presse, dans les départements d'Alger et de Constantine, du 8 au 24 juin 1953*, juillet.

RECORBET, Pierre (1953c). *Rapport de la tournée, dans l'arrondissement de Tizi Ouzou, du 8 au 19 juin 1953*, juillet.

HEROS, Gilbert (1953d). *Rapport de la tournée, dans l'arrondissement de Tizi-Ouzou, du 4 au 8 septembre 1953*, septembre.

MURATI, Pierre (1951d). *Rapport de tournée, Département d'Oran, 23 au 29 avril 1951*, Alger, mai.

RECORBET, Pierre (1951g). *Rapport de tournée, Département d'Oran, 23 au 29 avril 1951*, Alger, mai.

PLASSARD, Roger (1951h). *Rapport de tournée, Département d'Oran, 23 au 29 avril 1951*, Alger, mai.

HEROS, Gilbert (1951g). *Rapport de tournée, Département d'Oran*, Alger, mai.

ANOM 11CAB/48

TOCHE, Roger (1955f). *Rapport de tournée, dans l'ouest algérois, 16 au 28 août 1955*, Alger, août.

ANOM 14CAB/182

Murati, Pierre (1960e). *Rapport de la tournée, dans le Sous-Secteur Militaire d'Hussein Dey, au mois de mai 1960*, mai.

Murati, Pierre (1960f). *Rapport de la tournée, dans le département d'Orléansville, du 9 au 23 mai 1960*, mai.

Murati, Pierre (1960g). *Rapport de la tournée, dans l'arrondissement de Bordj Bou Arreridj, du 20 juin au 29 juin 1960*, juillet.

Murati, Pierre (1960h). *Rapport de la tournée, dans le département de Sétif, du 11 au 27 juillet*, août.

Murati, Pierre (1960i). *Rapport d'activités du S.D.C., Mois de juillet 1960*, août.

Murati, Pierre (1960j). *Rapport de la tournée, dans le département de Mostaganem, du 5 au 15 septembre 1960*, septembre.

Murati, Pierre (1960k). *Rapport d'activités du S.D.C., Mois d'août 1960*, septembre.

Murati, Pierre (1960l). *Rapport d'activités du S.D.C., Mois de novembre 1960*, décembre.

ANOM 14CAB/259

Service de l'information (1960). *Questionnaire, Sur la conception d'un magazine cinématographique périodique, destiné aux populations rurales*, Alger, janvier.

Murati, Pierre (1960m). *Rapport de tournée, Arrondissement de Philippeville, 1 au 14 avril 1960*, Alger, mars.

Chef de Bataillon Allard (1960). *Lettre au Chef du Service culturel du Gouvernement général de l'Algérie*, Bordj Bou Arreridj, juin.

Murati, Pierre (1960n). *Rapport de tournée, Département d'Oran, 16 au 27 juin 1960*, Alger, juin.

Murati, Pierre (1960o). *Rapport de tournée, Département de Sétif, 11 au 27 juillet 1960*, Alger, août.

ANOM 15CAB/12

Toche, Roger (1960). *Rapport de tournée, dans les départements d'Orléansville, Oran et Mostaganem, 10 au 26 octobre 1960*, novembre.

Organisation de la tournée du groupe d'action culturelle dans les grands centres d'Alger du 23 mars au 13 avril [ca. 1960].

ANOM 15CAB/82

Plassard, Roger (1961a). *Rapport d'activités du S.D.C., Mois d'avril 1961*, avril.

Murati, Pierre (1961a). *Rapport de tournée, Igamies d'Alger, Oran et Constantine, du 23 mai au 8 juin 1961*, Alger, juin.

Morin (1961). *Télégramme au sujet des séances cinématographiques proposées pour des journalistes*, juin.

Coup de Frejac (1961). *Note au sujet de la propagande par le Cinéma à Évian*, juin.

Plassard, Roger (1961b). *Rapport de tournée, Arrondissements de Blida et de Maison-Blanche, du 18 septembre au 6 octobre 1961*, octobre.

Plassard, Roger (1961c). *Rapport de tournée, Département d'Orléansville, du 9 au 21 octobre 1961*, octobre.

Figière (1961). *Note au sujet des projections du 12 au 18 octobre 1961*, octobre.

Plassard, Roger (1961d). *Rapport de tournée, Igamie d'Oran, du 17 au 28 octobre 1961*, novembre 1961.

Plassard, Roger (1961e). *Rapport d'activités du S.D.C., Mois d'octobre 1961*, novembre 1961.

Figière (1961). *Note au sujet des projections du 15 au 16 novembre 1961*, novembre.

Figière (1961). *Note au sujet des projections du 20 au 30 novembre 1961*, novembre.

Murati, Pierre (1961b). *Rapport d'activités du S.D.C., Mois de novembre 1961*, décembre.

Figière (1962). *Note au sujet des projections du 9 au 16 janvier 1962*, janvier.

Bibliothèque nationale de France, Paris (ordre chronologique)

Service d'information et de documentation musulmane [SIDM] (1945). « Arrêté du 8 septembre 1945 », *Journal officiel*.

Murati, Pierre (1946). « Le camion de projections cinématographiques du Gouvernement général de l'Algérie », *Documents algériens : synthèse de l'activité algérienne*, n° 10, novembre.

Frère, Suzanne (1961). *Sons et images dans le bled algérien. Enquête sociologique*, Alger, Société Braconnier frères.

Dadci, Younes (1970). *Dialogue Algérie Cinéma : première histoire du cinéma algérien*, Paris, compte d'auteur.

Denis, Sébastien (1996). *L'armée et le cinéma durant la guerre d'Algérie : 1954-1962*, Mémoire de DEA, Études cinématographiques et audiovisuelles, sous la dir. de Jean Gili, Paris I.

Loftus, Maria (2009). *Le cinéma documentaire en Afrique Noire : du documentaire colonial au documentaire africain (1899-1985)*. Thèse de doctorat, Université de Strasbourg.

Lelievre, Samuel (2013). « Les cinémas africains dans l'histoire : d'une historiographie (éthique) à venir », *1895*, n° 69.

Lane, Philippe (2016). *Présence française dans le monde*, Paris, Documentation française.

Institut national de l'audiovisuel, Paris (ordre chronologique)

Les auxiliaires visuels dans l'éducation de base et le développement communautaire (1959).

Manouby, Larif [ca. 1960]. *Les radios clubs du Niger : un exemple d'auxiliaire de la radiodiffusion éducative*, Paris.

Hudson, Robert B. et Henry C. Alter (1962). *Télévision et éducation populaire*, Paris, UNESCO.

Unesco (1962). *Developing Information Media in Africa*, Paris.

Bremond, Claude (1963). « Les communications de masse dans les pays en voie de développement », *Communication*, n° 2, p. 56-67.

Unesco (1967). *Haute Volta : télévision éducative en Haute Volta*, Paris.

Bassirou, B. A. [ca. 1970]. *Une politique d'utilisation des mass media pour l'éducation et le développement à travers les expériences de l'UNESCO*, Paris, UNESCO.

Diop, Mohamed (1971). *Cinéma et éducation sociale en Afrique*, Paris, Institut français de presse.

Sock, Boubacar (1972). *Haute Volta : projet expérimental d'égalité d'accès des femmes à l'éducation*, UNESCO.

Ilunga, Kabongo (1977). *Au-delà du cinéma colonial belge : ses débuts et son impact sur la mentalité des autochtones congolais*, Mémoire de diplôme en information et communication de l'IFP, Université Paris II.

Lobelt, Tchisseka (1979). *Le cinéma en Afrique noire francophone*, Mémoire de maîtrise en information et communication de l'IFP, Université Paris II.

Maiga, Hamidou Samba (1982). *L'utilisation des mass media dans le développement rural en Afrique noire : l'expérience du Mali*, Mémoire de diplôme en information et communication de l'IFP, Université Paris II.

Unesco (1990). *Rapport sur la communication dans le monde*, Paris.

Koberet, Dodo (1990). *Les radios rurales en Afrique noire francophone*, Mémoire de diplôme en information et communication de l'IFP, Université Paris II.

INA (s.d.). *Unité française* [En ligne]. [https://www.ina.fr/ina-eclaire-actu/video/afe00003970/unite-francaise]

Service historique de la Défense, Vincennes

1H1113 (1955-1961)

Mémento de l'officier d'action psychologique en Algérie (1956). 1 H 1113/1.

Général Dulas (1956). *L'action psy en Algérie*, Alger, 1 H 1113/2.

Général Salan (1958). *L'arme psy en 10ᵉ Région militaire*, Alger, 1 H 1113/2.

Fossey, François (1958). *Rapport spécial obtenu depuis le 1ᵉʳ juin, Action sur les organismes d'information (Presse)*, Alger, 1 H 1113/2.

1 H 2457 (1956-1962)

Notes attribuées aux sous-officiers stagiaires d'information psy (1958). Constantine, octobre.

1 H 2515 (1956-1962)

Service psy (s.d.). *Fiche à l'attention du Général Commandant la 10ᵉ Région militaire*, Alger, 1 H 2515/1.

PLASSARD, Roger (1952j). *Quelques réflexions sur l'activité générale du service de diffusion cinématographique*, Alger, août, 1 H 2515/1.

MURATI, Pierre (1956). *Rapport d'activité annuel du Service de diffusion cinématographique du Gouvernement général de l'Algérie durant l'année 1955*, Alger, janvier, 1 H 2515/1.

PLASSARD, Roger (1957). *Le rôle du service de diffusion cinématographique depuis la naissance d'une arme nouvelle, L'arme psy*, Alger, décembre, 1 H 2515/1.

1 H 2516 (1955-1962)

MURATI, Pierre (1957k). *Rapport de tournée, Kabylie, du 1 au 13 avril 1957*, Alger, avril, 1 H 2516/1.

MURATI, Pierre (1957l). *Rapport de tournée, Département de Constantine, du 13 au 29 mai 1957*, Alger, juin, 1 H 2516/1.

MURATI, Pierre (1957m). *Rapport de tournée, Bouinan (Arrondissement de Blida), les 16 et 17 septembre 1957*, Alger, septembre, 1 H 2516/1.

Région militaire (1957). Bruxelles, novembre, 1 H 2516/1.

Service cinématographique des armées (1957). *Notice d'information sur l'emploi du cinéma dans l'action psychologique*, Alger, décembre, 1 H 2516/1.

MURATI, Pierre (1959f). *Rapport de tournée, Arrondissement de Miliana, du 5 au 15 août 1959*, Alger, septembre, 1 H 2516/1.

MURATI, Pierre (1959g). *Rapport de tournée, Arrondissement de Maison Blanche, les 8, 9 et 10 septembre 1959*, Alger, septembre, 1 H 2516/1.

MURATI, Pierre (1959h). *Rapport de tournée, Arrondissement de Blida, du 3 et 18 septembre 1959*, Alger, septembre, 1 H 2516/1.

1 H 2535

Général NOIRET (1956). *Emploi de la 3e Compagnie de Haut-parleur*, Alger.

Lieutenant-Colonel MAUREL (1960). *Compte rendu d'un Officier de la CDP Chargé d'une opération expérimentale d'émission radiophonique en Kabylie*, Alger, mai.

Capitaine DEROUSSEN (1957). *Compte rendu d'activité*, Alger, mars.

Capitaine DEROUSSEN (1957). *Compte rendu d'activité*, Alger, avril.

1 H 2560 (1957-1961)

SDC de l'Algérie (1955). *Sa Filmathèque* [sic], Alger.

15 H 83 (1953-1956)

La propagande arabe et musulmane en Afrique Noire, ses différents aspects – Les moyens de contre-propagande [ca. 1950], 15 H 83/10.

Politique musulmane en A.O.F. et en A.E.F. (1956). 15 H 83/12.

GR 9 Q 120 (1955-1966)

SERRALAT (1958). Lettre au ministre de la Défense nationale et des Forces armées, Buenos Aires, janvier, GR 9 Q 120/1.

THERENTY (1958). Lettre au Général Chef d'État-Major Général des armées, Ankara, décembre, GR 9 Q 120/1.

MAUTAINT (1958). Lettre au ministre des Armées, Helsinki, décembre, GR 9 Q 120/1.

GR 1 R 223 (1960-1968)

PIQUET (1967). Rapport du Contrôleur général des Armées Piquet, Organisation administrative et logistique de forces françaises à Dakar, Paris, mai, GR 1 R 223/1.

État-major des Armées, BRI [ca. 1960]. Fiche Visite en France du Général Diallo, Paris, GR 1 R 223/1.

GR 15 R 98

État-Major de la Défense nationale (1958). Comité d'organisation d'action psychologique, Procès-verbal réunion du 16 décembre 1958, Paris, GR 15 R 98/1.

GR 15 R 106 (1958-1959)

État-major des Forces armées (1956). Éléments de guerre psychologique, CHPT, Notice provisoire d'emploi, Paris.

GR 15 R 107 (1957-1959)

État-major 5e Bureau (1957). Notice d'action psychologique à l'usage des Forces françaises au Maroc, Paris, GR 5 R 107.

GR 1 S 2 : (1955-1960)

ALAZARD (1955a). Compte rendu sur la réunion de la Commission du Cinéma, Paris, décembre, GR 1 S 2/4.

GR 1 S 3/3 (1953-1966)

État-majeur des forces armées (1957). Chapitre III : Les moyens matériels spécialisés.

GR 1 S 4/1 (1949-1959)

Morlanne [ca. 1949]. *Action psychologique, Étude générale sur la propagande et la mise en œuvre du service d'action psychologique*, Paris.

Morlanne (1950). *Étude générale sur les buts et les techniques de l'analyse de la propagande*, Paris.

GR 1 S 26/2 (1955-1959)

Annexe psychologique à la synthèse hebdomadaire, Information sur le plan psychologique (1958). Paris, juillet.

GR 1 S 46 (1955-1959)

Alazard (1955b). *Note pour le Chef du Service d'action psychologique et d'information de La Défense nationale et des Forces armées*, Paris, décembre, GR 1 S 46/3.

GR 1 S 51 (1956-1960)

Garbay (1957). *Fiche : action psychologique outre-mer*, Paris ?, décembre, GR 1 S 51/1.

Possibilité d'action sur l'opinion publique dans les TOM (1958). Paris ?, juillet, GR 1 S 51/1.

Fiche : action psychologique outre-mer (1958). Paris ?, juillet, GR 1 S 51/1.

Centre militaire d'information et de spécialisation pour l'outre-mer [CMISOM] [ca. 1958a]. *Cours d'action psychologique TOM*, Paris ?, GR 1 S 51/1.

CMISOM [ca. 1958b]. *Les moyens de diffusion de la pensée outre-mer*, Paris ?, GR 1 S 51/1.

Denis (1960), *L'action psychologique d'outre-mer*, Paris ?, février, GR 1 S 51/1.

GR 8 S 264/1 (1959-1976)

Y. B. (1959). *Quelques aspects du problème politique en Afrique Noire*, Paris, mai.

Galula et Le Gall (1959). *Compte rendu de la mission effectuée dans différents états de la communauté*, Paris, décembre.

FO 371

WAPIC Bill. n° 9 (1941). FO 371/28246.

Autres sources

Ageron, Charles-Robert (1968). *Les Algériens musulmans et la France*, Tome 1 & 2 (1871-1919), Paris, PUF.

Ageron, Charles-Robert (dir.) (1986). *Les chemins de la décolonisation de l'empire colonial français*, Paris, CNRS.

AGERON, Charles-Robert (dir.) (1995). *L'ère des décolonisations*, Paris, Karthala.

AGERON, Charles-Robert (2010). *L'Afrique noire française : l'heure des indépendances*, Paris, CNRS.

AKPO-VACHÉ, Catherine (1996). *L'AOF et la Seconde Guerre mondiale : la vie politique, septembre 1939-octobre 1945*, Paris, Karthala.

BALDIZZONE, Jozé (2004). « La terre algérienne dans le cinéma français », *Cahiers de la cinémathèque*, n° 76, juillet.

BANCEL, Nicolas, Pascal BLANCHARD et Francis DELABARRE (1997). *Images d'empire, 1930-1960 ; trente ans de photographies officielles sur l'Afrique française*, Paris, Éditions de la Martinière.

BARGELLI, Danièle (2003). *Rise and Evolution of Nationalism in Algeria before 1962*, Thèse de doctorat, McGill University.

BARTHE-HUGON, Nicole (1987). *Récits de vie des agriculteurs français d'Algérie, 1830-1962*, Montpellier, Assoc. Africa Nostra.

BECKER, Charles (dir.) (1997). *AOF, Réalités et héritages : sociétés ouest africaines et ordre colonial 1895-1960*, Dakar, Direction des Archives du Sénégal.

BERTIN-MAGHIT, Jean-Pierre (dir.) (2013). *La guerre d'Algérie et les médias : questions aux archives*, Paris, Presses Sorbonne nouvelle.

BERTIN-MAGHIT, Jean-Pierre (dir.) (2015a). *Une histoire mondiale des cinémas de propagande*, Paris, Nouveau monde.

BERTIN-MAGHIT, Jean-Pierre (2015b). *Lettres filmées d'Algérie : des soldats à la caméra (1954-1962)*, Paris, Nouveau monde.

BRASSEUR, Gérard (1957). *L'AOF*, Dakar, IFAN.

BRETÈQUE, François de la (2004). « Le film rural dans l'Algérie coloniale : est-on en face d'un genre ? », *Cahiers de la cinémathèque*, n° 76, juillet.

CHAFER, Tony (dir.) (1999). *French Colonial Empire and the Popular Front, Hope and Disillusion*, Basingstoke, Macmillan Publishers.

CHAFER, Tony (dir.) (2002a). *Promoting the Colonial Idea, Propaganda and Visions of Empire in France*, Basingstoke, Palgrave Macmillan.

CHAFER, Tony (2002b). *The End of Empire in French West Africa: France's Successful Decolonization?*, Oxford, Berg.

CHAFER, Tony (dir.) (2013). *Francophone Africa at Fifty*, Manchester University Press.

CHARBONNEAU, Bruno et Tony CHAFER (dir.) (2014). *Peace Operations in the Francophone World: Global Governance Meets Post-Colonialism*, Londres, Routledge.

CHEVALDONNÉ, François (1981). *La communication inégale : l'accès aux media dans les campagnes algériennes*, Paris, CNRS.

CHEVALDONNÉ, François (2004). « La diffusion du cinéma dans les campagnes algériennes pendant la période coloniale », *Cahiers de la cinémathèque*, n° 76, juillet, Perpignan.

Chominot, Marie (2008). *Guerre des images, guerre sans image ?, Pratiques et usages de la photographie pendant la guerre d'indépendance algérienne, 1954-1962*, Thèse de doctorat (Ph. D.), Paris VIII.

Coquery-Vidrovitch, Catherine (1992). *L'Afrique occidentale au temps des Français : colonisateurs et colonisés (1860-1960)*, Paris, La Découverte.

Coquery-Vidrovitch, Catherine (1994). *Les Africaines : histoire des femmes d'Afrique noire, du xixᵉ au xxᵉ siècle*, Paris, Desjonquères.

Coquery-Vidrovitch, Catherine (2005). *L'Afrique noire de 1800 à nos jours*, Paris, PUF.

Denis, Sébastien (2004). « L'État, l'armée et le cinéma pendant la guerre d'Algérie », thèse d'histoire du cinéma, Université Paris I.

Denis, Sébastien (2012). « Les "cinébus" dans la tourmente », *Revue des mondes musulmans et de la Méditerranée*, n° 130, février.

Denis, Sébastien (2015). « Comment (ne pas) filmer la guerre : le cinéma de propagande français sur l'Algérie (1945-1962) », dans Bertin-Maghit, Jean Pierre (dir.), *Une histoire mondiale des cinémas de propagande*, Paris, Nouveau monde, p. 511-530.

Diallo, Abderahmane (2003). *L'exploitation cinématographique à Dakar : sociologie d'un loisir en crise*, Mémoire de DEA., Dakar, UCAD.

Drame (1995). *La Médina de Dakar et ses fêtes populaires, 1914-1960. Contribution à l'étude des cultures urbaines*, Mémoire de maîtrise, Dakar, UCAD.

Frère, Suzanne (1961). *Sons et images dans le bled algérien : enquête sociologique*, Alger, Société Braconnier frères.

Galula, David (1963/2006). *Pacification in Algeria, 1956-1958*, Santa Monica, CA: RAND.

Halpérin, Jean-Louis (2005). « Deux cents ans de rayonnement du Code civil des Français ? », *Les cahiers de droit*, vol. 46, n° 1-2, p. 229-29.

Héduy, Philippe [ca. 1980]. *Histoire de l'Afrique, AOF, AEF, Madagascar 1364-1960*, Paris, Veyrier.

Le Vine, Victor T. (2004). *Politics in Francophone Africa*, Boulder, Colorado, Lynne Rienner.

Mbaye, K. (2004). « Le destin du Code civil en Afrique », *Le Code civil 1804-2004, Livre du Bicentenaire*, p. 527-529.

Moreau, Paul (1938). De la condition juridique, politique et économique des indigènes de l'AOF, *Études de sociologie et d'ethnologie juridiques*, n° 27.

Morlat, Patrice (2012). « L'Indochine à l'époque d'Albert Sarraut », *Outre-mers*, tome 99, n° 376-377, p. 179-195

Sardan, Jean-Pierre Olivier de (1984). *Les sociétés songhay-zarma (Niger-Mali) : chefs, guerriers, esclaves, paysans*, Paris, Karthala.

Seck, Djibril (2000). *Histoire des modes vestimentaires chez les jeunes filles à Dakar, 1945-1980*, Mémoire de maîtrise, Dakar, UCAD.

Seck, Djibril (2003). *Le loisir cinématographique à Dakar, 1945-1960*, Mémoire de DEA., Dakar, UCAD.

SHERZER, Dina (dir.) (1996). *Cinema, Colonialism, Postcolonialism: Perspectives from the French and Francophone World*, Austin, University of Texas Press.

VERDES-LEROUX, Jeanine (2004). « La réalité des colons et leurs images », *Cahiers de la cinémathèque*, n° 76, juillet.

VERRIÈRE L., Olivier ROLAND (1957). « L'économie algérienne. Sa structure, son évolution de 1950 à 1955 », *Études et conjoncture – Institut national de la statistique et des études économiques*, n° 2, p. 204-280.

VILLATOUX, Marie-Catherine et Paul VILLATOUX (2005). *La République et son armée face au « péril subversif ». Guerre et action psychologiques, 1945-1960*, Paris, Les Indes galantes.

VILLATOUX, Marie-Catherine (2007). *Guerre et action psychologiques en Algérie*, Paris, SHD.

Ouvrages généraux

APPADURAI, Arjun (1996). *Modernity at Large: Cultural Dimensions of Globalization*, Minneapolis, University of Minnesota Press.

ATWOOD, Margaret (1972). *Survival*, Toronto, House of Anansi Press.

ADORNO, Theodor W. (1991). *The Culture Industry*, New York, Routledge.

ANDERSON, Benedict (2006). *Imagined Communities: Reflections on the Origin and Spread of Nationalism*, New York, Verso.

BAKHTINE, Mikhaïl (1970). *L'œuvre de François Rabelais et la culture populaire au Moyen Âge et sous la Renaissance*, trad. du russe par Andrée Robel, Paris, Gallimard.

BAZIN, André (1994). *Qu'est-ce que le cinéma*, Paris, Cerf.

BENJAMIN, Walter (2000). *Œuvres III*, Paris, Gallimard.

BOLTER, Jay David et Richard GRUSIN (1999). *Remediation: Understanding New Media*, Cambridge, MIT Press.

BOURDIER, Philippe (2008). *Un grand écran pour les lettres : le cinéma et l'enseignement du français*, Paris, L'Harmattan.

BOURDIER, Philippe (dir.) (2015). « Les enjeux des études cinématographiques et audiovisuelles : théories, méthodes, idéologies, finalités », *Mise au point*, vol. 7, n° 7.

CAILLÉ, Patricia et Claude FOREST (dir.)(2017). *Regarder des films en Afriques*, Lille, Presses Universitaires du Septentrion.

CAMUS, Albert (1951). *L'homme révolté*, Paris, Gallimard.

CASETTI, Francesco (1990). *D'un regard l'autre : le film et son spectateur*, trad. de l'italien par Jean Châteauvert et Martine Joly, Presses Universitaires de Lyon.

CERTEAU, Michel de (1980/1990). *L'invention au quotidien, 1. L'art de faire*, Paris, Gallimard.

CÉSAIRE, Aimé (1955). *Discours sur le colonialisme*, Paris, Présence africaine.

DELEUZE, Gilles et Félix GUATTARI (1975). *Kafka : pour une littérature mineure*, Paris, Minuit.

DELEUZE, Gilles et Félix GUATTARI (1980). *Mille plateaux*, Paris, Minuit.

DÉOTTE, Jean-Louis (2004). *L'époque des appareils*. Paris, Lignes-Léo Scheer.

DESPOIX, Philippe (2005). « Présentation », *Intermédialité*, n° 6.

DUBOIS, Jacques (1986). L'institution de la Littérature, Bruxelles/Paris, Labor/ Nathan.

EISENSTEIN, S. M. (1976). Dickens, Griffith et nous, *Cahiers du cinéma*, n° 232.

EPSTEIN, Jean (1947/1974). *Le cinéma du diable*, Paris, Seghers.

ESQUENAZI, Jean-Pierre (2003). *Sociologie des publics*, Paris, La Découverte.

ETHIS, Emmanuel (2005). *Sociologie du cinéma et de ses publics*, Paris, Colin.

FABIANI, Jean-Louis (2003). « Peut-on encore parler de légitimité culturelle ? », dans DONNAT, Olivier et Paul TOLILA (dir.). *Le(s) public(s) de la culture*, Paris, Presses de Sciences Po.

FANON, Frantz (1952). *Peau noire, masques blancs*, Paris, Seuil.

FANON, Frantz (1961). *Les damnés de la terre*, 1ère édition, Paris, La Découverte.

FANON, Frantz (2011). *Œuvres*, Paris, La Découverte.

FELDMAN, Seth (1977). « Viewer, Viewing, Viewed: A Critique of Subject-Generated Documentary », *Journal of the University Film Association*, vol. 29, n° 1, p. 23-36.

FOUCAULT, Michel (1966). *Les mots et les choses*, Paris, Gallimard.

FOUCAULT, Michel (1969). *L'archéologie du savoir*, Paris, Gallimard.

GAONKAR, Povinelli (2003). Technologies of Public Forms, *Public Culture*, vol. 15, n° 3, p. 385-398.

GLISSANT, Édouard (1990). *Poétique de la relation*, Paris, Gallimard.

GOODY, Jack (1971). *Technology, Tradition, and the State in Africa*, Oxford, Oxford University Press.

GOODY, Jack (1977). *The Domestication of the Savage Mind*, Cambridge, Cambridge University Press.

GOODY, Jack (1987). *The Interface Between the Written and the Oral*, Cambridge, Cambridge University Press.

GOODY, Jack (1994). *Entre l'oralité et l'écriture*, Paris, PUF.

GODZICH, Wlad (1993). *The Language Market under the Hegemony of Image*, València, Centro de semiotica y teoria.

GOMES DA SILVA, Katia Maria (2000). *Oxum : la mémoire et le corps dans une culture de tradition orale*, Montréal, Les Presses de l'Université du Québec à Montréal.

GRAMSCI, Antonio (1934). *Aux marges de l'histoire : histoire des groupes sociaux subalternes*, Cahier 25, trad. de l'italien par Pierre Laroche.

GUNNING, Tom (1986). « The Cinema of Attractions. Early Film, Its Spectator and the Avant-Garde », *Wide Angle*, vol. 8, n° 3/4.

HALL, Stuart (1973). « Encoding and Decoding in the Television Discourse ». Discussion Paper. University of Birmingham.

Henley, Paul (2020). *Beyond Observation: A History of Authorship in Ethnographic Film*, Manchester, Manchester University Press.

Jauss, Hans Robert (1978). *Pour une esthétique de la réception*, Gallimard, Paris.

Kracauer, Siegfried (1973). *De Caligari à Hitler : une histoire psychologique du cinéma allemand*, Paris, Flammarion.

Klucinskas, Jean et Moser, Walter (dir.) (2004). *Esthétique et recyclages culturels : Explorations de la culture contemporaine*, Les Presses de l'Université d'Ottawa.

Lacasse, Germain (2000). *Le bonimenteur de vues animées : le cinéma « muet » entre tradition et modernité*, Québec, Nota Bene et Paris, Méridiens Klincksieck.

Lacasse, Germain, Vincent Bouchard et Gwenn Scheppler (dir.) (2009). *Cinéma et oralité : Le bonimenteur et ses avatars – Cinémas*, vol. 20, n° 1, automne.

Lacasse, Germain, Vincent Bouchard et Gwenn Scheppler (dir.) (2011). *Pratiques orales du cinéma*, Paris, L'Harmattan.

Lacasse, Germain, et coll (dir.) (2016). *Dialogues avec le cinéma : approches interdisciplinaires de l'oralité cinématographique*, Montréal, Nota Bene.

Lahire, Bernard (2006). *La culture des individus : dissonances culturelles et distinction de soi*, Paris, La Découverte.

Latour, Bruno (1997). *Nous n'avons jamais été modernes*, Paris, La Découverte.

Lévi-Strauss, Claude (1958). *Anthropologie structurale*, Paris, Plon.

Liebes, Tamar (1997). « À propos de la participation du téléspectateur », *Sociologie de la communication*, vol. 1, n° 1, p. 797-809.

Liebes, Tamar (dir.) (1998) *Media, Ritual, and Identity*, Londres, Routledge.

Lits, Marc (2008). *Du récit au récit médiatique*, Bruxelles, Éditions de Boeck Université.

Lüsebrink, Hans-Jürgen (2003). *La conquête de l'espace public colonial : prises de parole et formes de participation d'écrivains et d'intellectuels africains dans la presse à l'époque coloniale (1900-1960)*, Québec, Nota Bene.

Mandrou, Robert (1958). « Histoire et Cinéma », *Annales*, n° 13-1, p. 140-149.

Mayne, Judith (1993). *Cinema and Spectatorship*, New York, Routledge.

McLuhan, Marshall (1964). *Understanding Media*, New York, McGraw-Hill.

Memmi, Albert (1957). *Portrait du colonisé*, 1ère édition, Paris, Gallimard.

Mier, Guy Louis (2005). « Le cinéma, un art sonore », *Le technicien du film*, n° 552, 15 février 2005.

Moine, Raphaëlle (2002). *Les genres du cinéma*, Paris, Nathan.

Montebello, Fabrice (1994). « Usages sociaux et usages populaires du cinéma : La Question des amateurs », *Iris*, n° 17, *Spectateurs et publics de cinéma*, p. 25-41.

Neal, Steve (1977). « Propaganda », *Screen*, vol. 18, n° 3, p. 9-40.

Odin, Roger (1990). *Cinéma et production de sens*, Paris, Armand Colin.

Olson, David et Nancy Torrance (dir.) (1991). *Literacy and Orality*, Cambridge, Cambridge University Press.

ONG, Walter. J. (1982). *Orality and Literacy: The Technologizing of the Word*, Londres et New York, Methuen.

OSTHERR, Kirsten (2013). *Medical Visions: Producing the Patient Through Film, Television, and Imaging*, New York, Oxford University Press.

PERRIAULT, Jacques (1981). *Mémoire de l'ombre et du son : une archéologie de l'audiovisuel*, Paris, Flammarion.

PETLEY, Julian (1979). *Capital and Culture: German Cinema, 1933-45*, Londres, BFI Publishing.

POZNER, Valérie (2004). « Le bonimenteur rouge : retour sur la question de l'oralité à propos du cas soviétique », *Cinémas*, vol. 14, n° 2-3, printemps.

PRONAY, Nicholas et D. W. SPRING (1982). *Propaganda, Politics and Film, 1918-45*, Londres, Macmillan Publishing.

RESTOUEIX, Jean-Philippe (1996). « Le bonisseur introuvable », *Iris*, n° 22.

RIVOLIER, Agnès (2009). « Le charisme : entre magie et communication », Presses universitaires de Caen, n° 35, p. 15-22.

SIMONDON, Gilbert (1958). *Du mode d'existence des objets techniques*, Paris, Aubier et Montaigne.

STIEGLER, Bernard (2010). *Ce qui fait que la vie vaut la peine d'être vécue : de la pharmacologie*, Paris, Flammarion.

SORLIN, Pierre (1977). *Sociologie du cinéma*, Paris, Aubier.

STAIGER, Janet (2002). *Perverse Spectators*, New York et Londres, New York University Press.

THIBAULT LOULAN, Anne-Marie (1972). « Image et spectateurs », *Communication et langages*, n° 13, mars.

THIONG'O, N. wa (1986). *Decolonising the Mind: The Politics of Language in African Literature*, Oxford, James Currey Ltd / Heinemann.

YATES, Frances (1966). *The Art of Memory*, Chicago, University of Chicago Press.

YOUNG, Skip Dine (2012). *Psychology at the Movies*, Chichester, Wiley-Blackwell.

ZUMTHOR, Paul (1983). *Introduction à la poésie orale*, Paris, Seuil.

ZUMTHOR, Paul (1990). *Écritures et nomadisme : entretiens et essais*, Montréal, L'Hexagone.

ZUMTHOR, Paul (2008). « Oralité », *Intermédialités*, n° 12, automne.

WEBER, Max (1995). *Économie et société*, tome I, Paris, Pocket.

WEBER, Max (2008). *L'Éthique protestante et l'esprit du capitalisme*, Paris, Pocket.

Filmographie (ordre chronologique)

Films de propagande britanniques

Lusaka Calling (s.d., ?')
Self Help in Food (s.d., ?')
Mr. English at Home (1940, 27')

Mr. Wise and Mr. Foolish Go to Town (Afrique du Sud, 1944, 23')
Good Business (Nigeria, 1947, 21')
Pitaniko (Robin LAST, Gaumont British Africa, 1947, ?')
Mulenga Goes to Town (Louis NELL, Central African Film Unit, 1948, ?')
Two Farmers (Stephen PEET, Central African Film Unit, 1948, 18')
Daybreak in Udi (Nigeria, 1949, 40')
Community Development in Awgu Division, Nigeria (A. A. FAJEMISIN, Nigerian Film Unit, 1949, 27')
Smallpox (Lionel SNAZELLE, Nigerian Film Unit, 1949, 27')
Chisoko the African (Donald SWANSON, Gaumont-British Instructional, 1949, 36')
Wives of Nendi (Stephen PEET, Central African Film Unit, 1949, 20')
Ruth's Child (Central African Film Unit, n° 51, 195_, ?')
Amenu's Child (Sean GRAHAM, Gold Coast Film Unit, 1950, 37')
Boy Kumasenu (Sean GRAHAM, Gold Coast Film Unit, 1950, 37')
Pamba (Uganda, 1950, 17')
Mulenga Gets a Job (Stephen PEET, Central African Film Unit, 1951, ?')
Progress in Kojokrom (Sean GRAHAM, Gold Coast Film Unit, 1953, 23')
I Will Speak English (Sam ARYEETEY, Gold Coast Film Unit, 1954, 14')
Mr. Mensah Builds a House (Sean GRAHAM, Gold Coast Film Unit, 1955, 36')
Mary's Lucky Day (J. Blake DALRYMPLE, Films of Africa, 1955, 19')
Nigeria's First Women Police (Lionel SNAZELLE, Nigerian Film Unit, 1956, 5')
Self-Government for Western Nigeria (Lionel SNAZELLE, Nigerian Film Unit, 1958, 85')
Giant in the Sun (Sydney SAMUELSON, Northern Nigerian Information Service, 1959, 18')
Fairest Africa (Geoffrey MANGIN, Central African Film Unit, 1959, 15')
See-Saw Years (Dick RAYNER, Central African Film Unit, 1959, 15')
New Acres (Dick RAYNER, Central African Film Unit, 1964, 14')

Films de propagande belges

Un grand Africain (A. van OVERSCHELDE, 194_, 26')
UFI (F. STEVENS, 194_, 17')
Wanamoto (R. de VLOO et A. THOMAS, 194_, 16')
La bouteille cassée (P. VERSTEGEN, 194_, 30')
Matamata chômeur (P. A. van HAELST, 195_, 23')
Madame Matamata (P. A. van HAELST, 195_, 29')
Matamata s'engage (P. A. van HAELST, 195_, 31')
La soupe de Matamata (P. A. van HAELST, 195_, 21')
Bambuti (P. VERSTEGEN et R. de VLOO, 195_, 26')
Bizimana (P. VERSTEGEN et R. de VLOO, 1951, 82')
Katutu, L'aveugle de l'île (P. VERSTEGEN, R. de VLOO, 1952-53, 75')
Vendeta (P. VERSTEGEN et R. de VLOO, 1953, 44')

Marie lépreuse (L'abbé Cornil, 1956, 106')
Matamata & Pilipili (Tristan Bourlard, Icarus Films, 1997, 58')

Films de propagande français

Conte de la mille et deuxième nuit (Albert Mourlan, 1929, 9')
La médecine au service du sport (Contrôle médical sportif, Serge Griboff, 1945, 14')
Maroc d'aujourd'hui (André Zwobada, 1945, 21')
Sillons d'Afrique (Jean Tedesco et Noël Ramettre, 1945, 42')
L'Algérie au travail (Actualités françaises, 1946, 15')
Unité française (Actualités françaises, 1946, 15')
L'Algérie, terre française (Artisans d'art du cinéma, 1946, 25')
Nos petits 2 : comment nourrir l'enfant/Savoir nourrir l'enfant (Pierre Boyer, 1946, ?')
Algérie, pays de qualité (Actualités françaises, 1947, 25')
En Algérie, souvenirs de la Rome antique (Actualités françaises, 1947, 18')
Sur les routes de Kabylie (Philippe Este, 1947, ?')
El-Oued, la ville aux mille coupoles (Marie-Anne Colson-Malleville, 1947, 14')
L'eau qui guérit (Francol Film, 1947, 16')
Assistantes sociales en Algérie (Marie-Anne Colson-Malleville, L'Équipe-GGA, 1947, 14')
Minarets dans le soleil (Monique Muntcho et J-K Raymond Millet-GGA, 1947, ?')
Écoliers d'Algérie (Jean-Jacques Delafosse, 1947, 15')
Tiemcen (J-K Raymond Millet, 1947, 18', VF & VA),
Échec à la misère (Série 8057, 1947 ?, 15')
Caravane de la lumière (Marie-Anne Colson-Malleville, L'Équipe-CTL films-GGA, 1948, 12')
Du manuel au robot (Marie-Anne Colson-Malleville, L'Équipe-GGA, 1948, ?')
Escale à Oran (Marie-Anne Colson-Malleville, L'Équipe-GGA, 1948, 12')
Fantasia du sud (Francol Film, 1948, 15')
Le cheval arabe (Francol Film, 1948, 18')
Échec à la misère (André Zwobada, Série 8057, 1948, 15')
Symphonie berbère (André Zwobada, 1948, 15')
El Djezaïr / Le port d'Alger (Jean Lehérissey, 1948, 20')
Jeunes agriculteurs d'Algérie (Jean-Charles Carlus, 1948, 20')
L'Algérie humaine (Jean-Charles Carlus, Série 8062, 1948, 32')
Touareg (Albert Mahuzier, 1948, 19')
La fugue de Mahmoud (Roger Leenhardt, Série 8119, 1948, 37')
Afrique à l'heure de la loi cadre (Série 8015, 1949, 27')
Alger, foyer d'art (Raymond Picon-Borel, 1949, 11')
Bouzaréah (Jack Pinoteau, Jean-Charles Carlus et Jean-Jacques Delafosse, Série 8063, 1949, 20')

Maison Carrée (Jean-Jacques DELAFOSSE, 1949, 21′)

Le Maroc en marche (Pierre GOUT, Série 8064, 1949, 21′)

J'ai gagné un métier (1949, ?′)

Grands ports algériens (Francol Film, 1949, 18′, VF)

Jardin d'Alger (Raymond PICON-BOREL, 1949, 11′)

Les arts du feu (Philippe ESTE, 1949, 11′)

Pastorale algérienne (1949, ?)

Fermes d'Algérie (Georges CROSES, 1949)

Artisans algériens (1949, 9′30)

La moisson sera belle (Georges CROSES, 1949, 21′)

Congo – Méditerranée (Raymond PICON-BOREL, 1949, 10′30)

Doigts de lumière / Palmiers-dattiers (Marie-Anne COLSON-MALLEVILLE, L'Équipe-GGA, 1949, 14′)

Constantine (Tahar HANNACHE, 1950, 10′, VA)

Lutter pour votre vie (Film sur le B.C.G, 1950, version courte)

Baba-Ali (Marie-Anne COLSON-MALLEVILLE, Films Markab-GGA, 1951, ?′)

Eau, source de richesse (Série 8065, 1952, 14′)

La fête imprévue (André ZWOBADA, 1953, 23′, VA)

Destin des Médinas (Série 8052, 1953, 22′)

Ballade en diésel (Marie-Anne COLSON-MALLEVILLE, Markab, 1954, ?′)

Des blindés et des hommes (SCA 93, 1955, 18′)

Camions cinéma. Fondation Maréchal de Lattre (ACT 5569, 1956, 20′)

Distribution du 1ᵉʳ envoi de la fondation Maréchal de Lattre (ACT 5535, 1956, 3′30)

Remise de camions cinéma aux représentants des divisions militaires d'Algérie (fondation de Lattre) (ACT 5679, 1956, 1′20)

L'école de l'Air (SCA 100, 1956, 26′)

L'armée et le drame algérien (SCA 119, 1956, 15′)

L'armée et le drame algérien (FT 489, 1956, 15′)

Défense de l'Algérie (Philippe BRUNET, 1956, FT 522, 18′)

L'Algérie humaine (Série 8062, 1956, 32′)

Un village d'Algérie (Série 8066, 1956, 7′)

Constantine, ville étrange (Série 8068, 1956, 7′)

Pacification en Algérie (Série 8070, 1956, 16′)

Saint-Pierre et Saint-Paul (Série 8071, 1957, 7′)

Regards sur l'Orléanvillois (Série 8081, 1957, 8′)

Casbah (ACT 5734, 1957, 12′)

Alger, le 31 janvier 1957 (ACT 5747, 1957, 2′)

Tournée de projection avec un camion cinéma de la fondation de Lattre (ACT 57116, 1957, 5′00)

Visite de M. Robert Lacoste dans la région de Nelson bourg (ACT 57119, 1957, 3′30)

Visite d'un village dans les Aurès (ACT 57195, 1957, 2′)

La 3ᵉ Compagnie de Haut-Parleurs et de Tracts (ACT 57170, 1957, 19′)

Journée d'action psychologique au douar de Mazouna, dans le département d'Oran (ACT 57167, 1957, 5'20)

Le monde libre et l'Égypte (SCA 113, 1957, 17')

Képi Bleu (SCA 114, 1957, 24')

Magazine des Armées n° 113 (SCA 120, 1957, 17')

Magazine des Armées n° 114. Nos cyrards à Coëtquidan (SCA 121, 1957, 9')

Les compagnies de haut-parleurs et de tracts (SCA 135, 1957, 9'30)

Honneur patrie Algérie française (Série 8004, 1958, 9')

Algérie française (Série 8005, 1958, 9')

Vallée du Cheliff (Série 8080, 1958, 5')

Algérie nouvelle (Série 8096, 1958, 6')

Paix en Algérie (SCA 161, 1958, 14')

Des pierres qui lient les hommes (Jean-Charles CARLUS, Série 8262, 1960, 16')

Transmissions en bande latérale unique [BLU] (CHEMINAL, SCA 358, 1965, 38')

De Boulogne à Laval (CHEMINAL, SCA 359, 1965, 18')

Le BCG te protégera (Série 8395, 1966, 20')

Autres films

Expérimentations d'éducation de base (Norman McLAREN, UNESCO, 1949, Archives INA)

Liste des abréviations et des sigles

AAMAF :   Archives africaines du ministère des Affaires étrangères
ALN :   Armée de libération nationale
ANOM :   Archives nationales d'outre-mer
BEKE :   Bantu Educational Kinema Experiment
BIRD :   Banque internationale pour la reconstruction et le développement
BLACT :   Bureau de liaison des agents de la coopération technique
BNF :   Bibliothèque nationale de France
CAFU :   Central African Film Unit
CCCE :   Caisse centrale de coopération économique
CEE :   Communauté économique européenne
CFU :   Colonial Film Unit
CDP :   Compagnie de diffusion et de production (anciennement CHPT)
CHPT :   Compagnies de haut-parleurs et tracts
CNC :   Centre national du cinéma et de l'image animée
CPP :   Convention People's Party
CIE :   Centre d'information et d'études
CLAD :   Centre de linguistique appliquée de Dakar
CMISOM :   Centre militaire d'information et de spécialisation pour l'outre-mer
DCT :   Direction de la coopération culturelle et technique
ECPAD :   Établissement de communication et de production audiovisuelle de la défense
FLN :   Front de libération nationale
GGA :   Gouvernement général de l'Algérie
GCFU :   Gold Coast Film Unit

INA :	Institut national de l'audiovisuel
KADOC :	centre de documentation et d'étude du catholicisme qui dépend de l'Université catholique flamande de Leuven
MAC :	Mission d'aide et de coopération
MNA :	Mouvement national algérien
MTLD :	Mouvement pour le triomphe des libertés démocratiques
MOI :	British Ministry of Information
OCAM :	Organisation commune de l'Afrique et de Madagascar
OCIC :	Office catholique international du cinéma
PCA :	Parti communiste algérien
PPA :	Parti du peuple algérien
RCA :	République de Centrafrique
SCA :	Service cinématographique des armées
SDC :	Service de diffusion cinématographique
SHD :	Service historique de la Défense
SIDM :	Service d'information et de documentation musulmane
SDECE :	Service de documentation extérieure et de contre-espionnage
UCAD :	Université Cheikh Anta Diop
UDMA :	Union démocratique du manifeste algérien

Index

21ᵉ – Société, histoire et cultures

Directeurs de collection : E.-Martin Meunier
et Marie-Claude Thifault

Le 21ᵉ siècle est encore jeune, mais que ce soit par l'actualité, par les grands débats de société, par les découvertes de l'histoire contemporaine ou par une connaissance de plus en plus affinée de la diversité des cultures, on sent qu'une nouvelle époque est en train de naître. Résolument tournée vers une meilleure compréhension des principaux vecteurs de changements sociaux, la collection *21ᵉ – Société, histoire, cultures* propose des ouvrages favorisant une vue plus large du siècle qui s'ouvre et des enjeux qui le caractérisent.

Œuvres les plus récentes de la collection *21ᵉ – Société, histoire, cultures*

Marie-Claude Thifault et Marie LeBel, *Dérives : une histoire sensible des parcours psychiatriques en Ontario français*, 2021.

Monica Grigore-Dovlete, *À la recherche de miracles : pèlerines, religion vécue et la Roumanie postcommuniste*, 2020.

Sophie Bourgault, Sophie Cloutier et Stéphanie Gaudet (dir.), *Éthiques de l'hospitalité, du don et du care : actualité, regards croisés*, 2020.

David Jaclin, *La laisse du tigre – F(r)ictions humanimales en Amérique du Nord*, 2019.

Stéphanie Garneau et Dahlia Namian (dir.), *Erving Goffman et le travail social*, 2017.

Découvrez la liste complète des titres parus
aux Presses de l'Université d'Ottawa :
www.presses.uOttawa.ca